Droit International Humanitaire

國際人道法

후지타 히사카즈(藤田久一) 저 / 이민효 · 김유성 역

연경문화사

또 각주에서는 2002년 산레모 국제인도법 연구소가 발표한 '비국제 무력분쟁 희생자 보호에 관한 산레모 매뉴얼' 에 관해서도 설명을 부가했다. 더욱이 참고문헌 리스트는 최근 새로 간행 또는 발표된 것(일본문헌과 서구문헌)을 중심으로 작성하였다.

재증보판을 출판함에 있어서 간사이(關西)대학 대학원 법학연구과 박사과정의 카와이 에이지(河合英治)군이 전체를 반복해 읽어주었고, 문헌 리스트(일본문헌)의 점검과 교정에 도움을 주었다. 또 有信堂의 야기 미치오(八木美知夫) 사장님 및 사쿠라이 하지메(櫻井 元)씨가 본서가 출판될 수 있도록 지원해 주었으며 교정 등에도 많은 노력을 해주셨다. 심심한 감사를 표하는 바이다.

2003년 4월 藤田久一

증보 서문

2000년을 맞이하여 21세기의 국제사회가 어떻게 전개되어 갈 것인가에 대해 관심이 모아지고 있다. 그 전개를 예측하기 위해서는 20세기의 국제사회가 어떠한 성격과 특징을 가지고 있었는가를 회고해보아야 한다. 20세기에는 2차례의 세계대전을 비롯해 무수한 무력분쟁이 발생하고 미증유의 파괴와 군인뿐만 아니라 무수한 민간인 희생자가 발생된 점을 생각하면, 20세기는 인류의 역사에 있어 드문 전쟁의 세기였다고도 할 수 있을 것이다. 국제인도법이 어떻게 형성되어 무력분쟁에서 적용되고 위반되었느냐에 대해서는 이미 본서에서 취급한 바 있다.

이번 증보에서는 1990년대에 있어서 국제인도법의 전개를 둘러싼 새로운 움직임 – 국제연합 사무총장의 고시에 의한 국제연합군에 대한 인도법 적용문제, 대인지뢰의 금지, 핵무기사용의 합법 · 위법성에 관한 국제사법재판소의 권고적 의견, 아동의 전투참가 억제 등 – 을 포함하여 약간 補正 · 補筆하였다. 그중에서도 국제인도법의 중대한 위반에 대한 개인의 형사책임을 묻는 경향이 현저해졌기 때문에 이에 대해서도 補論에서 '국제형사재판제도' 라는 節을 두고 설명하였다.

이러한 내용들을 총괄하여 21세기에 있어서의 분쟁상황과 그에 적용되어야 할 인도법이 어떻게 전개되어 갈 것인가는 향후 검토를 요하는 문제이다. 이번 증보에서는 '맺음말' 이라는 항목을 부가하여 이 점을 개괄하였다. 이러한 補筆을 통하여 본서에서 다가올 세기에 있어서 국제사회의 상황과 그에 적용되어야 할 인도법 전개의 방향성을 어느 정도 보여줄 수 있다면 다행이다.

조약 연표에는 최근의 조약을 새로 추가하고, 참고문헌(일본문헌과 서구문헌)은 1991년 이후의 것으로 했다. 그 조사 · 확인과 교정에 고베(神戸)대학 대학원 법학연구과 박사과정의 니시카타(西片聰哉)군이 도움을 주었다. 이번 개정도 八木美知夫 有信堂 사장님께 많은 신세를 졌다. 심심한 감사의 마음을 표한다.

2000년 2월 藤田久一

서문

본서는 국제법의 한 분야인 전쟁법, 그 중에서도 국제인도법의 전개와 그 내용을 개설한 것으로 1980년에 출판한 '국제인도법'을 보완한 것이다.

이 10여년의 시간 동안 국제사회는 급격하게 변동하였고, 몇몇 중요한 무력분쟁도 발생했다. 이러한 상황에 비추어 그러한 분쟁에 적용되어야 할 국제인도법을 재검토할 필요가 생겼으며 또한 그러한 분위기도 존재하고 있다. 구체적으로 한편으로는 국제인도법의 기본적 문서의 하나인 1977년 추가의정서에 각국들의 가입이 촉진되고 있으며, 다른 한편으로는 1980년대 이후 중동지역에서 발생된 2개의 무력분쟁, 즉 이란·이라크전쟁 및 걸프전에서 국제인도법이 유효하게 기능할 수 있었는지 또는 실효적이었는지 여부가 문제되고 있다.

그 때문에 新版을 내면서 국제인도법을 둘러싼 최근의 동향을 부가하였다. 나아가 補論으로서 '현대무력분쟁과 인도법의 적용'을 추가하고, 지난 10여년에 걸친 국제인도법의 전개 및 구체적 사례에의 적용상황을 분석했다.

본서의 기본적 구성은 '마지막 章'을 제외하고는 이전 版과 동일하다. 또한 본서에서 취한 국제인도법연구의 기본적 태도도 이전 版과 변함없다. 즉, 국제인도법규의 개념분석에 그치지 않고 보다 넓은 법현상을 대상으로 하여, 인도법의 정립·전개과정 및 그 기능을 배후에 있는 정치적·군사적 혹은 사회적 제요소와의 관련에서 파악하고자 하였다. 국제법과 그 법현상은 국제사회의 역사에서 그 본질을 나타내는 사회현상이므로, 역사적 분석 내지 위치정립을 중시하고, 역사 발전과정에서 국제인도법의 역할과 전개방향을 서술하였다. 다만, 국제인도법의 개개 문제에는 그 고유한 요인과 역사가 있으므로, 그것들을 일괄하여 하나의 법체계로서 설명하기에는 일정한 곤란이 수반되지만, 국제인도법을 가능한 한 전체로서 파악하여 현대 국제법내에 위치를 정립하고자 노력하였다.

또한 오늘날에도 세계 각지에서 발생하고 있는 국제적 또는 비국제적 무력분쟁은 개별 국가 내지 국제사회 전체의 관심사일 뿐만 아니라, 불가피하게 각 개인들의 생사에 관련되는 문제인 이상, 본서에서는 개인의 보호와 국제인도법과의 관련에 대하여 가장 많은 관심을 기울였다.

또한 독자의 편의를 위해서 새로이 부가된 '국제인도법 관련 조약 연표' 및 1980년 이후에 발표된 국제인도법 관련 일본과 서구의 참고문헌, 나아가 프랑스어 목차를 작성하였다.

본서의 출판을 흔쾌히 승낙하시고 곤란한 주문에도 세심한 배려해 아끼지 않으신 有信堂의 八木美知夫 사장님께 깊은 감사를 드린다.

1992년 9월　藤田久一

역자 서문

본서는 1980년에 출판된 藤田久一 교수의 〈國際人道法〉을 수차례 개정, 보완한 것으로 국제인도법의 개념, 역사적 발전과정, 개별 규제대상들에 대한 규범내용 및 그 의의와 향후 발전방향을 자세하게 다루고 있다. 뿐만 아니라 이들 규범들이 주요한 현실 무력분쟁 및 테러전에서 어떻게 적용되었는지를 사례연구를 통해 보다 생동감 있게 설명하고 있다. 이처럼 본서는 국제인도법의 교과서적 성격과 연구서로서의 가치를 포괄하고 있다.

중요한 역사적 전환점을 고비로 발전해 온 무력분쟁법은 문명사회에서 타당한 일반적 기준에 의해 부과된 인도적 성격을 갖는 전투수단과 방법의 제한에 관한 일련의 원칙들과 분쟁희생자 보호에 관한 인도적 원칙들을 확립하여 왔을 뿐만 아니라 이를 보장하기 위한 구체적인 조약들을 채택하여 왔다.

국제조약 및 국제관습법에서 인정되고 있는 인도적 원칙들은 무력분쟁에 적용된다는 것이 이론상으로는 수락되고 있지만, 실제 그 필요성과 긴급성에도 불구하고 정책결정가 및 군사력 관리자들뿐만 아니라 일반인들의 의식 속에 뿌리깊이 내면화되어 있지 않다. 하지만 제반여건과 주변 환경이 어렵다고 하여 작금의 인도적 위기를 외면할 수는 없다. 발생된 무력분쟁에서의 희생자 보호활동의 강화, 더 큰 비극을 막기 위한 설득적이고 예방적인 수단의 강구, 분쟁상황에서 야기되는 다양한 인도적 문제들에 대응한 집중적이고 통합된 해결책 및 지속적인 국제협력 도모 등이 구체화되어야 할 것이다.

이러한 국제사회의 노력들 중에서 우선적으로 선행되어야 할 것은 기본 법규들을 재검토하고 새로운 법규를 형성하기 위한 국제적 합의를 긍정적이면서도 적극적으로 모색하는 중단 없는 노력이다. 그러한 노력은 인도 및 인권이라는 보편적 가치를 향한 완만하지만 누구도 거스를 수 없는 인류의 진전을 가능케 할 것이다.

이러한 국제사회의 노력에 본서가 중요한 기준을 제공할 수 있기를 기대한다. 또한 국제인도법의 현재를 알고, 이의 발전적 개선 및 보완작업에 지침이 되어 강제체계가 부족한 국제인도법의 이행 강화를 위한 신념을 건설하는데 밑거름이 되기를 희망한다. 나아가 인간행위의 법전으로서 그리고 문명기준으로서의 인도적 법규의 참된 중요성에 대한 확신을 확고하게 뿌리내리는데 단초가 되기를 요망한다.

2010년 1월 역 자

목차

약어표

약어표

Actes(1949) : Actes de la Conférence diplomatique de Genève, 1949

Actes(1974-77) : Actes de la Conference diplomatique sur la rèaffirmation et le développment du droit international humanitaire applicable dans les conflits armés, Genève, 1974-77

AF : Annuaire Français de Droit International

AJIL : American Journal of International Law

Annuaire : Annuaire de l'Institut de Droit International

Annual Digest : Annual Digest and Reports of Public International Law Cases

ASIL, Proceedings : Proceedings of American Society of International Law

BYBIL : British Yearbook of International Law

CICR : Comité International de la Croix-Rouge

Commentaire Ⅰ, Ⅱ, Ⅲ, Ⅳ : Commentaires publiés sous la direction de Jean S. Pictet de quatre Conventions de Genève du 12 août 1949

Commentaires(1973) : Commentaires par le CICR des Projets de Protocoles additionels aux Conventions de Genève du 12 août 1949

Convention Ⅰ, Ⅱ, Ⅲ, Ⅳ : Conventions de Genève du 12 août 1949

ICLQ : International and Comparative Law Quarterly

ICTR : International Criminal Tribunal for Rwanda

ICTY : International Criminal Tribunal for the Former Yugoslavia

ILA : International Law Association

ILC : International Law Commission

ILM : International Law Materials

IMT : Trial of the Major War Criminals before the International Military Tribunal, Nuremberg, 14 Nov. 1945 – 1 Oct. 1946, Official Text

Institut : Institut de Droit International

Law Reports : Law Reports of Trials of War Criminals, selected and prepare by the United Nations War Crimes Commission

ONUC : Opération des Nation Unies au Congo

PKO : Peace Keeping Operations

Reaffirmation : Réaffirmation et développement des lois et coutumes applicables dans les conflits armés, Rapport présenté par le CICR, 1969

Recueil des Cours : Recueil des Cours de l'Academie de Droit International de La Haye

RGDIP : Revue Generale de Droit International Public

RICR : Revue International de la Croix-Rouge

SIPRI : Stockholm International Peace Research Institute

UNEF : United Nations Emergency Force

서론 국제인도법의 개념

서론 국제인도법의 개념

현대 국제사회에서 가장 뚜렷한 법현상은 전쟁이 일반적으로 금지되고 위법화되었다는 것이다. 이는 수천 년에 걸친 인류사에 있어 매우 새로운 현상으로, 그 역사는 제1차 세계대전 이후 기껏해야 반세기 남짓하다. 그런데 전쟁위법화(戰爭違法化) 이전의 국제사회에서의 근대국제법은 평시 · 전시라는 이원구조로 구성되어 있었으며, 전시에는 전시국제법인 전쟁법 · 중립법이 타당한 것으로 여겨져 왔다. 그러나 무차별전쟁관(無差別戰爭觀)에서 위법전쟁관(違法戰爭觀)으로의 전환을 계기로 양자를 구별하여야 할 법적 의의는 상당히 약화되었으며, 평시국제법 관계로 일원화되었다고도 볼 수 있다.

그럼에도 불구하고 오늘날 국제사회에는 국제적 무력분쟁(국가 간 전쟁)이나 비국제적 무력분쟁(내전)이 다수 발생하고 있다. 이러한 현실에서 현대국제법은 이들 분쟁들과 무관하거나 무관심한 태도를 보이는 것이 아니라 그의 관할사항으로 간주하고 있다.

현대의 전쟁 및 무력분쟁에서 분쟁당사국간의 적대관계를 중심으로 적용되는 것이 국제인도법이다. 종래의 전쟁에서 교전국간에 적용되는 것이 전쟁법이었다. 그렇다면 국제인도법은 전쟁법을 대신하는 용어로 단지 명칭만 변경된 것에 지나지 않은가?

국제인도법은 전쟁법의 많은 점을 수용하였으나 양자는 개념상으로도 또한 그 목적이나 의의에 있어서도 완전히 동일하다고 할 수 없다. 역사적으로 오랫동안 사용되어 온 전쟁법이라는 명칭이 있음에도 불구하고, 국제인도법이라는 표현이 등장하게 된 배경에는 전쟁관의 전환과 그에 동반되는 국제법 규범의 구조적 재편성이 숨어있다. 국제인도법의 존재 이유, 내용 및 현대국제법체계에 있어서의 지위는 어떠한가? 전쟁관의 전환 이래 중립제도가 동요과정에 있는 것과 마찬가지로, 국제인도법도 현대 국제사회에서 동요하고 있는가 아니면 발전하고 있는가? 이러한 문제를 검토하기 전에 국제인도법의 개념 내지 범위, 다른 용어와의 관계에 관하여 간단히 살펴 볼 필요가 있다.

우선 전쟁위법화의 시대에 돌입했음에도 여전히 〈전쟁법(jus in bello, Law of War, Droit de la guerre)〉이라는 용어가 사용되었다. 전쟁법은 광의 및 협의로 사용되는데 광의로는 협의의 전쟁법외에 경제전적 규제, 조약법상의 일부 규제 및 중립규제 등을 포함하고, 협의로는 헤이그법(군사행동에 관한 교전자의 권리의무와 害敵手段의 규제에 관한 규칙)과 제네바법(전쟁희생자의 보호 및 존중과 인도적 대우의 확보에 관한 규칙)으로 이루어진다.

또한 전쟁위법화하에서의 무력분쟁을 법적으로 규율한다는 의미에서 최근에는 〈무력분쟁법(Law of Armed conflicts, Droit des conflits armés)〉이라는 용어도 사용되고 있다.[1] 무엇보다 이러한 용어의 사용은 〈전쟁법〉의 명칭을 배제하기 위함이 아니라, 국제법상 전통적 의미의 전쟁이 아닌 국제적 무력분쟁에도 적용된다는 점을 염두에 둔 것으로 그 내용은 협의의 전쟁법과 유사하다고 할 수 있다.

〈國際人道法(International Humanitarian Law, Droit international humanitaire)〉 또는 인도법이라는 용어는 상당히 오래전부터 사용되고 있었으나 그것이 일반화된 것은 국제적십자위원회(CICR)와 국제연합의 협력하에 개최된 '무력분쟁에 적용되는 국제인도법의 재확인과 발전' 을 위한 정부전문가회의(1971년)에서 정식으로 사용되면서부터이다. 국제인도법의 개념과 관련하여 반드시 통일된 정의가 있는 것은 아니지만, 앞의 정부전문가회의에서 국제적십자위원회가 제출한 문서에 따르면, "명확히 인도적 성질을 갖는 무력분쟁법의 규제 즉 사람 및 그들에게 불가결한 물자를 보호하는 규칙을 가리킨다. 따라서 이는 제네바협약뿐만 아니라 인도적 이유에서 적대행위, 무기의 사용, 전투원의 행동, 복구행사에 대한 한계를 규정하는 조약 또는 관습법상의 규칙 그리고 이들 규칙의 정상적인 적용을 확보하기 위한 규범(감시 및 형사제재)도 포함한다."[2]

이러한 정의가 반드시 엄밀하지는 않지만 앞의 전문가회의에 이은 외교회의(1974년~1977년)에서도 〈국제인도법〉은 정식명칭으로 사용되었고 또한 일반적으로도 자주 사용되고 있다.[3] 무엇보다도 국제인도법의 이러한 개념은 인도적 성질의 유무를 지표로 하고 있기 때문에 '인도(人道)' 의 의미나 부여된 규칙에 있어서의 인도적 성질(人道的 性質)의 유무의 판단을 둘러싸고 논쟁이 발생할 여지는 있다.[4]

이러한 의문이나 모호함이 있음에도 불구하고 이러한 용어가 채용된 것은 전쟁관이 전환된 이후의 무력분쟁에 적용된다는 점을 유의한 것일 뿐만 아니라(그것뿐이라면 '무력분쟁법'이라는 용어가 더 적절함) 현대 무력분쟁에서 과학기술의 군사적 이용(특히 무기의 발달) 및 총력전, 게릴라전 상황의 일반화에 따른 희생자의 급속한 증대 및 광범화와 피해의 잔혹화가 현저해졌다는 사정에 바탕을 두고 있다고 할 수 있을 것이다.

이러한 사정은 전쟁의 목적인 적국의 의사를 좌절시켜 자국에 굴복시키는데 유효한 정도의 무력사용을 넘어 가장 기본적인 인권에 속하는 인간의 생존권 자체를 근본적으로 부정하고 생존을 위협하는 인도적 위기에서 어렵지 않게 확인할 수 있다. 무력분쟁에도 일정한 규제를 부가하여 이러한 사정을 조금이라도 완화시켜 인간의 생존권을 확보해야 한다는 목적에서 보면, 국제인도법 또는 인도법의 용어가 적절하다고 볼 수 있다.5)

---

1) 예를 들면, Schwarzenberger, G., *The Law of Armed Conflict*(1968), pp.1-2; Bindschedler, D., *Reconsideration du droit des conflits armés*(1969), p.4.

2) Conférence d'experts gouvernmentaux sur la réaffirmation et le development du droit international humanitaire applicable dans les conflits armés, Documentation présentée par le CICR, Ⅰ. Introduction, CE/Ⅰ(1971), pp.26-27. 이 정의에 따르면 국제인도법에 포함되지 않는 것으로서, 특히 적대행위의 개시 또는 종료 및 교전국간의 비적대행위에 관한 규제, 적재산 처리, 해전, 공군간의 적대행위에 관한 규칙 그리고 모든 중립법을 들 수 있다(*ibid*).

3) 국제법학회(Institut)는 '무력분쟁법에서 유래하는 인도적 성질의 규칙'에 포함되는 것으로서, 특히 (a)일반적으로 적대행위에 관한 규칙, 특히 일정 무기의 사용금지, 이들 무기의 일정한 사용방법, 적당사자를 해치는 수단 및 군사·비군사 목표의 구별에 관한 규칙, (b)1949년 제네바협약상의 규칙, (c)사람 및 물건에 관련된 일반주민의 보호를 지향하는 규칙을 들고 있다(*Annuaire*[1971], pp. 450-451). 이러한 인도적 규칙의 범위는 CICR이 정의하는 것보다는 좁지만 핵심내용은 동일하다. 또 '국제인도법'을 별도의 (보다 넓은)의미로 이용하는 예로서, Pictet에 따르면 광의의 국제인도법은 사람 및 그 발전의 존중을 확보하는 명문 또는 관습 국제법 규정 전체로 구성되며, '평화법(Jus contra bellum)', '인권', '전쟁법(광의)'(고유한 의미의 전쟁법 또는 헤이그법과 고유한 의미의 국제인도법 또는 제네바법으로 구성)을 포함한다(Pictet. J., *Les principles du droit international humanitaire*[1967], pp.8-10).

4) 인도법 또는 인도규칙의 개념에 대한 비판은 Meyrowitz, H., *Le principle de legalite des belligerants deuant le droit de la guerre*(1970), pp.131 et s. 田中忠, <人道觀念の諸相>, 國際法學の再構築(上), 東京大學出版會, 1977, p.117 이하 참조.

5) 무력분쟁에 적용되는 국제인도법이 인도법이라고도 약칭되기도 하여 소위 인권법과 혼동이 생기기 쉽다. 국제연합에서는 전자를 위해서 '문력분쟁시의 인권 존중'(A/RES/2444[XXIII], 국제연합 사무총장 보고[A/7720, A/8052])이라는 표제를 사용하고 있다. 그러나 인권법(국제인권규약 등 인권에 관한 국제문서)은 일반적으로 무력분쟁 이외의 경우에 적용이 예정되어 있는 것으로 그대로 인도법의 일부로 간주되는 것은 아니다. 무엇보다도 인도법과 인권법은 완전히 다른 영역에서 적용되는 무관한 것이 아니라 그 기본요소에서 공통성을 찾아내는 것도 불가능하지는 않다. 양자의 관계에 관하여는 拙稿, "武力紛争における人權", 國際問題, 221号 참조.

제1편 전쟁관의 전환과 국제인도법의 지위

제1장 전쟁법에서 인도법으로

제1절 근대이전의 전쟁법

인도법의 특징이나 성격 또는 현대국제법에서 그것이 차지하는 지위를 명확히 하기 위해서는 먼저 국제법의 역사에 있어서의 전쟁규칙, 특히 전쟁법의 특색과 그 법적 지위의 변천을 간단히 돌이켜 볼 필요가 있다. 무엇보다도 전쟁법의 역사는 멀리 고대세계로까지 거슬러 올라가 인류역사의 발전과 함께 전개되어왔다고 할 수 있다. 그 중에서도 근대국가의 성립을 배경으로 하는 근대국제법의 전개기에 전쟁법도 현저하게 발달했는데, 먼저 고대 및 중세시대의 전쟁법의 특징을 살펴보자.

고대 중국의 고문서에는 전쟁의 제한이나 국제적 제재 등의 내용이 서술되어 있으며, 고대 인도의 〈마누법전〉이나 〈라마야나〉에도 금지되는 전쟁수단(독물 사용, 경작지의 파괴, 부상자나 포로의 살해)이 열거되어 있다. 고대 이집트 · 바빌로니아에서도 또한 고대 그리스의 도시국가간의 조약에도 전쟁에는 개전선언이 필요하다든가, 포로는 살해 또는 노예로, 적재산은 전승자의 전리품이 된다든가 하는 규정이 있다.[1)]

고대 로마에서는 전쟁선언은 페티알레스(fetiales)[2)]가 담당하는 문제였으나, 전쟁관습은 극히 잔혹하여 도시의 파괴, 적 국민 소유재산의 몰수, 포로의 노예화(패자는 노예로 매매)도 허용되었다. 패전 도시는 로마에 귀속되었다. 또 스파르탁스의 난과 같은 노예의 반란에 대한 진압은 전쟁관습의 적용 밖의 문제였다.

이처럼 전쟁이야 말로 노동력으로서의 노예획득의 원천이었기 때문에 고대국가에서의 전쟁에 대한 관심은 매우 높았다. 또한 전쟁관습이나 전쟁수단의 규제도 단편적이었고 체계화되지도 않았으며, 당시의 노예 소유자의 의사를 반영하여 기본적으로는 노예제를 옹호하는 것이었다.

중세유럽에서 자신의 영지 내에서 주권자로 인정된 봉건영주는 영토의 확대와 번영을 위해 끊임없이 전쟁을 일으켰으며, 동시에 영주의 토지 소유와 농노의 불완전 소유라는 봉건사회의 생산관계 유지를 위해서 제후간의 전쟁은 여러 규제를 받았다.

당시 최대의 봉건 영주였던 가톨릭교회는 중세사회의 사상적 지주였으며, 많은 신학자나 사상가들이 전쟁에 관한 논의(정당전쟁론)를 전개했다. 아우구스티누스(Augustinus, 354~430)의 〈신의 나라(De Civitate Dei)〉는 교회의 관점에서 정당원인 및 법적 근거를 갖는 정전(正戰)과 그렇지 못한 부정전(不正戰)을 구별하였다.

그의 敎義(전쟁법 이론 포함)는 후에 스콜라학파에 의해 승계되어 더욱 더 발전되었

---

1) 고대의 전쟁법규에 관하여 Walker, T. A., *A History of Nations*, I (1899); 信夫淳平, 戰時國際法講義, 丸善, 1卷, 1941年; 入江啓四郎, 中國古典と國際法, 成文堂, 1966年 참조

2) 페티알레스는 대가족 회원의 선거로 보충되는 104명으로 이루어지는 종교적 단체로 전쟁선언, 조약체결 등 대외문제에 대해 페티알레스법(jus fetiale)을 적용할 권한을 가지고 있었다. 특히, 페티알레스의 의식에 의한 전쟁선언의 필요성은 국제관계에 있어서의 질서원칙으로 간주되어 선언 없이 전쟁에 승리한 장군은 승리의 권리를 갖지 못했다.

는데,[3] 그 중에서도 토마스 아퀴나스(Thomas Acquinas, 1224~1274)의 〈신학대전(Summa Theologica)〉은 정전론을 한층 발전시켜 전쟁의 정당 원인으로 다음의 세 가지를 들었다.

첫째, 군주만이 전쟁선언의 자격을 갖는다(私戰觀 불인정).
둘째, 전쟁의 원인이 정당해야 한다.
셋째, 전쟁은 올바른 의도로 수행해야 한다.

이러한 정당원인론을 요약하면, 자신의 유책 행위로 인해 공격을 받는 자는 당연하다는 것이다. 그 결과 토마스에 따르면, "적이 소유하고 있는 것을 빼앗는 행위는 허용된다. 왜냐하면 정당전쟁에 있어서 적은 죄가 있는 자이기 때문이다. 여기서 전리품 획득은 약탈이 아니라 처벌이다." 토마스의 정전론은 로마교황의 권위가 이를 지지하고, 군주가 이것을 받아들여 현실 전쟁에서 적용되었다.

전쟁수단의 규제에 대해서도, 예를 들면 라테라노 종교회의(1139년)에서 화기·활·석궁은 사용이 금지되었다. 화기는 도시의 신흥계급의 공장에서 만들고 있었고, 활이나 석궁은 농노반란 시에 사용되고 있었다. 그렇다고 해도 일반적인 당시의 전쟁관습으로서는 평화적 주민의 살해나 강탈, 부상자 살해, 포로매매와 몸값 지불에 의한 석방(代身金) 등은 금지되지 않았다.

극소수였던 전쟁수단의 제한 규정도 제후간의 (국제)전쟁에만 적용되었으며, 농

3) 파리의 토마스에 대해 볼로니아의 수도승 그라치아누스가 편집한 카논법의 類集은 그라치아누스 교회법(Decretum Magistri Gratiani)으로 불리며 전쟁법 연구에 커다란 영향을 주었다. 伊藤不二男, "グラチアヌス『教會法』における正當戰爭論の特色", 法政研究, 26卷 2号 참조.

민전쟁이나 농민폭동과 같은 영주와 토지에 얽매인 농민간의 전쟁에는 어떠한 제한도 부과되지 않았다. 또한 봉건제하에서의 상품관계의 발전에 동반되는 불안과 황폐를 초래하는 사전(私戰)은 십자군 원정으로 기독교국에서 감소하는 경향을 나타냈다. 그리고 〈신의 평화(Pax Dei)〉나 〈신의 휴전(Treuga Dei)〉 제도가 종교회의에서 마련되어[4] 이 선언으로 일정한 장소 또는 사람에게 면제를 주고 또는 일정기간 전투를 금지하고 교회의 재산이나 그에 소속되는 사람들을 전쟁의 피해로부터 보호하는 일이 시도되었다. 또한 교회나 신학자의 이론 외에 유럽의 기사도도 전쟁관습의 형성에 일정한 영향을 미쳤다.

중세의 전쟁법에 관한 이론과 실천 내지 관습은 유럽 또는 기독교국가에만 한정된 것이 아니라, 다른 지역이나 문화권(특히 이슬람세계)[5]에 있어서도 유사한 또는 보다 진전된 전쟁관습이 존재했다고 알려지고 있다.

제2절 근대 국제사회에서의 전쟁법

중세기말 유럽에서의 자본제적 생산관계의 발생, 지리상 발견에 따른 통상관계의 확대, 나아가 종교개혁이라는 현상은 농노제의 붕괴를 초래하였으며 로마교회와 스콜라학파에 의해 구축된 중세적 세계관을 타파하고 마침내 근대국가의 형성을 이끌었다.

4) '신의 평화'는 989년 사틀公會議에서 보르도司敎에 의해 선언되어 私戰중 교회, 수도원에 들어가 성직자를 학대하고 파문하는 조치를 시작으로 후에 공격면제 범위가 상인, 농민, 경작용 동물, 수차 등으로 확대되었다. '신의 휴전'은 1027년 에루누公會議에서 마련되어 모든 사람이 안식일 동안 신에게 바치기 위해서 토요일 오후 3시부터 월요일 아침 6시까지 적을 공격하는 행위를 금지했다. 금지시기는 대강절과 사순절, 크리스마스와 부활절 축일로 확대되었다.

5) 이슬람 전쟁법은 마호메드의 최초 후계자(카리후), 아부 바르크(Abu Bekr)가 시리아정복 임무를 부여받은 장군들에게 수여한 훈령에 요약되어 있다. 이에 따르면 부녀자나 노인의 면제, 과수원의 파괴나 가옥 소실 금지, 적의 양식을 필요 이상 뺏지 말고 가축도 먹을 필요가 있을 때만 살해할 것, 포로에게 동정심을 가지고 대할 것 등이었다. 무엇보다 회교도의 개종권유 의무에서 성전(jihad)이 인정됨으로써 아시아, 아프리카, 스페인의 복종이 정당화되었다.(*cf.* Rechid, Ahmeb, "L' Islam et le droit des gens," *Recueil des Cours*, Tome 60-11[1937], pp.390-399.)

그 과정에서 먼저 등장한 절대주의국가는 지주나 영주의 모든 권력을 절대군주에 집중시키고 유럽에서의 자연국경을 주장해 영토의 확대를 꾀하였으며 또한 1492년의 아메리카의 발견 이래 신세계에 대해서는 정복이나 식민을 정당화하는 이론을 추구했다.

그중에서도 타국보다 먼저 세계정복에 나선 스페인의 신학자나 법학자들이 이 문제를 제기했다. 비토리아(Fransisco Vitoria, 1480~1546)는 토마스의 영향을 받아 한편으로는 스페인人의 인디오에 대한 전쟁의 정당성에 관하여 체계적으로 검토하는 한편 인디오의 기본적 권리의 보호를 인정하면서, 다른 한편으로는 그들이 자연법상 모든 사람에게 인정되는 '교제와 교통의 권리(jus societatis et communications)'를 부인하고 방해한다면 이는 권리침해로서 스페인人에 의한 전쟁의 정당 원인이 된다고 하여 합법적 식민 활동을 위한 법적 근거를 제공했다.[6)]

또한 아메리카로 항행했던 도미니코派의 라스 카사스(Bartholomew de Las Casas, 1474~1566)는 그곳에서의 스페인人(기독교도)의 인디오에 대한 잔학행위를 폭로하면서 어떠한 민족에게도 열등한 지위를 강요해서는 안 되며, 이 전쟁은 정당하지도 이롭지도 않은 "不正한 것으로서 기독교의 가르침에 반한다"고 주장했다.[7)] 그러나 이러한 주장은 예외적인 것이었으며, 대세는 스페인국왕에 의한 신세계의 정복을 스콜라學의 정전론의 관점에서 정당화하려는 것이 대세였다.

무엇보다도 전쟁을 규율하는 규칙에 관해 비토리아 같이 무고한 자를 살해하고, 물건을 약탈하며, 포획하여 노예로 하고, 인질을 살해하고, 모든 범죄자 · 포로 · 투

6) 당시 인디오의 전도에 착수하고 있던 도미니코派는 스페인의 아메리카정복 문제에 특히 관심을 기울이고 있었다. 비토리아의 논문 「최근 발견된 인디오에 관하여」 및 「야만인에 대하여 스페인人에 의해 행해지는 전쟁에 관한 법」(伊藤不二男, ビトリアの國際法理論, 有斐閣, 1965年에 일본어로 번역되어 있음) 참조.

7) Las Casas가 1541년 국왕 카를로스5세를 알현하고 제출한 보고서를 바탕으로 작성된 『인디언의 파괴에 관한 간결한 보고』(岩波文庫)는 스페인人에 의한 인디오의 학살, 노예에 관한 黑書라고도 할 수 있는 것이다. 또 '어떻게 하면 정복이 정의에 적합하며 양심에 위험을 미치지 않고 행해질 수 있을까'에 관하여 논하기 위해 국왕의 교서와 인디오 추기회의의 명령으로 개최된 1550~52년 바랴드리드에서의 라스 카사스와 세푸루베다의 대논쟁에 관해서는 L・ハソケ(佐々木譯), アリストテレスとアメリカ·イソディアソ, 岩波新書 참조.

항자를 살해하는 행위를 부정하며, 형평과 인도가 허용하는 한도 내에서만 범죄자를 탄압해야 한다는 주장도 나타나고 있었다.

또한 해전법규로 이미 13세기에 지중해 연안 국가들 간의 해사판례법인 콘솔라테 델 마레(Consolate del mare)가 집대성되어 있었지만 절대주의 시대에는 사략선(私掠船), 의제봉쇄(擬制封鎖), 적 사유재산의 무차별적 강탈이 허용되고 있었다. 이것은 원시적 축적에 의한 자본주의적 약탈의 관행을 반영하고 그것을 합법화하는 것이었다. 또한 종교개혁 과정에서 당시의 종교전쟁의 잔혹성에 직면하여 전쟁법규 문제에 관심이 집중되었다.

그로티우스(Hugo Grotius, 1583~1645)가 30년 전쟁 중에 저술한 〈전쟁과 평화의 법(De jure belli ac pacis, 1625년)〉은 야만인조차 수치라고 여기는 전쟁에 대한 억제의 결여가 기독교 세계에도 있다면서 로마법과 교회법을 풍부하게 인용하면서 전쟁에서의 잔학행위의 '완화(Temperaqmenta)'를 주장했다.

그로티우스는 정전(正戰)과 부정전(不正戰)을 구별하면서, 자기 측에 부정이 있음을 알 수 없는 '극복할 수 없는 무지(ignorantia invincibilis)'에 의한 경우에는 교전자 쌍방 모두 정당하다고 간주되어야 한다며 현실에서의 정전론의 적용에는 한계가 있음을 나타냈다. '극복할 수 없는 무지'를 사이에 둔 전쟁에서의 '완화' 규칙의 적용은 다음 시대인 근대국가 간에 적용되는 전쟁법을 예견하는 것이었다.

30년 전쟁을 종결시킨 1648년의 웨스트팔리아 강화는 수많은 주권국가를 탄생시켰으며, 그들의 병존관계와 세력균형에 의해 지탱되는 유럽국가체계를 성립시켰다. 또한 초기 자본주의의 발달과 함께 신흥계급인 부르주아가 형성되어, 혁명전쟁을 거치면서 그들이 지배권을 장악한 근대국가의 시대를 맞이했다. 미국 독립선언(1776년)은 신대륙에서의 신흥계급에 의한 주권국가의 수립을 나타내고, 프랑스혁명

(1789년)은 유럽대륙에서의 절대왕제에 대한 근대국가의 승리를 결정지었다.

이러한 시대에 근대국가 간에 타당한 국제법이 먼저 계몽기 자연법사상의 영향하에 기초가 형성되었다.[8] 국제법학의 창시자라고도 불린 당시의 학자 중에서도 바텔(Emer de Vattel, 1714~1767)의 〈국제법(Droit des Gens, 1758년)〉은 자연 상태에서 병존하는 주권국가의 자유 · 평등 · 독립을 강조하고 자연법뿐만 아니라 실정법의 타당함을 인정했다. 전쟁에 관해서는 자연법상 그리고 정전론을 취하면서도 국가는 독립하여 상호 상대국에 대한 판정자가 될 수 없지만 국가를 초월한 판정자가 존재하지 않으므로 의심스러울 경우 쌍방 모두 정당원인을 갖고 있는 것으로 인정하여야 한다고 하여 무차별전쟁관으로의 전환을 보였다.

그의 〈국제법〉은 전쟁법에 일정한 여지를 두어 인도상의 요구에서 교전국에게 전쟁수행 중에도 일정한 규칙의 준수를 의무지우고 또한 전쟁에 참가하지 않는 국가는 중립의 권리의무를 지닌다는 중립제도의 관념도 나타냈다. 나아가 내전을 국제전쟁과 구별하면서도 전쟁의 공통법인 쌍방 당사자에 의한 준수를 요구하고 있는 점도 주목할 가치가 있다. 이러한 전쟁과 내전에 관한 바텔의 국제법론의 배경에는 국민주권사상이 굳게 자리 잡고 있었다.[9]

루소(Jean Jacques Rousseau, 1712~1778)의 〈사회계약론(Du contrat social, 1762년)〉은 인민주권에 입각하면서 전쟁을 국가 간의 관계이지 개인 간의 관계는 아니라고 주장한다.

---

8) 田畑茂二郎, 近代國際法思想の成立, 法哲學講座, 有斐閣, 3卷.

9) 밧텔과 동시대에 마브리(Gabriel Bonnet Mably, 1709-85)는 저서 『조약을 기초로 한 유럽 공법(Droit Public de l'Europe fonde sur les traites, depuis la paix de Westphalie en 1648 jusqu'à nos jours)』(1745년)에서 보다 급진적인 입장에서 모든 종류의 전쟁을 비난했다. 특히 정복과 영광이라는 명목으로 외국과의 전쟁을 정당화하는 사고방식을 비판하고, 대외전쟁은 국내전쟁과 변함없다고 주장하면서 내란을 정당한 것으로서 혁명의 불가피성을 밝혔다. 또 해전에 관하여 사유재산 존중을 명확히 내세우고 당시의 관습 개정에 찬성하는 등 전쟁법규 분야에서도 시대를 앞선 것이었다. 이 저서는 1785년까지 금서였다.

근대국가의 자유 및 독립을 구가하는 이러한 국제법관은 혁명을 경험한 국가들의 실천에도 반영되었다. 그중에서도 프랑스혁명은 혁명헌법, 인권선언, 의회포고 등을 통해 근대국제법의 제원칙을 내세웠다. 1792년 4월의 〈전쟁에 관한 포고〉는 프랑스 국민이 그 헌법의 제원칙에 충실하도록 – 정복전쟁의 부정, 인민의 자유에 대항하여 무력에 호소하지 말 것 – 자신들의 자유와 독립을 방위하기 위해서만 무기를 잡을 것을 선언하고, 아울러 프랑스인은 그 형제와 적을 결코 혼동하지 않으며, 전쟁의 위험을 완화하기 위한 노력을 게을리 하지 않을 것이라고 선언했다.[10)]

여기에는 새로우면서도 시대를 앞선 전쟁관이 표명되어 있다. 또한 〈포로의 취급에 관한 포고〉[11)]는 포로가 특별한 보호하에 있다고 선언하고, 전문에서는 인권선언과 결부시켜 포로의 자유에 대한 제한은 포로가 재차 무기를 잡는 것을 방해하는 수단일 경우에만 합법이라는 원칙을 세웠다.

그리고 해전에 있어서 〈사략선의 억압에 관한 포고안〉은 그 전문에서 "전쟁은 모든 인민의 가장 중요한 주권행위이므로 私人에 의해서가 아니라 국민 자신에 의해서만 또한 국민을 위해서만 합법적으로 행해질 수 있다. 사략 또는 사략선에 의해 전쟁을 행하는 관습을 금지 또는 방기하는 것은 유럽의 모든 문명국에 이익이 된다"고 기술하고 있다.[12)]

이처럼 혁명전쟁을 통해서 인민은 전략체계(戰略體系)를 다시 만들고, 전쟁의 오랜 법칙과 관습을 모두 타파[13)] 하였으나 동시에 새로운 국제법, 특히 전쟁법의 제

---

10) 정복전쟁의 부인은 1790년 5월 22일 국민회의의 선언에서 프랑스혁명의 기본원칙으로 이미 서술되어 있었다(Nys, E., *Etudes de droit international et le droit politique*[1896], pp.363-364. 小田・樋口譯, 憲法の國際化-國際憲法の比較法的考察, 有信堂, 1964年, p.119 이하 참조). 또 1790년 5월 22~27일 포고에서 '戰爭과 講和의 權利'는 국가(Nation)에 속하며, 전쟁은 입법부의 포고에 의해서만 결정되게 되었다.

11) 1792년 5월 4~5일 입법회의의 포고이다(Nys, *op. cit.*, pp.374-375). 동맹군측은 의회를 반도로 간주하고, 의회에 대한 처벌권을 가진 국왕이 실제로 이 권한을 행사할 수 없으므로 스스로의 권리가 아니라 국왕의 권리를 행사하는 것이라고 주장했다. 다른 한편 혁명회의는 이것을 고유한 전쟁이라고 간주하여 프랑스군이 체포한 적을 처벌할 권리를 주장하지 못하고 포로로 취급했다.

12) 그러나 1792년 5월 3일 이 포고案은 입법회의에서의 토의 결과, '해전에서 私掠武裝을 억압시키고 동시에 통상을 위한 자유로운 항행을 확보토록 하기 위해 외국과 교섭하도록 집행부에 촉구한다'라는 조문(제6조)만이 가결되었다.

13) 레닌전집, 大月書店, 24卷, p.425. 또한 프랑스 혁명전쟁의 법규・관례를 둘러싼 각국의 관행에 관해서는 Basdevant, Jules, *La révolution francase et la guerre continentale*, 1901.

원칙이 바뀌었다고 할 수 있다.

가장 중요한 점은 이 새로운 제원칙이 국민주권과 인권사상으로 증명되었다는 것이다. 그러나 당초 외국의 간섭을 배제하고 자유와 독립을 위해 무기를 잡은 프랑스 국민군의 행동은 형세의 역전과 나폴레옹의 등장으로 외국에의 무력간섭으로 바뀌어 이집트 원정까지 행하기에 이르렀다. 방위전쟁으로부터 침략전쟁으로 변화하는 와중에 혁명회의가 선언한 새로운 전쟁법의 제원칙을 스스로 파괴해갔던 것이다.[14)]

나폴레옹전쟁을 수습한 빈회의(1815년) 이후의 유럽 국제사회는 신성동맹을 탄생시켰고, 혁명이전 제도의 부활을 일시적으로 초래하였다. 그러나 19세기 중엽 산업혁명을 맞이한 자본주의의 비약적 발달은 시장을 찾아 세계로 눈을 돌렸는데, 영국과 프랑스를 비롯한 문명국들은 아프리카 · 아시아에서의 식민지 획득에 몰두하였다.

중세적 정전론의 비판에서 생겨난 무차별전쟁관은 19세기에는 오히려 식민지 획득전쟁을 정당화하는 역할을 했다. 이 무차별전쟁관 하에서 전쟁에 호소하는 권리(jus ad bellum) 문제는 검토대상에서 제외되고 전쟁중의 적대행위의 조정 혹은 전시의 교전국간 또는 교전국과 중립국의 법적 관계의 명확화라는 관점에서 전쟁법(jus in bello)의 정비에 관심이 쏠렸다. 그렇지만 전쟁법의 조약화(법전화) 과정에서 전쟁법의 제원칙을 정복전쟁의 부인과 인권으로 뒷받침하려한 프랑스 혁명정신은 유명무실화되어 갔다.

전쟁법에 관한 조약의 작성은 1856년 파리선언(해상법의 要義를 확정하는 선언)이 사략선 금지와 중립선 · 중립화의 보호를 규정한 것을 시작으로, 19세기 후반부터 20세기 초에 걸쳐 전성기를 맞이하게 된다. 육전에 관한 전쟁법의 법전화 계기는 미

14) 1792년 7월 16일 포고를 이용하여 니스 침입, 그리고 보나파르트의 말타 약탈, 이집트 원정이 입법부의 선언없이 이루어졌다. 그 중에서도 이집트 원정은 주권자인 스루탄에 대한 적대행위가 아니라 터키의 叛徒인 Mamelucks의 지배를 종결시키기 위한 것이며, 따라서 이집트는 독립국이 아니므로 전쟁이 아니라는 이유를 붙였다.

15) "Instructions for the Government of Armise of the United States in the Field"(General Orders No. 100) in *The Miscellaneous Writings of Francis Lieber*, Vol.Ⅱ.

국 남북전쟁 중 링컨의 요청에 의해 리버(Francis Lieber)가 작성한 1863년 육전훈령(일반적으로 '리버법' 이라고 불림)의 공표다.[15]

157개 조문으로 이루어진 이 훈령은 정부군(북군)과 반도군(남부연합군) 간의 전투에 '육전의 법규관례인 자연법과 국제법 분야' 의 적용(제40조)을 시도한 것인데, 예를 들면 가장 곤란한 문제였던 빨치산 취급에 관하여 "빨치산은 무장을 하고 自軍의 제복을 착용한 병사로서 적 점령지역에 침입하기 위해 주요부대에서 이탈하여 활동하는 자들이다. 그들은 체포될 경우 포로로서의 모든 특권과 자격을 향유한다(제81조)"고 하면서, 위임도 받지 않고 조직된 적군에 속하지 않으며 또한 전쟁에 계속적으로 참가하는 것도 아니면서 여러 가지 방법으로 적대행위를 행한 자 또는 그 부대는 "공공의 적이 아니기 때문에 체포될 경우 포로의 특수한 자격을 갖지 못하고 도적 또는 해적으로서 즉결처분되어야 한다(제82조)"고 했다.

이 문제는 이후 전쟁법의 법전화 과정 중에 반복적으로 토의되는 가장 논란이 많은 주제가 되었는데, 이미 리버법은 빨치산 내지 게릴라병의 목적을 도외시한 형식적 요건으로 포로자격의 유무를 결정한다는 근대국제법의 공통된 방법을 시사하고 있었다. 리버법은 후에 각국들의 군사교범의 작성에 영향을 미쳤으며, 나아가 전쟁법의 법전화를 시도한 국제회의(특히 후술하는 브뤼셀회의)에서도 참고가 되었다.

남북전쟁 당시 유럽에서도 국가(문명국)간의 전쟁이 이어져, 전장에서의 상병자의 희생에 주목하였다. 이탈리아 통일전쟁에 있어서의 상병자의 비참한 광경을 묘사한 뒤낭(Henry Dunant)의 〈솔페리노의 회고(1862년)〉는 부상병을 원조하기 위한 조직의 기초로서 유용한 조약상의 국제적 원칙의 확립을 제안하였으며, 뒤낭과 모이니에(Gustave Moynier)의 활약으로 제네바에 적십자조직(1863년 5인위원회로 발족하여 후에 부상병구호국제위원회 나아가 적십자국제위원회가 되었다)이 설립되었다.[16]

16) Boissier, Pierre, *Histoire du Comité International de la Groix-Rouge de Solférino a Tsoushima*(1963).

1864년 스위스 정부의 초청에 의한 제네바 외교회의는 10개 조문으로 구성된 〈전장에서의 군상병자의 상태개선에 관한 제네바조약(제1회 적십자조약)〉을 채택했다. 전쟁에서의 병사의 보호를 강조한 이 최초의 국제조약은 유럽의 12개국 대표에 의해 서명되고 비서명국의 가입을 위해서도 개방되었다(제9조). 그러나 당초 각국들의 반응은 신통치 않았다. 그러나 1870년 보불전쟁(普佛戰爭)의 발발과 적십자 활동이 가입을 촉진시켜 유럽 외에서도 1865년 터키, 1874년 페르시아, 1882년 미국, 1886년 일본, 1895년 샴, 1904년 중국이 가입하였다.[17]

특정 무기의 조약상의 사용 규제에 대해서는 러시아의 제창으로 채택된 1868년 세인터 피터스버그 선언이 그 효시이다. 동 선언은 전문에서 전쟁의 목적과 무기사용의 관계를 명시하고, 본문에서는 중량 400그램 이하의 폭발성 또는 연소성 발사물 사용의 체약국간 상호폐기를 기술하고 있다. 동 선언은 이후의 전쟁법 법전화 과정에서 참고가 되었으며, 특히 무기의 허용 기준 및 범위에 있어 중요한 역할을 했다.

그러나 17개 서명국은 한 국가(페르시아)를 제외한 유럽 국가들에 한정되었고, 미국은 회의에 참가하지 않았으며, 일본 등 아시아 국가들도 이에 가입하지 않았다. 동 선언 전문의 "문명국 간의 전시에 있어서의 사용금지"를 지향한다는 표현은 당시의 국제사회가 문명국 간의 관계만을 염두에 두고 있었다는 것을 나타내고 있다.

문명국 간의 전쟁의 경우에도 동 선언의 비체약국 또는 비가입국이 교전국중의 1국으로 개입되어 있다면, 교전국인 체약국 또는 가입국간에도 동 선언이 구속력을 잃는다는 소위 총가입조항(si omnes)이 삽입되어 있어, 이것이 선언의 기회를 한층 좁혔다.[18]

17) 터키의 가입으로 십자군 이래 「十字」와 「新月」의 다툼에 종지부를 찍었다. 조약은 적십자군의 표장을 채용(제7조)하고 있으나 1868년 터키에 설립된 부상자 구호단체는 적신월(Croissant Rouge)의 표장을 사용하고, 또 페르시아는 가입시 적사자 및 태양(Lion et Soleil Rouge) 표장을 사용했다. 러시아는 다민족이기 때문에 적십자와 적신월을 채용하고, 일본·샴·중국은 적십자 표장을 그대로 자국의 적십자 표장으로 했다. 1906년 제네바조약 개정을 위한 회의에서 이들 표장의 비종교적 성질이 표명되었다.

18) 동 선언의 규정이 일반적 관습법 규칙이 되어 있지 않다고 해도 총가입조항은 관습적 효과에 의해 오늘날에는 폐지되었다고 볼 수 있다. Meyrowitz, H., "Réflexions à propos du centenaire de la Déclaration de Saint-Petersbourg," *RICR*, No. 600, pp.541-555.

전쟁법 일반의 법전화 내지 조약화 노력은 1847년 브뤼셀 선언안으로 나타났다. 이것은 러시아의 초청으로 개최된 회의에서 同國이 제안한 〈전쟁의 법규관례에 관한 국제조약안〉에 약간의 수정을 가해 채택된 것으로, 당시의 육전에 있어서 발생할 수 있는 많은 사항을 망라하는 56개 조문에 이르는 조약안이었다.[19]

동 회의에서 채택된 최종의정서는 세인터 피터스버그 선언의 취지를 반복하고, 전쟁법규 및 관례의 개정에 의한 일보 전진을 확인하였으며, 동 조약안을 1864년 제네바조약과 선언의 발전을 위해서 각 정부에 제안할 것을 선언하였다. 회의에 참가한 유럽의 15개국이 조약안에 서명했으나, 비준에는 이르지 못했다. 그러나 브뤼셀 선언안은 국제법학회(Institut)가 채택한 1880년 〈전쟁의 법규관례(옥스포드 편람)〉[20]를 거쳐 1899년 〈전쟁의 법규관례에 관한 조약〉의 부속규칙의 기초로서 활용되었다.

1899년 헤이그 평화회의가 러시아 황제의 주도하에 "진실되고 항구적인 평화의 이익을 모든 인민에게 보장하는 가장 효과적인 수단을 추구하며 그리고 그중에서도 현존 군비의 점진적 발달을 제한할 목적으로" 소집되었으며, 유럽 국가들을 중심으로 하는 26개국 정부가 대표를 파견했다. 회의 목적의 하나는 1874년 브뤼셀 선언안의 개정이었다. 채택된 3개의 조약과 3개의 선언은 제1조약(국제분쟁의 평화적 해결 조약)을 제외하고 모두 전쟁법에 관한 것이었다.

즉, 〈육전의 법규관례에 관한 조약〉과 그 부속규칙(이하 '헤이그규칙' 이라 약칭) 〈제네바조약의 원칙을 해전에 적용하기 위한 조약〉 〈경기구 또는 그와 유사한 새로운 다른 방법에 의한 투사물 및 폭발물 투하 금지선언〉 〈질식성 또는 유독성 가스의 살포를 유일한 목적으로 하는 투사물 사용 금지선언(이하 '독가스금지선언' 이라 약칭)〉 〈

19) Actes de la Conférence de Bruxelles de 1874 sur le projet d'une Convention internationale concernant la guerre(1874).

20) 국제법학회는 1874년 제네바회기에서 브뤼셀선언검토위원회를 설치하였으며, 동 위원회는 그 이후의 국제법의 발전을 고려하여 전쟁의 법규·관례의 규칙화를 연구하여 그 결과를 전쟁법의 **標準便覽**(Manuel-type)으로 하고, 그 편람을 각국 군대의 훈령으로 채용하도록 각 정부에 송부하였다. 이 편람은 86개조로 구성되어 있으며, 전문을 포함 옥스포드회기(1880년)에서 만장일치로 채택되었다. *Annuaire*, session de Zurich(1877), p.185; *ibid.*, session de Bruxelles(1879), pp.476-485; *ibid.*, session d'Oxford(1880), pp.700-727.

팽창탄환의 사용 금지선언(이하 '덤덤탄 금지 선언' 이라 약칭)〉이 그것이다.[21]

앞의 2조약에는 이미 그 선구적인 조약 규정이 있었다. 다만 〈육전의 법규관례에 관한 조약〉 전문에는 새로운, 소위 마르텐스조항이 삽입되었다는 점을 부언하지 않으면 안 된다. 또한 3개의 선언은 세인터 피터스버그 선언의 정신에 기초한 특정 무기 내지 해적수단(害敵手段)의 사용금지에 관한 것으로 그것들은 당시 개발·생산되거나 전쟁에서 사용되던 것들이었다.

또 헤이그 평화회의는 단순히 전쟁법 조약의 작성을 위한 것이 아니라 '진실되고 항구적인 평화' 를 위한 수단을 찾겠다는 보다 넓은 대의에서 출발한 것이며, 소위 군비제한도 그 목적중의 하나였는데 이에 관해서는 어떠한 합의도 이룰 수 없었다. 다만 최종의정서 중에 만장일치로 채택된 결의는 "회의에서 현실적인 세계에 압력을 가하고 있는 군사상 부담의 제한은 인류의 물질적 및 도덕적 안녕의 증대를 위해서 매우 바람직하다"라고 기술하고 있다.[22]

당시는 문명제국의 식민지 쟁탈전쟁과 무차별전쟁관이 풍미하고 있었기 때문에 회의에서 군비제한 내지 군축문제를 거론하는 것 자체가 모순이었고, 그 실현 전망은 당초부터 없었다고 할 수 있다.

최종의정서는 다음 평화회의의 개최를 예정하고 있었다. 러·일 전쟁 후 러시아 황제가 제1회 평화회의의 작업의 기초로서 유용했던 인도원칙에 새로운 발전을 부여할 목적으로 제2회 헤이그 평화회의의 개최를 제안했다. 제2회는 제1회 참가국 외에 다수의 라틴아메리카 국가들을 포함하여 44개국이 참가하였으며, 제1회 때보다 많은 13개 조약 2개 선언, 2개 결의 등을 채택했는데 이들 대부분은 전쟁법에 관한 것들이었다. 이를 열거하면, 〈육전의 법규관례에 관한 조약〉과 그 부속규칙(헤

21) The Proceedings of the Hague Conferences. Translation of the Official Texts under the Supervision of James Brown Scott. *The Conferrence of* 1899(1920).

22) 1907년 제2회 평화회의의 '결의'도 1899년의 '결의'를 확인하고, "同年(1899년) 이후 거의 모든 국가에서 군사상의 부담이 상당할 정도로 증대한 점을 뒤돌아보고, 각 정부들이 이 문제를 진지하게 검토할 것을 재차 희망한다"고 선언하고 있다. 또한 동 회의의 최종의정서에서도 '회의는 각 정부들이 회의에서 행해진 각 제안들을 고려하여 육군 및 해군 그리고 전쟁예산의 제한에 관한 협조 가능성을 연구하기를 희망한다'고 했다. 최종의정서는 각국 정부대표에 의해 서명되었으나 비준은 이루어지지 않아 법적 구속력은 없었다.

이그규칙), 〈개전시 적국 상선의 지위에 관한 조약〉 〈상선을 군함으로 변경함에 관한 조약〉 〈자동촉발 해저 수뢰의 부설에 관한 조약〉 〈전시 해군포격에 관한 조약〉 〈제네바조약 원칙의 해전에의 적용에 관한 조약〉 〈해전에서의 포획권 행사의 제한에 관한 조약〉 〈경기구 또는 투사물 및 폭발물의 투하 금지에 관한 선언〉 등이다.

이들 중 가장 핵심적인 〈육전의 법규관례에 관한 조약〉 부속규칙(헤이그 규칙)은 1899년의 그것을 약간 수정한 것으로 내용 및 조문은 거의 동일하다.[23] 기타 조약들은 해전에 관한 것들이다. 또한 중립법에 관한 것으로도 〈육전에서의 중립국과 중립인의 권리와 의무에 관한 조약〉과 〈해전에서의 중립국의 권리의무에 관한 조약〉이 채택되었다. 이러한 경향은 당시의 전쟁관에 합치하는 것으로 자본주의의 발전에 따라 해외식민지 획득을 위한 전쟁과 국제통상의 중요성에 따른 해전의 비중 및 영향 증대, 그러한 상황에서의 중립국의 통상보호의 필요가 요구되는 국제사회의 현실에 부합하는 것이었다.[24]

특히 해전규칙과 관련하여 앞의 조약들 외에도 최종의정서는 해전의 법규관례에 관한 규칙의 제정은 다음 회의의 의제로 거론될 것이며, 모든 국가들이 육전의 법규관례에 관한 조약의 제원칙이 해전에도 가능한 한 적용하기를 희망한다고 표명했다. 동 최종의정서에는 제3회 평화회의개최 준비 작업까지 계획되어 있었으나 제1차 세계대전의 발발로 좌절되었다.

이상과 같이 전쟁법의 전개는 근대국제법의 실정법화라는 일반적 경향에 따라 19세기 후반 이후 다수의 조약으로 나타났으며, 최후의 그렇지만 가장 의미 있는 성과는 두 차례의 헤이그 평화회의에서 채택된 조약과 선언으로 결실을 맺었다. 이 시대 전쟁법의 실정법화 또는 법전화의 특징은 그것들이 어떤 종류의 상황(전쟁)에

23) 1899년 조약을 비준한 국가들(46개국)중, 17개국은 1907년 조약을 비준하지 않았다. 따라서 이들 미비준국 및 이들 국가와 1907년 조약 비준국간에는 1899년 조약이 구속력을 갖는다. 그러나 거의 동일 내용인 이들 두 조약의 규정 대부분은 오늘날 관습법 규칙을 구현한 것으로 간주되고 있고 그 한도내에서 모든 국가를 구속한다.

24) 石本泰雄, 中立制度の史的研究, 有斐閣, 1958年, p.130 이하 참조.

적용되어야 할 것으로 간주되었으며 또한 실제 적용되었는가 하는 점을 살펴봄으로써 분명해진다.

우선 전쟁법 관련 제조약은 근대국가나 문명국가간 전쟁에의 적용을 예정하고 있었다. 그것은 이탈리아 통일전쟁 및 보불전쟁이라는 유럽지역에서 발생한 전쟁을 계기로 전쟁법의 조약화가 실현했다는 점에서도 추측할 수 있다. 그렇다면 문명국 이외 국가의 전쟁, 식민지전쟁, 혁명 및 내전에도 전쟁법의 적용이 예정되어 있었는가? 19세기 제조약의 체약국 중 '문명국' 이외의 국가들은 얼마되지 않았고, 많은 라틴아메리카 국가들은 1907년 제2회 평화회의에 겨우 참가했었다는 점에서 보아도 그들 조약은 문명국 이외의 국가들 간의 전쟁에 당연히 적용된다고 본 것은 아니었다.

예를 들면, '조약 개정' 이후 간신히 '문명국' 대우를 받았다는 것을 인정한 일본은 청·일 전쟁(1894년~1895년)에서 전쟁법 준수를 선언하고 청국에도 계몽을 통해 보급에 노력하겠다고 주장하였다.[25]

러·일 전쟁(1904년~1905년)에 있어서도 전쟁법의 적용가능성이 주목되었는데, 일본은 '문명국'으로서 전쟁법의 모범적 준수에 노력했다.[26] 이상과 같은 일본의 태도는 역으로 표현하면, '문명국' 이외에 대한 전쟁법 준수가 의무사항은 아니다라는 인식에 기초하고 있었다고 볼 수 있다.

식민지 전쟁에 있어서도 근대국제법 형성기의 미국독립전쟁과 19세기 초 남미국가들의 스페인으로부터의 독립전쟁(1810년~1812년)에서는 적대행위에 대한 당시의 전쟁법규가 적용된 흔적은 있으나 19세기 후반 이후의 아프리카 등에서의 식민지 투쟁에 있어 식민지 본국은 상대방의 법적 존재조차 인정하지 않았고, 기껏해야 내전으로 간주하여 일반적으로 전쟁법의 적용을 거부하는 태도를 보였다.

---

25) 國際法雜誌 1卷(1902[明治35]년 2월 11일 발행) 중의 「発刊の辞)」 참조. 有賀長雄, 淸日戰役國際法論, 哲學書院, 1896(明治29)年, Ariga Nagao, *La guerre chino-japonaise*(1896), pp.3-6

26) Boissier. *op. cit.*, pp.419-423, 432-439.

또한 미국 남북전쟁은 예외적이나 특히 이데올로기적 대립이 강한 내전에의 전쟁법 적용은 일반적으로 '문명국' 정부(군)의 입장에서는 고려대상이 아니었다. 그러한 가장 전형적인 예는 1871년 파리코뮨에서 제1회 적십자조약의 적용을 호소하는 코뮨측과 그것을 거부하는 베르사이유 정부의 태도에 잘 나타났다. 파리코뮨은 시대를 앞선 것이었으나 이러한 태도의 차이는 당시 전쟁법의 특질과 그 적용의 한계를 보여준 것이었다.

이상과 같은 특징을 가진 전쟁법은 무차별전쟁관과 세력균형에 의한 국제사회의 최종단계, 그렇지만 파탄으로 치달은 제1차 세계대전에서 그 역할을 충분히 달성하였을까? 세계대전은 그때까지의 전쟁법규의 기초자들이 상상할 수 없었던 미증유의 대전으로 총력전적 색체를 띠었으며, 무차별전쟁관에 기초한 교전국과 중립국의 구별이라는 도식 자체가 들어맞을 수 없는 정도의 규모였다.

몇몇 문명국간에서의 적용을 예정하여 제조약에 삽입되었던 총가입조항도 여기서는 전쟁법규 부적용의 정당화를 초래할 뿐이었다. 또한 한편에서는 총력전적 양상 중에 침략군에 대한 국민적 저항(레지스탕스)의 일반화를 초래하였고, 다른 한편에서는 과학기술의 군사적 이용의 결과 항공기 및 독가스도 사용되었다.

이와 같은 새로운 사태에 대한 기존 전쟁법규의 내용은 극히 불충분하다는 사실이 교전국의 관행에서 증명되었다. 이러한 세계대전의 현실에서 전쟁법규 적용의 곤란성은 총가입조항이라는 형식적 이유에 의해서 뿐만 아니라 그 규정 내용이 문명국간 정규군의 전장에서의 통상적인 적대수단에 의한 대치상황을 상정하여 기초되었다는 경직성에 의한 것이었다. 바꾸어 표현하면, 제1차 세계대전은 무차별전쟁관에 기초한 근대국제법의 타당성하에 문명국간 전쟁에서의 이해관계 조정으로서 위치 지워진 전쟁법의 실효성을 붕괴시키고, 다가올 전쟁관의 전환에 바탕을 둔 현대국제법 및 무력분쟁의 실태에 대응한 전쟁법 내지 인도법의 필요성과 가능성을 예견하는 것이었다고 말할 수 있을 것이다.

제3절 현대 국제사회에서의 인도법

제1차 세계대전은 종래의 전쟁법의 적용한계나 약점을 분명히 하였을 뿐만 아니라, 10월 혁명에 의한 사회주의 국가의 출현 및 전후에 국제연맹에 의한 집단안전보장의 구상을 초래하였다. 이들 현상은 모순을 띠면서도 대전 이전의 국제사회의 구조와 규범상황을 근본적으로 바꾸어가는 맹아적이기는 하지만 중요한 요소였다.

이러한 변화의 방향성은 이미 대전 중 소비에트가 내걸은 '평화를 위한 포고' 나 베르사이유 조약에 의한 전 독일황제의 처벌계획중의 침략전쟁의 범죄성이라는 시각에 예시되어 있었는데, 국제연맹 규약은 불명확한 가운데서도 분쟁의 평화적 해결, 전쟁의 제한과 위법한 전쟁에 대한 제재(집단적 안전보장의 맹아) 및 군비축소에 관한 규정을 둠으로써 이후의 국제사회에서의 이러한 방향의 일반성을 나타냈다. 또한 종래의 무차별전쟁관의 입장에서 차별전쟁관 내지 위법전쟁관으로 전쟁관이 변했다. 이러한 전쟁관의 전환은 국제사회의 규범의식의 전환을 재촉하였고 '사실상의 전쟁' 을 일반화하였으며[27] 연맹에서도 안전보장과 군비관계가 논의되기도 하였다.[28]

또한 1928년 부전조약(不戰條約)의 성립으로 전쟁위법화가 한층 진전되어 위법전쟁 또는 제재전쟁에서의 전쟁법규의 차별적용 문제가 야기되었다.

27) 祖川武夫, "Carl Schmittにおける戰爭觀念の轉換について(1)," 法學 17卷 2号; 石本泰雄, "いわゆ事實上의の戰爭について," 現代國際法の課題(横田先生還暦祝賀), 有斐閣, 1958年.

28) 국제연맹 제3회 총회에서 채택된 결의 14(Resolution XIV) (League of Nations, Record of the Third Assembly, Minuites of the Third Committee[1923]. Annex 8) 참조. 그러나 이 결의는 안전보장, 중재재판, 군축의 세 축 사이의 순환논법이라는 내실이 별로 없는 논쟁을 야기하였다(Ray, Jean, Commentaire du Pacte de la Societe des Nations selon la politique et la jurisprudence des organes de la Societe [1930], pp. 305-306). 拙著, 軍縮の 國際法, 日本評論社, 1985年 참조.

이러한 국제사회의 전개와 위법전쟁관이라는 규범적 상황 하에서, 무차별전쟁관에 기초하여 문명국의 요구를 실현해온 종래의 전쟁법은 그 법적 지위와 내용에 있어서 어떻게 변모했는가?

그러한 변모는 연맹 출현 후 즉시 나타났을 뿐만 아니라 완만하지만, 장기적 관점에서 관찰한다면 국제사회의 상황이나 구조의 변화에 대응하면서 특히 제2차 세계대전 후의 비식민지화의 물결과 다수의 신흥제국의 등장에 부합되어 나타났다고 할 수 있을 것이다. 최근 들어 국제인도법이라는 용어가 사용되고 오늘날 그 법적 지위나 내용은 형성과정 중에 있다. 위법전쟁관하에 있어서 중립제도의 동요과정과 대비되는 전쟁법의 변모, 그 중에서도 인도법 형성의 특징을 다음에서 개관하고자 한다.

1. 세계대전 간(1918~1939) 전쟁법의 변화

이 시기의 전쟁법에 관한 논의는 제1차 세계대전 당시 전쟁법의 불비 · 부적절에 대한 반성 끝에 공습, 독가스 나아가 잠수함의 규제라는 작업부터 시작되었다. 독가스 문제에 대해서는 우선 베르사이유 조약이 그 제조금지(군축)를 독일에 대해 일방적으로 의무 지웠으며, 1922년 〈잠수함 및 독가스에 관한 5개국 조약(워싱턴 조약)〉은 가스 사용의 일반적 금지에 관한 조문을 두었다.

그러나 동 조약이 비준되지 않았기 때문에 1925년 제네바에서의 무기거래 단속회의에서 재차 동일한 문헌(나아가 세균학적 전쟁법의 금지도 포함)을 포함시켜 의정서로 채택되었다.[29]

다른 한편 1922년 군비제한을 위한 워싱턴 회의에서 새로운 공격 · 방어방법에

29) Société des Nations, Actes de la Conférence pour le contrōle du commerce international des armes et munitions et des matériels de guerre(1925), pp.161-163, 310-321, 344-347.

관한 국제법 규칙의 수정 필요성을 검토할 위원회의 설치가 요청되었고, 이에 부응하여 같은 해 말 헤이그에 법률가위원회가 설립되어 공전(空戰)에 관한 규칙 및 전시 무선전신사용에 관한 규칙에 대한 보고서를 작성하였다.[30]

후자에 대해서는 기존 조약에도 규정되어 있었기 때문에 그에 관한 특별 조문은 준비되지 않았으나, 전자에 대해 미국 대표가 제출한 초안을 기초로 62개 조문에 걸친 상세한 〈공전규칙안(空戰規則案)〉이 작성되었다. 이 공전규칙안은 결국 조약으로서 각국의 비준을 얻지 못하고 초안에 그쳤으나, 이후의 무력분쟁에서 공전(습)이 극에 달해 중요한 지위를 점하게 됨에 따라 각국들에게 지침으로 받아들여졌다.

독가스와 공습이라는 새로운 해적수단·방법의 문제는 나아가 국제연맹이 주최한 군축회의(1932년~1933년)에서도 제기되어 군비규칙 내지 축소 조치의 일환으로 위치가 부여되었다는 점에도 주목해야 한다. 이미 군축회의 준비위원회 단계에서 화학무기, 세균무기 외에 소이무기(燒夷武器)의 생산 및 소유의 규제와 더불어 사용금지 문제가 검토되어, 군축회의에서의 군축조약안(48조)에도 이에 관한 사항이 명기되었다.[31]

또한 동 회의에서는 공습에 대한 일반주민 보호조치 문제가 거론되었는데, 일반위원회의 결의(1932년 7월 23일)는 향후 발생될 분쟁의 경우에 공습이 문명에 피해를 입힐 위험을 충분히 인식하여 "일반주민에 대한 모든 공습은 절대적으로 금지하여야 한다"고 표현하였으며, 이 결의에 따라 공군의 제한조치가 검토되었다.

군축조약안도 "체약국은(일정한 원격지역에서의 경찰상 필요한 경우는 제외) 공습의 완전한 폐지를 받아들인다(제34조)"는 것을 비롯해 군용기의 폐지 및 제한을 포함한 조

30) 법률가위원회가 검토해야 할 사항으로 '(a) 국제법의 현행규칙은 1907년 헤이그 회의 이후 새로운 전쟁수단의 도입 또는 개발에 의한 새로운 공격·방어방법에 적응할 수 있는가? (b) 그것이 부정될 경우, 국제법에 편입되기 위해서 현행규칙에 가해야 할 수정은 어떤 것인가?'를 들었다. 후자에 대해 잠수함과 독가스에 관한 규칙의 검토는 회의에서 이미 다루어졌으므로 제외되었다. Commission de Juristes chargée d'étudier et de faire rapport sur la révision des lois de la guerre, Rapport général in *Rivista di diritto internationale*, Anno XV. Serie Ⅲ Vol. Ⅲ(1923), pp.40-114.

31) 영국이 제출한 조약안(League of Nations, Records of the Conference for the Reduction and Limitation of Armaments, Series B, Minutes of the General Commission. Vol. Ⅱ[1933], Doc. Conf. D. 157, pp.630-631)은 1933년 6월 1일의 본회의에서 장래 군축조약의 기초로서 만장일치로 채택되었다.

치를 확정했다. 이와 같이 살펴보면, 무기와 공습에 관한 군축회의에서의 심의는 가스의정서와 헤이그 공전규칙안의 문언을 확인하고, 혹은 그것을 넘어 대상범위 및 내용에 대해서도 금지 방향으로 한층 진전한 것이었다.

그러나 군축회의는 국제정세가 긴박한 가운데 1933년 구체적 성과를 내지 못하고 중단되지 않을 수 없었다.[32]

해전규칙에 대해서는 잠수함의 행동규칙이 중심이었다. 앞에 기술한 워싱턴조약은 잠수함전시 "상선은 승조원과 승객이 안전한 장소로 이주한 뒤에 파괴할 수 있다"는 규칙을 선언하고, 만약 잠수함이 이 요구를 충족할 수 없다면 "공격 및 나포를 포기해야 한다"고 규정하고 있었다. 그렇지만 동 조약이 발효되지 않았기 때문에 1930년 런던해군군축조약(22조), 나아가 1936년 런던의정서에 동일한 문언이 포함되었다. 이것도 공습의 규칙과 마찬가지로 민간인 보호를 먼저 염두에 둔 규정이었다.

다른 한편, 이미 명문상의 일정한 보호가 부여되고 있던 상병자 및 포로에 대해서도 개정조약이 이 시기에 작성되었다. 1929년 〈전장에서의 군상병자의 상태개선에 관한 제네바조약(제3회 적십자조약)〉 및 〈포로의 상태개선에 관한 제네바조약〉이 그것들이다.

양 조약 모두 당시 세계의 압도적 다수국의 비준 및 가입을 얻었다.[33] 또한 제1차 세계대전 후의 전쟁법 관련 조약들에는 이미 총가입조항이 삭제되었다는 점에 주목해야 한다. 그런데, 제1차 세계대전 후의 많은 무력분쟁은 전쟁위법화하에서 사실상의 전쟁이라든가 국제적 규모의 내전이라는 형태를 취하게 되었다. 이러한 무력분쟁(예를 들면, 만주사변 이후 중·일 무력분쟁 및 이탈리아·에티오피아 전쟁)에 과연 변

32) 또 연맹은 그 후에도 총회에서 '전시 공습에 대한 비전투원인 일반주민의 보호'문제를 꺼내어 때마침 중일간의 무력분쟁이나 스페인내전에서의 공습을 비난하는 결의(각각 1937년 9월 27일 총회 결의, 동년 5월 29일 이사회 결의)를 채택했다.

33) 1929년 상병자조약의 비준·가입국 수는 58개국, 1929년 포로조약의 비준·가입국 수는 52개국이다. 일본은 전자를 1934년 12월 18일 비준했으나, 후자는 비준하지 않았다. 그리고 양 조약 작성후의 동향을 보면, 1934년 제15회 적십자 국제회의(東京)는 처음으로 적국 민간인 보호에 관한 조문 초안(東京草案)을 작성했으나 성과를 보지는 못했다. 또한 상병자조약 개정안은 1938년 제16회 적십자국제회의에서 승인되어 1940년 외교회의에 제출될 예정이었으나, 동 회의는 제2차대전의 발발로 연기될 수 밖에 없었다.

모하는 전쟁법이 적용될 수 있을지에 대한 논쟁이 제기되었다. 또한 이들 양 분쟁 모두 무력 및 경제력이 우세한 제국주의국가와 당시의 약소국 간에 발생한 것으로 전자가 근대무기를 구사한 침략행위인 반면 후자는 게릴라전, 인민전쟁으로 대항하는 특징을 보였다. 이러한 현상은 제2차 세계대전 후의 식민지 해방투쟁 형태의 선구가 되었다. 또한 스페인 내전은 사실상 외국군대와 의용병이 참가한 국제적인 규모로, 동 전쟁에 대해 적십자조약과 포로조약 원칙의 적용이 요구되었다.

이들 무력분쟁은 새로운 전쟁법의 성질과 내용의 적절성을 가늠하는 것이었다고 할 수 있으나, 그 변모의 불충분함을 분명히 보인 것이 제2차 세계대전에서의 각국들의 관행이었다. 동 대전에서의 발달된 과학기술의 군사적 이용(전략폭격기와 원폭의 개발)과 투쟁형태의 변화(점령지역에서의 저항운동과 빨치산전의 일반화)는 종래 전쟁법의 예상을 초월하는 사태가 벌어져 공습에 대한 법리의 타당성, 일반주민의 법적 보호의 필요성, 원폭의 합법성 및 저항운동의 법적 지위라는 여러 문제를 야기하였다. 전후의 전쟁법 개정작업 나아가서는 인도법 관념의 등장과 그 형성은 전쟁위법화하에서의 무력분쟁, 특히 제2차 세계대전의 경험을 바탕으로 하여 진전되었다.

2. 제2차 세계대전 이후의 인도법

전후 세계질서의 틀을 만든 1945년 국제연합 헌장은 전쟁위법화와 집단안전보장을 한층 발전시켰으며, 전쟁법 내지 인도법의 법적 지위와 방향성을 규정하는 역할도 완수하였다. 당초 국제연합에서 핵무기 사용 규칙이 원자력의 평화적 이용과 군비제한의 일반적 틀 속에서 거론되었으나, 때마침 불어 닥친 미 · 소 냉전 상황으로 이들 문제는 더 이상 진전되지 않았다. 한편 전후 전쟁법의 전개 내지 인도법의 형성은 1949년 제네바협약의 성립을 정점으로 하는 제2차 세계대전의 처리 성격을 띤 개정작업과 1977년 추가의정서에 이르는 전후의 주된 무력분쟁(특히 베트남 전쟁) 상황을 고려한 추가 작업으로 대별된다.

전자의 작업은 대전직후인 1946년 적십자국제위원회가 소집한 각국 적십자사 예비회의에서 시작되었다. 이 회의에는 1929년 상병자조약, 제네바조약의 원칙을 해전에 적용하는 조약(1907년 헤이그 제10조약), 1929년 포로조약의 개정과 민간인에 관한 새로운 조약의 작성연구 문제가 제기되었다.[34] 이어서 이 문제를 심의할 1947년 정부전문가회의[35], 그 다음 해인 제17회 적십자국제회의(스톡홀름)를 거쳐 1949년 제네바 외교회의(정식으로는 '전쟁희생자 보호를 위한 국제조약 작성을 위한 외교회의')가 개최되었으며, 동 외교회의에는 59개국 정부대표 외에 적십자국제위원회 및 적십자사연맹의 전문가 그리고 12개 단체의 옵저버가 참가했다(당시 연합국의 점령 하에 있던 일본은 옵저버로 참가).[36]

외교회의는 4개 협약의 통일 초안(스톡홀름 초안)을 기초로 심의하여[37] 다음과 같은 제네바 4개 협약을 채택했다. 〈전지에서의 군대의 부상자 및 병자의 상태개선에 관한 협약(제1협약)〉 〈해상에서의 군대의 부상자, 병자 및 조난자의 상태개선에 관한 협약(제2협약)〉 〈포로의 대우에 관한 협약(제3협약)〉 〈전시 민간인의 보호에 관한 협약(제4협약)〉이 그것이다.

총 429개 조문에 이르는 전쟁희생자 보호조약(이하 '제네바제협약')은 양적으로도 질적으로도 종래의 적십자조약과 포로조약의 개정에 그치지 않고, 새로운 성격과 내용을 전쟁법 영역에 포함시켰다. 우선 그때까지 직접적인 규정대상이 되지 않았던 민간인에게 일정한 범위에서 협약상의 보호가 부여되었다. 이는 제2차 세계대

---

34) Rapport sur les travaux de la Conférence préliminaire des sociétés nationales de la Croix-Rouge pour l'étude des Conventions et de divers problèmers ayant trait à la Croix-Rouge(1946).

35) Rapport sur les travaux de la Conference d'experts gouvernementaux pour l'étude des Conventions protégeant les victimes de la guerre(1947).

36) *Actes*(1949), Tome, Ⅰ. pp. 157-170.

37) Projets de Conventions révisées ou nouvelles protégeant les vicitimes de guerre: Textes approuvés et amendes par la XVⅡe Conférence Internationale de la Croix-Rouge(1948).

전에 있어서의 민간인 희생의 증대가 직접적인 계기가 되었지만, 전쟁법에 있어서의 보호대상 카테고리의 확대에 새로운 시각을 부여하고 동시에 전쟁법에서 인도법으로 발상이 전환되고 있다는 것을 나타내는 것이었다. 제2협약이 난선자에게 보호를 확대한 점도 제2차 세계대전의 해전에서의 희생자를 고려한 결과였다.

제네바 제협약은 사실상의 전쟁에까지 명시적으로 그 적용범위를 확대함으로써 전쟁위법화하에서도 빈번하게 발생하는 무력분쟁에 대응하고 있다. 또한 규정내용에서 보아도, 제2차 세계대전시의 관행에 있어서 종래의 전쟁법상 적용이 곤란하다고 간주되었던 여러 사항들에 대한 개선도 있었다. 그중 가장 문제가 많았던 저항운동단체 구성원의 포로자격 조건에 대해서도 포로협약에서 일정 정도 해결했다. 더욱이 주목해야 할 점은 이들 4개 협약에는 비국제적 무력분쟁에 적용되는 공통규정(제3조)이 포함되었다는 점이다.

동 조항의 채택으로 내전에 타당한 고유 규칙이 전쟁법의 오랜 역사에서 처음으로 등장했다. 이것은 인도법으로의 전환을 상징하는 현상이라고도 볼 수 있다. 이후 국제적 무력분쟁과 비국제적 무력분쟁 각각에 적용될 인도법의 2분류 방식이 채용되었다.

그렇지만 제네바제협약도 종래의 전쟁법 체계의 전 분야를 망라한 것이 아니라, 전쟁희생자 보호의 관점에서 만들어진 규정(이른바 제네바법)에 한정되며, 해적수단 및 방법의 규제(이른바 헤이그법)에 직접 미치는 것이 아니었다. 또한 무력분쟁에서의 문화재보호라는 새로운 관점에서 유네스코의 이니셔티브로 1954년 〈무력분쟁시의 문화재 보호를 위한 헤이그 조약〉이 채택되었다. 그런데 그 후의 국제사회의 전개와 국제사회에서 발생하는 무력분쟁의 성질과 특징은 제네바제협약의 이러한 제한으로는 불충분하여, 이를 넘어서는 인도법의 발전을 요구하기에 이르렀다.

인도법 형성의 제2기라고도 할 수 있는 1977년 추가의정서에 이르는 작업은 전후 국제사회에 불어닥친 식민지 및 종속지역의 해방투쟁과 그 결과 탄생한 다수의 아시아 및 아프리카 신흥국들의 등장에 의한 국제사회의 구조변화를 배경으로 행해졌다. 식민지체제 붕괴과정에서 1960년 식민지독립부여선언을 계기로 민족자결권의 확립[38]에 이른 국제연합 체제는 현대 국제법 제분야의 발전을 이루었고 그것은 인도법 분야에도 파급되었다.

인도법의 발전은 다른 법 분야보다 더욱 뚜렷하였으며, 무력분쟁(민족해방투쟁)으로 인한 고통에 가득찬 현실의 투쟁에서 획득된 것이다. 그 대표적이고 장기간에 걸친 투쟁으로 알제리 독립투쟁과 베트남 전쟁을 예로 들 수 있겠으나, 어느 쪽이나 제네바협약의 적용가능성에 관하여 논란이 되는 문제를 야기했다.[39] 특히 후자는 현대무기의 무차별적 사용과 게릴라전(인민전쟁)이라는 대조적 수단의 채택으로 그때까지의 인도법 제규정의 불충분함이나 한계를 통감하게 했다. 이들 투쟁에서 보인 현대무력분쟁의 성질 및 특징에 대응하는 인도법의 전개를 위해서 제네바 제협약의 재검토 필요가 국제사회의 주목을 받았다.

적십자국제위원회는 1950년대부터 이 문제에 몰두하여, 1956년 〈전시 일반주민이 입을 위험을 제한하는 규칙안〉[40]을 발표하였고, 베트남 전쟁에서 '북폭(北爆)'이 개시된 1965년에 개최된 제22회 적십자국제회의는 모든 정부 및 무력분쟁 시에 전투에 책임을 지는 모든 당국이 적어도 준수해야 할 4원칙을 선언했다.[41]

다른 한편 국제연합은 마침내 1968년 국제인권회의 결의에서 〈현행 국제조약

---

38) 松井芳雄, "現代國際法における民族自決權の確立", 岡倉・長谷川編, 民族の基本的權利, 法律文化社, 1973年 수록 참조.

39) Bedjaoui. M., *La révolution algérienne et le droit*(1961), 拙稿, "ベトナム戰爭と1949年ジュネーブ條約," 金沢大學 法文學部論集 法學篇 19卷, pp.57-152.

40) CICR, Project de Règles limitant les risques courus par la population civile en temps de guerre, Deuxième Edition(1958). 이 규칙안은 20개조로 이루어져 있으며, CICR의 해설이 붙어있다. 1956년 규칙안에 대한 각 정부의 반응이 호의적이지 않아, 결국 CICR은 더 이상 추진하지 않았다.

41) 4 원칙은 다음과 같다. (1) 분쟁에 종사하는 당사자는 해적수단의 선택에 관하여 무제한의 권리를 갖는 것이 아니다. (2) 일반주민에 대한 공격은 금지된다. (3) 적대행위에 참가하는 자와 일반주민의 구별은 후자가 가능한 한 피해를 입지 않도록 모든 경우에 이루어져야 한다. (4) 전쟁법의 일반원칙은 핵무기 및 유사무기에도 적용된다(XXe Conference internationale de la Croix-Rouge, Resolution XXVIII). 그리고 국제연합 총회 결의 2444(XXIII)는 前記한 결의 중 (4)를 제외한 3원칙을 그대로 채용하고 있다.

및 인도적 규칙의 모든 무력분쟁에서의 최선의 적용을 확보하기 위해서 취할 수 있는 조치〉 및 〈모든 무력분쟁에서 민간인, 포로 및 전투원의 보호를 보다 잘 확보하기 위해 일정한 전투방법 또는 수단의 사용을 금지 및 제한하기 위해 보충적 국제인도조약을 작성하고, 경우에 따라서는 현행 조약을 개정할 필요성〉에 대한 검토를 요청하였다.[42)]

이후 적십자국제위원회와 국제연합의 협의로 인도법의 현상과 문제점의 검토 그리고 보완과 개정준비 작업이 급속하게 전개되었다. 그 결과 위원회는 두 차례(1971년과 1972년)의 〈국제적 무력분쟁에 적용되는 국제인도법의 재확인과 발전을 위한 정부 전문가회의〉[43)]의 토의를 참고하여 제네바협약에 대한 두 개의 추가의정서안(이하 'ICRC 최종초안')[44)]을 작성하였고, 이것이 1974년~1977년 외교회의의 기초가 되었다.

네 번의 회기에 걸친 〈국제인도법의 재확인과 발전을 위한 외교회의〉는 국제사회의 구조변화를 초래한 제3세계에 속하는 다수 국가들을 포함한 100개국 이상(합계 124개국)의 참가국과 몇몇 해방단체(투표권을 제외하고는 참가국과 동일한 권리를 가짐), 나아가 옵저버(국제연합, 전문기관, 비정부간기구 등)의 출석[45)] 하에 토의가 진행되어 1977년 2개의 추가의정서, 즉 〈국제적 무력분쟁에서의 희생자 보호에 관한 1949년 8월 12일자 제네바협약에 대한 추가의정서(제1추가의정서)〉 및 〈비국제적 무력분쟁에

---

42) Résolution XXVIII de la Conférence internationale sur les droits de l'homme, Téhéran(1968).

43) Rapport sur les travaux de la Conference(1971) ; *ibid.*, Vols. I , II(1972).

44) CICR, Project de Protocoles additionnels aux Conventions de Genève du 12 août 1949. *Commentaires*(1973) CDDH/3.

45) 스위스는 제네바협약 체약국과 국제연합 회원국에 회의 초청장을 발송했는데, 참가국 수는 제1~제4회기 순으로 124, 120, 107, 109였다. 그리고 제1회기에 기니아·비사우와 남베트남임시혁명정부(GRP)(양자 모두 제네바협약 가입서를 스위스 정부에 기탁)가 참가를 요구했다. 前者에 대한 초청 결의안은 콘센서스로 채택되었으나, GRP에 대해서는 근소한 차이(찬성 37, 반대 38, 기권 33)로 부결되었다. 제2회기에서도 GRP 초청문제는 논란이 되었으나 마찬가지로 부결되었다. 1975년 사이공정권의 붕괴와 그 후의 베트남 재통일 달성 결과, 제3회기에는 남베트남공화국으로서, 제4회기에는 베트남사회주의공화국으로서 참가하였다. 이러한 베트남 참가문제의 전개는 국제사회의 변용을 반영하고, 회의의 성격을 상징적으로 보여주었다. 또한 拙稿 "Statut international du GRP de la République du Sud Viêt-Nam dans le droit international contemporain," *Revue de Droit International de Sciences Diplomatiques et Politiques*(1977), No. I , pp.1-48 참조. 해방운동단체는 관계지역 정부간기구에 의해 인정받은 단체가 초청되었는데, 참가 수는 제1~제4회기의 순으로 10, 8, 4, 4였다. 또한 참가한 옵저버 수는 동일한 순서로 43, 38, 39, 34에 이르렀다. CICR은 전문가(expert) 자격으로 참가했다(Acte Final de la Conference diplomatique, pars.2-5).

서의 희생자 보호에 관한 1949년 8월 12일자 제네바협약에 대한 추가의정서(제2추가의정서)〉를 채택하고 막을 내렸다.[46)]

제1추가의정서는 102개 조문과 2개의 부속서로 이루어지며, 그 구성은 제네바 제협약에 나뉘어 있던 대상을 종합하고, 나아가 해적수단 및 방법에 관한 규정도 약간 포함하고 있다. 동 의정서 중, 외교회의에서 많은 논란이 있었던 것 중에는 자결권에 기초한 민족해방투쟁의 법적 성질, 전투원 및 포로의 자격, 용병의 지위, 이익보호국의 지명, 복구 규정 등을 들 수 있다. 이것들은 현대 무력분쟁에 있어서 종래의 규정, 특히 제네바제협약 관련규정의 적절성이 논쟁되고 있던 것들이었다. 제2추가의정서는 24개 조문으로 구성되어 있으며, 제네바제협약 공통3조와 비교하여 언뜻 보기에 커다란 진전이 있는 것으로 보인다. 오늘날 많은 무력분쟁이 내전의 형태를 취하고 있기 때문에 동 의정서의 기초는 관심을 끌었으나, 다만 민족해방투쟁이 제1추가의정서의 범위에 포함됨에 따라 제2추가의정서에 대한 각국들(특히 제3세계)의 관심은 회의 도중부터 상당히 수그러들었다.

어쨌든 추가의정서가 확립한 인도법은 제네바제협약에 대한 추가라는 형식을 취하면서도 내용적으로는 동 협약의 체제와 틀을 넘어서는 새로운 방향을 나타내고 있다. 그러나 인도법의 전개는 추가의정서에 의해 완성된 것은 물론 아니고(특히 무기규제 문제는 의정서의 틀 밖에 있음), 동 의정서중의 많은 규정도 타협적 내용을 나타

46) *Actes*(1974-77), Vols, Ⅰ-XVII. 그리고 양 의정서는 1977년 12월 12일에 제네바협약 체약국 서명을 위해 개방되어(제1추가의정서 제92조, 제2추가의정서 제20조), 12일 44개국이 양 추가의정서에, 2개국(필리핀과 베트남)이 제1추가의정서에 서명하였으며, 2개국(가나와 리비아)의 비준을 얻어 1978년 12월 7일 효력이 발생했다(제1추가의정서 제92조~제95조, 제2추가의정서 제20조~제23조 참조). 일본은 어느 의정서에도 서명하지 않았었다.

내고 국제사회의 현상에 의한, 말하자면 역사적 제약을 받고 있다.

또한 국제적 무력분쟁과 비국제적 무력분쟁의 구별의 정착화는 각각의 분쟁에 적용될 규칙의 동이성(同異性)을 둘러싸고 인도법의 성질에 대한 깊은 연구의 필요성을 제기한다. 이를 위해서 먼저 현대 국제법에 있어서 인도법의 보다 명확한 지위를 정립하여야 한다. 전쟁관의 전환 이래 과연 인도법은 현대 무력분쟁에 적용될 근거 내지 타당성을 가질 수 있을까? 나아가 현대 무력분쟁의 특징에 비추어 인도법의 제규정은 현실에 적용될 실효성을 인정받을 수 있을까 라는 기본적 문제가 제기된다.

47) 이미 1907년 헤이그평화회의에서 전쟁시의 폭력을 규제하려고 하는 모든 노력은 전쟁을 폐지하려고 하는 노력과 대립된다는 견해도 표명되었으나(Fried. A. H., *Die zweite Haager Konferenz, ihren Arbeiten, ihre Ergebnisse und ihre Bedeutung*[1908], S. 201), 이러한 思考가 강조된 것은 제1차 세계대전 이후이다. 1931년 9월 11일 국제연맹 총회에서 스페인대표 마르다리아가(M. de Mardariaga)는 '우리는 전쟁을 법의 울타리 밖에 둘 수 있다. 왜 전쟁법을 연구할 필요가 있는가 …… 전쟁은 문명국에서 불가능해지고 있다.' '그 약속을 위반하고 깨트린 국가가 교전자의 권리를 요구할 수 있다는 것을 나는 용인할 수 없다'고 했다(League of Nations Official Journal, Special Supplement, No. 93[1931], p. 79). 학설은 영국 국제법 잡지 익명 논문("The League of Nations and the Laws of War," *BYBIL*, Vol. I [1920-21], pp.109ff.)참조. 제2차 세계대전 이후에도 이러한 경향은 재연되었으나 펜윅(C. G. Fenwick)은 전쟁법 개정시도를 사리에 맞지 않는 또는 순진한 것으로 간주하였으며(ASIL, *Proceedings*[1949], p.126: *Recueil des Courss*[1950],Ⅱ, p.63.), 드비셔(Charles De Visscher)는 '출구없는 계획' 또는 '전혀 쓸모없는 작업'이라고 평했다(Theories et realites du droit international public, 2eme ed. [1955], pp. 366-367). 또한 국제연합 국제법위원회(ILC)는 제1회기(1949년)에서 법전화해야 할 항목중에 전쟁법을 들지 않은 이유를 다음과 같이 밝혔다. '위원회의 다수는 당면한 이 문제의 연구에 반대를 표명했다. 만약 위원회가 위원회 설립 초기에 이 문제에 대해 연구를 할 경우, 여론은 이를 국제연합이 평화유지를 위해 취할 수단의 효과를 신뢰하지 않는다는 것을 보여주는 증거라고 해석할 것으로 추측된다'(ILC, *Yearbook*[1949], p.264).

48) 전쟁법의 타당성이나 개정의 필요성을 둘러싼 논의에 대해서는 Kunz. J. L., "The Chaotic Status of the Law of War and the Urgent Necessity for Their Revision." *AJIL*, Vol. 45(1953), pp.365-376: Nurick. L., "The Distinction between Combatant and Non-Combatant in the Law of War." *ibid.*, Vol. 39(1945), pp. 680ff.: *Annuaire*(1957) I pp.495 et s.

제2장 인도법의 유효성

제1절 문제의 소재

인도법의 성질을 점치는 첫 번째 열쇠는 현대국제법체계에 있어서의 인도법의 유효성(타당성) 문제이다. 제1차 세계대전 후 전쟁관의 전환 이래, 특히 부전조약과 국제연합 헌장에 의한 전쟁 내지 무력행사의 금지 결과, 만약 무력분쟁이 발생하면 이론적으로는 일방은 위법한 침략국이고 타방은 그 희생국 또는 제재국으로 간주될 것인데, 이러한 상황에서 과연 양자를 동등하게 구속하는 전쟁법 내지 인도법은 타당한가 또는 그것이 타당하더라도 양자에게 차별적으로 적용될 수 있는 것은 아닌가라는 의문이 생길 수 있다.

이러한 의문이 일보 더 진전하면 전쟁위법화하에서 침략국의 범죄행위만을 대상으로 하는 무력분쟁을 규제하는 규범을 인정할 여지는 없고, 따라서 전쟁법의 개정이나 그 연구는 이제 필요조차 없다는 견해로 흐를 수 있다. 이러한 견해는 반드시 새로운 것은 아니지만, 두 차례의 세계대전 후에 국제법학계를 일시적으로 풍미했었다.[47] 무엇보다도 오늘날에는 전쟁법(연구) 무용론은 소수파에 그치고, 반대로 전쟁법의 개정과 인도법의 발전이 필요하다고 보는 견해[48]가 뿌리 깊게 주장되고 있으며, 현실에서도 이미 살펴본 바와 같이 1949년 제네바협약으로부터 1977년 추가의정서에 이르는 성과를 들 수 있다.

그런데 전쟁법 무용론은 차치하고, 그 차별적용론은 현대국제법의 구조와 전쟁법이나 인도법의 성질을 관련지어 검토될 필요가 있다. 우선 차별적용 주장에서 당연하게 전제되는 사항은 전쟁관의 전환 이래 '위법' 또는 '침략' 전쟁이 국제사회에서 항상 정당하게 인정될 수 있다는 점이다. 그러나 국제연맹 시대는 말할 필요도 없이 국제연합 체제하에서도 무력분쟁의 발생 시에 앞의 인정이 반드시 신속하고 객관적으로 이루어지지 못했고, 취해져야 할 국제연맹 및 국제연합의 집단안전보장 조치도 충분히 기능하지 못했다.

법적 체제는 일단 갖추어져 있어도 위법 또는 침략전쟁이라는 것이 항상 인정된다는 보장은 없었다. 그리고 현실적으로는 이러한 인정이 이루어지지 않는 무력분쟁이 대부분을 차지하고 있다. 이러한 무력분쟁에는 차별적용의 주장이 결실을 맺을 여지가 거의 없고(무엇보다 후술하는 바와 같이 자위권 행사에 대해서도 차별적용을 인정하자는 견해도 없지는 않음), 분쟁당사자간에 전쟁법 내지 인도법은 평등하게 적용된다고 보아야 한다. 이 경우 무차별전쟁관하에서의 전쟁상태와 마찬가지로 전쟁법의 유효성은 긍정될 것이다. 그러나 이상과 같은 위법 또는 침략전쟁에서 그러한 상태의 인정에 있어서의 불안정성과 자의성을 일단 고려대상에서 제외하고, 인정되었다는 전제하에 논의를 진행할 때 차별적용이 법이론상의 문제로 제기된다.

제2절 차별적용의 주장

전쟁법의 차별적용 문제는 일반화하여 말하면, jus ad bellum(실제는 jus contra bellum)의 jus in bello에 대한 영향의 유무 문제, 보다 구체적으로 말하면 jus contra bellum을 위반하여 무력에 호소한 국가는 그럼에도 불구하고 jus in bello 규칙의 이익을 향유할 수 있는가, 또는 그것을 향유할 수는 없으나 그 규칙의 의무에는 구속되는가 하는 문제이다. 바꾸어 말하면, 침략(위반)국과 그 희생(제재)국은 전쟁법의 적용에 있어서 평등한 입장에 서있는가 차별적 입장에 서있는가 하는 문제이다.

jus ad bellum의 jus in bello에의 영향 내지 양자의 관계에 대해서는 이미 중세 스콜라학파의 정전관은 정당원인 즉 '잘못의 교정' 관념과 결합하고, jus in bello 적용에 있어서의 차별에 대한 사고방식을 포괄하고 있었다.[49] 그러나 무차별전쟁관이 지배하는 근대국제법 하에서 전쟁권(jus belli)은 국가기본권의 일부로 간주된 주권 · 독립권 하의 당연한 결과물이었기 때문에, 모든 주권국가는 전쟁에 호소할 동등한 권리를 가지며, 그 경우 전쟁법은 당연히 교전국간에 평등하게 적용되는(즉, jus ad bellum에 관한 국가평등원칙과 jus in bello에 관한 교전자 평등원칙의 우연의 합치) 것으로 간주되었다. 결국 '쌍방 입장에서의 정전' 에 대해 전쟁법 평등적용은 '문명의 원칙' 에 합치하는 것으로 볼 수 있었던 것이다.[50]

위법전쟁관의 시대에 들어서자 전쟁권은 원칙적으로 폐지되어 위법한 전쟁이라는 새로운 개념은 전쟁 원인의 正 · 不正을 고려하지 않으므로(정당원인을 가지고 있어도 국제연합 헌장에 반한 전쟁은 위법임) 중세적 정전론과는 다르다. 그러나 jus contra bellum의 이러한 새로운 개념은 그 차별적 성격 때문에 스콜라학파의 정전론에 접근하는 측면도 가지고 있다. 그렇다면 이러한 전쟁관의 전환이 jus in bello에 어떤 영향을 끼쳤다고 할 수 있을까? 국제연맹규약, 부전조약, 국제연합헌장 그 어느 것도 jus ad(contra) bellum과 jus in bello의 관계에 대해서는 침묵하고 있다.

국제연맹체제, 나아가 국제연합체제 하에 있어서 무력분쟁시의 각국들의 태도도 그리고 대다수 학자들의 견해도 전쟁관념의 전환에도 불구하고 전쟁법의 존속, 양교전국에의 평등한 적용을 지지해왔다.[51] 그러나 국제연맹 시대에도 전쟁법의

49) Vandelpol, A., *La doctrine scolastique du droit de la guerre*(1925).
50) Bluntschli는 "전쟁법은 정당전쟁과 마찬가지로 부정한 전쟁을 문명화하는 것(civiliser)을 목적으로 한다"고 했다(Bluntschli, M., *Le droit international codifie*(trad, Lardy), 3ème ed, [1881], sec.519).
51) 예를 들면, 1930년 '부전조약을 국제연맹 규약에 조화되도록 필요한 수정을 연구하기 위해 국제연맹 이사회에 의해 설치된 위원회'(11개국 위원회)의 보고에 따르면, '침략에 대한 항전 또는 국제경찰 조치를 실시할 경우에 전쟁법은 변함없이 적용된다. ……위원회의 생각으로는 동등한 군사행동의 성질이 어떤 것이든 전쟁법 규칙은 그 가치를 유지한다'고 하였다(League of Nations Official Journal[1930], pp.354-355).

존속을 전제하면서도 침략국 차별주장이 이루어지고 있었다.

예를 들면, 1934년 국제법협회(ILA)가 채택한 소위 〈부다페스트 해석조항〉[52]은 부전조약이 전쟁 · 중립법의 적용에 다음과 같은 구별을 도입했다고 한다. 즉 한편으로는 모든 교전국에게 평등하게 부과할 수 있는 규칙으로서 일반조약에 의한 인도적 성질의 의무, 1899 · 1907년 헤이그조약, 1864 · 1906 · 1929년 제네바조약, 1929년 포로조약이 있었고 다른 한편으로는 부전조약 위반국인 교전국에게 그 이익의 향유가 법적으로 당연히(ipso jure) 인정되지 않는 규칙으로서 중립법규, 영토변경 승인제도, 침략자가 얻는 기타 이익을 들 수 있다.

부전조약 위반국에 대해 제3국은 중립법규상의 의무에 구속되지 않는데 그 의무는 침략(위반)국을 구속한다는 것이다. 그렇지만 ILA의 해석조항에 의한 차별 수정은 협의의 전쟁법의 영역에는 포함되지 않았다. 또한 1939년의 소위 하버드조약 초안(침략의 경우, 국가 권리 및 의무에 관한 조약 초안)도 입법론의 입장에서 평등하게 적용되어야 할 전쟁법 규칙과 불평등하게 적용되어야 할 규칙을 구별하고, 전자로 〈국제법 또는 가입 조약이 규정하는 적대행위에 관한 인도적 규칙(제14조)〉을 들었다.[53]

제2차 세계대전의 시련을 거친 국제연합 체제하에서 침략국에 대한 전쟁법 차별적용 주장은 국제연맹 시대 이상으로 왕성했다.[54] 그 중에서도 국제법학회(Institut)

---

52) ILA, *Report*, 38th Conference(1934), pp.1ff.
53) *AJIL*, Vol. 33(1939), Supplement, pp.819ff(p.905). 또 하버드 로스쿨이 작성한 '해전과 공전에 있어서 중립국의 권리 및 의무에 관한 조약초안'은 완전히 교전자 평등원칙에 바탕을 두고 있다.
54) 차별적용을 지지하는 예로는, Wright, Q,. "The Qutlawry of War and the Law of War," *AJIL*(1953), pp.365ff: Seyersted, F., *United Nations Forces in the Law of Peace and War*(1966): Lauterpacht, E., "The Legal Irrelevance of the 'Status of War,'" ASIL, *Proceedings*(1968), pp.58ff.

는 1952년 이후 전쟁법 개정 가능성을 검토하는 과정에서 적대행위에 있어서 교전자 평등원칙의 문제를 거론했다. 1958년의 결의안에서는 국제연합의 권한 있는 기관이 침략국을 인정한 경우 및 국제연합의 찬성을 얻어 군사행동이 취해진 경우에도 전쟁법은 교전자 평등원칙에 의해 지배되는 것을 인정하고 있었으나, 1963년 브뤼셀 회기에서 채택된 결의는 다음과 같이 미묘한 문언을 이용하면서도 평등원칙을 배척하여, 오히려 차별원칙으로의 길을 열어 놓는 표현을 채택했다.

즉 한편으로는 "유효한 조약, 법의 일반원칙 및 관습법 규칙에 의해 인도적 이유로 교전자에게 부과된 전쟁의 공포를 줄이기 위한 의무는 모든 카테고리의 무력분쟁에 있어서 당사자로서 항상 유효하며, 동시에 국제연합에 의해 취해진 행동에도 마찬가지로 미치지만" 다른 한편으로는 "이 유보 하에 교전국의 일방이 국제연합 헌장에 의해 확립된 국제법 규칙에 위반하여 무력에 호소한 것을 국제연합의 권한 있는 기관이 인정한 경우 전쟁법 규칙의 적용에 있어서 완전한 평등은 있을 수 없다."[55]

이 결의에 나타나있는 차별적용론의 특징은 우선 차별적용이 사실상 입법론으로 간주되고 있다는 점, 차별의 실시는 침략자 인정의 사전절차의 조건에 따른다는 점과 차별은 전쟁법 규칙의 일부에 대해서만 이루어진다는 점이다. 그런데 이들 차

55) 이 문제에 관한 국제법학회(Institut)의 작업을 살펴보면, 1952년 전쟁법 개정의 가능성 연구를 위해서 설치된 아드보크 위원회의 보고서(Rapport, *Annuaire*[1954] Ⅰ, pp.555 et s.)에 의해 프랑스와(Francois)를 보고자로 하는 제25위원회가 설치되었다. 프랑스와가 동 위원회에 제출한 질문 중, 이와 관련되는 3가지 질문과 위원의 회답은 다음과 같았다. '침략자가 누구인지 공평한 기관에 의해 결정되지 않은 둘 또는 수 개국 간의 전쟁에서 전쟁법은 교전자 평등원칙에 따라야 하는가'(질문 2)에 대한 모든 회답은 긍정적이었다. '침략자의 결정이 예를 들면, 국제연합의 권한있는 기관에 의해 이루어진다면 다른 견해를 취해야 하는가'(질문 3) 및 '침략자에 대하여 국제연합의 찬성을 얻어 군사행동이 취해진 경우 다른 견해를 취해야 하는가'(질문 4)에 대한 회답은 두 종류로 나뉘었다(Rapport, provisoire par M. Francois, *Annuaire*[1957] Ⅰ, pp.323 et s., *ibid.*, pp.393 et s.). 이것을 참고로 프랑스와는 1958년 최종보고서에서 앞의 3개 질문을 정리한 결의안을 제출했다(Rapport, définitif, *ibid.*, pp.491 et s.). 그러나 1959년 누샤텔 회기에서 동 위원회는 그 결의안에 '적대행위 기간 중 전쟁법 규칙은, ……분쟁당사자에게 차별없이 적용된다'(*Annuaire*[1959] Ⅱ, p.179)고 수정했다. 프랑스와는 이러한 수정에 대해 '교전자 평등원칙'이라는 표현을 피하기 위한 것이며, 이 무차별(평등)을 '원칙'으로까지 끌어올리는 것은 적절하지 않다(*ibid.*, p.184)고 했다. 동 회의에서 '무력부쟁 당사자에 대한 전쟁법 적용의 평등' 문제는 이후 4위원회에 위임되었으나(*ibid.*, p.262), 재차 보고자가 된 프랑스와는 종래의 입장을 바꾸어 '국제사회의 진보는 전쟁법 규칙 적용의 평등과 양립하지 않는다'고 하여 침략자가 국제연합 안전보장이사회에 의해 또는 '평화를 위한 단결 결의'에 의해 총회 권고로 결정된 경우, '불평등 원칙' 선언이 불가결하다고 하였다. 그렇지만 적대행위중(duranto bello)의 불평등 원칙은 국제연합의 강제조치라 하더라도 인도적 규정의 평등적용이라는 유보에 따라야 한다(*Annuaire*[1963] Ⅱ, pp.340 et s., *ibid.*,[1963] Ⅰ. p.13. Res.Ⅴ). 이 견해는 1963년 회기에서 다른 의견과의 조율을 통해 보다 완화된 결의와 같은 표현으로 정착되었다.

별적용의 근거로 볼 수 있는 주된 것을 들어보면, "위법행위에서 권리는 생성되지 않는다(Ex injuria jus non oritur)"라는 법언의 적용, 복구에 기초를 부여하는 주장, 침략자는 법의 울타리 밖에 있다는 주장 등이 있다. 다음에서는 이러한 주장들에 대한 논거를 간단하게 살펴보고자 한다.

1. 교전국의 권리와 의무의 구별

- 특히 "위법행위에서 권리는 생성되지 않는다"는 주장 -

이 주장에 의하면 전쟁법은 교전국의 권리와 의무의 전체로 구성되며, 무차별전쟁관 하에서는 그 권리와 의무의 분리 여지가 없으나, 위법전쟁관 하에서 침략국은 권리주체가 될 수는 없으나 의무에는 따라야 한다. 이러한 견해는 전술한바와 같이 하버드 조약 초안[56]에서 볼 수 있는데, 이러한 이론적 체계화는 라이트(Q. Wright)[57]에 의해 시도되었다. 그에 의하면, 위법하게 무력에 호소한 국가는 교전국의 권리를 얻지 못하고 따라서 평시에 그 국가가 보유한 것 이상의 어떠한 권한도 법적으로 행사할 수 없다.

그리고 전쟁법은 5개의 카테고리 규칙, 즉 ① 교전국에 새로운 권한을 부여하는 규칙(점령, 군대의 파괴, 일정 조약의 파기, 포획권 행사 등) ② 교전국에게 책임을 부과하는 규칙 ③ 병사와 민간인에게 개별적 권리를 부여하는 규칙 ④ 병사와 민간인에게 개별적 책임을 부과하는 규칙 ⑤ 국제연합이 집단조치를 실시하기 위해 교전국의 전통적인 권리를 초월하는 권한을 부여하는 한계 규정으로 나누어진다.

이 중 ③과 ④는 모든 분쟁당사국이 동등하게 적용해야 하며 ⑤는 중립의 전통적

---

56) 침략국은 권리를 향유하지 못하지만 의무를 면제받지도 않는다(제2조). 즉, 침략국은 만약 교전국이라면 가졌을 어떠한 권리도 갖지 못하지만(단, 적대행위에 관한 인도적 규칙<제14조는 제외>) 만약 교전국이라면 가졌을 의무는 부담한다(제3조)(*AJIL*, Supplement, Vol.33[1939], p.855). 또 이 초안은 전체적으로 보면 침략국과 그 상대국의 관계보다 오히려 제3국의 상태에 대해 규정한 것으로 그 주요 목표는 중립법의 기본적 수정이다.

57) Wright, *op. cit., AJIL*,(1953), pp.371ff. *Annuaire, op. cit.*,(1959), Ⅱ. pp.191-192: *ibid.*,(1963), Ⅰ. pp.54 et s. 동일한 의미로 Verzijl, *ibid.*, p.100; Waldock, *ibid.*, Ⅱ, p. 25. 또한 전쟁법의 허용규칙과 금지규칙을 구별하여 前者는 원칙적으로 합법적 교전국만 향유한다고 보는 견해로는 von Glahn, G., *The Occupation of Emeny Territory*(1957), pp.5-6. 침략국에 대한 '차별의 일반법'의 존재를 확인하기 위해 배상에 의거하도록 하자는 견해는 Seyersted, *op. cit.*, p.416.

규칙을 초월하는 특수한 것으로 ①에 대해서는 침략국은 이들 권한의 어느 것도 향유하지 못하지만 희생국 또는 집단조치에 참가하고 있는 국가는 군사필요에 따라 이들 권한의 전체를 행사할 수 있고 ②에 대해서는 침략국은 그 군사행동에 의해 야기된 생명과 재산에 대한 모든 손해에 대해 배상책임을 지는데 반해, 그 상대국은 전쟁법 위반에 바탕을 두는 손해만을 배상하면 된다. 그러나 jus in bello를 일체로 볼 때, 그 권리와 의무의 분리는 비현실적이며 침략국이 의무만을 부담하는 논거도 명확하지 않다.

앞의 주장은 "위법행위에서 권리는 생성되지 않는다"라는 법언에 기초하여 침략국 차별을 명확히 하려고 하는 보다 일반적인 이론의 한 적용에 지나지 않는다고도 할 수 있다. 이러한 법언을 〈문명국이 인정한 법의 일반원칙(국제사법재판소 규정 제38조 1항 (c))〉으로 간주하는 견해[58]도 있는데, 예를 들면 정부승인제도나 소위 스팀슨 이론의 귀추를 보면 이 법언의 국제법 규칙으로서의 가치에 의문을 품게 된다.

오히려 이 법언에 반하여, jus ad bellum에 관한 위법행위(injuria)가 jus in bello를 생성케 한다. 여기에서의 injuria는 전쟁법 규칙의 적용을 개시케 하는 사실조건이라고도 할 수 있다. 그렇다고 해도 라이트(Wright)가 지적하는 바와 같이, 침략국의 법적 권한에는 제한이 있다. 침략국은 jus ad bellum에 의하면 권리를 갖지 못하는데, jus in bello에 의하면 권리를 갖는다. 만약 jus in bello상 그 행위가 합법이라면 그것을 행함에 있어서 침략국은 '권리'를 행사하는 것과 마찬가지가 아닌가? 이 '권리'와 jus ad bellum에 의해 침략국은 그 권한을 행사할 수 없다고 하는 점과 어떻게 조화시킬 것인가? 이러한 표면적 모순은 jus ad bellum과 jus in bello의 기

58) Lauterpacht, H., *Recognition in International Law*(1948), pp.420ff: *id.*, "The Limits of the Operation of the Law of War," *BYBIL*,(1953), pp.208ff. 그러나 Lauterpacht에 의하면, 이 법언의 '원칙'으로의 적용은 국제관계 영역에서 예를 들면, 침략전쟁 경우 교전국간에서의 전쟁법과 같이 대폭적인 예외에 따른다. 결국 국제법과 같은 불완전 법체계에서는 이 법언이 그것과 정반대인 ex factis jus oritur의 원칙 앞에서 그친다고 본다.

본적 구별에 의해 해결될 수 있을 것이다. 동일한 행위가 이 구별에 의해서 위법 혹은 합법으로 간주된다.

jus ad bellum에서 보면 위법한 무력행사에 호소한다고 하는 행위(이에 책임을 부담하는 정부와 군의 지도자는 '평화에 대한 죄'를 범한 것이 됨)는 jus in bello상 반드시 위법으로 간주되어야 하는 것은 아니다. jus ad bellum에 대한 jus in bello의 자율성이 작용한다고도 할 수 있다. 역으로 말하면, 이 자율성은 jus ad bellum에서 본 침략국의 위법성을 해소시키는 것은 아니다.

2. 복구에 따른 차별 주장

다음으로 복구제도를 적용하여 침략국이 전쟁법의 이익을 향유하는 것을 부정하자는 주장이 있다. 복구는 상대방이 먼저 행한 위법행위를 교정하기 위해 또 다른 위법행위에 호소하는 것이므로 이러한 주장에 따르면 jus ad bellum상 위법한 전쟁에 호소한 침략국을 교정하기 위해 희생국 내지 제재국은 침략국에 대해 jus in bello를 무시하고 위법행위를 정당하게 행사할 수 있다는 것을 의미한다. G. Schwarzenberger에 의하면, 침략국의 군대와 민간인에게 전쟁법의 관습 및 규칙의 향유를 복구라는 이유로 거부하는 것은 엄격한 법(strict law)으로부터는 허용된다.[59)]

그러나 인정하듯이, 그 적용범위는 없는 것과 마찬가지고(후술하는 바와 같이 일정한 복구는 금지되어 있음), 또 침략국으로부터의 재복구 위험에 따른 편의주의의 고려가 작용하므로 이러한 복구는 일반적으로 보류될 것이다. 이러한 사실적 제한뿐만 아

59) Schwarzenberger, G., "Legal Effects in illegal War," in *Völkerrecht und rechtliches Weltbild, Festschrift f. A. Verdross*(1960), pp.243ff.(pp.251-252); id., "Report on Self-Defence under the Charter of the United Nations and the Use of Prohibited Weapons," ILA, *Report*, 50th Conf.(1962), pp.192ff(pp.204-205); Verdross, A., *Völkerrecht*, 5 Auflage(1964), SS.442-443. 또, Schwarzenberger는 침략국과의 전투에 적극적으로 참가하지 않는 관계 조약 당사국도 중립국으로서의 의무를 복구에 의해 무시하고 침략국에 대해 적절한 차별을 행할 자격을 갖는다고 한다.

니라 이론적으로도 앞의 주장은 전시복구의 일반이론(jus in bello의 레벨에서만 타당)과 양립할 수 없고, jus ad bellum과 jus in bello의 기본적 구별에도 반한다. jus ad bellum의 위반행위에 대해서는 예를 들면, 집단조치라는 형태로 허용된 무력행사는 제재로서(굳이 말하면 jus ad bellum 레벨에서의 복구로서) 대응하는 것이며 동일한 행위에 대한 jus in bello레벨에서의 복구를 부가하는 것은 정당화되지 않을 것이다.[60]

3. 침략국을 '반도' 또는 '법외 대상'으로 보는 주장

차별적용의 논거로서 침략국을 국내사회에 있어서의 반도와 동일하게 보거나 법의 울타리 밖에 두려는 주장이 있다.

라이트(Wright)는 전술한 그의 이론에서 "침략국에 대한 국제사회의 관계는 반도에 대한 국가의 관계와 유사하다"[61]고 한다. 그러나 침략국과 반도를 비교하는 자체가 법적으로 적절하다고 말하기 어렵다. 반도가 행하는 내전은 일반적으로 그 국가의 합법정부에 대해 종속관계에 있는 국민의 일부에 의한 반항이고, 그 국내법을 부정하는 반도는 법의 보호하에 있지 않다고도 할 수 있지만 침략에 의한 것이든 전쟁 내지 국제적 무력분쟁은 국제사회의 주체로서의 독립주권국가간의 다툼이다. 국제연합 헌장도 주권국가의 병존이라는 기본적 성격을 근본적으로 바꾸는 것은 아니다. 따라서 침략이라는 jus ad bellum 위반행위도 그 침략국을 국제법 주체로서의 즉, 교전국으로서의 국가 자격을 박탈하는 것은 아니다.[62]

60) 그러나 이 복구에 의한 차별이론은 오히려 정치적·심리적 측면에서, 특히 핵무기 사용의 전략이론과 관련이 깊다. 통상무기로 침략하는 국가에 대하여 핵무기 사용의 위협 -이 억지가 실패하면 사용- 으로 대응하는 전략이론이 그것이다. 그 논거로서 침략은 그 자체가 국제법에 대한 최대 위반(범죄)이므로 희생국 및 그 동맹국은 침략국에 대하여 복구조치로 금지무기의 사용을 포함하는 모든 수단을 사용하는 것이 정당화된다. 무엇보다 이러한 이론은 반드시 핵무기 사용의 위법성을 전제로 하는 것은 아니지만(따라서 전시복구 이론과 직접 관련되지 않음), 헌장 제51조의 개별적 또는 집단적 자위권을 근거로 하여 핵공격(핵무기 선제 사용)을 정당화하는 것이며, 서방측 핵보유국에 의해 반복적으로 주장되어 왔다. 이러한 경우의 핵무기 선제사용의 정당화에는 상대의 침략에 대한 **處罰意識** 내지 **正戰意識**이 잠재되어 있는 것으로 생각된다(Tucker, A., *The Just War, A Study in Contemporary American Doctrine*[1960], pp.74ff., 143).

61) Wright, *op, cit.*, *AJIL*,(1953), p.366; id., *Legal Problems in the Far Eastern Conflict*(1941), p.61.

62) 1924년 제네바의정서 제15조 2항, 하버드 초안 제15조 참조. 국제연합 헌장은 제2차 세계대전의 침략국에 대한 일정 조치를 인정하고 있으나(제53조, 제107조), 침략 그 자체가 침략국의 자격상실을 이끌어내는 것으로는 보지 않는다.

그런데도 Schwarzenberger가 말하는 엄격한 법에서는 침략에 대항하여 자결권을 행사하는 국가는 "침략자는 법의 울타리 밖에 있다(Outlawry of the aggressor)"는 것을 원용하여 전쟁법의 이익을 침략국의 군대와 민간인으로부터 박탈할 수 있다.[63] 여기서 국제법 주체의 승인은 국제법을 적용할 의사와 능력을 가진다고 하는 가정하에 이루어지므로 이 가정이 충족되지 않으면 승인 철회는 가능하며(승인의 절대적 성질을 생각하면 철회는 복구에 기초하여 정당화됨), jus ad bellum을 준수할 의사가 없는 침략국은 그 승인 철회로 법주체성을 상실하고 국제법의 울타리 밖에 놓인다고 보는 것이다. 그러나 국가에 대하여 일단 부여된 법상의(de jure) 승인을 어떠한 이유로든 철회하는 것은 국제법상 인정되지 않는다.

앞의 주장과는 반대로 오늘날의 인도법은 적국이 승인하지 않는 정부 또는 당국에게 조차 이익을 향유케 하려는 경향에 있다(1949년 포로협약 제4조 A(3)). 일반적으로 인도법의 적용은 어느 일 분쟁당사국에 의한 타 당사국의 승인에 의존하는 것은 아니다.[64]

이상에서 살펴 본 차별적용의 여러 가지 논거는 어느 경우든 비판의 여지를 남겨두고 있으나 그들의 공통점은 전쟁법 중 인도적 규칙에 관해서는 차별 없이 평등하게 적용되어야 한다는, 말하자면 인도적 유보가 이루어져 있다는 점이다. 이러한 점에서도 전쟁법 규칙을 인도적 규칙과 그렇지 않은 것으로 확연하게 구별할 수 있는지 여부가 의문이다. 그럼에도 불구하고 차별적용론이 인도적 유보를 표명하지 않을 수 없다는 점 자체, 적어도 전쟁법의 일정 부분이 그 성질상 jus ad bellum에 관한 상황과 무관하게 분쟁당사국에 평등하게 적용되어야 함을 인정하고 있으므로 그 범위 내에서 차별적용론의 한계를 보이고 있으며, 바로 이 인도적 유보 부분이야 말로 전쟁위법화하에서도 인도법의 재확인과 발전의 작업이 당연히 진행되어야

63) Schwarzenberger, *op. cit.*, ILA, *Report*, 50th Conf. p.204; id., *International Law*, Vol. II, p.98.
64) 소위 중동전쟁(아랍·이스라엘 전쟁)에서 아랍제국은 이스라엘을 국가로서 승인하지 않았지만(단, 1979년 3월 27일 이집트·이스라엘 평화조약에 의해 이집트는 이스라엘을 승인했다), 양국의 인도법 적용은 부정하지 않았다.

할 것임을 암시하고 있다.

이러한 인도적 유보 부분은 이미 살펴본 국제인도법의 범위에 포함된다고 보아도 좋을 것이다. 따라서 비록 차별적용이 채용된다고 해도 인도법은 여전히 그 유효성을 유지하고 일반적으로 평등적용이 인정될 수 있는 분야인 것이다.

제3절 평등적용과 그 한계

반대로 전쟁법 내지 인도법의 평등적용 주장과 그 폐지에 반대하는 주장은 어떠한 근거에 의해 정당화되는가? 또는 그 한계는 어디에 있는가? 하는 문제가 발생한다. 현행법의 입장에서 차별적용이 입법론으로서는 적절하지 않게 된 이상, 평등적용은 자명한 것이고 그것에 보다 적극적으로 근거를 부여할 필요는 없다고도 할 수 있다. 여기서 주의할 것은 평등적용원칙으로 상호주의에 기초를 부여하려는 시도는 올바르지 않다는 점이다.

상호주의는 국제법의 제 분야에서 인정되고 있으나, 여기서의 의미는 무력분쟁에서 만약 일국이 전쟁법규를 위반한다면 상대국은 그것에 구속되지 않는다는 것으로, 전쟁법의 준수를 확보하기 위한 한 방법이라고도 볼 수 있다. 이러한 의미의 상호주의는 jus ad bellum과는 무관하게 jus in bello에 있어서의 문제이기도 하며 이러한 상호주의에서 jus ad bellum을 위반한 침략국과 그 희생국(제재국)과의 사이에 jus in bllo가 평등하게 적용되어야 한다는 점이 적극적으로 도출되는 것은 아니다.

뿐만 아니라 상호주의 그 자체가 인도법에 있어 엄격한 의미에서 유효한지 여부도 극히 의문이다. 굳이 평등적용의 근거를 묻는다면 자율적 법체계로서의 전쟁법, 특히 인도법의 기초인 제요소, 특히 전쟁관 전환 후에도 그 가치와 유효성을 유지하는 제요소에서 추구되어야 할 것이다. 이들 요소로 문명 · 인도 · 공서의 원칙이라든가 이들에게 공통된 평화회복의 용이화(容易化)라는 관념을 드는 견해도 있다.[65] 그러나 이들 요소의 내용은 보편적인 것이라기보다는 국제사회에서의 역사적 규정성(規定性) 내지 제약을 벗어나지 못하고 이데올로기로서 기능하는 경우도 있을 수 있다. 그럼에도 불구하고 이들은 어떠한 무력분쟁에 있어서도 분쟁당사국간에 인도법의 평등적용을 촉구하는 요소라고 볼 수 있을 것이다.

---

65) Meyrowitz, *op. cit.*, pp.252-259.

66) 전쟁위법화의 법적효과는 교전국과 중립국의 관계 내지 중립법규에 어떠한 영향을 미치는지에 대해서는 前述한 텍스트 해석 결의와 하버드조약 초안이 시사적이다. 전자에 따르면 부전조약에 위반하여 일당사국이 타당사국에 대하여 무력행사와 전쟁에 호소했을 때, 제3국은 위약국이 임검 · 수색 · 봉쇄 등과 같은 교전국 권리를 행사하는 것을 부인하고, 위약국에 대하여 국제법상 규정된 중립국의 의무 준수를 거절하며, 피공격국에게 군수품을 포함한 물질상 또는 금융상의 원조를 제공하거나 병력으로 원조할 수 있다(ILA, Report, 38th Conf.(1934), *op. cit.*, p.4). 하버드조약 초안에서는 중립국외에 무력으로 희생국을 원조하는 '공동방위국'과 무력 이외의 수단으로 희생국을 원조하는 '원조국'의 카테고리가 인정되어, 희생국과 공동방위국이 교전국의 권리를 가지며 따라서 침략국과 그 이외 국가간 통상 및 금융상의 관계를 방해할 수단을 취할 수 있고, 또 원조국은 침략국을 차별할 권리를 가지며, 그에 따라 중립국으로서 교전국에 대하여 가지는 권리를 잃지 않는다. 원조국 이외의 제3국은 침략국과의 관계에서는 중립국이 준수해야할 의무를 부담하지 않지만 희생국, 공동방위국과의 관계에서는 중립국의 의무를 면할 수 없다(*AJIL*, Supplement, Vol. 33[1939], *op. cit.*). 이들 조문안은 부전조약이 초래한 국제법 체계의 변용을 침략국과 그 희생국, 중립국의 관계에서 위반국에 대한 차별이라는 형태로 정식화한 것이었다. 국가관행에서도 1930년대에 들어서 추축국의 침략성이 명확해짐에 따라 미국은 만주사변이후의 중일간의 분쟁에서 중국에 차관을 제공하고, 일본에 대한 일정한 물자의 수출을 제한하였고 또 유럽에서도 독일에 대항하여 1940년 9월에 영국에 구축함 50척을 양도하였으며, 다음해 3월에는 무기대여법을 제정했다. 이러한 관행이나 당시의 학설을 근거로 하여 石本泰雄는 '전쟁위법화의 효과는 교전국과 제3국의 관계에서 결정적으로 무차별 전쟁관의 시기부터 변질되었다는 점은 명백하다. 그렇지만 그 기능은 주로 제1차 세계대전 이후 자본주의의 전반적 위기 단계에서 후진 자본주의국의 군사적 침략정책에 대응하는 미국을 중심으로 하는 선진 자본주의국의 대외정책의 정당성 부여와 만난다는 것 또한 부정할 수 없을 것이다'라고 평가하고 있다(石本泰雄, 戰争と現代国際法, 岩波講座 現代法12, pp.99-100). 전쟁위법화는 확실히 교전국에 대한 제3국의 관계에 결정적 효과를 제공하고, 더욱이 중립제도와는 원리적으로 융합하지 않는 집단안전보장체제의 관념적 기초가 되었다. 그런데 국제연합의 집단안전보장은 한국전쟁에서 나타난 것처럼 '현대 정전론'의 극히 편의주의적 적용(동맹을 위한 이용)의 위험을 회피하기 위해서는 그 기능을 제한할 수 밖에 없고, 반대로 중립주의, 중립정책이 이러한 편의주의적 적용을 저지하는 장치가 된다(石本, 前掲論文 p.107 및 同, 条約と国民, 岩波新書, p.125 참조). 여기에 집단안전보장 하에서도 중립제도의 부정이 아니라 그 동요과정으로서 중립법이 존속할 여지가 있다. 오늘날 위법한 전쟁이라는 결정이 이루어지지 않는 무력분쟁의 경우 교전국과 제3국간에 중립법규의 타당은 부정할 수 없으나, 특히 국제연합군이 개입하는 무력분쟁의 경우 국제연합 회원국을 포함한 제3국은 중립법규를 엄격히 적용받는지에 대하여 국제법학회(Institut)의 '국제연합군이 종사하는 적대행위에 있어 무력분쟁에 관한 인도적 규칙 이외의 규칙의 적용조건'에 관한 결의(1975년 비스바덴 회기)의 다음과 같은 조문이 참고가 된다(*Annuaire*, Vol. 56[1975], pp.540-544). '모든 국가는 국제연합에 의해 요구되는 모든 원조를 국제연합군에 제공할 권리를 갖는다'(3조), '국제연합군이 적대행위에 종사할 때, 국제연합 회원국은 헌장에 따른 안전보장이사회의 결정에 따라 그들에게 부과될 수 있는 위무를 벗어나기 위해서 중립법의 일반규칙을 원용할 수도, 국제연합군에 적대하는 당사자의 이익을 위해서 중립규칙을 위반할 수도 없다'(4조). '국가가 이 결의에 표명된 규칙에 따르는 것은 그 국가로부터 영세중립을 포함하는 중립의 자격을 박탈하는 것이 아니며, 또한 그 국가에 대해서 여하한 복구조치 또는 다른 강제조치도 정당화되는 것도 아니다'(5조).

그렇다면 교전자 평등원칙은 어떠한 관계 또는 범위에 미친다고 할 수 있을까? 우선 평등적용은 교전국간의 관계에만 타당한 것이며 교전국과 제3국(중립국)과의 관계에 미치는 것은 아니다. 후자의 관계를 규율하는 중립법은 전쟁관의 전환이후 그 영향을 받긴 했지만66) 여기서는 그것을 다루지 않는다. 어쨌든 중립관계는 평등적용의 범위 밖의 문제이다.

다음으로 평등적용은 jus in bello의 지배가 종료되는 범위 내에 그치고, 그 이외의 범위에서는 jus ad bellum의 규범(침략국 차별)이 타당하다고 할 수 있다. 따라서 jus in bello에 고유한 평등적용 영역을 jus ad bellum의 차별적용 영역과 적절하게 구별하여야 한다. 이러한 구별의 기준으로서 시간(기)적 구별방법이 자주 거론된다. 즉, 전쟁 또는 무력분쟁중(duranto bello)에는 jus in bello의 평등적용이 타당한 영역이고, 전후 또는 무력분쟁후(post bellum)에는 jus ad bellum의 차별적용이 타당한 영역이라고 한다.67)

따라서 이 구별방법에 의하면 차별적용 문제는 교전국간에 무력분쟁중에 제기되지 않는다. 전쟁법 내지 인도법의 많은 규정은 무력분쟁중에 적용되고, 그 효과도 무력분쟁중에 끝나는 것이며, 그 경우에는 평등적용이 작용한다. 그러나 이러한 구별방법은 두 가지 면에서 약점이 있다.

하나는 기술적인 것으로, 무력분쟁중과 무력분쟁후의 구별시점이 군사행동 종료 시인지, 전쟁상태 종료 시인지가 분명하지 않고 비록 대체로 전자의 시점이라고 해도 문제는 남는다. 왜냐하면 군사행동 종료 후, 나아가 전쟁상태 종료(일반적으로 평화조약 체결) 후 조차 계속 적용되는 인도법 규칙이 존재하기 때문이다.

이 점은 시간(기)적 구별의 한계를 나타내면서 다음의 보다 본질적 비판으로 이끈다. 즉, 이러한 구별방법에 따르면 무력분쟁중에 전쟁법 내지 인도법이 적절히 적

67) 예를 들면, Lauterpacht, *op. cit.*, *BYBIL*(1953), p.233.

용될 때부터 침략국이 향유하는 이익(권리) 또는 희생국이 행한 인도법 위반(의 책임)은 무력분쟁후에는 jus ad bellum의 차별적용이 타당한 결과 소멸되어 버리게 된다. 예를 들면, 무력분쟁중에 포로의 지위를 갖고 그 대우를 받던 침략국의 전투원이 무력분쟁후에 해방되지 않고 범죄인으로 간주된다는 점, 무력분쟁중에 전장에서 전리품, 점령지에서의 징발과 차압이라는 전쟁법상 정당한 권리의 행사로부터 얻어진 침략국의 이익은 무력분쟁후에는 부정되고 오히려 그것을 위해서 희생국에 손해배상의 지불이 청구된다는 점, 또 희생국이 사용한 금지무기에 의해 야기된 책임이 무력분쟁후에는 존재하지 않게 된다는 점 등은 앞의 구별방법을 정당화할 것이다. 무엇보다도 이러한 점은 무력분쟁후에 jus ad bellum상 요청되는 침략국 차별이 무력분쟁중에 jus in bello에 의해 침략국이 얻은 권리와 이익에 영향을 끼치는가 하는 일반문제와 관련이 있다.

이러한 관점에서 jus in bello의 평등적용의 한계에 대해 살펴본다면, 무력분쟁후에도 jus in bello에 의한 권한을 정당하게 행사한 침략국에 발생한 권리 또는 이익과 침략으로 발생한 상황에 의한 침략국의 권리와 구별하고, 전자에게는 평등적용이 미치지만 후자에게는 미칠 수 없다고 할 수 있을 것이다. 전자에 관하여 말하면, 앞의 예에 나타났듯이 무력분쟁중에 전쟁법의 적용에서 침략국에게 권리나 이익이 초래되는 일이 있을 수 있다. 다만 이에 대해서는 침략이라는 국제위법행위를 행한 침략국에 jus in bello상의 권리 향유를 허용한 셈이 되므로 침략(범죄)의 결실을 침략국에게 허용하기 어렵다든가, 평등적용의 기초에 있는 인도와 문명의 원칙은 침략국이 희생국으로부터 손에 넣은 권리와 재산을 보호함으로써 범죄로부터 이익을 얻는 것을 포함하는 것은 아니라는 비판이 있을 수 있다.[68] 이들 비판이 지향하는 것은 정당하지만 오히려 앞의 구별을 보다 정확히 함으로써 비판에 부응할

68) 예를 들면, Castren, E., *Annuaire, op. cit.,*(1957) Ⅰ. p.413.

수 있다고 할 수 있을 것이다.

또한 전쟁법상의 권리의 정당한 행사로부터 침략국(이나 그 국민)이 얻은 지위와 재산이 무력분쟁후에서도 유지되는 경우가 있다. 역으로 말하면, 전쟁법상 상대국이 행한 행위의 법적 효과를 무력분쟁후에 소급하여 변경하고 또한 취소를 금지하는 규칙이 존재한다고 할 수 있다. 이에 관하여 전술한 포로의 지위와 금지무기의 사용이라는 예에 대해서는 명료하지만, 재산의 법적 효과에 대해서는 주의를 요한다.

무력분쟁중 교전(침략)국의 수중에 들어간 상대(희생)국(민) 재산의 경우 침략국으로 재산권이 이전하는 것은 극히 한정된 종류의 것(일반적으로 해상포획의 경우)[69]이고, 다른 종류의 재산의 귀속에 대해서는 전쟁법이 직접 규정하지 않고, 오히려 그 재산에 대한 교전국의 권한을 제약하고 있다. 무력분쟁중의 재산이전이 침략국의 이익을 위해서 무력분쟁후에도 유지되는가 하는 문제가 발생하는 예외적인 경우에 한정되어 여기서는 그다지 중요성은 없을 뿐만 아니라 이 경우에서 조차(평화조약 등에서) 침략국으로의 이러한 이전의 무효가 희생국(전승국)을 위한 원상회복 내지 배상의 형태로 규정되는 것이다.

이러한 최후의 경우 침략국의 jus ad bellum 위반이 희생국이 입은 손해 - 그것이 침략국에 의해 전쟁법에 따라서 이루어졌는가 여부를 불문하고 - 배상을 제재로 하여 이끌어낸다. 한편에서 침략국의 재산자격을 인정하고, 다른 한편에서 그것을 배상조치로서 무효(또는 취소)로 하는 것은 언뜻 보기에는 모순되지만, 이 무효(취소)는 jus ad bellum 위반에서 유래하는 것이다.

다른 한편, 전쟁법상의 권리의 정당한 행사로부터 침략국이 얻은 이익이라기보다 침략으로 생긴 상황(그 가장 대표적인 침략국이 희생국으로부터 박탈한 영토적 이익이다)의 무력분쟁후에 있어서의 운명에 대해서는 평등적용이 미치지 않는 것은 분명하다.

---

69) 이 경우도 국제관행은 그다지 명료하지 않으며, 1945년 6월 5일 베를린선언 4조 (b)는 독일이 포획한 연합국 선박의 연합국으로의 반환을 명했고, 1947년 諸평화조약(對 이탈리아, 루마니아, 핀란드)과 대일평화조약은 국제법에 따른 포획결정의 수정을 규정하고 있다.

오늘날의 국제법은 무력분쟁중 교전국(침략국이든 희생국이든)의 병합에 의한 상대국 영토의 변경을 인정하고 있지 않다.[70] 무력분쟁중의 영토변경을 무효로 하는 것은 전쟁법 규칙을 적용하고 있음에 지나지 않는다. 병합은 무력분쟁후에만 국제적으로 유효한 효과가 부여된다.[71]

제4절 평등적용을 둘러싼 국제관행

전쟁법의 평등(또는 차별) 적용문제는 학설상의 논의뿐만 아니라, 제1차 세계대전 이후의 무력분쟁을 둘러싼 각국들의 태도에서도 인식되고 있었다. 1936년 이탈리아 · 에티오피아전쟁 시, 국제연맹이사회가 설치한 13개국위원회는 분쟁당사국에 대한 항의에서 이탈리아를 국제연맹 규약 위반으로 비난하면서 전투행위에 관한 조약의 존중을 쌍방에 요청했고, 이사회 결의도 동일한 항의를 반복했다.[72] 또한 제2차 세계대전 중 연합국 제정부는 독일과 일본의 행동에 위법한 침략이라는 낙인을 찍었으나, 연합국과 추축국간의 적대행위에 대한 전쟁법의 평등적용을 타투지는 않았다. 전후의 군사재판에서도 전쟁중의 행위에 관하여 패전한 침략국에 대한 전쟁법의 차별적용 내지 부적용을 인정한 판결례는 거의 눈에 띄지 않는다.[73]

70) 뉴른베르그 국제군사재판소는 독일에 '합병'된 점령지역에는 전쟁법이 적용되지 않는다는 피고의 항변을 물리쳤고(IMT, Tome Ⅰ, p. 254), 뉴른베르그의 미국군사재판소도 동일하게 선언했다(In re Greifelt and Others, *International Law Report,* Lauterpacht vol. 15[1948], Case No.216).

71) 침략국에 의한 합병, 정복의 무효는 조약법협약 제52조에 비춰볼 때 명확하지만, 국제연합 헌장에 따라서 패전국의 침략행위에 대해 예를 들면, 영토적 부담을 부과하는 조약은 同條가 말하는 무효인 조약에 포함되지 않는다고 볼 수 있다. 조약법협약 최종초안 제31조 및 제70조에 관한 ILC의 해설(ILC, *Yearbook*[1966], Vol.Ⅱ, pp.227, 268) 참조.
그리고 조약법협약 회의와 같은 시기에 국제연합에서는 무력에 의한 영토취득의 무차별적 · 일반적 무효를 선언하는 결의(중동분쟁에 관한 1976년 11월 22일의 안보리 결의 242의 전문, 1967년 7월 4일 총회 결의 2253[ES-Ⅴ])가 채택되었다.

72) League of Nations, *Official Jounal*(1936), pp.363, 392-393

73) 뉴른베르그와 동경 국제군사재판소가 '평화에 대한 죄'와 구별하여 '통례의 전쟁범죄'개념의 적용을 인정한 것도 제2차 세계대전에서의 전쟁법 평등적용을 전제로 하고 있었기 때문이고, 양 재판소가 패전한 침략국의 피고만을 처벌한 것은 그 관할권이 패전국의 행위에 대해서만 인정되었기 때문이지, 승전국(희생국)의 행위가 전쟁법의 규칙을 받지 않기 때문은 아니었다. 그리고 예외적으로 네덜란드와 폴란드의 재판소에 의한 몇몇 판결(헤이그 특별형사재판소의 로이터[Reuter]사건[*Law Reports,* Vol. XIV, pp.89ff.], 폴란드 최고재판소의 그라이저[Greiser]사건[*Law Reports,* Vol. XIII, pp.70ff.])에서는 침략국에 대한 차별적용을 인정했다고도 받아들일 수 있는 표현이 사용되었다.

게다가 국제연합 체제하의 각국들의 태도도 전쟁법 내지 인도법에 관한 무차별 또는 평등적용을 일반적으로 인정하고 있다. 다만 이 문제를 둘러싼 토의는 인도법의 재확인과 발전의 작업과정에서 민족해방전쟁과 국제연합군의 관계에 있어 주의를 끌었다.

국제연합 총회에 의해 〈침략의 정의(결의 3314[XXIX])〉가 채택된 이후인 1975년 국제인도법 외교회의(제2회기)에 제출된 新조문안(후에 철회)[74]이 계기가 되어, 제1추가의정서 전문중에 제네바협약과 동 의정서가 침략행위 또는 국제연합 헌장과 양립되지 않는 여타의 무력행사를 정당화하는 것으로 해석될 수 없다는 것과 함께 모든 경우에 그 피보호자에게 "무력분쟁의 성질, 기원 또는 분쟁당사국에 의해 지지되거나 그에 돌아갈 수 있는 이유에 기초한 어떠한 불리한 차별 없이, 완전히 적용해야 한다"는 점을 재확인한다는 표현이 삽입되었다. 여기에는 적극적으로 평등적용에 대한 명시적 언급은 없고, 분쟁당사국의 평등의 관점보다 오히려 피보호자의 보호, 인간의 기본적 권리의 관점에 역점이 두어졌다. 평등적용을 둘러싸고 특히 논의가 야기된 해방투쟁과 국제연합군의 경우에 관하여 다음에 살펴보자.

1. 민족해방전쟁과 평등 적용

제2차 세계대전 후의 무력분쟁과 관련하여, 인도법의 평등 또는 차별적용 문제

74) 제2회기 제3위원회에 '33조 앞에 삽입될 조문'(CDDH/Ⅲ284)으로서, 비동맹・사회주의국가 17개국과 PLO에 의해 제출되었다. 그 철회는 4e Session(1977), Commission Ⅲ, *Rapport* (CDDH/407/Rev. 2, par.12).

가 거론된 것은 민족해방전쟁(해방투쟁)의 경우가 있다. 해방투쟁이라는 말은 다의적이지만, 여기서는 전쟁위법화 하에서 예외적으로 합법화 내지 정당화된다고 볼 수 있는 식민지 또는 종속지역의 인민의 자결을 위한 무력투쟁을 가리킨다고 해도 좋다.[75] 이 문제는 국제연합을 중심으로 하는 관행에서 자결권의 확립과 식민지 체제유지의 위법성이 명확해짐에 따라, 그것으로부터의 해방을 위해서 투쟁하는 민족해방조직이나 그 구성원(흔히 '자유전사(freedom fighters)' 라고 불린다)의 행동에도 상대 군구성원과 대등하게 인도법의 적용을 요구하는 형태로 나타났다.

그것은 특히 포획된 쌍방의 전투원에 대한 포로대우의 가부를 둘러싸고 논쟁이 벌어졌다. 구체적으로는 1960년 후반의 베트남전쟁이나 70년대의 남부아프리카(앙골라, 모잠비크, 포루투갈령 기니아)의 해방투쟁과 관련하여 국제연합에서의 토의나 결의에서 베트남에서 포획된 미군에게 포로자격이 부여되기는커녕 그 행위 때문에 처벌되어야 할 침략(범죄)자라는 의견[76]이 표명되고, 남부 아프리카 '자유전사' 에게 무조건적으로 포로대우를 부여한다는 것을 요구하는 결의도 채택되었다.[77]

이들 견해는 그것이 표명된 시점에서의 정치적 고려를 제외하더라도, 언뜻 보기에는 '침략국' 의 병사에게는 불리하게, '자유전사' 에게는 유리하게 인도법을 차별적으로 적용해야 할 것이라는 주장처럼 보이지만, 이들 토의내용과 투쟁의 현실을 자세히 본다면, 오히려 종래 인도법의 규정내용이 불리한 입장의 해방조직에게 심각한 불이익을 초래하여 공평함이 결여되었다는 점, 혹은 해방투쟁 그 자체에 대한 인도법의 적용을 주장하는 취지였던 것을 알 수 있다.

이와 같이 본다면, 오늘날의 해방투쟁을 둘러싼 논의에서 평등적용에 대한 의문이 야기되어 온 것은 전투원 혹은 포로자격에 관한 문제에 거의 한정되어 있다고

75) 해방투쟁의 합법성에 대해서는 1968년 테헤란 국제인권회의 결의(Final Act of The International Conference on Human Rights[1968], Resolution Ⅷ), 이후의 국제연합 총회 결의(2465[XXIII], 2625[XXV], 2649[]XXV], 2787[XXVI])와 안보리 결의(189[1963), 312[1972]) 참조. 그리고 "民族解放闘争と戦争法", 変動期の国際法(田畑先生還暦記念), 有信堂 1973年, p.437 이하 참조.

76) Respect for Human Rights in Armed Conflict, Report of the Third Commitee, A/8178, parts.14. 15. 총회 본회의에서의 '무력분쟁에 있어서 인권 존중' 결의(2676[XXV])를 둘러싼 토의(A/PV, 1992, 9 Dec. 1970) 참조.

77) A/Res/2674. Respect for Human Rights in Armed Conflict, Report of the Third Commitee(A/8589), par.10.

할 수 있다. 이점에 대해서도 평등적용 그 자체가 비판되었다기보다는 현행 인도적 규정의 내용이 해방조직 측에 불리하게 작용한다는 점 또는 해방투쟁의 성질에서 인도법 적용을 거부하는 본국 측의 태도를 비판하고 있다.

따라서 이것은 인도법의 차별적용에 의해 해결될 수 있는 것이 아니라, 기존 인도법의 내용을 현대 무력분쟁의 현실에 적합하도록 개정하고 그것을 해방투쟁에도 적용 가능하도록 함으로써 달성될 수 있을 것이다. 이러한 과제는 1977년 제1추가의정서의 성립으로 어느 정도 실현되었다고 할 수 있다.

2. 국제연합군과 평등적용

전쟁법의 평등적용 혹은 나아가 그 유효성에 관하여 해방투쟁의 경우 이상으로 미묘한 문제를 품고 있는 것이 국제연합군에 의한 군사행동의 경우이다. 여기서는 국제연합 헌장 제7장에 의한 안전보장이사회(또는 '평화를 위한 단결 결의' 에 의한 총회)가 인정하는 침략행위에 대해서 그 결정(혹은 권고)에 따라 취해지는 국제연합의 집단적 강제조치가 그 대상이다.

이 강제조치의 임무를 부담하는 것으로서, 제43조의 특별협정 시스템이 기능하고 있지 않기 때문에 소위 '헌장상의 국제연합군(제43조~제47조)' 은 현재까지 실재하지 않지만, 안보리의 권고에 기초한 자발적인 강제조치는 가능하며, 그 사례(소위 '한국국제연합군')도 있다. 그리고 강제적 의미를 수반하지 않는 집단행동으로서 헌장상, 직접적인 근거는 없지만 앞의 두 부류의 국제연합군과는 성격이 다른 국제연합 긴급군(평화유지활동(PKO) 국제연합군)이 1956년 UNEF 이후 편성되어 분쟁지역에 파견되고 있다.[78]

---

78) 국제연합군에 관해서는 香西茂, 国連の平和維持活動, 有斐閣, 1991年.

앞의 두 부류의 국제연합군은 그 편성 및 활동의 전제로 어느 경우든 안보리의 승인(상임이사국의 만장일치)을 필요로 하기 때문에, 양자 사이에는 여기서 검토할 문제에 있어서는 그다지 중요한 차이가 없다. 이들의 강제조치는 전쟁과는 달리 경찰조치적 성질을 갖기 때문에 또는 위반(침략)국에 대한 국제사회의 제재와 유사하기 때문에, 이러한 조치에 전쟁법이나 교전자 평등원칙은 적용되지 않는다는 견해가 표명되기도 했다.

예를 들면, 미국 국제법학회가 설치한 '국제연합에 관한 법률문제 검토위원회'의 보고서(1952년)[79]에 따르면 요컨대, 침략행위의 진압을 위한 국제연합에 의한 무력행사는 전쟁을 행하는 국가의 행동과는 성질을 달리하는 것이며, 오늘날 국제연합은 전쟁법의 모든 규칙에 따라 구속되는 것이라고 판단해서는 안 되고, 국제연합의 목적에 따라 적절하다고 생각되는 규칙(예를 들면, 포로와 전시점령에 관한 규칙)을 선택 적용하고 국제연합의 목적과 양립하지 않는 규칙을 거부할 수 있다.

국제연합의 집단적 강제조치에 대해 이러한 성격부여는 동 조치에 대한 전쟁법의 불평등 또는 차별적용으로 이끌게 된다. 그러나 이러한 견해는 실제 채택될 여지가 없다. 안보리의 권고에 기초한 강제조치의 유일한 선례인 한국국제연합군이 그것을 증명하고 있다. 한국전쟁에 관한 외교문서와 판례들은 '전쟁'이라는 표현을 사용하였고, 경찰조치 내지 제재로서의 성격은 결여되었었다는 것을 나타내고 있으며, 또 모든 군대파견국은 이 '전쟁'에서의 인도법의 적용을 긍정했다.[80] 다만 전쟁법의 적용 가능성은 대상 분쟁의 '전쟁'으로서의 성질에 의해서가 아니다. 국제연합의 집단적 강제조치가 '전쟁'과 동일시되지 않는다고 해서 즉각 전쟁법의

79) ASIL, *Proceedings*(1952), pp.216ff. 또 동 위원회 위원장 Clyde Eagleton의 견해(*ibid.,* [1953], p.112) 참조.

80) 한국의 휴전협정에 관한 1953년 8월 7일 특별보고(S/3078)에서 연합군(미군) 사령부는 '戰爭'이라는 표현을 사용하였고, 또 미국내 대부분의 민사판결에서도 한국전쟁을 통상적 의미의 전쟁으로 간주했다(Kotzsch, L., *The Concept of War in Contemporary History and International Law*[1956], pp.77ff.). 그리고 한국에서의 적대행위 개시 시, 어느 군대파견국도 1949년 제네바협약을 비준하고 또는 그에 가입하고 있지 않았으나, CICR의 동 협약 적용 요청에 대해 국제연합 사무총장 및 파견국 정부들은 긍정적이었다 (*Le CICR et le conflict de Corée,* Recueil de Documents, Ⅰ[1952], pp.3 et s.).

평등적용이 영향을 받는 것은 아니라는 것이다.

다른 한편, 강제조치에 전쟁법 적용을 인정할 수 있다고 해도 그것은 이러한 조치가 특수한 성질을 갖는다는 것을 부정하는 것은 아니다. 우선 강제조치의 특수성이나 목적이 전쟁법의 내용과 그 적용에 영향을 미치는가 하는 문제가 있다. 이러한 강제조치는 침략전쟁 및 자위전쟁과도 다르며 국제연합의 일정한 법적 절차(헌장 제39조 이하)의 결과이고, 그것은 헌장 상 모든 회원국이 원조의 의무를 진다는(제25조 5항, 제49조) 점에서 특권적 지위를 갖게 되는데 이러한 지위는 전쟁법의 적용에 관하여 인정되는 것은 아니다. 또한 이러한 강제조치의 목적은 적군사력의 약화라든가 적의 완전 복종이라는 '전쟁'의 목적과는 다르며 '국제평화 및 안전의 유지'나 그 재확립(前文, 제1조 1항)에 제한되어 있고, 그것이 침략자에 대하여 허용되는 군사조치의 한계를 결정한다고도 할 수 있다.

이 점은 전쟁법의 적용 영역에도 영향을 끼칠 수 있다. 그러나 이 경우에서도 전쟁법규의 적용에 있어서 차별이 포함된다고는 할 수 없다. 국제연합에 의한 조치의 또 하나의 특수성으로 들 수 있는 것은 국제연합의 구조에서 유래하는 기술적 성질의 문제이다.

즉, 조치의 전쟁법상의 주체는 누구인가? 또한 국제연합 자신이 인도법 규범의 적용대상자로 간주될 수 있는가 하는 점이다. 인도법 적용의 자격을 갖고 책임을 지는 주체 내지 법인격은 국제연합 자체인가 또는 집단조치에 참가하는 개별국가인가, 혹은 그 양자가 공동으로 갖는가? 이러한 점은 집단조치 타입의 차이에 따라 똑같지는 않다. 헌장상의 국제연합군에 대해서는 헌장 제42조 이하에 의한 안보리의 구속력 있는 결정의 이행을 위한 강제조치의 군사조직이 문제되는데, 이것은 오늘날까지 이론 영역에 머물러 있다.

헌장 제7장은 한편에서는 '합동의 국제적 강제조치(제45조)'에 있어서 회원국의 책임과 역할을 강조하고(제48조), 다른 한편에서는 안보리의 책임과 역할을 규정하고 있다(제45조~제47조). 이들 규정에서 보면, 강제조치 개시 책임은 안보리에 속하는 것은 분명하지만 군사행동의 실시 권한과 책임은 회원국에 있는가 또는 국제연합에 있는가에 대해서는 학설이 나뉘어 있다.[81]

국제연합군을 구성하는 국가할당부대는 국가적 성격을 잃지 않고, 국제적 역할을 수행하지만 국제(공무원)군이 되는 것은 아니다. 국가할당부대의 이러한 성격에서 보면, 그 부대의 전쟁법 적용에 관해서는 제공국이 책임을 진다고 생각된다. 그리고 헌장 어디에도 제42조 이하의 강제조치의 대상이 되는 침략국가에 대하여 이 조치에 참가하는 국가와 그 할당부대가 전쟁법 규칙의 준수를 면제받는 것을 예측하게 하는 규정은 없다. 할당부대 제공국은 그 강제조치의 대상국에 대하여 전쟁법 규칙을 평등하게 적용해야 할 의무를 개별적으로 지고 있다고 보아야 한다.

다음으로 한국국제연합군 형태의 국제연합군에 관해 살펴보면, 그 집단조치와 조직의 특징은 한반도로의 각국들의 참가가 임의적이며 국제연합의 이름으로 전투에 참가한 군대는 회원국이 제공하는 국가부대로 구성되었다는 점, 동 부대는 최고 사령관 레벨에서 통합되어 있음에 지나지 않았을 뿐(한국국제연합군의 경우 사령관은 미국 장군이었으며, 그는 미국정부로부터만 명령을 받고 미국정부에만 책임을 졌음) 국제연합의 기관은 아니었다.

이러한 형태의 국제연합군의 행동 및 국제연합과의 법적 관계는 jus ad bellum 면에서 그 행동의 자격과 관련해서만 존재하고, jus in bello 면에서는 이러한 자격의 특수성으로 그 대상국에 대한 이 국제연합군 할당부대 제공국의 지위와 그 권

81) 一說에 따르면, 안보리가 강제조치에 있어 국가 할당부대에 관한 결정 및 지도 권한을 갖고 있다는 점에서 국제연합만이 집단조치의 주체이며, 그 조치의 시행책임을 부담한다고 본다(Swyersted, F., *op. cit.*, pp.97, 204-205, 411; Bothe, M., *Le droit de la guerre et les Nations Unies*[1967], pp.193-194). 다른 설에 따르면, 국제연합군의 군사조치의 실시는 회원국(할당부대 제공국)에 위임되는 것이므로 안보리의 고유 책임과 회원국의 개별적 책임의 협력이 필요하다고 본다(Meyrowitz, *op. cit.*, pp.216 et s.).

리 · 의무를 변화시키는 것은 아니다. 개개의 부대제공국이야 말로 전쟁법상의 행동 주체이며, 개별적으로 전쟁법 준수에 대해 책임을 진다.

이러한 각국 제공부대의 지위는 군사동맹인 경우의 군대의 지위와 변함없다. 통합사령부의 설치와 각 부대의 결합은 전쟁법 적용에 관해 약간의 기술적 곤란을 야기하지만,[82] 이것도 군사동맹의 경우와 같은 것이며, 전쟁법 규칙의 적용가능성에 대한 장애가 되지는 않는다.

마지막으로 PKO 국제연합군에 관해 살펴보면, 앞에서 다룬 두 형태의 국제연합군과는 완전히 다른 측면에서 문제가 발생한다. 우선 이러한 국제연합군은 국제연합이 그 행동의 배타적 주체가 되며, 안보리 또는 총회의 통제하에 대폭적인 결정권한을 위임받은 사무총장 지휘하의 기관(국제연합의 하부기관)으로서 활동하는 진정한 의미의 국제연합군 내지 국제군이다. 그 구성원은 회원국이 임의로 제공하는 부대로 이루어지지만, 국제연합의 권위하에 있는 국제공무원(personnel internationale)으로 간주된다.[83] 그리고 동 국제연합군의 본질적 특징은 접수국 정부의 동의를 얻어 현지에 주둔하므로 적대적 요소가 결여되어 있다.

그러나 평화유지활동의 임무수행 중, 콩고국제연합군(ONUC)의 카탕가에서의 행동에서 볼 수 있듯이, 무력충돌이 일어날 가능성이 전혀 없다고는 할 수 없다. 이러한 우발적 사건이라도 군사행동의 성질을 띠는 이상, 그러한 상황에의 전쟁법 적용 여부가 문제된다.

그런데도 이러한 형태의 국제연합군은 지위나 임무에 있어서의 비적대성으로 인해 법적으로나 정치적으로도 교전군으로서의 성격은 갖지 않는다. 이러한 비교전성에 주목하여 PKO 국제연합군의 군사행동에 대한 전쟁법의 적용가능성을 부

82) 예를 들면, 부대제공국의 조약관계 불일치에서 유래하는 복잡함, 포로의 억류국 결정, 점령국 결정문제 등에 관한 곤란이 발생한다. cf. Baxter, R. R., "Constitutional Forms and Some Legal Problems of International Military Command," *BYBIL*(1953), pp.325ff.

83) '이 PKO의 구성원은 자국군대의 일부이지만, 동 PKO에 근무중일 때에는 국제연합의 권위하에 있으며, 동시에 사령부가 부여하는 명령에 따라야 하는 국제공무원이다. 동 PKO의 기능은 오로지 국제적이며, 그 구성원은 국제연합의 이해만을 염두에 두고 행동하고 동시에 그 행동을 규율하여야 한다' (1957년 국제연합긴급군 규칙 제6조). 마찬가지로 1963년 콩고 국제연합군 규칙 제6조, 1964년 키프로스 국제연합군 규칙 제6조 참조.

정하려는 견해가 있다.[84] 그러나 이러한 비교전적 국제연합군이 연루되는 군사행동의 법적 성질은 동 국제연합군의 비적대성이라는 공식적인 지위만으로 결정되는 것이 아니라, 제요소를 고려한 전쟁법상의 자격에 의해 결정되어야 한다.

전쟁법의 적용가능성은 분쟁당사자의 국가자격에 한정되는 것이 아니라, 접수국의 요청에 의한 것이라고는 해도 국제연합군의 개입으로 야기된 상황은 국제연합군이 접수국의 기관으로 볼 수 없는 이상, 비국제분쟁으로 간주할 수도 없다. 따라서 비교전적 국제연합군이 관련된 군사행동에는 전쟁법의 적용이 가능한 국제적 무력분쟁이라고 하지 않을 수 없다.

그렇다 하더라도 이러한 국제연합군의 군사행동은 비록 행해지더라도 극히 제한적 성격을 갖는데 지나지 않는다. 국제연합 사무총장은 이러한 국제연합군의 협소한 권한을 규정하기 위해 "국제연합군은 현지 당국과 협력하여 그 기능을 수행하는데 필요한 것 이외의 권리를 가져서는 안 된다는 점은 명백하다. 이것은 감시부대 이상의 것이겠지만, 주둔 영역을 일시적으로 지배하는 군대는 결코 아니다"라고 보고했다.[85]

이러한 국제연합군은 정당방위의 목적으로만 무기사용이 허용되며, 무력에 호소하는 모든 이니셔티브는 금지되어 있다.[86] 이를 통해 판단하면 이러한 국제연합군의 행동에 대한 전쟁법 규칙의 적용문제는 그다지 중요하지 않다고도 할 수 있다. 사무총장은 이러한 국제연합군 및 그 군사행동에 전쟁법 규칙을 그대로 적용하겠다는 것을 선언하기를 주저하였고, 1957년의 국제연합긴급군규칙도 "조약의 존중 - 국제연합군의 구성원은 군사요원의 행동에 관한 일반 국제조약의 원칙 및 정신을 존중하여야 한다(제44조)"라고 규정하는데 그쳤다. 여기서 말하는 〈일반 국제

84) cf. Draper. G. I. A. D., "The Legal Limitations upon the Employment of Weapons by United Nations Force in Congo." *International and Comparative Law Quarterly*. Vol. 12(1963), p.408; Bowett. D. W., *United Nations Force*(1964), pp.501-503.

85) 1964년 11월 4일 총회 결의 918(ES-1)에 의해 총회에 요청된 국제연합긴급군에 관한 사무총장의 제2(최종)보고(A/3302, secs.10. 12). 동 보고는 총회결의 1001(ES-1)로 승인되었다.

조약〉은 1907년 헤이그조약, 1949년 제네바협약 등을 포함한다고 해석되지만 그 범위는 반드시 명확하지 않고, 더욱이 앞의 표현은 관습법의 적용에 대해서는 언급하고 있지 않다. 또한 일반 국제조약의 '원칙 및 정신'을 존중한다는 표현도 애매하여, 만약 이것이 교전군대에 적용되는 것이라면 비판을 받을 여지가 있다.

그러나 이러한 국제연합군은 그 지위나 승인받은 위임의 제약으로 제44조가 말하는 일반 국제조약의 구체적 내용을 완전하게 적용할 수 있는 상태에 있지 않다. 이러한 점, 특히 '원칙 및 정신의 존중'과 조약규칙의 적용간의 간극 문제는 적십자국제위원회에 의해 지적되어, 그 해결을 위한 제안도 이루어져 왔다.

그 중에서도 1963년 국제적십자대표이사회에서 채택된 결의는 "국제연합은 제네바협약이 동 협약체약국의 군대에 적용되는 것과 동일한 방법으로 국제긴급군에 적용될 것을 수락하는 정식 선언을 채택할 것"을 권고했다.[87] 또한 국제연합의 제네바협약 가입이 가능하다고 보거나 또는 필요하다는 견해도 있다.[88] 그러나 국제연합 당국에 의하면, 이 가입과 국제연합 총회의 동일한 취지의 선언이라는 방법은 국제연합이 국가가 아니어서 고유한 군대를 갖지 못하고, 또한 할당부대 제공국의

86) 여기서 말하는 정당방위(self-defence, légitime défense)의 의미에 관하여 사무총장 보고서는 무력공격에 대하여 특히 사령부의 명령으로 점령지역에서 철수시키기 위해 무력에 호소하는 행위에 대해서는 무력으로 대응할 것을 허용한다. 그 경우 총회에 의해 위임된 권한에 의해, 동시에 그 결의의 범위 내에서 행동하여야한다(Summary Study of the experience derived from the establishment and operation of the Force:Report of the Secretary General[A/3943], 9 Oct. 1958)고 밝히고 있다. 그러나 카탕가에서와 같이 매우 특수한 상황에 직면할 경우와 같은 정당방위의 엄격한 정의의 한계를 초월하지 않을 수 없을 때를 고려하여 1964년의 키프로스 국제연합군에 관한 사무총장 각서는 '정당방위라는 표현은 (a)무력공격을 당한 국제연합 주둔 부대, 구내 및 차량의 방위, (b)무력공격을 당한 여타 (키프로스)국제연합군 요원의 지원을 포함한다'고 하면서 '정당방위에는 최소한의 무력(minimum force) 원칙이 적용되어야 하고, 모든 평화적 설득수단이 실패한 경우에만 무력이 행사되어야 할 것'이라면서, '만일 무기사용에 호소할 경우에도 가능하다면 언제나 사전경고가 있어야 한다. 자동무기는 극도로 긴급한 경우를 제외하고 사용되어서는 안되며, 사격은 직접적인 목적을 달성하는데 필요한 정도에 그쳐야 한다'고 했다(Note by the Secretary-General concerning certain aspects of the function and operation of the United Nations Peace-Keeping Force in Cyprus[S/5653], 11 April 1964, pars.16-19). **香西, 前揭書**, p.378 이하 참조.

87) *RICR*(1963), p.543.

88) Schindler, D., "Die Anwendung der Genfer Rotkreuzabkommen seit 1949." *Annuaire Suisse de Droit International*(1965), pp.105-106. CICR에 자문한 전문가 대다수의 의견은 국제연합의 제네바협약에의 가입에 대한 법적 측면에서의 장애는 없다면서 국제연합의 가입을 찬성했다(Reaffirmation, *op. cit.*, pp.144-145). 또한 1965년 제20회 적십자국제회의 결의 XXV(국제연합긴급군에 의한 제네바협약 적용)는 사무총장과 할당부대 제공국과의 협정체결에 의해 국제연합하에 놓이는 부대가 제네바협약의 규칙을 준수하고, 동시에 그 협약에 의해 보호될 것을 권고했다(*RICR*,[1965], pp.541-542).

관할권도 대신할 수 없으므로 실현성이 없다고 한다.[89]

최근(1991년)에 작성된 국제연합과 PKO에 인원 · 장비를 제공하는 국제연합 회원국 간의 모델협정안[90]도 이제까지와 마찬가지로 "군사요원의 행동에 적용되는 일반적 국제조약의 원칙 및 정신을 준수 및 존중한다"고 하며, 이들 조약에는 제네바 4개협약, 추가의정서, 문화재보호조약이 포함된다고 하고 있다.

89) 그리고 국제연합군에 대한 전쟁법 적용문제는 국제법학회(Institut)에서도 검토되었다. 이미 전술한 1963년(브뤼셀회기) 결의는 인도적 성질의 규칙(의 유효성)은 '국제연합에 의해 취해지는 행동'에도 동등하게 미친다고 간주하였으나, 1965년(바르샤바회기)에 '국제연합 및 지역기관의 군사행동에 대한 전쟁법의 적용 조건'을 검토하는 새로운 위원회가 설치되어, 드비셔(Paul de Visscher)가 보고자에 지명되었다. 그의 두 번에 걸친 보고(Les conditions d'application des lois de la guerre aux operations militaires des Nations Unies, *Rapport preliminaire et rapport definitif de M. Paul de Visscher, Annuaire*[1971], Tome Ⅰ, pp.1-59)와 토의 결과, 1971년 카그레브회기에서 '국제연합군이 수행하는 적대행위에의 무력분쟁에 관한 인도적 규칙의 적용조건'이라는 제목의 전문과 8개조로 이루어진 결의가 채택되었다(*ibid.,* Tome Ⅱ, pp.280-288). 동 결의에 따르면 조문상 '국제연합군'이란 국제연합의 지도하에 놓이는 모든 무장부대를 가리키고(제1조), 무력분쟁법에서 유래하는 인도적 성질의 규칙은 국제연합에 완전히 적용가능하며, 국제연합군이 수행하는 적대행위의 모든 상황에서 국제연합군에 의해 존중되어야 한다(제2조). 국제연합군이 개인적 계약으로 모집될 때, 무력분쟁에 관한 인도적 규칙의 효과적 존중은 국제연합과 여러 할당부대 제공국간의 협정에 의해 확보되어야 한다. 이 협정은 적어도 무력분쟁에 관한 인도적 규칙의 각 할당부대에 의한 존중을 항상 그리고 모든 경우에 감시할 권리를 국제연합에 대해 인정하여야 한다(제3조).
또한 인도적 규칙외의 규칙에 관해서는 보고자 함부로의 보고(*Annuaire*, Vol. 56[1975], pp.81-117)에 기초하여 1975년 비스바덴회기에서 '국제연합군이 수행하는 적대행위에의 무력분쟁에 관한 인도적 규칙외 여타 규칙의 적용조건에 관한 결의'가 채택되었다. 이 결의에 의하면 '무력분쟁에 관한 규칙'은 비록 그것들이 특히 인도적 성질을 나타내는 것은 아니라고 해도 다음 諸조문(주로 중립규칙에 관한 것)에 규정된 예외를 제외하고 국제연합군이 수행하는 적대행위에 적용된다(제2조). 또 이 결의에 부가된 「희망 1」은 1954년 헤이그 문화재보호 조약의 준수를 국제연합군에게 부과하기 위한 조치를 권장하고, 「희망 2」는 국제연합군이 당사자가 되는 모든 군사행동에서 1949년 제네바 제협약에 구속되도록 적절한 형식으로 국제연합이 확인할 것을 권장하고 있다(*ibid.*, pp.540-541). 1999년 8월 아난 국제연합 사무총장은 국제연합의 지휘 · 명령하에 행동하는 국제연합군에게 적용될 국제인도법의 기본원칙 및 규칙을 규정하는 문서를 공포했다(1999년 8월 6일부 국제연합 사무총장 고시(ST/SGB/1999/13), 1999년 8월 12일 효력 발생). 그 적용범위와 관련하여 이 고시에서 규정하는 국제인도법의 기본원칙 및 규칙은 국제연합군이 무력분쟁 사태에서 전투원으로서 적극적으로 종사할 경우, 종사하는 범위와 기간 동안 국제연합군에게 적용된다(1절) 국제연합과 국제연합군이 전개하는 영역국간의 지위협정에서 국제연합은 국제연합군이 군사요원의 행동에 적용되는 일반조약의 원칙 및 규칙을 충분히 존중하여 작전을 행하도록 확보할 것을 약속한다(3절). 국제인도법을 위반할 경우 국제연합 군사요원의 구성원은 그들의 국내재판소에서 소추된다(4절).

90) Model Agreement between the United Nations and Member States contributing personnel and equipment to the United Nations Peace-Keeping Operations. UN Doc. A/46/ 185, 23 May 1991. 이 모델 협정안의 일본어 번역은 法学セミナー 1992年 1月号, pp.69-71.

제3장 인도법의 실효성

앞장에서 살펴보았듯이, 인도법은 전쟁관 전환 후의 무력분쟁에 타당하고 그에 적용되어야 한다고 해도 과연 인도법의 제규칙은 현대 무력분쟁의 현실, 그 특수한 상황에서 준수될 수 있을 지에는 여전히 의문이다. 즉, 인도법은 실효성을 갖고 있는가? 국제법 뿐만 아니라 애초부터 법의 실효성은 그 유효성의 조건이며, 실효성이 최저에 달한다면 다시 말해 법의 위반이 관례화되고 법실현 가능성이 극소화된다면, 더 이상 유효한 법질서라고 간주할 수 없다.

그런데 인도법은 전쟁 내지 무력분쟁이라는 쌍방의 적대적 감정 하에서 적용되어야 한다는 숙명적 성질을 갖고 있으므로 위반 또는 준수되지 않는 경우가 많다. 그렇지만 어떠한 법규범에도 그 위반 · 비준수의 가능성은 있으며, 역으로 그 실효성이 상한에 달한다면(항상 준수된다면) 그것은 더 이상 법규범이 아니라고 조차 말할 수 있다. 그러나 여기서 문제가 되는 실효성은 개개의 인도법 규칙의 비준수가 아니고 인도법이라는 체계 전체로서의 법질서의 일반적 비준수가 현대무력분쟁의 현실과정에서 볼 수 있는가 여부에 달려있다.

이러한 점이 현대에서 특히 주목을 받는 이유는 그중에서도 특히 전쟁수단 · 방법의 이상한 발달과 고전적인 전쟁과는 다른 특수한 상황의 출현에 의한 것이라고 할 수 있다. 우선 현대 해적수단의 파괴력은 매우 크고, 현실적으로 대규모 무력분쟁에서 그 사용이 간신히 저지되고 있는 것은 상대로부터의 보복공포 때문이며, 인도법 규범의 존재(실효성)에 의한 것이 아니라는 견해가 있다.

따라서 무력분쟁의 현실을 규제하려고 하는 어떠한 기도(企圖)도 환상에 지나지 않는다고 일컬어진다. 대량파괴무기의 출현은 상대국뿐만 아니라 전 세계를 파괴시킬 수 있는 상황을 초래하였으며, 그 사용 가능성이 있는 오늘날의 무력분쟁에서 인도법의 실효성이 상당히 저하되어 있다는 점은 부정할 수 없다.

그러나 문제는 이러한 특수한 상황이 과연 인도법 체계의 일반적 비준수를 초래하고 그 실효성을 최저까지 끌어내렸다고 할 수 있는가 여부이다. 이 문제의 검토 시 주의할 점은 무력분쟁에 있어서의 전쟁법 내지 인도법의 위치와 역할을 지나치게 과대평가해서는 안 된다는 점이다. 만일 대량파괴수단이 대규모로 사용되는 무력분쟁이 발생한다면 인도법 뿐만 아니라 국제법체계 전체 나아가 각국들의 국내법체계도 무너져 내려 각 국민 전체 나아가 인류의 생존조차 장담할 수 없어지기 때문에 문명과 인류의 파멸책임을 인도법의 실효성 결여만으로 돌릴 수 는 없다.

이러한 상황의 발생을 저지하는 것은 인도법의 실효성에만 의존하는 것이 아니라, 국제법 전체 나아가 국내정치 · 국제정치 전체의 문제이다. 대량파괴수단의 등장을 이유로 인도법의 실효성을 부정하는 견해는 모든 무력분쟁의 발생은 반드시 그런 수단의 사용에 유혹받는다는 전제에 기초한다고 할 수 있다. 그러나 이것은 현실에 바탕을 두고 있다고는 말하기 어렵고, 제2차 세계대전 후의 수많은 무력분쟁에서 이러한 전제는 실현되지 않는다. 따라서 현대 무력분쟁에서 대량파괴무기의 존재에도 불구하고, 인도법의 실효성이 완전히 부정되는 상황에 있는 것이 아니라, 어느 분쟁당사국도 개개의 인도법 규칙에 위반하는 경우는 있어도 인도법 체계 그 자체의 준수를 완전히 무시하는 태도로 나오는 경우는 없는 것이다.

그럼에도 불구하고 인도법의 실효성에 대한 의구심이 남는 까닭은 두 차례의 세계대전 특히, 제2차 세계대전에서의 총력전(Total War)이라 불리는 현상 및 내전이나 해방전쟁에서 흔히 볼 수 있는 게릴라전이라는 인도법 규칙의 적용이 곤란한 상황이 출현하고 있기 때문일 것이다. 확실히 총력전은 현대 무력분쟁의 한 특징을 나타내는 현상이며, 군대간의 전투라는 고전적 전쟁관을 깨트렸다.

그러나 그것은 군대만이 전쟁노력에 관여하는 것은 아니라는 의미지만, 반드시 분쟁당사국의 모든 개인(국민)이 전투원과 동일시되고, 모든 물자와 재산이 군수품과 동등한 것이 된다는 것을 의미하는 것은 아니다. 따라서 총력전 개념은 적국이 상대의 모든 사람과 사물을 무차별적으로 공격하고 파괴할 필요를 필연적으로 포함하는 것은 아니다.

그렇지만 제2차 세계대전 중에는 상대국 도시에 대한 무차별폭격이 반복되었는데, 그것은 상대국의 위법행위에 대항하기 위함이라는 등의 이유 하에 행해진 것이었고(후술하는 '복구' 참조) 총력전이었기 때문에 폭격(공습)에 관한 법규의 무시가 당연하다든가 전쟁법이 실효성을 잃었기 때문은 아니었다. 오히려 이 무차별폭격 현상은 공습에 관한 규칙 내용이 현실에 대한 적응의 불충분함, 불명확함에 의한 면도 컸다고 생각된다. 또한 게릴라전에 있어서도 이러한 전투방법은 반드시 새로운 것이 아니라 외부의 침입으로 점령된 국가의 인민이 침입(점령)군에 저항하는 방법으로서 오래전부터 사용된 것이며, 그것이 현대의 해방전쟁에서 많이 사용된 것은 피점령국의 인민과 마찬가지로 열세한 군사상황에 놓인 해방조직이 강력한 적에게 대항하기 위해서 이용하는 상투적이라고도 할 수 있는 수단이기 때문이다.

그러나 게릴라전이 즉각 인도법 체계의 적용을 근본적으로 불가능하게 하고 그 실효성을 잃게 하는 것은 아니다. 오히려 종래의 전쟁법은 정규군 간에 행해지는 통상의 전투관계를 기초로 하여, 발생하는 문제에 관하여 규정을 둔 것으로, 그 구체적 규칙 중에는 게릴라전의 현실에 대응하지 못하는 것도 있었던 것이다. 그 때문에 마치 게릴라전에는 인도법이 실효성을 갖지 못하고, 그것을 적용할 수 없다고 주장하는 논자도 나타났던 것이다. 그러나 이 점에 대해서도 게릴라전의 현상과 인도법 준수가 양립할 수 없는 것이 아니라, 공습에 관한 규칙과 마찬가지로 게릴라적 전쟁방법에 대한 인도법의 적응이 요구되는 성질의 문제일 뿐이다.

이와 같이 오늘날 인도법의 실효성을 의문시하는 증거로 자주 거론되는 제 현상은 어느 경우든 인도법 규칙의 내용이 현실 분쟁의 성질과 해적수단 · 방법의 특징에 완전히 적응할 수 없다는 점에 의한 것이며, 그 실효성을 부정하는 요소를 필연적으로 포함하는 것은 아니다. 일반적으로 인도법의 실효성은 많은 분야의 국제법 규칙 중에서도 가장 불안정하고 의심스러운 분야라고 판단되어 왔다.

무력분쟁 중에 적용되어야 하는 인도법에는 그 법 준수를 효과적으로 강제하는 수단이 없다는 점, 또한 전수(戰數)에 따라 긴급사태에는 법을 어길 수 있다는 주장이 그러한 의문에 박차를 가했다는 점도 사실이다. 그러나 일찍이 독일의 학자가 주장한 전수(戰數)가 인도법 분야에서 인정받을 수 있을지 여부는 극히 의문이고 오히려 부정적으로 해석되어야 한다고 생각되지만[91] 애초부터 전수(戰數)는 예외적인 긴급사태에만 인정할 수 있는 개념이라면, 인도법의 실효성을 일반적으로 부정하는 것이 아니라 그것을 전제로 하고 있다고 보아야 한다.

또한 인도법 뿐만 아니라 일반적으로 법의 실효성은 반드시 강제수단의 존재에

---

91) **戰數** 내지 **戰時 非常事由**(Kriegsrason, Kriegsnotwendigkeit) 이론은 19세기 후반 독일 학자에 의해 주창되어, 제1차 세계대전까지 독일에서는 통설로 인정되고 있었다. 이것이 의미하는 바는 국가의 긴급사태, 즉 전쟁의 목적을 달성하고 중대한 위험으로부터 회피하기 위해서는 **戰數**가 전쟁법에 우선한다는 것이다. 일반적으로 모든 법제도에는 그에 내재하는 국한성 즉, 긴급사태 내지 필요상태가 전쟁법을 깨트릴 수 있음을 포함하고 있다고도 알려져 국가긴급권(Staatsnotrecht, Emergency Power)이라는 것도 있다(**小林直樹**, **国家緊急権**, **学陽書店**, 1979年 참조). 국제법에서도 중대한 위험으로 협박을 당하는 국가가 본질적 이익을 지킬 다른 수단이 없을 때, 국가의무에 반하는 국가행위의 위법성이 **阻却**되는 경우가 있을 수 있다고도 판단된다(ILC, Eight Report on State Responsibility by Roberto Ago, A/CN. 4/318/Add. 5). 그러나 전쟁법이나 인도법 분야에 이것을 부주의하게 도입하는 것은 매우 위험하다. 전쟁이나 무력분쟁 상태는 애초부터 국가의 중대한 이익이나 생존이 걸린 사태이므로 모든 전쟁법, 인도법의 무시가 **戰數**를 이유로 정당화되어 버리기 때문이다. 또한, 독일류의 **戰數論**을 비판하면서, **戰數**와는 별도로 보다 좁은 **軍事必要性**(Military Necessity)이라는 개념을 인정하고, 그 경우에만 전쟁법 침범을 긍정하는 견해도 있다(예를 들면, O'Brien, W. V., "Legitimate Military Necessity in Nuclear War," *World Polity* II[1960], p.48 참조). 그러나 이 군사필요성 개념도 **戰數**와 실제상 구별하기 어렵고, 결국 **戰數論**으로 흐를 가능성이 매우 높다. 애당초 전쟁법, 인도법의 제 규정은 군사상 필요에 의해 평시에는 허용되지 않는 행동이 이미 허용되는 무력분쟁이라는 긴급상태에서 그 준수가 요청되는 것이므로, 그 규정들은 이미 군사필요를 고려한 후에 작성된 것이다. 따라서 조약 규정 중 특히 '긴급한 군사상의 필요가 있을 경우'라든가 '군사상의 이유로 필요할 때'라는 조항이 삽입되어 있는 경우를 제외하고, **戰數**나 **軍事必要**를 이유로 그것들을 깨트리는 것은 허용되지 않는다. 말하자면 전수부정론은 강행규범(jus cogens)적 색채가 짙은 인도법 성질에 비추어 보아도 또 제네바협약의 규정이나 미영의 군사편람(The Law of Land Warfare, FM27-10[1956] sec.3; The Law of War on Land. The War Office[1958], sec.633)을 보아도 정당하다고 할 수 있을 것이다.

의해서만 보강되는 것이 아니라, 국내 · 국제여론의 압박, 제3국과의 이해관계, 나아가 교전국 자체의 이해와 인도법 의식에 의한 평가 등 여러 가지 요인에 의해 보장되는 것이라는 점을 잊어서는 안 된다. 인도법의 실효성도 그 준수를 위한 유효한 강제수단에도 불구하고 이러한 제요인에 의해 담보되어 있다. 이러한 담보는 오늘날의 국제사회의 전개와 통신수단 · 매스미디어의 발달에 따라 국내 · 국제여론의 형성이 용이하게 이루어질 수 있다는 점에서, 또한 국제연합의 무대에서 다수국의 목소리가 반영되는 기구가 있다는 점에서 보아도 과거의 전쟁법보다 현재의 인도법에서 보다 강력한 것이 되어가고 있다고 말할 수 있다.

오늘날의 무력분쟁에 있어서 인도법의 중대한 위반에 대한 국제여론의 비난과 그것을 반영한 국제연합의 결의 등이 상당할 정도의 인도법의 실효성을 높이고 있다는 것은 부정할 수 없다. 이와 같이 본다면 현대국제사회에서 인도법 체계의 일반적 비준수를 결론짓는 것은 무리이며, 역사상 어느 시대보다도 한층 높은 실효성을 인정할 수 있다고 할 수 있을 것이다.

이상과 같이 인도법은 전쟁위법화 하에서 그리고 구조적으로 변화된 국제사회에서, 그 유효성과 실효성을 유지하고, 때로는 높이기조차 해왔다고 결론을 맺어도 문제가 없을 것이다. 그럼 오늘날 유효성과 실효성이 긍정된 인도법은 어떠한 내용을 지니고 어떤 방향으로 전개되었는가? 이 문제는 제2편과 제3편에서 다루지만, 그 이전에 오늘날의 무력분쟁은 국제적 무력분쟁과 비국제적 무력분쟁이라는 두 개의 카테고리로 구분되며, 그 각각에 적용되는 인도법 규칙이 구별되어 있다는 사실에 주의하여야 한다. 양 무력분쟁의 구조와 국제법상의 위치 부여는 다르므로 이하에서는 이들 각각의 분쟁의 성질, 범위 및 그에 적용되는 인도적 규칙 내용의 특징 및 문제점을 살펴보고자 한다.

제2편 국제적 무력분쟁과 인도법

제1장 국제적 무력분쟁의 범위 : 인도법 적용의 개시와 종료

인도법이 적용될 수 있는 국제적 무력분쟁의 범위는 어디까지인가? 그리고 그 적용의 개시와 종료 시점은 언제인가? 이와 같은 점에 대해 근대국제법에서 현대국제법으로, 이에 대응하는 인도법으로의 시대적 전개를 배경으로 살펴보고야 한다.

제1절 국제적 무력분쟁의 개념 확대와 인도법 적용 개시

1. 법률상의 전쟁에서 사실상의 전쟁으로

제1차 세계대전 이전의 전쟁법은 문명국 간의 국제전쟁에만 적용되는 것으로 그 적용 단초가 되는 전쟁개시를 위해서는 어느 일방의 국가에 의한 전의(戰意 ; animus belligerendi)의 표명이 필요했다(법률상 또는 국제법상의 전쟁). 전의가 표명되지 않은 경우에는 '전쟁에 이르지 않은 무력행사'로 간주되어 이에 대해 전쟁법은 적용되지 않았다.

전의의 표명에 관하여 선전(宣戰)의 필요성을 주장하는 학설도 있으나 관습법상 정해진 형식은 존재하지 않았다. 그러나 1904년 러·일 전쟁에서 선전을 수반하지 않은 무력행사의 개시에 대해 제기된 비판을 계기로[1] 1907년 헤이그 평화회의에서 '개전에 관한 조약'이 체결되었다. 동 조약의 성립으로 체약국은 이유를 첨부한 개전선언의 형식 또는 조건부 개전선언을 포함한 최후통첩의 형식을 갖는 명료한 사전통고 없이는 그 상호간에 전투(hostilities)를 개시해서는 안 된다는 것을 승인했다(제1조).

그러나 동 조약에는 총가입조항이 포함되어 있었기 때문에 그 적용은 실제 극히 제한적이었으며 비체약국이 1국이라도 참전하는 경우에는 개전선언 및 최후통첩의 방식에 한정되는 않는 전의의 표명만 있으면 괜찮다는 종전의 관습법이 타당했다. 무엇보다도 당시는 무차별전쟁관이 지배적이었던 시대였고, 동 조약의 비준수가 전쟁을 위법한 것으로 하는 것이 아니라(동 조약 위반에 지나지 않음) 다른 방법으로 전의가 표명되는 한, 개시된 적대행위가 국제법상 전쟁의 성질을 갖지 않는 것은 아니었다.

그러나 제1차 세계대전 이후의 전쟁위법화하에서의 전쟁권의 제한으로 동 조약의 의의는 감소하였으며 실제 무력분쟁에서 개전선언이나 최후통첩이 행해지지 않았을 뿐만 아니라 전의조차 표명되지 않고 종래의 전쟁과 마찬가지로 적대행위가 행해지는 일이 많았다. 이러한 '사실상의 전쟁'은 금지된 카테고리의 전쟁이라는

1) 宣戰없이 전쟁이 개시된 다른 대표적 사례로는 1756년 영불전쟁, 1898년 미서전쟁을 들 수 있다. 러일전쟁 후인 1906년 국제법학회(Institut)는 宣戰 또는 最後通牒없이 전쟁을 개시하지 않는다는 3원칙을 채택(*Annuaire*, Vol.21 [1906], p.283) 하였는데, 이것이 개전에 관한 조약의 성립에 영향을 주었다.

비난을 피하려는 의도에서 주로 행해졌다.

'사실상의 전쟁'의 대표적인 사례는 1931년 '만주사변', 1937년 노구교(盧溝橋) 사건을 계기로 중 · 일 간 무수한 적대행위가 반복된 중 · 일 전쟁이 있다.[2] 그러나 국제연맹의 태도에서도 또한 제2차 세계대전 후의 국제군사재판에서도 사실상의 전쟁도 그것을 개시한 국가가 위법한 전쟁을 행한 것으로 간주되었으며 그러한 전

---

2) 1931년 9월 18일 일본의 관동군은 중국 북부(당시의 만주)에 있는 봉천 북쪽 교외의 柳條湖 부근의 만주철도 노선 일부를 폭파하고, 이것을 구실로 군사행동을 개시하여 남만주의 주요지역을 점령했다. 21일의 일본 각의는 만주에서의 이 사건을 '사변'으로 부르기로 결정했다. 다른 한편, 중국정부의 연맹규약 제11조에 바탕을 둔 요구로 소집된 연맹이사회는 릿튼조사위원회를 임명했다. 동 위원회 보고서(1932년 10월 2일 공개)는 '宣戰을 포고하지도 않은 채 중국의 영토인 광대한 지역이 일본군의 강력한 힘에 의해 점령당했다'는 점을 확실히 했다. 이 보고서가 연맹총회에서 채택된 직후 일본은 연맹에 탈퇴를 통고했다(1933년 3월 27일). 당시 일본정부는 자신의 행위를 '自衛'라고 옹호했다. 또한 横田喜三郎, 「滿洲事變と國際聯盟」(昭和6년 10월 5일 帝國大學 신문)은 '만주사변은 전쟁이 아니다. 그러나 의심할 여지없이 전쟁의 위협에 해당된다'며 연맹규약 제11조에 의한 연맹의 권고를 긍정했다.
1937년 7월 7일 밤 북평(북경) 교외의 蘆溝橋에서의 사소한 사건을 계기로 일본군은 공격을 개시하였고, 이후 察哈爾戰線, 상해사변, 남경공략으로 이어져 전면적인 장기전의 수렁으로 빠져들었다. 일본은 당초 이 사건을 '北支事變'으로 불렀으나, 9월 2일 '支那事變'으로 부르게 되었으며, 정식 선전포고는 없었다. 진주만 공격후인 1941년 12월 12일에 일본정부는 '이번 對美英戰은 支那事變을 포함하여 大東亞戰爭이라 부른다'고 발표했다.

3) 1941년 11월, 미일교섭의 난항과 일본의 중국 · 佛印(프랑스령 인도지나의 약칭)으로부터의 전면 철군 등을 요구하는 헐·노트에 의한 복잡한 정세속에서 大本營政府連絡會議는 對美 開戰의 사무절차에 관한 논의 결과 워싱턴 시각 12월 7일 오후 1시 워싱턴에서 외교교섭 중단 통보를 전달하기로 결정했다. 한편 일본의 연합함대는 일본시각 12월 8일 오전 3시 19분(하와이 시각 7일 오전 7시 49분, 워싱턴 시각 7일 오후 1시 20분) 진주만 공격을 개시했다. 그런데 워싱턴에서 일본측은 헐 국무장관과 오후 1시에 회견약속을 하였지만, 通牒의 解讀 · 淨書에 시간이 걸려 1시 45분까지 연기를 신청하고 野村 · 来栖 양 대사가 국무성에 도착한 것이 2시 5분, 헐을 만난 것이 2시 20분이었다. 또 對英開戰에 관하여는, 영국령 말레이(Malay) 북부의 코타바루로 향한 일본군은 일본시각 8일 오전 2시(2시 15분 또는 30분이라는 설도 있음)에 상륙하여 영국군과 육상전투가 시작된 것은 진주만공격보다 약 1시간 전이었다. 이 공격은 아무런 통고없이 행해졌다. 극동군사재판소 판결은 일본의 對美(英) 개전이 개전조약에 반하는지 여부의 판단을 기다리지 않고, 일련의 조약 및 국제법을 위반한 일본의 범죄적인 침략전쟁이었다고 판결했으나, 개전조약에 대해서는 부담해야 할 의무의 정확한 범위에 대해 결론적 의견을 표현할 것이 없다고 하면서도 다음과 같이 결정하였다. '요컨대, 그들(일본 당국자 - 藤田 注)은 영국과 미국의 군대가 교섭이 결렬되었다는 경고를 받을 수 없도록 하기 위해서 적대행위 개시 직전에 교섭중단을 통고하기로 결정하였다. …… 일체의 사항이 순조롭게 이루어졌다면 진주만에 주둔하고 있던 군대에 경고하기 위해서 워싱턴에 20분 정도의 여유를 줄 수도 있었을 것이다. 그러나 기습공격을 감행하기 위하여 그들은 긴급상황에 대비할 여유를 전혀 고려하지 않았다'(朝日新聞 法定記者團, 東京裁判(下), 1962年, 東京裁判刊行會, p.91).
또한 이 점에 관하여 전쟁중에는 진주만은 일본의 방위에 필요한 것으로 총력전에서의 개전조약의 무시는 당연하다는 견해(立作太郎, "Robert委員會報告と美日開戰に關する法律上及道義上の責任", 國際法外交雜誌 42卷 4号, p.373 이하)도 있었으나, 전후의 학계에서는 이러한 견해는 자취를 감췄다(大平善梧, "太平洋戰爭と開戰處理", 太平洋戰爭原因論, 1953年, p.405 이하 참조). 전후의 학설은 일반적으로 일본의 개전조약 위반을 인정하고 있다. 다만, 개전조약의 실효성에 의혹을 품고 '오히려 중요한 것은 개전에 앞서 외교담판을 통해 사태의 중요성을 상대방에게 알려 양보를 요구하는 노력이 이루어졌는가 여부'라는 견해(田岡, 前揭書, p.386)도 있다.
그밖에 진주만 공격에 관하여 미국이 암호해독 등으로 미리 예견하고 있었던 것은 아닌가 하는 점을 둘러싸고 대전 당시부터 미국내에서 논쟁이 있어 미 상하 양원 합동위원회의 보고서에도 그것을 부정하는 국제파(다수파)와 긍정하는 개정파(소수파)의 의견이 병기되어 있으나, 이 논쟁은 미국내에서 정부에 책임이 있는지 여부에 관한 것이며, 비록 미국이 일본의 공격을 예견하고 있었다고 하더라도 그것으로 개전조약 및 부전조약 등의 위반에 의한 위법성에 대해 일본이 그 책임을 면하는 것을 의미하는 것은 물론 아니다.

쟁에도 전쟁법이 적용 되어야 마땅한 것으로 판단되었다.

한편 비록 전의가 표명된 법률상의 전쟁에서도 부전조약(不戰條約) 등에 반하여 행해지는 전쟁의 위법성은 부정되지 않는다. 진주만 공격으로 시작되는 일본의 대미국전은 개전조약의 조건을 충족하지 않은 기습공격에 의한 것이었으며, 비록 사전에 전의가 표명되었다고 해도 일본의 행동에 위법성이 사라지는 것은 아니었다.[3)]

또한 당연히 전쟁법이 적용된다는 점은 말할 필요도 없다. 이처럼 전쟁위법화하에서 법률상의 전쟁인지 사실상의 전쟁인지를 불문하고 타국에 대한 무력행사는 위법이라고 간주됨과 동시에 그러한 무력분쟁에 전쟁법이 적용되어야 한다는 점은 특히 제2차 세계대전에서의 각국들의 태도와 전후의 군사재판을 통하여 확인되었고, 전의 표명의 유무를 기준으로 국제법상의 전쟁여부를 구별하여 전쟁법 적용의 유무를 판단하는 전통적 입장은 붕괴되었다.

이러한 경향은 국제연합 체제하에서 더욱 강하게 추진되어 개전조약의 무용화, 현실적 폐지로 박차가 가해졌다. 국제연합헌장이 전쟁이라는 용어를 피하고 무력행사뿐만 아니라 무력에 의한 위협도 금지했다는 점에서 적어도 국제연합 회원국간에서는 개전조약의 최후통첩 규정은 헌장과 양립하기 어려워졌으며 나아가 헌장상 합법적인 무력행사가 행해지는 예외적 경우(자위권과 국제연합의 집단적 제재)에서도 개전선언이나 최후통첩을 행할 여지는 사라졌다고 할 수 있을 것이다.

그러나 개전조약의 이러한 무용화는 전쟁위법화와의 관계에서 나타나는 것이며, 현대 무력분쟁에의 인도법 적용을 동시에 무용화하는 것은 아니다. 1949년 제네바제협약은 국제연합 체제하에서 동 협약 규정이 적용될 경우를 다음과 같이 표현하고 있다.

"본 협약은 둘 또는 그 이상의 체약국간에 발생할 수 있는 모든 선언된 전쟁 또는 기타 무력분쟁의 모든 경우에 당해 체약국의 하나가 전쟁상태를 승인하거나 아니하거나를 불문하고 적용된다(공통 제2조 1항)."

여기에서 동 협약의 적용을 위한 판단준거는 분쟁당사국의 의도 여부를 불문하는 '무력분쟁'[4]의 존재이고, '사실상의 전쟁'도 당연히 포함된다. 또한 동 협약은 "본 협약은 일체약국 영토의 일부 또는 전부가 점령된 모든 경우에 비록 그러한 점령이 무력저항을 받지 아니한다 하더라도 적용된다(동조 2항)"고 규정하고 있다.

이러한 점은 현실적으로 적대행위가 이루어지지 않은 점령의 경우에도 동 협약의 적용범위를 미치게 하려는 새로운 방향을 나타낸 것으로 주목된다. 제네바 제4(민간인) 협약은 "제2조에서 규정하는 분쟁 또는 점령이 개시된 때부터 적용된다"고 규정하고 있다(제6조).[5]

이러한 무력분쟁과 점령의 상황('제2조 분쟁'이라고 불림)에 대해 개시 때부터 이들 협약을 적용하는 방법은 1977년 제1추가의정서에서도 계속 이어지고 있다(제1조 3항, 제3조(a)). 더욱 주목되는 것은 동 추가의정서가 소위 민족해방전쟁도 이러한 상황에 포함시키고 있다는 점이다.

2. 민족해방전쟁의 법적 성질

식민지 인민의 본국지배에 대한 투쟁을 중심개념으로 하는 민족해방전쟁은 식민지 획득전쟁이 성행했던 19세기에는 영향을 미치지 못하였고, 전쟁위법화 시대

4) 제네바 제협약의 해설서에 의하면, '2국간에 발생하고, 동시에 군대구성원의 개입을 야기하는 모든 분쟁은 비록 당사국 일방이 교전상태(état de belligérence)를 두고 다투고 있다 하더라도 제2조 의미에 있어서의 무력분쟁이다. 분쟁기간 및 그 효과의 크고 작음이 중요한 것은 아니다'(*Commentaire* IV, p.26). 또한 제2조 1항은 체약국의 쌍방이 전쟁상태를 부인할 경우에 대해서는 규정하고 있지 않으나, 앞의 의미의 무력분쟁만 발생하면 당연히 동 협약이 적용된다고 간주해야 마땅할 것이다.

5) 여기서 말하는 '점령'이란 헤이그규칙 제42조의 점령보다 넓은 개념이다. 개인의 입장에서 민간인협약의 적용은 앞의 제42조에서 말하는 의미의 점령상태의 존재와는 별개다. 침입과 안정된 점령체제 수립간의 중간적·잠정적 시기가 여기서는 존재하지 않는다(*Commentaire* IV, p.67). 또 '개시될 때'란 조약 기초자의 견해로는 비록 군사투쟁(lutte armée)이 지속되지 않을 경우라도 최초의 폭력행위를 의미한다. 단순한 국경에서의 무력충돌에서도 또 외국영토에 주둔중인 군대가 일반주민과 접촉했을 때부터 협약은 적용된다(*ibid.*, p.66). 민간인협약을 제외하고 다른 3협약에 관해서는 각각의 피보호자가 적의 권력내에 빠졌을 때부터, 또 민간인협약의 피보호자에게는 동 협약 제4조의 조건을 충족했을 때부터 적용된다.

에 들어서도 본국에 대한 반란 내지 기껏해야 내전으로 간주되어 본국의 국내문제로 취급되는 것이 보통이었다. 1949년 제네바협약의 기초과정에서조차 식민지투쟁은 비국제적 무력분쟁의 틀 속에서 거론되는데 지나지 않았다.

동 협약의 해석에 있어서도 당초에는 식민지투쟁을 제3조 분쟁(비국제적 무력분쟁)으로 분류하는 견해가 유력하였다. 그러나 1960년대에 들어 민족자결권이 국제법상 확립됨에 따라 이와 관련해서 식민지 인민의 법주체성(자결의 주체)을 인정하여 해방투쟁에 국제적 성질을 부여하자는 견해가 표명되기에 이르렀다.

또 해방투쟁을 확립한 국가와 확립해야 할 국가, 즉 식민지 인민 내지 해방조직 간의 분쟁, 다시 말하면 '국가 간이 아닌 국제무력분쟁'이라는 제3의 카테고리로 분류하는 학설도 등장하였다.[6]

1974년~77년 국제인도법 외교회의에서는 처음부터 제1추가의정서의 적용범위에 해방투쟁을 포함시킬 것인가 하는 문제를 두고 격렬한 논쟁이 벌어졌는데, 해방투쟁을 국제분쟁이라고 보는 입장이 신흥국과 사회주의국의 압도적 지지로 채택되었다. 이리하여 제1추가의정서 제1조 4항에 국제연합 헌장 및 우호관계선언에서 인정된 인민의 자결권을 행사하는 '인민이 식민지 지배 및 외국의 점령에 대하여 또는 인종차별제도에 대하여 투쟁하는 무력분쟁'이 제네바 제2협약에서 말하는 상황, 즉 국제적 무력분쟁에 포함되게 되었다.[7]

이와 같이 식민해방전쟁이 소위 제2조 분쟁에 포함되었다는 점에서, 어떠한 것이 해방투쟁에 해당하는지 또는 이 해방투쟁에는 당연히 자동적으로 제네바협약

---

6) 해방전쟁의 법적성질을 둘러싼 학설 및 관행의 전개에 관해서는 拙稿, "民族解放戰争と戰争法"(前揭) 참조.

7) 외교회의에서는 제1회기 제1위원회에서 CICR 최종초안 제1조(공통2조 상황에의 적용만 언급)에 대한 수정으로서 해방투쟁을 제2조의 상황에 포함시키는 취지의 제안이 몇몇 제출되었으며, 그것을 하나로 종합한 수정안(CDDH/Ⅰ/71)이 찬성 70, 반대 21(일본 포함), 기권 13으로 채택되었다. 제4회기(1977년) 본회의에서 찬성 87, 반대 1(이스라엘), 기권 11(일본 포함)로 채택되어(CDDH/SR, 36) 제1조 4항이 되었다.

및 제1추가의정서가 적용되는지 여부가 문제되었다. 전자에 대해서는 제1조 4항의 문언이 전통적인 식민지 지배에 대한 해방투쟁 외에 외국의 점령 또는 인종차별제도에 대한 해방투쟁도 포함하고 있다는 점이 해방투쟁의 범위를 모호할 정도로 확대하고 있어 문제가 되었다.[8]

이들 세 유형은 엄밀히 말하면 반드시 동질적이지는 않지만, 최근 국제연합에서의 논의에서 인민의 자결권을 방해하는 현대적 사례로 일괄적으로 취급되어 그에 대한 조치가 시도되어 왔기 때문에 같이 사용되고 있는 것이다.[9] 많은 법 개념이 주어진 상황 하에서의 필요성에 쫓기어 또는 그에 맞춰 만들어진다는 특수한 역사성을 지닌다는 점을 생각하면, 제1조 4항의 표현은 식민지 지배의 현대적 표현이라고도 할 수 있는 것으로 반드시 부적절하다고는 단언할 수 없다. 그리고 제1조 4항에 해당하는 해방투쟁이라는 점을 누가 어떤 절차로 인정하는가에 대해 제1추가의정서에는 아무런 규정도 없다.

동 의정서 작성을 위한 논의과정에서 해방투쟁이 행해지고 있는 지역과 관계되는 정부 간 지역기구에 의해 승인된 해방조직의 경우로만 한정하자는 견해도 있으나, 이러한 경우에 한정해야 할 필연성은 없으며(이러한 종류의 지역기구가 존재하지 않는 지역도 있음) 일단 해방투쟁 주체의 자기 인정에 맡길 수밖에 없다. 그렇다고 해도 국제연합 헌장과 우호관계선언이 인정하는 자결권을 행사하는 주체는 국제연합에서 논의의 대상이 되는 등 어느 정도의 객관적 존재로 인정받을 수 있는 자(조직)에 한정될 것이다. 이것은 해방투쟁에 제1추가의정서가 자동적으로 적용되는가라는 다

8) Baxter, R. R., "Humanitarian Law or Humanitarian Politics? The 1974 Diplomatic Conference on Humanitarian Law." *Harvard International Law Journal*, Vol.16. No.1(1975), pp.12-17.

9) 국제연합의 틀내에서 이 개념은 고전적인 식민지 지배뿐만 아니라 인민전체의 자결권의 거부라는 동일한 결과에 도달하는 타 지배형태도 포함시키기 위해 이용되고, 일련의 국제연합 총회에서는 '식민지 및 외국지배와 그리고 인종차별 제도'에 대한 투쟁을 하나로 모아 취급하였다. 이러한 투쟁은 고전적인 식민지주의에 대한 무력투쟁을 포함할 뿐만 아니라, 그 지역의 주민을 이동시키기도 하고 그 기본권을 박탈하는 등 자결권을 힘으로 억압함으로서 야기되는 이주민의 식민지에 대한 투쟁도 포함한다. Abi-Saab, G., "Les guerres de libération nationale et la Conférence diplomatique sur le droit humanitaire." *Annales d'ètudgs internationales*(1977), pp.63-78.

음의 문제와도 관련된다.

이 문제는 해방투쟁의 일방 당사자인 해방운동 내지 자결권을 행사하는 인민이 아직 국가를 형성하지 못하고 제네바제협약 및 추가의정서의 체약국이 아니라는 점에서 발생한다. 결국 체약국이 아닌 해방운동의 당국에 대하여 협약 및 추가의정서가 어떻게 그리고 언제부터 적용되는가라는 의문이다.

인도법 외교회의에서는 해방투쟁이 제1조 4항에 포함되는 것으로 정해졌다는 점에서 이러한 문제에 대한 검토가 이루어져 제1조 4항의 기술적 보완으로서 다음과 같은 조문(제96조 3항)이 포함되었다.

"체약국에 대항하여 제1조 4항에서 말하는 유형의 무력분쟁에 가담하는 인민을 대표하는 당국은 기탁국에 제출되는 일방적 선언의 방식으로 당해 분쟁에 관하여 제협약 및 본 추가의정서를 적용할 것을 약정할 수 있다. 그러한 선언은 기탁국에 접수되는 즉시 당해 분쟁에 관하여 효력을 가진다. (가) 제협약 및 본 추가의정서는 분쟁당사자로서 前記 당국에 대하여 즉각 효력을 발생한다. (나) 前記의 당국은 제협약 및 본 추가의정서의 체약국들에게 부여된 것과 동일한 권리와 의무가 있다. (다) 제협약 및 본 추가의정서는 모든 분쟁당사국을 동일하게 구속한다."

이와 같이 '인민을 대표하는 당국'[10]의 기탁국에 대한 '일방적 선언'이라는 방법이 취해지게 되었으나, 그 표현의 해석은 반드시 통일되어 있지 않다. 그 중에서도 '일방적 선언'은 순수하게 선언적 성질을 가지는데 지나지 않는가 또는 제협약 및 추가의정서상의 권리의무를 만들어내는 창설적 성질을 가지는가, 이 선언이 있

10) 이러한 당국과 관련하여, 예를 들어 모리타니아는 이것은 회의의 내부규칙 제58조에 규정된 관계지역 정부간 기구에 의해 승인된 정식(authentique)의 해방운동에만 적용해야 한다고 하였고(CDDH/ I /SR, 67, pars.75-76), 인도네시아, 오만 및 자이르(*ibid.*, CDDH/ I /SR, 68, pars.4-5, 29, 30)도 같은 의견이었다. 다른 한편, 서구국가들은 제1조 4항의 조건을 사실상 충족한 당국의 선언만이 제96조 3항의 효과를 가질 수 있다(네덜란드 CDDH/SR, 46, Annexe pp. 379-380)든가, 제1조 4항을 전체적으로 충족한 해방운동만이 선언 자격이 있다 (캐나다 *ibid.*, p.365; 영국 *ibid.*, p.385)고 하였다.

기 전까지는 이들 문서가 자동적으로 효력을 갖는 것은 아닌가 하는 문제를 둘러싸고 신흥국과 서구국 간 견해가 대립되었다.

그러나 이 논의의 실익은 그다지 없다. 한편에서는 제협약 및 추가의정서의 적용은 제1추가의정서 제1조에 규정된 모든 상황(해방투쟁도 포함)에 처음부터 적용된다(제3조). 단, 해방투쟁의 경우 아직 '체약국'이 아닌 해방조직(인민을 대표하는 당국)이 상대 체약국과 제협약 및 추가의정서 상, 동일한 권리의무를 갖기 위한 절차로서 일방적 선언의 방법을 취할 것을 요구받았다고 보아야 할 것이다. 이러한 점에서 해방조직 측에게 이니셔티브를 부여한 것으로 본다는 점 이외에는 논의의 실익이 없다.[11)]

어쨌든 해방운동(조직)이 인도법 전체의 주체로서 등장하고 그 무력분쟁이 국제적 무력분쟁으로 간주되는 것 자체가 비 식민지화 시대를 반영한 인도법 전개의 중요한 측면을 나타내는 것이다. 체약국간에만 적용되던 법인 종래의 전쟁법 구조에 해방조직의 일방적 선언이라는 방법에 의한 일종의 변용(인도법 구조라고도 할 수 있음)이 초래된 것이다. 이러한 변용은 자결권을 기축으로 하는 현대국제법의 구조전개에 따른 것이라고 볼 수 있다.

---

11) 남아프리카정부는 양 추가의정서의 당사국은 아니었지만 국내에서는 아프리카민족회의(ANC)와 그리고 나미비아에서는 남서아프리카민족기구(SAWPO)와 장기간의 투쟁상태에 있었다. ANC는 민족해방단체로서 제1추가의정서 제96조 3항에 기초한 선언을 하려고 했으나, 남아프리카가 그 당사국이 아니기 때문에 스위스정부로부터 거부되었다. 이러한 선언은 위와 같은 단체와 제1추가의정서 당사국 사이에서만 이루어질 수 있다고 해석된 것이다. 그러나 ANC의장은 CICR위원장 앞으로 다음과 같은 선언을 발송했다. 즉, ANC는 무력분쟁에 적용될 국제인도법의 일반원칙을 존중하고 동시에 그에 따를 의도를 가지고 있으며, 또한 관행상 가능한 한 제네바 제협약 및 제1추가의정서의 제원칙을 존중하도록 노력할 것이라고 했다(*RICR*, No.727, p.21). ANC의 이 선언은 제1추가의정서 제96조 2항하에서의 비체약국에 의한 신청 내지 수락과 유사한 것이라고도 할 수 있다.
SAWPO는 그러한 선언을 하지는 않았다. 그러나 국제연합나미비아이사회는 1983년 10월 18일 제네바 제협약과 추가의정서에 대한 가입서를 기탁했다. 남아프리카정부는 이에 항의하고, 나미비아를 협약당사국으로 간주하지 않았다(또 기탁국 정부는 이 가입은 무효이고, 나미비아는 1991년 8월 22일에 기탁한 문서로 제네바협약<남아프리카는 1952년 3월 31일에 가입>을 승계한다고 선언했다).
또한 이 문제는 남아프리카의 2개의 재판에서 제기되었다. 그것들은 나미비아에서 체포된 SAWPO의 제복을 착용한 구성원에 관한 S. v. Sagarius and Others 사건 및 남아프리카에서 체포된 제복을 착용하지 않은 ANC 구성원에 관한 S. v. Mogoerane and Others사건이다. Christina Murray, "The 1977 Geneva Protocols and Conflict in Southern Africa", *ICLQ*. Vol.33(1984), pp.462-470. 참조.

제2절 국제적 무력분쟁의 종결과 인도법 적용의 종료

전쟁 내지 국제적 무력분쟁의 종결은 분쟁당사국 쌍방의 합의를 필요로 하고, 일방의 전쟁종결선언만으로 끝나는 것이 아니다. 이러한 합의는 통상 평화조약이라는 형식으로 행해지며, 그 발효에 의해 전쟁상태는 종결된다.[12] 그밖에 분쟁당사국 쌍방에 의한 '모든 적대행위의 정지'가 전쟁을 종결시키는 경우도 없지는 않지만, 그러나 이러한 방식은 많은 점에서 불편하고 불안정한 것이 많아서 일반적으로 회피되고 있다. 예를 들면, 휴전(Armistice)에서 볼 수 있는 것처럼 적대행위의 전면적 정지는 사실상 전쟁의 종료에 이르는 경우가 있다고 해도 전면적 정지 그 자체가 즉각 전쟁상태를 공식적으로 종결시키는 것은 아니다. 이와 같이 분쟁당사국의 합의가 국제적 무력분쟁의 종결을 위한 결정적 요소라고는 하지만, 이러한 합의 이전에 군사행동이 종료되는 경우도 많고 최근에는 일방 분쟁당사국에 의한 무조건 항복의 수락이라는 예도 볼 수 있다.[13]

국제적 무력분쟁에 적용되는 전쟁법, 인도법은 어떤 시점에서 그 적용이 종료되는가? 1899년과 1907년의 헤이그 제조약 등에는 그 적용의 종료시점에 대해 어떠한 규정도 포함되어 있지 않다. 종래의 전쟁에서는 군사행동의 종료와 전쟁종결의 합의가 시기적으로 동시이든지 또는 그다지 차이가 없는 것이 보통이었기 때문에

---

12) 예를 들면, 대일평화조약(1952년 4월 28일 효력 발생) 제1조 (a)는 '일본과 각 연합국과의 전쟁상태는, …… 이 조약이 일본과 당해 연합국과의 사이에 효력을 발생하는 날에 종료한다'라고 규정하고 있다. 또한 동 평화조약은 아니지만 전쟁종결을 초래하는 합의의 예로서 전쟁상태 종결에 관한 일본·인도 교환공문(1952년 4월 28일), 日蘇공동선언(1956년 12월 12일 효력발생) 제1항, 日中공동성명(1972년 9월 29일 서명) 제1항(또한 일본정부는 중일평화조약에서 중국과의 전쟁은 종결되었다고 간주하고 있음) 참조. 또한 민족해방전쟁의 경우에는 특히 인민의 자결권과 독립을 승인하고 선거 등 그 방식을 규정한 양 당사자간의 협정에 의해 그 투쟁상태가 종결되는 경우가 많다. 알제리아 독립에 관한 에비앙협정(Accords d'Evian. *UN Treaty Series* Vol.507, No.7395), 1973년 1월 27일 베트남에서의 전쟁종결과 평화회복에 관한 파리협정 제2조 및 제3조(*ILM*[1973], pp.12 이하) 참조.

13) 일본의 포츠담선언 수락이 무조건항복이었는지 여부에 관한 논의는 있으나, 이 수락으로 일본군대는 무장해제되어 군사행동은 전반적으로 종료되었다.

굳이 적용종료시기를 문제 삼고 그에 관한 규정을 둘 필요는 없었다.

그런데 제1차 세계대전 이후 무조건항복과 평화조약체결 간에 상당한 기간을 요하는 경향으로 전쟁법의 적용종료 시점이 문제되었는데, 일반적으로 전쟁법규는 평화조약과 같은 당사국간의 합의를 기다리지 않고 군사행동의 종료에 의해 그 적용을 끝내는 것으로 간주되었다. 또한 전쟁범죄인의 처벌에 대해서는 제1차 세계대전 이후 전쟁 중보다도 오히려 전후에 행해지는 경우가 많아져, 그 처벌규정은 군사행동 종료 후에도 적용된다고 보아야 한다.

그런데 1949년 제네바제협약은 적용종료 시기에 대해 특별한 규정을 두고 있다. 제4(민간인) 협약은 적용의 일반적 종료에 관한 규정을 두고 있으며 또한 제2협약을 제외한 제협약은 각각의 피보호자에 관해 협약적용의 종료 시기를 규정하고 있다. 즉, 상병자(傷病者)로 '적의 권력 내에 있는 자'에 대해서는 그들의 송환이 완전히 종료될 때까지 적용되며(제1협약 제5조), 포로에 대해서는 '최종적인 석방과 송환 때까지' 적용되며(제3협약 제5조), 민간인협약은 분쟁당사국의 영역 내에 있어서는 종래대로 '군사행동의 일반적(전반적) 종료'[14]와 동시에 정지되며 점령지역의 경우에 있어서는 '군사행동의 일반적(전반적) 종료 1년 후'에 정지된다고 하고 있다.

단, 1년 후에도 점령국은 그 지역에서 관리를 행사하는 한, 점령의 계속기간 중 일정한 규정의 구속을 받는다(제6조).[15] 이와 같이 특히 민간인협약의 적용종료 시점이 분쟁당사국의 영역내와 점령지역에서 차이를 보이는 것은 전자의 경우에는 동 협약이 인정하는 영역내의 외국인(적국인)에 대한 자유제한 조치(주거지정 및 억류 등)가 군사행동 종료 후 신속히 폐지된다는 점을 주목했기 때문이며, 후자의 경우에는

14) '군사행동의 전반적 종료'의 의미에 관하여 1949년 외교회의에서는 대표의 최후발사라고 설명(제3위원회 보고자의 설명[Actes(1949), Tome Ⅱ A, p.779])되었으나, 다수국간 전쟁의 경우 이 기준은 델리케이트하며 오히려 모든 당사국간의 전투(lutte)의 완전한 종료라고 이해하는 편이 좋을 것이다. 예를 들면, 1940년 독불간의 전투를 종료시킨 휴전협정(armistice)은 여기서 말하는 군사행동의 전반적 종료라고는 할 수 없다. *Commentaire* Ⅳ, p. 69.

15) 일정한 규정이란 민간인협약 제1조~제12조, 제27조, 제29조~제34조, 제47조, 제49조, 제51조, 제53조, 제61조~제77조 및 제143조이다. 또한 피보호자는 석방, 송환 또는 거주지의 지정이 그 기간의 종료 후에 이루어질 경우에는 그 때까지의 민간인협약에 의한 이익을 계속해서 향유한다(제6조 4항).

특히 제2차 세계대전에서는 군사행동 종료 후에도 점령이 장기간 계속되고, 그 기간에는 점령국의 통치기능이 지속되는데 따른 부적합성을 염두에 둬 군사행동 종료 후 1년 정도의 적용연장이 적절한 것으로 인정된 점에 따른 것이다.[16)]

따라서 무조건항복후의 점령(소위 관리점령 내지 혼합점령)의 경우[17)]에도 민간인협약은 1년간 적용되게 된다. 또한 전쟁 및 무력분쟁의 상태도 없고, 무력저항도 없이 행해지는 점령(공통 제2조 2항)의 경우에서의 민간인협약의 적용종료에 대해서는 아무런 언급도 없다. 이러한 침묵은 의도적인 것으로 이 경우 민간인협약은 앞에서 말한 의미의 점령이 계속되는 한 전면적으로 적용된다고 보아야 한다.[18)]

1977년 제1추가의정서에서는 민간인협약의 적용종료 규정이 그대로 승계되어 제네바제협약 및 추가의정서는 분쟁당사국의 영역 내에서는 군사행동의 전반적 종료 시에 적용이 정지되며, 점령지역의 경우에는 '점령종료 시'에 적용이 끝난다(제1추가의정서 제3조 (b)).

단, 분쟁당사국 영역 또는 점령지역의 경우에 있어서도 군사행동의 전반적 종료 또는 점령종료 후에 최종석방, 송환 또는 거주지의 설정이 행해지는 자에 대해서는 그러한 조치가 행해질 때까지 계속 제네바제협약 및 제1추가의정서의 관련 규정의 이익을 향유한다(동 조). 이는 앞의 제협약상의 각 피보호자에 관한 개개의 규정을 하나로 종합한 것이라고 할 수 있지만, 새로운 점은 점령지역에서 제협약 및 추가의정서가 군사행동의 전반적 종료 후 1년이라는 조건이 아니라 점령종료까지 계속 적용된다는 점이다.

이러한 적용종료 시기에 관한 규정의 전개에서 알 수 있듯이 군사행동의 전반적

16) 피점령국이 승자가 되면, 점령지역의 해방이 1년을 기다리지 않고 신속히 행해지는 것은 말할 필요도 없고 또 피점령국이 패자가 되면 점령은 1년 이상 계속되더라도 적대행위 종료를 위해 점령지역의 주민에 대한 엄격한 조치는 이미 정당화되지 않는다고 간주되기 때문이다. *Commentaire* IV, pp.68-70.

17) 일본에 의한 포츠담선언 수락 후의 연합국의 '관리점령'에 전쟁법규(특히 헤이그규칙의 점령법규)가 적용될 수 있는지 여부에 관해서는 일본의 재판소에서도 논쟁이 벌어졌다(예를 들면, 「東京水交社事件」, 東京地方裁判所 昭和41年(1966年) 2월 28일, 下級裁判所 民事裁判例集 제17권 p.108 참조).

18) *Commentaire* IV, p.70.

종료로부터 평화조약 체결까지 기간의 장기화나 종료 후의 점령계속이라는 현대무력분쟁에서 흔하게 일어나고 있는 현상에 대응하기 위해, 인도법 적용기간은 점차 연장되고 있다.

그것은 동시에 전쟁법이 종래 주로 분쟁당사국간의 적대관계나 군사행동의 합리적 조정이라는 관점에서 규정을 두고 있었던데 비해 인도법은 그러한 관점을 따르면서도 적대행위의 참화로부터의 피보호자의 일정한 지위와 대우의 확보라는 관점을 전면에 드러내는 경향이 있다는 점과도 관련이 있다.

이상과 같은 적용의 개시부터 종료까지의 국제적 무력분쟁에 타당한 인도법의 내용은 여러 갈래로 나눌 수 있지만, 여기서는 인도법의 전개에서 보다 특징적이고 중요한 두 가지 분야, 즉 해적수단의 규제 및 무력분쟁 희생자의 보호를 중심으로 살펴보고자 한다.

제2장 해적수단과 방법의 규제

국제적 무력분쟁에 있어서의 교전국의 목적은 적에게 자기의 의사를 강요하여 달성하는 것으로서, 이러한 정치적 목적을 달성하는 방법은 적에 대한 군사적 승리이다. 따라서 적군을 패배시키는 것 자체가 군사행동 또는 적대행위의 직접적인 목적(전쟁에 있어서의 목적)이다. 군사행동은 일반적으로 적에 대한 폭력행위를 특징으로 하지만, 이러한 행위는 언제 어디서든 또는 무엇에 대해서나 무제한으로 허용되는가? 이와 같은 모든 제한을 부정하는 것은 전쟁의 목적으로 상대방의 완전한 파괴, 적국(국민)의 근절을 인정하는 것이 될 것이다.

고대 노예제사회와 중세 봉건제사회에서 노예와 농노의 반항에 대한 지배자의 진압행위 또는 신대륙의 인디오에 대한 스페인 정복자의 행동은 말하자면 무제한의 폭력행위를 허용하는 것이었다.

그러나 근대국제법 나아가 현대국제법은 이러한 폭력행위를 무제한으로 인정하지 않았다. 헤이그규칙은 이것을 "교전자는 해적수단의 선택에 관하여 무제한의 권리를 갖는 것이 아니다(제22조)"라고 명문화하고, 제1추가의정서도 이를 확인하고 있다(제35조 1항).

이와 같이 국제적 무력분쟁에서도 법적 아나키(무정부상태, 무질서) 상태가 인정되고 있는 것은 아니다. 그러나 헤이그규칙의 표현에서는 해적수단과 방법에 있어서 어떠한 형태의 제한이 어떠한 원칙에 기초하여 부과될 수 있는 것인가가 분명하지 않다.

그런데 해적수단과 방법이란 누가 어떠한 수단으로 무엇에 대하여 어떠한 방법으로 폭력행위를 행하는가라는 다양한 측면에서 문제가 된다. 이것을 법적 규제의 형식으로 구별해보면 교전자 자격, 무기, 공격대상 및 해적수단 행사방법으로 나눌 수 있다.

각각에 관하여 전쟁법, 인도법은 그것들을 규제하는 원칙과 규칙을 갖고 있다. 또한, 그 배경에는 해적수단과 방법을 규율하는 공통의 기본원칙이 존재한다. 그 하나는 무차별공격(파괴)의 금지, 민간인과 비 군사물의 공격으로부터의 보호원칙이고 또 하나는 불필요한 고통을 주는 해적수단과 방법의 금지원칙이다. 또한 배신금지도 기본원칙으로서 드는 경우도 있다. 이러한 원칙은 19세기 후반의 국제문서(세인터피터스버그선언과 헤이그규칙)에서 표명되고 혹은 관습법으로 인정되어 왔으며, 현대 무력분쟁에 있어서도 타당할 뿐만 아니라 오늘날이야말로 한층 더 그 필요성이 있는 것으로서 국제연합 총회 결의와 제1추가의정서에서 확인되고 있다.

다른 한편 오늘날의 해적수단과 방법은 현대 과학기술의 군사이용에 의해 또 현대무력분쟁의 성질과 특징의 반영에 의해 복잡화 · 다양화하고 있고, 앞의 기본원칙의 개별 해적수단과 방법에의 적용은 여러 문제를 제기하고 새로운 규정을 필요로 하는 것도 있다. 다음에는 앞의 분류에 따라 각각의 해적수단 · 방법 규제의 특징과 그 전개방향을 개관하고자 한다.

제1절 교전자 자격

무력분쟁에서 군사행동 내지 적대행위는 일반적으로 군대구성원에 의해 행해지는데, 교전자 자격은 그들에게 한정되는가 또는 애초부터 전쟁법 · 인도법은 그 자격을 제한하고 있는지가 우선 문제된다. 그런데 전쟁법상 교전자 자격이 문제시되는 것은 정규군 외에 게릴라병과 빨치산의 적대행위 참가가 일반화된 상황을 배경으로 하고 있다. 외국인 용병과 직업군인을 중심으로 한 절대왕제시대(絕對王制時代), 나아가 프랑스 혁명을 계기로 국민병제도(國民兵制度)가 보급된 근대국가의 초기단계에서는 교전자 자격을 특별히 내세워 문제로 삼을 필요도 없었다.

이 문제가 직접 논의된 것은 보불전쟁(普佛戰爭)에서의 의용유격병(francs-tireurs)의 경험 후에 개최된 1874년 브뤼셀회의에서였다. 동 회의에서는 조직된 정규군에게만 합법적 교전자 자격을 한정하려는 군사대국과 특히 적군의 침입시 또는 점령지역에서의 인민의 방위 권리를 인정하려는 약소국, 혹은 민병제도(民兵制度) 등을 채용하고 있는 국가의 주장이 대립되었다.[19]

이 대립을 타협하는 규정으로서 채택된 브뤼셀선언안 제9조 및 제10조는 거의 그대로 1899년 헤이그규칙 제1장 〈교전자의 자격〉 제1조 및 제2조가 되었다. 이에 따르면, 전쟁의 법규 및 권리의무는 군에 적용될 뿐만 아니라 다음의 조건을 구비한 민병 및 의용병단에게도 적용된다. 즉, ⓐ 부하에 대해 책임을 지는 자에 의해 지휘될 것 ⓑ 멀리서 인식할 수 있는 고착된 특수한 휘장을 부착할 것 ⓒ 공연히 무기를 휴대할 것 ⓓ 그 행동에 있어서 전쟁의 법규 및 관례를 준수할 것 등이다.

그리고 민병 또는 의용병단이 군의 전부 또는 일부를 구성하는 국가에 있어서는 이를 군의 명칭 중에 포함한다(제1조). 또한 점령되지 아니한 지방의 주민으로서 적의 접근에 대하여 제1조에 따른 조직을 구성할 시간이 없어서 침입군에 대항하기 위하여 스스로 무기를 든 자가 공연히 무기를 휴대하고 또한 전쟁의 법규 및 관례를 준수할 때(소위 군민병(群民兵 ; levée en masse))에는 이를 교전자로 인정한다(제2조).

이러한 규정으로부터 판단해 볼 때, 여기서의 '군' 이란 정규군을 말하고(그러나 그 정의는 부여되지 않고 각국이 정하는 바에 위임되어 있음), 그들에게는 무조건 당연히 교전자

19) *Actes de la Conference de Brucelles de 1874*, pp.28-34.

의 권리가 인정되며[20], 민병 및 의용병단에게는 앞의 4조건이 그리고 군민병에게는 2조건이 충족된 경우에만 교전자 자격이 인정되는 것이다. 이것은 교전자 자격에 있어 무조건적인 정규군과 조건부의 비정규군(병)이라는 이원구조가 전쟁법상 확립되었음을 의미한다.

이 점은 당시의 전쟁에서 정규군간의 전투가 일반적이며, 비정규군 간에 의한 게릴라전은 예외로 간주되고 있던 상황 및 서구에 있어 정규군을 중심으로 자국군을 편성한 국가가 다수를 점하고 있었던 것을 반영한 것이다. 이와 같이 비정규군은 정규군에 비해 불리한 조건에서 처음으로 정규군에 버금가는 교전자의 권리를 얻을 수 있었다고 할 수 있다.

더욱 문제인 것은 교전자 자격이 인정되는 비정규군의 범위에 관해서이다. 브뤼셀선언안에도 그리고 헤이그규칙에도 점령지역에서 점령군에 저항하는 인민의 교전자 자격에 관해서는 전혀 언급이 없다. 헤이그회의에서는 침입군 및 점령군에 대한 '인민의 저항권'을 둘러싸고 격론 끝에 이에 관하여 직접 명문규정을 두지 않고 〈육전의 법규관례에 관한 조약〉 전문에 마르텐스 조항을 삽입키로 일단 합의하였다[21].

이 조항은 추상적, 일반적으로 "보다 완비된 전쟁법규에 관한 법전이 제정되기까지 체약국은 그 채용한 규정에 포함되지 아니한 경우에 있어서도 주민 및 교전자가 문명국 간에 존재하는 관습, 인도의 법칙 및 공공양심의 요구에서 나오는 국제법 원칙의 보호 및 지배하에 있음을 선언하는 것이 적합하다고 생각한다"면서, "체약국은 채택된 규칙의 제1조 및 제2조는 특히 위와 같은 취지에 따라 이를 해석하여야 할 것임을 선언한다"라고 하고 있다.

이 조항은 타협적 성격을 반영한 것으로 점령지역에서의 인민 내지 비정규병의

20) 이것은 정규 군인이 지휘하는 군함 및 항공기에도 해당된다. 또, 정규 군인은 일반적으로 제복착용이 요구되지만, 군함 및 항공기는 그것에 일정한 외부표지를 달면 충분하다.

21) Scott, *op. cit.*, pp.54, 547.

교전자 자격에 대해 직접 언급하지 않고 있다. 실제로도 앞의 제규정은 2차례의 세계대전시 점령지역에서 점령군에 대항하는 저항운동단체 구성원의 교전자 자격을 점령당국에 인정시키는데 유효했다고는 생각할 수 없다. 그 때문에 1949년 제네바 제3(포로)협약은 '그 영역이 점령되어 있는지를 불문하고 그 영역내외에서 활동하는' '조직적 저항운동단체의 구성원' 도 그 단체가 '분쟁당사국' 에 속하고 헤이그 규칙 제1조와 동일한 4조건을 충족하는 한, 적의 권력 내에 있는 경우 포로의 지위가 부여되며(제4조 A(2)), 또한 '억류국이 승인하지 아니하는 정부 또는 당국에 충성을 서약한 정규군대의 구성원(동 조 A(2))' 에게도 동일한 지위가 부여되도록 했다(후술).

이것들은 교전자 자격에 관한 규정이 아니고 따라서 여기에 교전 자격자와 포로자격자의 범위에 있어 불일치가 나타났다고도 할 수 있으나, 교전자 자격을 갖는 법적 효과는 포로자격 부여에 있다고 볼 때 앞의 규정은 동시에 교전자 자격 규정(따라서 그 자격의 확대)이라고도 간주할 수 있다.

무력분쟁에서 해방조직의 비정규병(자유의 전사) 등에 의한 게릴라전의 일반화에 대응하여 제네바제협약에서 교전자 자격의 확대 요구가 거셌다. 다만 그들에게 교전자 자격을 부여하기 위해서 해방조직을 제네바협약이 말하는 '조직적 저항운동단체' 와 비슷하게 판단할 수 있다고 해도, 그들이 앞에 기술된 4조건을 충족하기는 용이하지 않을 뿐만 아니라(이 점은 제2차 세계대전중의 저항운동단체 구성원의 경우도 마찬가지임), "분쟁당사국에 속한다"는 조건은 해방조직 자신이 '분쟁당사국' 으로 간주되지 않는 한 일반적으로 충족할 수 없다.

국제인도법의 재확인 및 발전 작업에서도 이 점은 논란이 되었다. 제1추가의정서는 앞에 기술한 바와 같이 해방투쟁을 국제적 무력분쟁으로 간주하면서, 그 자유전사에게 교전자(전투원) 자격을 부여할 것을 포함해 군대 및 전투원과 포로의 자격에 관한 새로운 규정을 두었다. 즉 "분쟁당사국의 군대는 同國이 적대당사국에 의해 승인되지 아니한 정부 또는 당국에 의하여 대표되는 경우라 하더라도 자기 부하의 지휘에 관하여 동국에 책임을 지는 지휘관 휘하에 있는 조직된 모든 무장병력, 집단 및 부대로 구성된다. 그러한 군대는 내부 규율체계, 특히 무력분쟁에 적용되는 국제법 규칙에의 복종을 강제하는 규율체계에 복종하여야 한다.(제43조 1항)"[22]

이러한 군대의 구성원(위생요원과 종교요원 제외)은 전투원이며, 적대행위에 직접 참가할 권리를 갖는다(동조 2항). 여기에 인도법상 처음으로 분쟁당사국(제1조 4항의 민족해방운동 포함)의 '군대'의 정의가 부여되었다. 이 '군대'는 이제 정규군의 구별을 하지 않고, 적에 의해 승인되지 않는 정부 또는 당국으로 대표되는 경우라도 충분히 또한 다양한 군대구성원을 포함할 수 있는 매우 넓은 개념이다.

이 군대구성원은 모두 전투원으로 간주된다. 지금까지 이원구조 하에 놓여 있던 교전자 자격(및 포로자격)은 폐기되고, 정규군과 비정규군을 동등한 지위에 놓는 일원화된 새로운 교전자 자격 원칙이 여기서 확립되었다고 볼 수 있을 것이다. 이것은 현대 군조직의 특징에 대응한 것이기도 하다.

나아가 동 의정서는 전투원(및 포로)의 자격을 갖는 조건에 대하여 종래 비정규병의 입장에서 필요한 것으로 여겨온 소위 4조건을 다음과 같이 대폭 완화하였다. 우선 "제43조에 정의된 자로서 적당사국의 권력내에 들어간 모든 전투원은 전쟁포로가 된다(제44조 1항)."는 원칙이 확립되었으며, 모든 전투원은 '무력분쟁에 적용되는

22) 더욱이 同條는 '자국 군대내에 준군사적 조직(organisation paramilitaire) 또는 질서유지 임무를 띤 무장부대를 편입하는 분쟁당사국은 다른 분쟁당사국에게 그 취지를 통지하여야 한다'고 하고 있다. 또 여기서 말하는 「군대」는 그 명칭 여하를 불문하며, 일본국 헌법 9조가 금지하는 「육해공군」뿐만 아니라 「기타 전력」에도 해당된다. 나가누마(長沼) 나이키 기지 소송 판결(삿포로地方裁判所 1973年 9月 7日 判例時報, 712号, p.24)에 따르면 「육해공군」은 '통상의 관념으로 판단할 수 있는 군대형태'로 '외적에 대한 실력적인 전투행동을 목적으로 하는 인적, 물적 수단으로서의 조직체'며, 「기타 전력」이란 '육해공군 이외의 군대가 군이라는 명칭을 갖지 않고도 그에 준하며, 또는 필적하는 실력을 갖고 필요한 경우 전쟁목적으로 轉化할 수 있는 인적, 물적 수단으로서의 조직체'며, '오로지 전쟁수행을 위한 군수 생산설비'도 포함된다.

23) '무력분쟁에 적용되는 국제법 규칙'이란 '분쟁당사국이 포함되는 국제협정중에 표명된 규칙, 또 무력분쟁에 적용되는 일반적으로 인정된 국제법 원칙 및 규칙'을 가리킨다(제1추가의정서 제2조 (b)).

국제법 규칙'[23]을 존중해야 하지만 이들 규칙의 위반으로 인하여 전투원이 될 권리를 박탈당하지 않는다(동조 2항). 하지만 다음과 같은 경우는 제외된다. 즉 "전투원은 그들이 공격이나 공격전의 예비 군사작전에 참여하고 있는 동안 그들 자신을 일반주민과 구별하여야 한다(동조 3항 첫째 문장)"면서 이러한 구별을 준수하는 경우 전투원으로 인정하고 있다.

그러나 적대행위의 성격 때문에 무장 전투원이 자신을 그와 같이 구별시킬 수 없는 무력분쟁의 상황이 존재함을 감안하여 그러한 상황 하에서 ⓐ 각 교전기간 중 ⓑ 공격 개시전의 작전 전개에 가담하는 동안 적에게 노출되는 기간 중 무기를 공공연히 휴대하는 경우에는 전투원으로서의 지위를 보유한다(동조 3항 둘째 문장)고 하고 있다. 이와 같이 교전자 자격, 즉 적대행위에 직접 참가할 자격은 분쟁당사국의 군대구성원이라면 누구든 가지고, 다만 전투원으로 간주되기 위한 조건으로서는 자신이 일반주민과의 구별(구별방법은 특정화되어 있지 않음)[24]만이 요구되며, 이 조건도 일정한 경우에는 공공연히 무기를 휴대해도 좋게 되었다.

이 구별조건은 모든 전투원에게 일률적으로 요구되는 것이지만 구별할 수 없는 상황에서의 공공연한 무기 휴대 조건은 그 기초과정에서 보아 민족해방전쟁과 점령지역의 저항운동의 경우를 염두에 둔 것이었다.[25] 또한 이러한 조건의 완화도 종래의 정규군의 제복착용과 관련하여 일반적으로 인정된 각국의 관행을 변경시키려고 의도하는 것은 아니다(동조 7항).

이상과 같은 헤이그규칙으로부터 제1추가의정서에 걸친 교전자 자격의 확대는

24) 또 이 구별은 공격대상이 되는 전투원(군사목표)과 비군사물의 구별 원칙에서 도출되는 것이 아닌 전투원 자격조건으로서 문제되는 일반주민과의 구별은 공격자측에 관한 조건이다. 공격대상의 구별원칙이 인도법의 기본원칙으로 간주되는데 대해 공격자측의 구별조건은 제1추가의정서 제44조 3항에서 보는 바와 같이 교전자 자격을 위한 한 조건밖에 안되는 것이다. 여기에 관한 상세한 점은 拙稿, "捕虜資格と国際人道法の展開," 國際法外交雜誌, 77卷 5号 p.32 이하 참조.

25) CDDH 236. Rev 1, par.88.

포로자격과 연동되어 있으나, 여기서 말하는 교전자 자격을 갖지 않는 자(말하자면 비특권적 전투원)가 직접 적대행위에 참가해도 그 행위 자체가 인도법상 금지된 행위로서 전쟁범죄로 간주되는 것은 아니다. 다만, 이 비특권적 전투원을 포획한 상대국은 그 자에게 포로대우를 부여할 필요는 없고, 적대행위 참가에 수반하는 개인책임을 추급하여 처벌할 수 있는 효과를 가지는데 지나지 않는다.

또한 제1추가의정서는 교전자 자격의 확대에 대한 예외로서 용병에 관한 새로운 규정을 두고 있다. 원래 용병은 중세부터 절대왕제기(絕對王制期)에는 상비군의 핵심이었고 바텔(Vattel)도 이것을 "금전 또는 정하여진 급료 때문에 국가의 병역에 복무할 것을 자발적으로 약속한 외국인"으로 정의하고, 주권자의 허가를 조건으로 자유인이 정당하게 용병이 될 수 있음을 인정하였으며, 더욱이 이것을 병역훈련으로 보아 정당화조차 하였다.[26]

근대국가의 발흥과 국민군의 형성에 따라 용병제도는 쇠퇴했으나, 제2차 세계대전 후 몇몇 무력분쟁(특히 아프리카에서의 해방투쟁)에서 또다시 용병이 사용되었다. 그러나 이들 분쟁에서의 용병의 역할은 예전의 군대에서의 중핵과는 달리 해방운동을 억압하기 위해서 파견된 무법한 살인자(살인마)적 성격을 띠어 국제사회에서 비난의 대상이 되고 있다. 인도법 외교회의에서도 아프리카 국가들과 사회주의 국가들은 용병을 전쟁법의 중대한 위반을 범한 자 내지 전쟁범죄인으로 간주하여 그들에게 전투원(또는 포로)자격을 부여하는 것에 반대하였고, 용병을 다른 비정규군(군대 구성원)과 동일하게 간주하는 서구국가들의 견해와 대립하였다.

결국 양 견해의 타협을 보여주는 조문(제47조)이 채택되었다. 동 조에 따르면 "용병은 전투원 또는 전쟁포로가 될 권리를 갖지 아니한다." 여기서 말하는 용병이란 ⓐ 무력분쟁에서 전투를 위해 그 국가 또는 외국에서 특별히 모집된 자 ⓑ 실제로

26) Vattel, *op. cit.*, Liv. Ⅲ. Chap.2. par.13.

적대행위에 직접 가담하는 자 ⓒ 본질적으로 개인적 이득을 얻기 위하여 적대행위에 참가하고 또한 분쟁당사국에 의해 또는 그 이름으로 당해국 군대에서 유사한 계급 및 임무를 갖는 전투원에게 약속 또는 지급되는 것을 실질적으로 초과하는 물질적 보상이 약속된 자 ⓓ 분쟁당사국의 국민도 또는 분쟁당사국이 지배하는 지역의 주민도 아닌 자 ⓔ 분쟁당사국의 군대구성원이 아닌 자 및 ⓕ 분쟁당사국 이외의 국가에 의해 그 국가의 군대구성원으로서 공적 임무를 띠고 파견되지 않은 자 이다.

국제법상 처음으로 시도된 이러한 용병의 정의는 구체적 상황은 언급하지 않고 일반화된 내용으로 되어있다. 그것은 현대사회의 통념상 비난대상인 용병이 아닌 것이 용병개념에 포함되어서는 안 된다고 하는 배려가 앞의 통념상의 용병이 그 정의에 포함될 우려가 있다고 하는 배려보다 큰 비중을 차지하고 있음을 나타낸다.

위의 정의의 조건들 중 특히 문제로 볼 수 있는 것은 물질적 보수의 제공, 나아가 보통 이상의 보수의 증명이 곤란하다는 점과 직접 적대행위 참가자에 대한 한정 때문에 외국의 군사고문은 용병개념에서 제외되어 있다는 점이다. 또 용병의 정의 중에 "분쟁당사국의 군대구성원이 아니다"라는 조건이 있기 때문에, 그 군대에 편입되면 이제 더 이상 용병라고는 간주되지 않게 된다. 따라서 앞의 정의에 포함되는 용병은 현실적으로 극히 한정된 예외적 경우밖에 없게 될 것이다.

또한 용병이 전투원(및 포로)의 지위에 관한 권리를 갖지 않는다는 의미는 그들에게 앞의 지위를 부여해서는 안 된다는 것인지 또 그 지위의 부여 여부는 그들을 체포한 측의 재량에 따르는 것인지 명확하지 않은 문제가 있다. 이러한 점에 있어서 위의 규정 자체가 이미 용병을 다른 자와 비교하여 차별하고 있다고 비판하는 자는 후자의 견해로 기울고 있는 듯하다. 그러나 이 조문의 존재의의가 용병의 지위를 적대행위에 참가하는 민간인(비특권적 전투원)의 지위와 구별하는데 있다고 본다면, 용병에 응모하는 일 또는 용병으로서 적대행위에 참가하는 것 자체가 민간인의 적대행위 참가와 다르며, 위법 내지 범죄행위로 간주될 여지를 포함하는 것으로 보아야 한다.

따라서 용병에게는 교전자 자격 그 자체가 인정되지 않는다고 해석해야 마땅할 것이다.[27] 전투원의 지위로부터 용병의 제외는 교전자 자격의 확대 경향과 반드시 모순되는 것이 아니라 전쟁위법화하에 있어서 인도법의 전개방향을 나타내는 특징적 현상의 하나라고 할 수 있다.

그런데 국제연합은 1979년 제34회 총회에서 나이지리아에 의해 용병 모집 등의 금지에 관한 조약기초가 제안된 이후 이 문제를 검토하여 마침내 1989년에 '용병의 모집 · 사용 · 자금 원조 및 훈련에 관한 국제조약(총회 결의 44/34 부속)'을 채택하고, 서명과 비준을 위해 개방하였다.

동 조약은 전문에서 주권평등, 정치적 독립, 국가의 영토 보전 및 인민의 자결과 같은 국제법의 제원칙을 침해하는 활동을 위한 용병의 모집 · 사용 · 자금 원조 및 훈련에 관하여 인식하고, 이러한 모집 등이 모든 국가의 입장에서 중대한 관심을 끄는 범죄로 간주된다는 것을 확인하고, 적대행위 또는 폭력행위에 직접 참가하는 용병뿐만 아니라 용병을 모집하고 사용하며 자금을 원조하고 또는 훈련하는 자를 범죄자로 간주했다.

그리고 체약국이 이러한 행위를 금지하고, 그 범죄에 대한 관할권의 설정과 인도 등에 관하여 협력하도록 규정하고 있다. 동 조약은 오늘날 용병의 특징에 비추어보아, 그 배후에 있는 용병모집 등을 금지하는 것이다. 다만, 조약이 정의하는 용병의 범위는 비동맹 국가들이 조약성립을 위해서 서구국에 대폭적으로 양보한 결과 상당히 한정되어 버렸다. 그 정의(제1조)에 따르면, 용병으로 간주되기 위해서는 제1추가의정서 제47조의 제조건과 거의 동일한 것(다만, "실제로 적대행위에 참가 한다"는 조건은

27) 拙稿, "傭兵と現代国際法(2 · 完)," 法學論集, 29卷 2号, pp.98-99.

제외)이 요구되고 있다. 그렇기는 하지만, 위 조약은 '전투원 또는 포로의 지위에 관한 규정을 포함, 무력분쟁법 및 국제인도법'에 영향을 미치지 않는다(제16조).

제2절 무기의 규제

분쟁당사국의 군사행동은 해적수단(害敵手段)을 사용하여 행해지는 것으로 그 중심을 점하고 있는 것은 무기(협의의 해적수단)이다. 무기는 각 시대의 과학기술의 발달정도를 반영하고 무력분쟁의 성격과 형태에 적응하여, 개발 · 생산되고 또 실제 사용되어 왔다.

특히 두 차례의 세계대전을 계기로 현대과학 공업과 테크놀로지를 구사한 독가스 및 원자탄도 개발되어 사용되었다. 화학 · 세균(생물)무기와 핵무기는 종래의 무기에 비해 그 성질 및 효과에 매우 큰 차이가 있기 때문에 대량파괴무기라 칭하는데, 그 이외의 통상무기(通常武器)와는 구별된다. 또한 대량파괴무기를 포함해 테크놀로지에서 유래하는 현대무기에서 그 사용이 인도법에 의해 금지된 카테고리에 들 가능성이 있는 것(예를 들면, 소이무기(燒夷武器 ; 네이팜(napalm) 포함), 고속소구경무기(高速小口徑武器), 파쇄성무기(破碎性武器), 지발성무기(遲發性武器) 등은 일괄하여 '의심스러운 무기'라고도 칭해지고 있다.[28]

그런데 특정무기를 개발 · 생산 또는 소유하는 국가는 그 사용과 소유의 금지 및 규제를 일반적으로 피하려고 하기 때문에 무기의 법적 규제는 인도법 중에서 가장 곤란한 분야에 속한다. 그러나 개별 종류의 무기를 직접 규제하는 명시적 규정이 없어도 그 사용이 즉시 합법화되는 것이 아니라, 그 허용성은 모든 무기 내지 해적

28) SIPRI, *The Law of War and Dubious Weapons*(1976).

수단에 타당한 공통규칙 내지 앞에 기술한 기본원칙에 비추어 판단되어야 한다.

이러한 규칙 내지 원칙 중에서 무기사용의 허용성을 판단하는 기준으로서 가장 중요한 것은 불필요한 고통을 주는 해적수단의 금지원칙이다. 헤이그 규칙은 조약 규정에 의한 금지외에 특히, 금지될 것으로서 "불필요한 고통을 주는 무기, 발사물 기타 물질을 사용하는 것"(제23조 (e)〉이라고 하여 이것을 확인하고 명문화했다.

여기서 말하는 '불필요한 고통'[29]이란 일반적으로 말하면 소정의 무기를 사용해서 얻을 수 있는 군사적 효과에 비해 그 사용대상에게 미치는 고통(위해)이 매우 크다는 것을 의미한다. 불필요한 고통인가 아닌가 하는 것을 구분하는 것은 〈세인터피터스버그 선언〉 전문의 다음과 같은 표현이 참고가 된다.

즉, 전쟁 중에 국가가 달성하기 위해 노력해야 할 유일한 정당한 목적은 적의 군사력을 약화시키는 것으로 족하고 이 목적을 위해서는 다수의 병력을 무력화시키는 것으로 충분하며, "전투 외에 있는 자에게 불필요한 고통을 주거나 불가피하게 죽음에 이르게 하는 무기의 사용은 본래의 목적을 지나친 것"이라면서 이러한 무기의 사용은 인도법 규칙에 반하는 것이라고 표현하고 있다.

바꿔 말하면 '불필요한 고통' 을 주는 무기 여부는 전투 외에 있는 전투원의 고통을 무익하게 증대하고 혹은 필연적으로 무익한 고통이나 죽음을 동반하는 무기인지 여부에 달려있다. 이 원칙이 현대무기의 허용성의 기준으로서 타당하다는 점은 최근의 국제문서에 "불필요한 고통(maux superflus)을 발생시키는 성질의 무기, 투사물 및 물질 그리고 전쟁방법을 사용하는 것은 금지 된다(제1추가의정서 제35조 2항)"라는 것을 재확인하고 있는 것에서도 분명해진다.[30]

29) '불필요한 고통'이라는 용어에 관하여 일언하면, 쌍트페테르부르그선언에서는 souffrances inutiles, 브뤼셀선언안(13조) 이후 1899년과 1907년 헤이그규칙에서는 maux superflus이다. 그러나 1907년의 헤이그규칙의 유일한 正文(仏文)의 영어 공식 번역은 unnecessary suffering(1899년 헤이그규칙의 경우는 superfluous injury)이며, 오히려 세인터피터스버그선언의 용어에 가깝다. 일본어 번역의 '불필요한 고통'도 그렇다. 그러나 본문이 의미하는 바와 같은 법적기준을 나타내는 용어로서는 주관적인 souffrances inutiles보다도 maux superflus 쪽이 적절할 것이다.

30) 불필요한 고통의 의미 내지 기준에 관해서는 과거 이상으로 오늘날에도 논쟁이 되고 있다. *cf.* CICR, Les arms de nature à causer des maux superflus ou à frapper sans discrimination, *Rapport sur les travaux d'un groupe d'experts*(1973), pp.12-13; *Conférennce d'experts gouvernementaux sur l'emploi de certaines armes conventionnelles, Lucerne*, 1974(=*Rapport Lucerne*), pars.24-28.

또한 민간인과 비군사물을 공격으로부터 보호하는 원칙에 따라 일단 사용되면 군사목표 뿐만 아니라 이들 대상에도 피해를 줄 수 있는 무차별적 효과를 수반하는 무기의 사용은 허용되지 않으며, 또한 배신금지원칙에서 피해자가 알지 못하는 사이에 비 물리적 위해를 가하는 성질의 무기는 금지된다고 말하지 않을 수 없다. 마르텐스 조항도 또한 이러한 무기의 허용성 판단에 적용된다.

이들 규칙 내지 원칙의 개개 종류의 무기에 대한 적용에는 곤란이 예상되며, 이들의 적용으로 단순히 특정 무기사용의 합법 · 위법의 구별이 가능하다고는 할 수 없다. 따라서 특정무기의 사용(나아가 개발 · 생산 등)의 금지와 제한을 규정하는 조약 작성이 일반적으로 바람직하다.

인도법 외교회의는 이 문제를 피한 채 지나쳤으나, 제1추가의정서에는 "신무기, 전투수단 또는 방법의 연구 · 개발 · 획득 및 채택에 있어서 체약국은 동 무기 및 전투수단의 사용이 본 의정서 및 체약국에 적용 가능한 국제법의 다른 규칙에 의하여 금지되는지의 여부를 결정할 의무가 있다"라는 조문(제36조)을 두고 있다.

이것은 각국에 그 개발 · 소유할 무기의 사용의 허용성을 앞에서 살펴본 해적수단을 규율하는 기본원칙에 비추어 스스로 판단할 의무를 부과하는 것으로[31] 미온적인 규정이기는 하지만 적어도 직접적인 사용금지규정이 없는 신무기는 당연히 허용되고 있다고 간주하는 견해를 부정하는 효과를 가지고 있다. 그럼 몇 가지 주요한 무기의 성질이나 특징과 그 법적규제의 방향에 관하여 편의상 통상무기와 대량파괴무기로 나누어 살펴보자.

---

31) 1973년 CICR 최종초안 제43조는 '신무기 또는 신 전쟁방법의 연구 및 개발에서 체약국은 그 사용이 불필요한 고통을 발생시키지 않도록 확보하여야 한다'고 규정하고 있었다(*Commentaires*[1973], p.43).

1. 통상무기(通常武器)

통상무기에는 다종다양한 것이 있고, 그것들을 종합하여 사용을 규제하는 조약은 존재하지 않는다. 그러나 특히 비인도성이 높은 또는 불필요한 고통을 부여하는 특정의 의심스러운 무기에 관하여 금지를 규정하고 있는 조약도 없지는 않다.

세인터피터스버그선언 본문은 '400그램 이하로 제조된 작렬성, 폭발성 및 연소성의 물질로 충진된 발사물'의 군대 또는 함대에 의한 사용 포기를 선언했다. 이 금지이유는 선언의 취지에서도 밝히고 있듯이 이러한 발사물은 병사들에게 불필요한 고통을 주는 부상을 야기하거나 무익하게 사망에 이르게 하기 때문이다. 따라서 같은 폭발성 물질이라도 탄환(발사물)이 아니라 수류탄이라면 금지되지 않고 또는 400그램 이상의 폭발성 탄환의 경우에 그 파편으로 다수의 병사를 부상시켜 전투 외에 놓이게 할 수 있으므로 금지 대상이 되지 않았다.

이와 같이 동 선언 본문의 금지범위는 극히 한정된 대상밖에 미치지 않고, 그 외의 다른 신무기 및 개량 무기에 대해서는 아무런 규정을 두지 않으며, 이들 무기에 대해서는 장래 협의에 유보할 수 있다는 것으로 마무리 짓고 있다. 또한 헤이그 평화회의에서 채택된 3개 선언(덤덤탄 금지선언, 독가스 금지선언, 경기구에 의한 투사물 금지선언)은 어느 경우나 전문(前文)에서 세인터피터스버그선언의 취지를 준수한다는 것을 표현하고 있다.

이러한 3개 선언 중, 무기규제로서 가장 특징적인 것은 1899년 작렬성 탄환(덤덤탄)에 관한 선언으로 그것은 "외포(外包)가 강고한 탄환으로 중심부가 완전히 피복되지 않게 만듦으로서 신체 내에서 쉽게 파고들거나 회전하는 탄환의 사용을 금지 한다"는 것이다.

헤이그회의에서는 덤덤탄 및 다른 동일한 효과를 갖는 탄환에 세인터피터스버그선언 전문의 원칙을 직접 미치도록 할 것을 논의하였으나, 당초의 러시아 제안이나 네덜란드 등은 이미 알고 있는 성질의 탄환에 한하여 특정한 금지(장래 발명될 탄환에 대해서는 그때가 되면 거론)를 찬성한데 대해, 미국 등은 보다 일반적인 금지규정 방식을 주장했다.[32)]

결국 러시아 제안으로 덤덤탄 금지 선언이 기초되었기 때문에, 미국은 서명하지 않았으며 영국과 포르투갈도 다른 이유로 1907년까지 이에 합류하지 않았다. 영국이 주저한 이유는 덤덤탄 발명의 역사가 나타내듯이 '야만인' 에 대한 전쟁에서의 동 탄환 사용을 옹호하고 있었다.[33)] 그렇지만 이러한 견해는 헤이그회의에서는 받아들여지지 않았고 적이 '야만인' 인가 아닌가에 따라 허용되는 발사물을 구별할 수 없다는 의견이 우세하였다.

그러나 세인터피터스버그선언도 덤덤탄 금지선언도 총가입조항을 두고 있었으며 또한 체약국이 거의 서구국들로 한정되어 있었다는 점에서, 그것은 사실상 문명국 간의 전쟁에만 적용이 예정되어 있었다고 할 수 있다. 당시의 식민지 인민에 의한 반란의 경우는 이들 선언이 적용되지 않은 사태로 간주되어 식민지 본국군에 의한 덤덤탄뿐만 아니라 폭발성 탄환의 사용도 세인터피터스버그선언을 위반했다는 비난을 받는 일은 없었다. 이러한 점에서 당시의 특정 조약에 의한 규제의 특징 혹은 근대국제법으로서의 전쟁법의 성격의 한 면이 드러나고 있다.

제1차 세계대전에서는 덤덤탄의 대체로서 그 이상의 살상효과가 있는 스픽탄, 산탄총, 400그램 이하의 수류탄, 고속탄환이 사용되어 그 허용성에 대해 논란이 있었다.[34)] 그러나 동 대전후의 통상무기의 규제에 대해서는 소이무기(燒夷武器)를 제

32) Scott, *op. cit.*, pp.80, 84, 286.
33) 덤덤탄의 기원은 1890년대 인도 산악부족과의 전투에 작열성탄환이 그다지 효과를 거둘 수 없었던 점에서 영국 식민지 당국이 캘커타 근교의 덤덤에 있는 병기고에서 폭발성은 아니지만, 체내에 들어가면 정지하는 유연한 금속첨단의 탄환을 만든 것으로 시작된다. 1899년 헤이그회의에서 영국대표(Sir John Ardagh)는 문명국간의 전쟁과 야만인에 대한 전쟁 사이에는 차이가 있고, 전자에서 작은 투사물에 의해 부상한 병사도 야전병원에 이송되지만, 야만인은 2, 3번 관통해도 전진을 멈추지 않는다고 말해 이러한 이유로 야만 주민에 대해 충분히 효과적인 투사물을 사용할 자유를 요구했다(Scott, *op. cit.*, pp.286~287).
34) SIPRI, *Anti-personnel Weapons*(1978), pp.219-220.

외하고는 구체적 시도가 이루어지지 않았다. 소이무기는 소이제(燒夷劑)의 연소반응에 따른 화재 및 열작용 외에 유독물질의 생성이라는 부차적 효과를 동반하는 것으로 연맹의 군축회의에서 장래 조약의 기초로 만장일치로 채택된 군축조약안에서 그 사용금지(제49조)가 강조되었다.[35)]

제2차 세계대전까지는 소이무기 사용이 위법이라는 견해가 일반적이었다고 할 수 있으나, 동 대전에서의 소이폭격의 관행(특히 목조건축이 많은 일본의 도시에는 괴멸적 효과가 있었음)이래 합법이라고 보는 견해도 나타났다. 또한 1942년 이래 알려진 네이팜(napalm)은 소이무기의 일종으로 가솔린을 소이제로 하고, 특히 파괴력을 강화시키는 겔(gel) 화제(탄화수소)를 첨가한 특별한 것으로 폭발에 의한 석유 젤리(jerry)가 사방으로 흩어지며, 열은 8000도에 달하여 소화가 불가능한 엄청난 화재를 일으킬 뿐만 아니라 산소를 결핍시켜 질식 상태를 일으키고 또한 연소로 인해 발생되는 생성물은 독소효과도 갖는다.

네이팜은 현대 무력분쟁의 형태에 대응하는 형태로 베트남전쟁 등에서 볼 수 있었던 바와 같이 대인살상용, 대 게릴라용으로 사용되어 왔다.[36)] 또 그것이 경작물과 삼림에 사용되면 그 효과는 장기적으로 영향을 미쳐 불가역적인 사회생태학적 변화까지도 초래할 수 있다. 이러한 네이팜의 성질과 특징은 종래의 소이무기 이상으로 비인도적이어서 불필요한 고통을 주거나 무차별적 효과를 초래할 가능성이 크기 때문에 국제사회에서도 그 명시적 사용금지를 요구하는 목소리가 많았다.

네이팜과 다른 소이무기에 관한 국제연합 사무총장 보고서[37)]는 그 결론에서 이 무기는 인류에게 매우 큰 재해를 가져다주는 잔인한 무기이며, 그 사용은 목표에

---

35) 군축조약 제49조에 따르면, 화학・세균무기와 더불어 소이병기 사용금지는 ① 특히 화재를 일으키는 것이 의도된 투사물의 사용 및 ② 화재로 사람을 공격하기 위한 장치의 사용에 적용된다(League of Nations, Series of Publications; 1933, Ⅸ, 2: Conf. D.157[Ⅰ]).

36) SIPRI, *Incendiary Weapons*(1975), pp.40ff.

37) *Napalm and other incendiary weapons and all aspects of their possible use ; Report of the Secretary-General under General Assembly resolution 2852*(XXVI)(1972), A/8803. 竹本正幸 訳, 法学論集 23卷 2, 3号.

대하여 무차별적인 경우가 많다고 하여 그 사용 · 생산 · 개발 및 저장의 금지조치를 취할 필요를 강조하고 또한 일련의 총회 결의도 네이팜 외, 기타 모든 소이무기의 무력분쟁에서의 사용을 '유감' 이라고 보았다.[38]

그런데 소이무기와 네이팜에 한정되지 않고 오늘날의 통상무기 대부분은 이전의 무기에 비하여 일반적으로 잔학성이 증대되고 대인살상적, 맹목적 내지 무차별적이며 나아가 대량 파괴적인 것조차 있다(예를 들면, 적전투기 조종사를 일시적 또는 영구적으로 실명시키는 레이저도 개발, 탑재되어 있음).

이러한 오늘날의 통상무기를 직접 규제하려는 움직임으로서, 1974년(루쩨른)과 1976년(르가노) 정부전문가회의가 개최되어 소이무기, 소구경발사물, 파쇄성무기, 지동성무기와 기만무기 및 기타 카테고리의 무기와 신무기에 대하여 그 법적 측면과 기술적 군사적 측면에서 검토가 행해졌다.[39] 양 회의의 보고서는 인도법 외교회의의 특별위원회에서 검토되었는데 통상무기의 규제에 대한 비동맹국(특히 노르웨이 등)의 적극적인 자세에 대하여 미국을 비롯한 서구 및 소련과 동구는 소극적이어서 아무런 구체적 성과를 내지 못하고, 다만 외교회의 결의(22(Ⅳ))에서 통상무기에 관한 국제연합 회의 소집이 권고되는데 그쳤다.

특정 통상무기의 사용 금지 · 제한에 관한 국제연합 회의는 1980년 10월 10일에 〈과도한 장해를 야기하거나 또는 무차별적 효과를 미치는 것으로 인정되는 통상무기의 사용 금지 또는 제한에 관한 협약〉 및 이와 불가분의 일부를 구성하는 3개의 부속의정서를 채택했다(동 조약은 1981년 4월 10일에 서명을 위해 개방되었으며, 1983년 12월 2일에 발효되었음).[40]

---

38) 1968년 국제인권회의의 '무력분쟁에 있어서의 인권'결의를 비롯 총회 결의 2932A(XXVII) 3032(XXVII), 3076(XXVIII) 참조

39) *Rapport Lucerne , op. cit; ibid., Rapport Lugano* (1976); SIPRI, *Anti-personnel Weapons, op. cit.,* pp.245-253.

40) United Nations Conference on Prohibitions or Restrictions of Use of Certain Conventional Weapons Which may be deemed to be excessively injurious or to have indiscerminate Effects, *Report of the Conference to the General Assembly,* U.N. Dec. A/CONF. 95/15 Amex Ⅰ, Appendix A-D. 또한 浅田正彦, "特定通常兵器使用禁止制限条約と文民の保護(1), (2)," 法学論叢 114卷 2·4号 참조.

동 조약은 전문에서 "적대행위의 영향으로부터 민간주민을 보호하는 일반원칙"을 상기하고 "전투수단과 방법을 선택할 무력분쟁 당사자의 권리는 무제한적이지 않다는 국제법 원칙"과 "그 성질상 무력분쟁에서 과도한 상해나 불필요한 고통을 일으키는 무기, 발사물과 물질 및 그와 같은 성질의 전투방법의 사용을 금지하는 원칙"에 입각하였다고 서술하였으며 또한 이른바 마르텐스 조항도 언급하고 각각의 부속의정서에서 특정무기의 사용을 규제하고 있다.

우선 〈탐지 불가능한 파편을 이용한 무기에 관한 의정서(의정서 I)〉는 인체 내에 들어갈 경우 X선으로 검출되지 않는 파편에 의해 장해를 일으키는 것을 제1차적 효과로 하는 어떠한 무기의 사용도 금지한다. 이러한 무기는 불필요한 고통을 주는 해적수단으로 볼 수 있으나, 아직 존재하지 않는 것이므로 말하자면 예방적인 규정이다.

〈지뢰, 부비트랩 및 기타 장치물의 사용 금지 또는 제한에 관한 의정서(의정서 II)〉는 이러한 해적수단의 일반주민 및 민간인에 대한 사용과 무차별적 사용을 금지한다. '부비트랩'이란 사람이 무해한 물건에 접근하거나 지극히 안전한 행위를 했는데도 예기치 않게 작동하여 그를 살해, 상해하도록 고안, 장치 및 사용되는 장비나 물질을 말한다(제2조 2항).

접촉 또는 접근 시 폭발하거나 폭발물질이 함유된 외형상 무해한 휴대 가능한 부비트랩, 국제보호표장 · 의료시설기구 · 완구 · 음식물 등에 부착된 부비트랩 및 다량의 살상 또는 불필요한 고통을 유발하는 부비트랩은 사용이 금지된다(제6조).

또한 지뢰 등(단, 대포 · 로켓 및 박격포 등으로 발사하거나 항공기에서 투하되는 원격살포지뢰는 제외)을 전투행위가 임박하지 아니한 도시 · 농촌 및 기타 인구밀집지역에 사용하는 것은 금지된다(제4조). 원격살포지뢰는 일정한 조건이 충족되는 경우, 즉 군사목표 지역 또는 군사목표물이 포함된 지역에서는 사용할 수 있다(제5조).

〈소이무기의 사용 금지 또는 제한에 관한 의정서(의정서 Ⅲ)〉는 우선 소이무기를 "목표물에 대해 점화, 화염, 열 또는 그것의 결합을 통하여 인명에 화상을 입히도록 고안된 화기 내지는 폭탄(제1조)"으로 정의하고 있다. 소이무기로 민간인이나 민간목표를 공격하는 것은 모든 상황에서 금지되며, 공중에서 발사하는 소이무기로 인구 밀집지역내 군사목표를 공격하는 것도 금지된다(제2조 1, 2항).

또한 인구 밀집지역내에 위치하는 군사목표를 공중발사 이외의 방법으로 소이무기로 공격하는 것도 금지되지만 군사목표가 민간인과 완전 분리된 때, 모든 가능한 예방수단이 군사목표에 제한될 때 및 민간인 생명의 부가적 손실 · 민간인 부상 · 민간목표의 피해를 회피하고 최소화할 때는 예외이다(동 3항). 그리고 삼림 및 기타 식물군락을 소이무기로 공격할 수 없는데, 다만 식물군락을 전투원 및 기타 군사목표를 은폐 · 엄폐 또는 위장하는데 사용하는 경우 및 식물군락 자체가 군사목표가 될 때에는 제외된다(동 4항).

이와 같이 부속의정서에 의해 규제되는 무기의 종류는 극히 한정되었다. 그렇지만 이들의 사용금지는 의정서 Ⅰ의 검출 불가능한 파편을 이용한 무기에 대해서는 절대적이지만 다른 종류의 무기는 반드시 전면적인 사용금지가 요구되어 있는 것이 아니라, 예를 들면 지뢰는 말할 것도 없고 소이무기도 상황에 따라서는(즉, 군사목표에 한정될 경우에는) 그 사용은 오히려 합법화되었다고 볼 수 있다.

그리고 지뢰에 관해서는 의정서 Ⅱ의 개정(1996년 5월 3일)에 따라 탐지 불가능한 대인지뢰의 사용은 금지되었으며, 게다가 대인지뢰 금지조약(1999년 3월 1일 효력 발생)에 따라 그 사용의 전면금지가 규정되었다. 또한 1995년 '실명을 초래하는 레이저무기에 관한 의정서'도 채택되었으며, 나아가 '소형무기의 비합법적 거래의 모든 측면에 관한 국제연합 회의'가 2001년에 개최되었다.

이상과 같이 특정 통상무기 그 자체의 사용규제 노력이 결실을 맺기 어렵고, 다른 한편 그 사용을 비난하는 여론을 무시할 수 없다는 점에서, 말하자면 타협적으로 특정무기의 군사목표 또는 전장에서의 사용은 허용되지만 일반주민에 대한 또는 후배지(後背地)에서의 사용은 허용되지 않는다고 하는 사용방법 또는 대상의 규제라는 방향으로의 해결이 제안되었다. 그러나 무기사용의 허용성이 문제되는 것은 그것이 군사목표에 대해 사용될 경우이며 일반주민에 대한 사용은 논외이므로, 위와 같은 해결방법은 무기사용 그 자체의 법적 평가를 회피하고 오히려 그것을 합법화하는 것과 마찬가지다. 다만 오늘날의 통상무기가 무차별적 효과를 갖고, 또 일반주민에게 매우 큰 희생을 강요하는 경우가 많다는 사실을 감안하면 위와 같은 해결방법도 반드시 무의미하다고는 말할 수 없다.41)

또한 특정무기의 법적 규제에 대해 진전을 볼 수 없는 오늘날의 상황에서 앞서 기술한 허용성의 일반적 기준(불필요한 고통)이 특정무기에 대해 항상 적용되어야만 한다고 해도, 이러한 기준 개념의 엄밀화가 동요하고 있기 때문에(그것은 통상무기를 생산 · 소유하는 선진국으로부터 제기됨) 그 동요를 이유로 특정무기는 사용금지 무기가 아니라는 구실이 되기 쉽다. 이것은 결국 특히 금지되지 않는 무기의 사용은 허용된다고 하는 결과로 돌아가 버려, 교전자는 해적수단 선택에 있어 무제한의 권리를 갖지 않는다는 원칙의 취지와 모순되는 결과가 될 것이다. 오히려 이 원칙을 오늘날의 비인도적 · 무차별적 무기의 개발 현상을 근거로 해석한다면, 특정의 특히 허용된 것 이외의 무기사용은 점점 더 금지되는 것으로 간주할 시기에 이르고 있다고도 생각된다.

---

41) 예를 들면 소이무기 · 네이팜(napalm)의 허용성에 관하여 루체른, 르가노 양 회의에서 사용의 전면금지와 그 완전한 자유 사이의 중간적 해결방법으로서, (a)소이무기로 도시촌락 공격 금지, (b)소이무기로 이들 도시촌락 중의 군사목표 공격시 일반주민을 위해 모든 가능한 예방조치를 취할 것, (c)화염을 방사하는 탄약으로 군사목표를 공격하는 행위 금지(단, 지상군의 전투가 대상이 되는 목표범위에서 행해지고 또는 당도하고 있을 경우는 이 범위가 아님)를 들었다(*Rapport Lugano, annexe A*, 4).

금지되지 않는 한 허용된다고 하는 근대국제법적 견해를 역전시킨 이러한 해석은 한편으로 보면 래디컬하게 보이지만 전쟁위법화 하의 국제사회에서 무기사용으로 실현되는 가치 이상의 법익(인간, 인류의 생존권), 무기로 손상할 수 없는 가치가 있다는 현대국제법상 말하자면 당연한 견해를 바탕으로 한다. 이러한 해석의 가부(可否)에 향후 국제인도법의 전개방향이 달려있다고도 할 수 있다.

이것은 다음의 대량파괴무기 규제로 현저하게 나타날 수밖에 없다.

2. 대량파괴무기

대량파괴무기는 제2차 세계대전 이후에 자주 사용하기 시작한 새로운 표현으로 핵 · 화학 · 생물무기를 지칭하는데, 그것은 단지 물리적 파괴력이 크다는 것만을 의미하는 것이 아니라 일반적으로 제어할 수 없는 방법으로 확산하는 비 물리적 작용과 효과(방사능과 화학작용 등)를 미치는 무기를 의미한다. 이러한 성질에 착안하여 맹목무기(盲目武器)라고 불리기도 한다.

이러한 대량파괴무기의 사용을 일괄하여 금지하거나 제한하는 국제법 문서는 존재하지 않지만[42] 모든 해적수단에 타당한 인도법의 기본원칙은 이러한 무기에도 미쳐야 될 뿐만 아니라 이러한 무기에의 적용에야 말로 앞의 기본원칙의 실효성이 달려있다고 조차 말할 수 있다. 무차별적 파괴의 금지, 불필요한 고통을 주는 무기의 금지, 배신금지원칙에 비추어 볼 때 대량파괴무기의 사용은 일견 명백하게 금지되어 있다고 생각하는 것이 당연하다. 그러나 이러한 무기는 그 군사적 효과가 크기 때문에 또는 최후의 결정적 무기로서의 위치를 차지하고 있기 때문에 어떤 것은 금지되어 있지 않다고 보는 견해도 있다. 그래서 각 종류의 무기(앞서 기술한 무기

---

42) 핵무기 및 기타 대량파괴무기의 사용 내지 배치를 무력분쟁 여부에 관계없이 일정한 지역(공간)에서 금지하는 조약은 존재한다. 남극조약(제1조 및 제5조), 우주조약(제4조), 해저비핵화조약이 그 예이다. 拙著, 軍縮の国際法, 前掲 참조.

외에 여기서는 환경파괴무기도 포함)의 성질 · 특징 및 사용 효과에 비추어 그 법적 규제의 문제점을 살펴보고자 한다.

가. 화학 · 생물무기

화학무기는 화학작용에 의해 사람 및 동식물을 살상하는 성질이 있으며, 세균(생물)무기는 세균 · 바이러스 · 미생물과 이것들에서 유래하는 감염물질의 증식에 의해 사람 · 동물 및 식물을 사망케 하거나 병을 유발하는 성질을 갖고 있다. 양자의 성질과 효과가 유사하고 일반적으로 통상무기의 그것과 현저히 다르다는 점에서 양 무기를 합쳐 BC무기라고 부르기도 한다.

이들 중 최초로 등장한 것은 화학무기로, 19세기 유기화학공업의 발달로 그 길이 열려 제1차 세계대전 중 쌍방에 의해 전쟁용 가스가 대량 사용되었다. 1935년 이탈리아 · 에티오피아 전쟁에서는 도시에 대한 가스공습으로 에티오피아에서 다수의 민간인 희생자가 발생했었다.[43]

오늘날의 화학무기로서는 종래의 자극성, 질식성, 유독성 가스 외에 신경가스, 정신착란성 가스 또는 무능력화제(無能力化劑)라는 대량살상효과를 갖는 것도 개발되었다. 또한 대 게릴라전용으로서 최루가스와 고엽제 등도 사용되고 있다. 한편 세균(생물)무기의 개발은 화학무기보다 오래되지 않았는데[44] 그 본격적 연구는 1950년대 생물학의 발전과 더불어 성행되어 무기에 적합한 여러 가지 병원체의 개발과 에어졸 살포(공중살포) 방법이 시도되었다. 다만, 적대행위에 있어서의 그 사용례는 거의 없다.[45]

---

43) 국제연맹 사무총장에게 제출된 자료에 따르면, 독가스는 무방수도시에도 사용되어, 에티오피아의 산정에 의하면 전사상자의 1/3이 독가스에 의한 것이었다(League of Nations, *Official Journal*, 91st Session of the Council, Ninth Meeting[20 IV 1936], pp.370-371). 제2차 세계대전 중 가스는 적병력에 대해 공공연히는 사용되지 않았으나, 강제수용소에서 대량학살의 수단으로서 또 인체실험에 은밀히 사용되었다.

44) 제2차 세계대전 전까지 일본의 관동군 방역급수부대는 세균무기 연구에 종사하고 인체실험도 하고 있었다. 하바로프스크 재판소의 기록 『細菌戰用ノ準備及ビ廉デ起訴サレタ元日本軍人ノ事件ニ関スル公判書類』, 모스크바, 1950年 참조.

45) 다만, 한국전쟁에서는 국제연합군(미군)이 북한 및 동북지구에서의 세균폭탄 사용의 진위를 둘러싸고 쌍방이 응수했다.

그러나 최근의 이란 · 이라크 전쟁에서 화학무기가 사용되었다. 이들 양 무기의 공통된 특징으로는 건조물 파괴 등의 물리적 손해를 수반하지 않는다는 점, 공중살포로 광범위한 지역을 오염시킬 수 있다는 점, 그것에 대한 특히 일반주민의 방어가 곤란하다는 점 등을 들 수 있다.

이들 무기의 사용에 대한 직접적 규제에 대해서는 이미 1899년 '독가스 금지 선언' 이 질식성 및 유독성 가스의 살포를 유일한 목적으로 하는 투사물의 사용을 금지하였으나, 이는 제한적이었을 뿐만 아니라 총가입조항도 포함하고 있었기 때문에 제1차 세계대전에서는 사실상 사문화되었다.[46] 동 대전의 경험을 바탕으로 1925년 〈제네바 가스의정서〉는 "질식성, 독성 또는 이들과 유사한 모든 액체, 물질 또는 고안체를 전쟁에 사용하는 행위"는 문명세계의 여론에 의해 정당하게 비난받고 있기 때문에 "이러한 금지가 각 국의 양심 및 행동을 구속하는 국제법의 일부로서 폭넓게 수락되기 위해서" 체약국은 이러한 금지를 수락하고 아울러 "세균학적 전쟁수단의 사용"에도 이 금지는 적용된다고 규정했다.

가스의정서는 현재까지 화학무기 사용금지에 관한 유일한 국제문서이고, 총가입조항도 포함되지 않았으며 다수 국가가 비준, 가입하고 있다는 점에서도[47] 오늘날의 무력분쟁에 보편적으로 적용되는 중요한 문서이다. 하지만 동 의정서의 금지범위와 금지의 성질에 있어 문제가 있다.

우선 가스의정서는 모든 화학무기의 사용을 금지하는지의 여부, 바꿔 말하면 "이들과 유사한 종류의 가스(other gases, gaz similaires)"라는 표현에는 새롭게 개발된 것을 포함하여 모든 가스가 포함되는지의 여부이다. 연맹시대 각국들의 견해는 거

46) 그리고 독사용 또는 우물에의 독 투여는 17, 18세기의 국제법학의 창시자들에 의해서도 위법으로 간주되어, 헤이그규칙 제23조 (a)도 그것을 명문화하고 있는데, 이 금지가 독가스에도 미친다고 간주할 수 있다면, 제1차 세계대전 중에도 독가스 사용은 금지되어 있었다고 해야 한다.

47) 가스의정서에 서명하면서 오랫동안 비준하지 않았던 일본은 1970년 5월 21일, 미국은 1957년 1월 22일에 각각 비준서를 기탁했다.

의 일치하여 최루가스를 포함한 모든 가스의 사용이 금지된다는 것이 인정되었다. 그러나 베트남전쟁에서의 화학약품 사용을 계기로 약간의 국가들은 전쟁에서의 비치사성 최루가스(폭도진압제)나 고엽제 사용이 국제법상 금지되어 있지 않다고 하며 이것을 가스의정서의 금지범위에 관한 해석(협의의 해석)이라는 견해를 피력했다.[48]

그러나 대다수 국가들은 이러한 협의의 해석에 반대하고 이를 반영한 국제연합 총회 결의(2603[XXIV]A)도 가스의정서가 기술적 발전 여부를 불문하고 모든(생물학적 및) 화학적 전쟁방법의 국제적 무력분쟁에서의 사용을 금지하는 일반적으로 수락된 국제법 규칙을 구현하는 것이라는 점을 인정하고 있다.[49]

가스의정서를 보완할 1993년의 화학무기 금지조약은 화학무기를 독성 화학물질과 그 선도물자를 합친 것 또는 그것들을 개별로 한다고 정의하고, 이러한 화학무기의 개발 · 생산 · 취득 등을 금지할 뿐만 아니라 그 사용을 금지하기에 이르렀다. 동 조약의 체약국은 폭도진압제를 전투수단으로 사용하지 않을 것을 약속하고 있다.

세균무기의 사용금지는 가스의정서에서 예방적으로 규정되었으나 그것은 관습법으로서도 타당하고, 그 금지범위에 관해서도 화학무기의 경우와 같은 해석상의 논쟁이 없었으며, 앞서 기술한 총회결의에도 나타나 있는 바와 같이 모든 세균무기(현대에서는 보다 정확하게 생물무기)를 포함하는 것으로 간주되어 왔다.

또한 제네바군축위원회는 1968년 이후 BC무기의 군축을 위한 조약 작성에 착수했으나, 결국 양 무기는 분리되어 1971년 생물(세균)무기에 관해서만 개발 · 생산 및 저장의 금지 그리고 폐기에 관한 조약이 성립되었다. 동 조약의 성립으로 개발 등

48) 일본 정부는 의회에 의정서 비준을 요청하면서 중의원 외무위원회에(1970년 5월 6일) 금지되는 화학무기의 범위는 한정되어 있다면서 구체적인 리스트를 제출했다(Fuzita, H., "Ratification, par le Japon, du Protocole de Geneve de 1925," *The Japanese Annual of International Law*, No.15[1971], pp.84-86). 미국도 의정서 비준시 그 범위를 폭도진압제 및 화학고엽제에는 미치지 않는다는 양해를 첨부하면서 선제사용을 '국가정책의 문제'로 포기한다고 선언했다(ILM, [1975], No.1) 또한 의정서 비준 문제를 둘러싼 미 상원 외교관계 위원회의 공청회에서는 의정서 금지범위의 광의의 해석이 지지를 받고 있었다(Prohibition of Chemical and Biological Weapons, *Hearing before the Committee on Foreign Relations US Senate*, Ninety Third Congress Second Session, Dec. 10, 1974).

49) 1969년 '화학 · 세균(생물)무기와 그 사용의 영향'이라는 제목의 국제연합 사무총장 보고서(A/7575/Rev.1)의 서문 중에서 우탄트 사무총장도 의정서의 금지범위의 '광의의 해석'을 국제연합 회원국에게 권고하고 있다.

이 금지되는 대상은 '미생물 및 기타 생물제'와 '독소' 외에 그 사용을 위한 '무기, 장치 또는 운반수단'에까지 미치는 포괄적이며, 금지되는 생물제와 독소의 종류와 범위에 대해 "그 기원 또는 제조여부를 불문하는" 것이므로 그 모두를 포함한다(동 조약 제1조).

이 조약으로 B무기사용의 가능성을 완전히 제거하는(전문) 길이 열렸다고 할 수 있다.[50] 그러나 동 조약의 실효성에 대해 의문이 제기됨에 따라 그 실효성을 강화하기 위한 법적 틀로서 '검증의정서(신고, 방문조사, 도전(challenge)사찰의 세 가지)' 작성을 위한 교섭이 2001년부터 이루어지고 있다. 또한 걸프전 이후 국제연합의 제재하에 있는 이라크에 대해 국제연합 안전보장이사회 결의 1441(2002)는 이라크의 국제연합특별위원회(UNSCOM)의 후계조직인 국제연합감시검증사찰위원회(UNMOVIC)와 IAEA에 의한 대량파괴무기(및 탄도미사일)의 사찰을 위해서 이라크의 모든 지역 및 시설에 무조건적이고 무제한의 출입을 인정할 것을 결정했다.

나. 핵무기

핵무기는 핵폭발(핵분열 또는 융합반응)에서 발생하는 거대한 에너지를 이용하는 것으로서 그 효과는 강력한 폭풍·열선, 동시적이고 상승적인 초기 및 잔류 방사선이다. 폭풍과 열선의 효과가 일반적으로 통상무기와 비교할 수 없는 대량 파괴적이라는 것 외에도 방사선 효과는 전리(電離)방사선의 조사(照射)에 의한 직접적 영향 외에 지발성(遲發性) 장애도 수반하여 잠재적 질병과 유전적 변화를 초래하고 소위 원폭증을 발생시킨다.

---

50) 拙稿, "細菌生物·毒素兵器条約," 金沢法学, 17巻 2号 참조.

그 유일한 사용 사례로서는 1945년 8월 히로시마와 나가사키에 투하된 원폭(그 에너지는 각각 TNT화약 약13킬로톤과 약22킬로톤 상당)으로 양 도시는 폐허로 변했고 수십만 명의 주민들이 한순간에 사상하였으며, 살아남은 피폭자들도 원폭증 때문에 죽음의 공포에 휩싸였다.[51] 제2차 세계대전 후, 미 · 소를 중심으로 핵 군비경쟁이 격화되고 수십 메가톤의 거대한 파괴력을 기진 전략용 핵무기로부터 소형의 전술용 내지 전역용(戰域用) 핵무기(폭풍 · 열선효과는 감소시키고 방사선 효과만을 높인 중성자 폭탄도 이의 일종임)에 이르기까지 다양한 무기가 개발 · 생산되고, 운반수단도 대륙간탄도탄(ICBM ; MIRV와 MaRV라는 다핵탄두가 장착됨), 잠수함 발사탄도미사일(SLBM) 나아가 순항미사일까지 나타나고 있다.

그런데 이러한 핵무기의 무력분쟁에서의 사용금지를 일반적으로 규정한 조약은 오늘날까지 체결되지 않고 있으며 또한 핵무기국과 '핵우산' 하에 있는 국가의 군사전략상 중요한 위치부여(핵 억지론)를 제공해 왔다는 점에서, 그 사용의 합(위)법성에 대한 견해는 통일되어 있지 않다. 그것을 합법이라고 보는 설은 국제법상 명시적으로 금지되어 있지 않다는 것은 모두 허용된다는 전제 하에 신무기인 핵무기의 금지조약이 존재하지 않는다는 점을 이유로 든다.

그러나 명시적인 금지규정이 없어도 앞서 기술한 해적수단에 관한 기본원칙과 관습법에 비추어 핵무기 사용은 평가되어야 한다. 또한 핵무기 사용을 일률적으로 합법 또는 위법으로 보는 것이 아니라 그 사용이 전투원과 일반주민의 구별을 침해하는 상황에서, 대량파괴적 효과 또는 필연적으로 앞의 상황을 초래하는 핵무기의 경우에만 그 사용을 위법이라고 보는 설이 있다.

---

51) 히로시마시 · 나가사키시 원폭재해지 편집위원회편 *広島 · 長崎の原爆災害*, *岩波書店*, 1979年 참조.

이 설에서 보면 일반적으로 대량파괴적 효과를 갖지 않는 전술용 핵무기(그러나 그 규모의 통일적 기준은 없고, 히로시마 원폭 상당의 것을 기준으로 하는 판단도 있음)의 사용, 예를 들면 공해상의 적군함 및 사막 한가운데의 적차량에 대한 핵무기의 사용은 합법화될 것이다.

그러나 이러한 상황에서의 사용도 핵무기 특유의 방사선 효과를 피할 수 없고, 이 효과야말로 인도법의 기본원칙(특히 불필요한 고통금지 원칙)에 비추어보면 가장 문제가 되는 것이다. 마지막으로 모든 핵무기를 그 규모 및 사용 상황에 관계없이 그 성질 · 효과의 특징에서 현행 인도법상 그 사용이 허용되지 않는 것으로 보는 견해가 있다. 그 중에서도 방사선 효과는 헤이그 규칙 제23조에서 금지되는 독, 시독무기(施毒武器)와 불필요한 고통을 주는 무기의 효과에 상당하고 또한 가스의정서에 구현된 독가스와 '유사한 액체, 재료 또는 고안' 의 금지라는 틀 내에 든다고 간주된다.[52]

이러한 견해는 대다수 국가들의 지지를 얻고 있다고 생각된다. 1961년 국제연합 총회 결의(1653[XⅣ])는 "핵무기가 국제연합 헌장의 정신, 문언 및 목적에 반하고 그 사용이 전쟁의 허용 틀을 넘어 무차별적 고통 및 인류와 문명 전체의 파괴를 초래하고, 이 무기 자체가 국제법 규칙 및 인도법과 모순될 뿐만 아니라 그 사용은 인류와 문명에 대한 범죄가 된다"라고 선언했다. 또한 1972년 총회 결의(2936[XXⅦ])는 헌장 제2조 4항과 연결하면서 핵무기사용의 영구금지를 선언했다.

그러나 이들 결의에 반대한 국가들 중에는(특히 서구 핵무기국) 자위의 경우 핵무기(선제)사용을 유보하는 태도를 보였다.[53] 오늘날 국가가 무력행사를 행할 수 있는 예외는 자위권 행사의 경우에 한정되어 있기 때문에 이러한 태도는 국가정책으로 볼

52) 또 핵무기 사용의 법적평가를 내린 유일한 판례로 소위 원폭판결(東京地法 判決 1963年 12月 7日 下民集 14卷 p.2435)은 히로시마 · 나가사키시의 원폭투하를 무방수도시에 대한 무차별폭격으로 전투원과 일반주민의 구별원칙, 군사목표주의에 반하고, 또한, 불필요한 고통을 주는 해적수단의 사용금지 원칙에 반하는 것으로서 국제위법행위로 단정했다. 拙稿, "原爆判決の国際法的再検(1), (2)," 法学論集 25卷 2·3号 참조.

53) 가장 대표적인 발언은 1977년 10월 4일 카터 미대통령의 국제연합 총회 연설 중의 '나는 자위의 경우, 즉 합중국 영역 또는 군대에 대한 현실 핵무기 또는 통상무기 공격 혹은 우리 동맹국들에 대한 이러한 공격의 경우를 제외하고는 핵무기를 사용하지 않을 것이다'라는 표현으로 나타나 있다(United Nations General Assembly, Thirty-Second Session, Provisional A/32/PV. 8).

수 있다고는 해도 핵무기 사용이 합법이라는 점을 전제로 하고 있다고 하지 않을 수 없다.[54]

핵무기국의 이러한 태도에 직면하여 비핵무기국은 1967년 라틴아메리카 비핵화조약(트라테롤코 조약), 1968년 핵확산방지조약의 성립을 계기로 이들 조약에 의해 포기한 핵무기 소유의 권리를 되돌아봄으로써, 비핵무기국에 대한 핵무기 사용 또는 그 위협을 행하지 않는다는 소위 소극적(negative) 안전보장을 핵무기국에 요구했다. 모든 핵무기국은 트라테롤코조약의 부속의정서 Ⅱ를 비준하고, 동 조약 체약국에 대하여 "핵무기를 사용하거나 또는 그 사용을 위협하지 않을 것을 약속(제3조)"하였다.[55]

1978년 국제연합 군축특별총회에서 채택된 최종문서도 이 문제를 거론하였으며, 그 후 비핵무기국의 안전보장의 강화에 관한 조약안[56]도 제출되었다. 그러나 이러한 소극적 안전보장 발상은 본래 핵무기국이 갖고 있는 핵무기 사용 권리를 특정한 의무를 진 비핵무기국에는 보류하는 관념을 기저에 갖고 있는 것으로,[57] 본래 핵무기 사용은 위법이라고 보는 다수국의 견해 사이에는 갭이 있다. 그 때문에 후자의 입장에서 핵무기 사용금지의 국제조약의 체결에 의한 해결을 요구하는 움직임도 비동맹국과 원수(原水)금지운동으로 대표되는 국제여론에 의해 진행되고 있다.

1990년대에 들어 군축 · 반핵 관련 NGO의 요구를 배경으로 세계보건기구(WHO) 총회 결의나 국제연합 총회 결의는 국제사법재판소(ICJ)에 핵무기 사용에 대한 국제법상의 평가를 요구했다.

ICJ는 1996년 6월 8일 이에 대해 권고적 의견을 제출했는데, 핵무기에 대한 인도법의 적용은 의문의 여지가 없으며 결론적으로 핵무기의 위협 또는 사용은 무력

---

54) 또한 1977년 추가의정서 서명 때, 미 · 영 양국은 의정서가 도입한 (신)규칙은 핵무기 사용을 규제도 금지도 하지 않는다는 취지의 선언을 했다. 미국의 선언은 *AJIL*, Vol.72, No.2, p.407. 상세히는 拙稿, "核兵器と1977年追加議定書," 法学論集 31巻 1号.

55) 그러나 동 부속의정서 비준 때, 5핵무기국은 각각 선언을 하였고, 그 중에는 핵무기국에 의해 「원조」를 받은 체약국의 무력공격 내지 침략행위의 경우, 이(핵무기 불사용) 약속을 재검토하겠다는 취지의 내용(특히 미 · 영의 양해선언)도 있다. 黒沢満, "非核兵器地帯と安全保障ーラテンアメリカ核兵器禁止条約付属議定書Ⅱの研究," 法政理論 12巻 3号 참조.

56) A/33/241, Addendum.

57) Fujita, H., "Security Assurances of Non-Nuclear-Weapons States against the Use or Threat of Use of Nuclear Wepons," *Kansai University Review of Law and Politics*, No.1(1980), pp.75-92.

분쟁에 적용되는 국제법의 제규칙, 특히 인도법의 원칙 및 규칙에 일반적으로 위반된다면서 이러한 위협 또는 사용이 국가의 존망 그 자체가 걸린 자위의 극단적인 사정 하에서는 합법인지 위법인지를 명확히 결론지을 수 없다고 하였다. 다만 ICJ의 권고적 의견은 국제법의 해석으로서 권위를 갖는다고 해도 그 자체가 개별국가나 국제연합 총회를 법적으로 구속하는 것은 아니다.

다. 환경파괴무기

무력분쟁에서의 해적수단이 초래하는 환경과 생태계 파괴에 대한 법적 규제의 필요성은 베트남 전쟁에서의 고엽작전과 강우작전의 실시 이래 클로즈업되기 시작했다.[58] 이러한 상황을 배경으로 환경규제에 대한 국제여론이 높아지는 가운데 환경변경 또는 지구물리학적 변경을 전쟁무기로 사용하는 것을 금지하는 조약을 채택하고자 하는 움직임이 미 · 소의 이니셔티브로 진행되어, 1976년 〈환경변경기술의 군사적 또는 기타 적대적 사용 금지에 관한 조약〉이 국제연합 총회에서 채택되었다.[59]

이 조약은 당초 예정되어 있던 환경변경기술의 개발과 그 사용 준비의 금지는 일체 언급하지 않고, 일정한 환경변경기술(여기서는 생물계, 지각(地殼), 수권(水圈), 대기권을 포함하는 지구의 또는 대기권외의 운동, 구성 또는 구조에 자연과정의 인위적 조작을 통하여 변경을 가하는 모든 기술을 말한다(제2조).)의 사용금지를 규정하는데 그쳤다.

결국 체약국은 타 체약국에 대하여 "파괴, 손해 또는 손상의 수단으로서 광범위하고 장기 또는 중대한 효과를 갖는 환경변경기술의 군사적 또는 기타 어떠한 적대

58) SIPRI, *Ecological Consequences of the Second Indochina War*(1976). 환경 · 생태계 파괴를 「에코사이드」라고 부르며, 그 위법성을 주장하거나 포크처럼 이것을 제노사이드와 견주는 국제법상의 새로운 범죄 카테고리에 포함시키고자 하는 시도도 이루어졌다. Falk, R. A., "Environmental Warfare and Ecocide," in *The Vietnam War and International Law*(ed. by R. A. Falk), Vol.4(1976), pp.287-303.

59) 동 조약의 성립경위와 문제점에 관하여 拙稿, "環境破壊兵器の法的規制―環境変更技術の敵対的使用禁止条約をめぐって―," 法学論集 28巻 2号.

적 작용도 행하지 않는다(제1조)"는 점을 약속한 것이다. 보다 구체적으로 제네바군축위원회의 양해사항[60]에 따르면, 환경변경기술의 사용으로 일어나는 현상의 예시로서 지진, 쓰나미(津波), 어느 한 지역(a region)의 생태적 균형의 파괴, 기후패턴의 변경(구름, 강우, 각종 사이클론 및 선풍을 동반한 폭풍), 기상패턴의 변경, 해류의 변경, 오존층의 변경, 전리층의 변경을 들고 있다.

가장 문제되는 것은 "광범위하고, 장기 또는 중대한 효과를 갖는"의 의미에 관해서인데, 동 양해사항에 따르면 이 조약의 적용상 '광범' 이라는 것은 수백평방 킬로미터 규모의 지역을 포함할 것, '장기' 라는 것은 수개월 또는 약 한 계절의 기간 동안 지속될 것, '중대' 라는 것은 인명, 자연 및 천연자원 또는 여타 자원에 대한 중대 또는 현저한 파괴 혹은 손해를 초래하는 것이다.

따라서 금지범위의 문턱은 상당히 높고, 이제까지 사용된 대개의 환경변경기술(베트남 전쟁에서의 우기연장을 위한 단기간의 기후조건의 변화와 한차례에 수백평방 킬로미터에 미치지 않는 고엽제 살포 등)은 이 범위 내에 있는 것으로 오히려 합법화되게 되어, 동 조약의 실제상 효과에 의문이 남겨져 있다. 그렇지만 앞에서 예시한 현상이 환경변경기술의 사용에 의해 발생하면 당연히 조약의 금지범위에 포함되는 것으로 추정되며, 예를 들면 어떤 대량파괴무기의 사용이 앞의 현상을 일으키면 이 조약으로도 위법성이 도출될 것이다.[61]

어쨌든 금지대상이 되는 환경변경기술은 오히려 장래의 무기와 기술의 발달을 상정한 것이며, 이 조약은 그 사용을 미리 규제해 두려는 취지로도 볼 수 있다. 그러나 이러한 움직임은 미·소(러시아)의 군비관리(arms control)의 관점에서 추진되었기 때문에 앞의 조약처럼 사용금지의 관점에서 보면 빠져나갈 구멍이 예상된다.

60) Report in the Working Group on the Prohibition of Military or Any Other Hostile Use of Environmental Modification Techniques(CCD/518) in *Report of the CCD*, Vol.1(A/31/27), p.91.

61) 또한 제1의정서 제35조 3항, 제55조 1항도 환경보호 규정을 두고 있다. 이들 규정은 어떠한 해적수단·방법이든 그것에 의한 가해로부터 자연환경과 주민의 건강·생존을 보호하는데 주안을 두면서, 다만 포격이나 통상무기의 사용으로부터 발생하는 자연환경에 대한 단기적 손해의 경우를 금지 범위로부터 제외하려고 하는 것이다. CDDH/215/Rev.1. par.27.

제3절 공격(폭격) 대상의 규제

1. 군사목표와 비군사물의 구별원칙

교전자는 해적수단을 선택할 무제한의 권리를 갖지 못한다는 기본원칙은 공격대상의 선택에서도 마찬가지인데, 교전국이 적대행위를 행할 수 있는 지역(구) 및 대상(人 및 物)도 무제한적이지 않다.

장소적으로는 분쟁당사국 영역뿐만 아니라 공해와 그 상공 · 무주지를 포함하는 모든 장소에서 적대행위는 행해질 수 있으나, 중립국 내지 제3국 영역 및 국제법상 특히 적대행위가 금지된 장소 및 공간(예를 들면, 남극지역 · 달 기타 천체)은 당연히 제외된다.

또한 원칙적으로 적대행위가 허용된 장소에서도 적의 모든 대상에 대하여 적대행위를 할 수 있는 것이 아니라 일정한 대상에 대해서는 공격 또는 적대행위로 직접피해를 주는 것은 금지된다. 바꿔 말하면 전투원과 비전투원(일반주민)의 구별과 군사목표와 비군사물의 구별에 의해 각각 후자(비전투원과 비군사물)를 적대행위의 직접 영향으로부터 보호해야 하는 원칙이 존재한다.

이러한 구별원칙은 상당히 오래전부터 인정받아 왔으나, 특히 근대국가의 국민군 제도의 보급으로 정규군 이외의 민간인 내지 일반주민은 직접 전투에 참가하지 않으므로 전투의 참화로부터 보호해야 할 필요가 있다고 하여 비전투원(일반주민) 불가침 원칙이 확립되었고, 또한 물적 대상에 있어서도 공격할 수 있는 군사목표를 규정함으로써 그 이외의 비군사물은 공격으로부터 면제하였다.

또한 이 원칙의 성립 이유로 비전투원과 비군사물에 대한 공격은 전력집중원칙에서 보아 득책(得策)이 아니고, 역으로 그것에 의해 비인도성과 적개심을 증대할 뿐

이라고 판단된 점을 들 수 있다.[62]

이 원칙에서 유래하는 구체적 규칙은 육 · 해 · 공전 각각의 적대행위(공격)의 특징을 반영하여 약간 표현을 달리하고 있다. 육전은 헤이그규칙에 따르면 지상군의 점령 기도에 대하여 저항하는 방수도시(防守都市 ; 지역)와 그 이외의 무방수도시(無防守都市 ; 지역)의 구별을 전제로 방수도시에 대해서는 공격 및 포격 시, 군사 · 비군사 목표를 구별하지 않고 공격 가능하며(이 경우에도 종교 · 기예 · 학술의 용도에 제공되는 건물과 상병자의 수용소는 그것이 군사상의 목적에 사용되지 않는 한 되도록 피해를 면하게 하기 위해 필요한 모든 수단을 취하여야 함 (제27조)), 무방수도시에 대한 공격 또는 폭격은(군사목표 제외) 금지된다(제25조).

해전에서의 적해안에 대한 포격의 경우 방수지역에 대한 무차별 포격은 허용되지만, 무방수지역에 대한 포격은 금지된다(1907년 전시 해군력에 의한 포격에 관한 조약 제1조). 다만, 이 금지에는 군사상의 공작물, 육해군 건설물 등과 항내의 군함은 포함되지 않는다(동 제2조 1항).[63]

공전에 있어서는 헤이그 공전규칙안은 공중폭격이 군사목표에 대하여 행해지는 경우에는 적법하지만(군사목표주의) 일반 민간인을 위협하고 비전투원을 손상시킬 목적으로 하는 것은 금지하는데, 육상부대의 작전행동의 지근거리에 있지 않는 도시 · 농촌 · 주택 또는 건물의 폭격은 금지한다고 규정하고 있다(제24조, 제22조).

공전규칙안 그 자체는 실정법이라고 할 수 없으나, 이러한 규정은 헤이그 규칙에 따라서 기초되어 공습을 규율할 법원칙을 나타내는 것으로서 학설이나 각국들

62) 田岡良一, 戰争法の基本問題, 岩波書店, 1944年 ; 同, 空襲と国際法, 嚴松堂, 1947年 參照.
63) 또 해전에 대해서는 적군함 및 公船은 즉각 공격 가능하지만, 商(私)船은 교전국군함의 임검 · 수색에 저항할 경우 외에 승조원과 승객의 안전 준비가 없는 한 격침해서는 안 된다.

의 견해에서도 권위 있는 것으로 인정받고 있다. 그런데 두 차례의 세계대전, 특히 제2차 대전에서의 총력전 양상의 일반화와 함께, 분쟁당사국의 민간인이나 일반주민도 어떤 형태로든 전쟁수행노력에 관여하였고 또한 평화산업도 간접적으로 그러한 노력에 기여하고 있다고 볼 수 있는 상황이기 때문에 앞의 원칙 및 규칙의 기반이 때로는 의심받았다.

또한 항공기의 비약적 발달(전략폭격 가능)과 새로운 대량파괴적 · 무차별적 무기의 개발(독일의 V1, V2 등의 장거리 로켓이나 원폭)에 따라 공중으로부터 적국영토 깊숙이 침입하여 배후지의 도시와 일반주민에 직접 공격을 가하는 것이 가능해지고, 대공방어(고사포 등) 기술도 발달했기 때문에 공격측이 군사목표와 비군사물을 정확하게 구별할 가능성은 감소했다.

이러한 상황을 배경으로 하여 2차 대전 중 앞의 구별원칙을 사실상 무시하는 관행도 있었다. 그러나 쌍방 교전국은 일반적으로 이러한 관행의 정당화를 위해 총력전을 이유로 하는 구별원칙의 소멸을 주장한 것이 아니라, 오히려 군사목표주의의 준수 태도를 보이고[64] 또는 그 연장으로서 군수공장 등의 밀집지역에서는 개개의 군사목표 선택을 불가능하다고 보아 구역전체를 하나의 군사목표로 간주하는 목표구역 폭격(Target Area Bombing)을 실시하고 있다고 주장했다.[65] 또한 도시 전체를 방호하는 방위시설과 군대가 주재하는 도시를, 그것이 전장으로부터 멀리 떨어져 적의 점령 위험이 없어도 방수도시로 간주하여 무차별공격을 정당화하는 새로운 방수도시 개념도 고안해냈다.[66] 그러나 이러한 정당화 이유는 구별원칙의 타당성

---

64) 개전 당초인 1939년 9월 2일 영 · 불 선언은 엄격하게 군사목표만을 폭격하도록 했고, 독일의 선언도 마찬가지였다. 1942년 10월 27일 영국의 공전에 관한 훈령은 적에 의한 점령지역과 적국을 구별하고, 전자에 대한 폭격은 군사목표에 한하며, 후자에 대하여 이 제한은 적용되지 않는다고 했다. 1942년 8월 13일 일본의 「敵航空機搭乗員処罰ニ関スル軍律」은 군사목표 이외의 목표에 대한 폭격 등을 행한 적항공기 탑승원을 사형, 무기 또는 10년 이상의 감금에 처할 것을 규정하고 있었다. 이 군율에 따라 처형된 미군 파일럿에 대한 항의에서 미국 정부는 그 파일럿은 군사목표만을 공격하라는 명령을 받았음을 확인했다.

65) 목표구역 폭격은 영국 공군의 對독일 폭격에서 생긴 것이며, 1944년 2월 9일 영국 상원에서의 카본경의 발언 중에 나타나 있다. 스페이트는 이 합법성을 인정했다(Spaight, J. M. S., *The Atomic Problem*[1948], p.15).

66) 일본의 학계에서는 만주사변 후 남경, 광동 등 중국 도시에 대한 공습을 계기로 새로운 방수도시 개념으로서의 관계적 방수설이 나타나 방수도시 개념을 둘러싸고 立·田岡 論争이 벌어졌다. 立作太郎, "支那事変の国際的問題," 法学協会雑誌 1938年 11월号 p.211 이하; 同, 支那事変国際法論, 松華堂 1938年 p.62 이하; 田岡良一, "空襲法に関する一学説に関する付て," 法学 7巻 1号, p.1 이하 참조.

의 결여 내지 그에 관한 법적 확신(opinio juris)의 변화를 나타내는 것이라고는 할 수 없다.

전후의 군사재판은 일반적으로 대전중의 구체적 폭격 사례의 법적 평가를 피했으나, 무차별 폭격을 정당화한 것은 아니다. 뉴른베르그와 동경 국제군사재판소는 구별원칙을 포함한 헤이그규칙이 문명국 간에 항상 준수되어야 할 관습법이 되었다고 선언했다.

구체적 무력분쟁, 예를 들면 한국전쟁이나 베트남 전쟁에서도 구별원칙의 타당성이 인정되어 분쟁당사국 일방이 타방의 비군사물 공격을 비난하면 타방 당사국은 그러한 사실을 부정하는 것이 상례였다. 또한 국제연합 총회 결의(2444[XXIII])를 비롯해 1956년의 ICRC규칙안(제6, 7조), 국제법학회(Institut)의 1969년 결의[67]와 같은 전후 인도법의 재확인이나 법전화 시도에서도 현대무력분쟁의 상황을 근거로 하면서 구별을 존중할 의무는 여전히 국제인도법의 기본원칙이라는 점이 확인되었다. 제1추가의정서는 육·해·공에 따른 규정상의 구별을 하지 않고 "일반주민 및 비군사물의 존중과 보호를 확보하기 위하여 분쟁당사국은 항시 일반주민과 전투원, 민간물자와 군사목표물을 구별하고, 따라서 작전은 군사목표물에 대해서만 행해지도록 한다(제48조)"라는 원칙을 명기하고 있다.

그리고 목표구역 폭격에 대해서도 이것을 무차별공격이라고 간주하여 금지했다(제51조 5항). 이와 같이 현대무력분쟁에서 구별원칙은 여전히 타당할 뿐만 아니라, 특히 일반주민 보호 관점에서 그 엄격한 준수가 요구되고 있으나 다른 한편 구별기준에 관해서는 다음과 같은 새로운 전개가 나타나고 있다.

67) 국제법학회의 '일반적으로 군사목표와 비군사물의 구별, 그리고 특히 대량파괴무기의 존재가 제기하는 문제'에 관한 결의(*Annuaire*, session d'Edimbourg [1969]; *cf.* Rapports provisoire et définitif, présentés par le baron von der Heydte, *Annuaire*, session de Nice[1967], Tome II, pp.1-271).

2. 군사목표와 비군사물의 구별기준 : 군사목표의 정의와 종류

어떠한 것이 군사목표로 간주되고 어떠한 것이 비군사물인가 하는 구별기준, 나아가 그에 기초하는 군사목표의 정의는 총력전 경향과 해적수단의 경이적 발달로 인해 그 필요성이 증가되었음에도 불구하고 반드시 명확하지 않다.[68]

우선, 군사목표인지 아닌지의 구별기준은 헤이그 규칙에는 명시되어 있지 않았으나, 헤이그 공전규칙안은 군사목표를 "그 파괴 또는 훼손이 명백한 군사적 이익(advantage militaire net)을 교전자에게 제공하는 목표(제24조 1항)"라고 하고 있다. 이 표현은 파괴가 초래하는 직간접의 군사적 이익만을 기준으로 하는 구별이며, 이러한 군사적 이익은 공(폭)격을 행하는 당사국의 일방적 평가에 의존하게 되므로 극단의 논의를 한다면 최 광의의 군사필요 개념을 도입하고, 어떠한 공(폭)격도 정당화 해버리는 위험성을 내포하고 있다. 이러한 반성으로부터 1956년 CICR 규칙안은 보다 객관적 성질의 요소를 도입하고 '그 성질 자체에 따라 일반적으로 인정된 군사적 이익(intérêt militaire généralement reconnu)을 초래하는 부류의 하나에 속하는 목표' 만을 군사목표로 간주했다(제7조 2항).

'일반적으로 인정된 군사적 이익' 이란 어떤 목표파괴가 초래하는 군사적 중요성이 공격국 일국의 판단뿐만 아니라 대다수 국가에 의해 인정되고 있음을 나타낸다. 더욱이 이러한 부류의 군사목표에 속하는 것이라도, "그 파괴 또는 훼손이 그 당시의 상황에서 어떠한 군사적 이익(advantage militaire)도 초래되지 않을 때는 군사목표로 간주될 수 없다(동 3항)." 여기 부여된 상황에 있어서 목표 파괴의 구체적 이익이라는 새로운 상황요소가 군사목표의 정의에 도입되었다. 이러한 두 가지 요소(객관적 요소와 상황요소)가 앞에 기술한 국제법학회(Institut)의 결의, 나아가 제1추가의정서의 군사목표의 정의에도 채용되어 한층 정밀해졌다.

68) 군사목표주의의 동향에 대하여 城戸正彦, "第二次大戦および戦後の国際法学説における軍事目標主義," 国際法外交雑誌 57巻 5号; 竹本正幸, "軍事目標主義をめぐる最近の動向," 変動期の国際法(前掲) 수록 참조.

후자에 따르면, "물적 군사목표는 성질상으로나 그 위치, 목적 또는 용도상 군사행동에 효과적으로 기여(contribution effective)하는 목표로써 당시의 지배적 상황에서 그것을 전적으로 혹은 부분적으로 파괴, 포획 또는 무력화함으로써 명백한 군사적 이익(advantage militaire precis)을 가져오는 물(物)에 한한다(제52조 2항)."

그 성질상 군사행동에 유효하게 기여(일반적으로 인정된 군사적 이익과 동일한 의의라고 간주할 수 있을 것임)한다라고 하는 객관적 요소는 일정한 시점에서 거의 명백하므로 문제가 없다고 해도, 그 당시의 상황에서는 명확한 군사적 이익이라는 상황요소는 '명확한' 이라는 표현이 들어가도 여전히 상당한 주관적 재량의 여지를 남기고 있다.

따라서 군사목표의 일반적 정의의 구체적 사례에의 적용을 둘러싼 해석의 차이에서 발생되는 대립을 피하기 위해서는, 군사목표의 열거(리스트化)가 바람직하다. 그렇게 하면 열거된 것 이외는 비군사물로 간주한다는 추정이 작용할 수 있다. 그러나 이러한 열거에 있어 직면하는 어려움의 하나는 본질적으로는 군사적 성질의 것이 아니지만, 특히 군사작전지대에서 점거나 사용에 의해 군사목표의 부류에 포함될 수 있는 것(혼합목표)을 어떻게 취급할 것인가 하는 것이다. 또한 열거는 무력분쟁의 성질 변화와 해적수단 및 방법의 발달에 따라 시대와 함께 변할 수 있는 것이므로 항상 재검토하여 보완할 필요가 있다.

이제까지 군사목표 열거 시도는 헤이그 공전규칙안과 1956년 CICR 규칙안에서 행해진 것에 불과하다. 전자는 군사목표로서 "군대, 군사시설, 군용 건물, 군용 저장창고, 무기 및 탄약, 공지(公知)의 중요한 군수공장, 군사목적을 위하여 사용되는 통신선 및 교통선"을 말한다(제24조 2항). 이들은 거의 본질적인 군사목표에 한정되어 있고, 총력전하의 제2차 세계대전과 기타 무력분쟁의 경험을 고려할 때 오늘날에는 이러한 열거 범위가 지나치게 협소하다고 볼 수 있다. CICR 규칙안의 군사목표 리스트는 '일반적으로 인정되는 군사적 이익을 제공하는 것' 으로서 본질적인 군사목표 외에 철도 · 도로 · 다리와 같은 교통선, 라디오 · TV시설 · 전신 · 전화교환국, 전쟁수행에 본질적으로 중요한 산업, 전쟁수단의 연구 · 실험 · 개발시설이라는 말하자면 전략폭격을 염두에 둔 군사목표도 들고 있다(제7조 2항 부속).[69]

이 리스트는 상당히 광범하게 미치고 소위 혼합목표도 포함하고 있는데, 앞에서 기술한 상황요소 여하에 따라서 혼합목표는 군사목표로 간주되지 않는다는 점도 있다는 점에 주의하여야 한다. 더구나 이 리스트는 정기적으로 재검토도 예정되어, 일반적으로 매우 가치있는 것으로 간주되어 왔다.[70]

제1추가의정서는 군사목표를 특정화하지 않고 다만 예배장소, 가옥, 기타 주거 또는 학교 등 통상적으로 비군사물로 전용되는 物이 군사행동에 효과적으로 기여하기 위하여 사용되고 있는지의 여부가 의심스러운 경우, 이들 物은 군사활동을 위하여 사용되지 아니하는 것으로 추정한다(제52조 3항)라는 추정규정을 두고 있다.

반대로 비군사물 중에서도 특히 보호되어 할 것으로 문화재 · 예배소(제53조) 외에 현대의 게릴라전 상황을 고려하여 식량 · 가축 등 일반주민의 생존에 불가결한

---

69) 제7조 2항 부속의 「군사목표 카테고리의 리스트」는 다음과 같다.
「1. 다음에 언급하는 카테고리의 목표는 일반적으로 인정된 군사이익을 나타내는 것으로 간주된다. (1) 군대(그 보조적 또는 보충적 기능을 포함한다) 및 이 조직에 속하지 않지만 전투에 참가하는 자. (2) (1)에 언급된 군대에 의해 점거된 진지, 시설 또는 건조물, 그리고 전투목표(즉, 공수부대를 포함한 육군 또는 해군부대의 직접 전투대상이 되는 것). (3) 병사, 요새, 軍事省(예를 들면, 육, 해, 공, 국방, 군수성) 및 기타 군사적 명령 · 집행기관과 같은 군사적 성질을 띠는 시설, 건조물 및 기타 구축물. (4) 탄약, 장비, 연료창고 같은 무기 또는 군수품 저장소, 주차장. (5) 비행장, 로켓 발사장 및 해군기지 시설. (6) 본질적으로 군사이익이 있는 - 철도, 도로, 다리, 지하도, 운하와 같은 - 교통선 및 교통수단. (7) 라디오 방송국 및 TV국 시설, 본질적으로 군사이익이 있는 전화 · 전신교환국. (8) 전쟁수행으로 본질적 이익을 내는 산업으로 (a)무기, 탄약, 로켓, 장갑차, 군용 항공기, 군함과 같은 무기제조(부속품 및 기타 모든 전쟁수단의 제조를 포함한다) 산업, (b)수송 · 통신자재, 군대의 수요품과 장비 같은 군사재료 및 군용물자의 제조 산업, (c)명백하게 군사적 성질의 또는 그 용도의 야금, 기계, 화학 산업과 같은 전쟁수행을 위해 본질적인 기타 생산 · 제조 중추를 구성하는 공장이나 시설, (d) (a)~(c)에서 들고 있는 산업에 본질적으로 사용된 저장 및 수송시설, (e)석탄, 연료, 원자력과 같이 본질적으로 전쟁수행에 쓰인 에너지 생산시설과 주로 군사적 용도의 가스공장 또는 전력시설. (9) 전쟁수단의 연구, 실험 및 개발의 중추를 구성하는 시설.
2. 그러나 다음 자는 前記 리스트에서 제외된다. (1) 1949년 8월 12일 제네바 제1, 2, 3 협약에 의해 보호되는 사람, 건조물 또는 수송. (2) 모든 증거로 적대행위에 적극적이고 직접 참가하지 않은 군대 내의 비전투원.
3. 전기 리스트는 군사전략에 관한 전문가 및 일반주민의 보호에 종사하는 자로 구성되는 전문가 그룹에 의해 10년을 넘지 않는 간격으로 정기적으로 재검토한다」(CICR, Project de Regles limitant les risques courus par la population civile en temps de guerre, Deuxieme Edition [1958], pp. 70-73).

70) 이 리스트의 평가에 대하여 Rapports provisoire von der Heydte, *op. cit.*, pp.18 et s.

物(제54조), 댐 · 제방 · 원자력 발전소 등 위험한 물리력을 포함하고 있는 공작물 및 시설물(제56조) 등을 예시한 점도 주목된다.

인적 군사목표에 대해서는 일반적으로 교전자 자격을 가진 군대구성원 만이 허용목표이고, 민간인과 일반주민은 그렇지 않다는 구별은 충분히 확립되어 있다.[71] 다만 문제는 군사목표인 시설내에서 작업중인 자(흔히 '준전투원' 이라고 불림)가 허용목표로 간주되는가 여부이다. 이러한 자가 통상 허용목표라면 군사시설 내에 없을 때에도 합법적인 공격대상으로 될 수 있지만, 그렇지 않고 그러한 자는 군사시설 내에 있을 때 그 시설에 대한 공(폭)격으로 피해를 입을 위험을 부담함을 의미한다고 보아야 마땅할 것이다. 따라서 여기서 특별히 새로운 문제는 없고, 준전투원이라는 호칭은 적절하지 않다고 할 수 있을 것이다.

3. 특별보호지구

목표구별원칙을 훼손하는 것은 아니지만 현대의 많은 무력분쟁에서는 군사작전지대와 배후지의 구별조차 실제상 불가능해지고 있는 상황을 반영하여, 공(폭)격으로부터의 특별보호를 분쟁당사국에 의해 인정받는 지구가 조약상 예정되어 있다. 민간인보호협약에서는 분쟁당사국은 적대행위 개시 후, 자국 영역 또는 점령지구에서 "상병자, 노약자, 15세 미만의 아동, 임산부 및 7세 미만의 유아의 母를 전쟁의 영향으로부터 보호하기 위하여 조직되는 병원, 안전지대 및 지구(병원 · 안전지대)"를 관계국간의 협정에 의해 설정할 수 있고(제14조), 또는 상병자, 적대행위에 참가하지 않는 민간인을 '차별 없이 전쟁의 영향으로부터 보호하기 위한 중립지대' 의 전투지역내에서의 설정에 분쟁당사국이 합의할 수도 있다(제15조).

또한 제1추가의정서에서는 "군대가 접전하고 있는 지대에 인접하여 있거나 또는

71) 또한 군사행동에 직접 영향을 주는 결정을 행하는 당국(정부의 책임자)은 여기서 말하는 민간인으로 간주할 필요가 없다는 견해도 있다(Kalshoven, F., *The Law of Warfare*[1973], p.51).

그 안에 있는 어떠한 거주지역이라도 적국에 의한 점령을 위하여 개방되어 있는 경우"에 일정한 조건을 충족하는 경우 분쟁당사국 당국은 동 지역을 '무방호지구(localite non defendue)'로 선언하고, 조건이 충족되어 있을 경우 상대국은 그 지구를 어떠한 수단에 의한 공격도 금지되는 무방호지구로 취급하여야 한다(제59조).

또한 평시 또는 적대행위 개시 후에 체결된 협정에서 분쟁당사국은 군사행동이 금지되는 '비무장지대(zones démilitarisées)'를 설정할 수 있다(제60조). 이와 같이 공격과 적대행위가 금지되는 특별보호를 향유하는 몇몇 종류의 지구가 협약상 인정되지만, 일반적으로 설정을 위해서는 분쟁당사국간의 합의를 필요로 하기 때문에(무방호지구 제외) 그 실현은 용이하지 않다.

4. 예방조치

이상과 같은 공(폭)격 제한에 관한 규칙의 준수는 공(폭)격 측과 피공(폭)격 측이 각각 특별한 배려를 행할 주의의무를 지는 것이, 특히 오늘날의 무력분쟁 상황에서 필요해지고 있다. 이미 헤이그규칙과 '전시 해군력에 의한 포격에 관한 조약'은 방수도시에 대한 포격시 강습(强襲)의 경우 또는 군사상의 필요가 부득이한 경우를 제외하고는 사전에 예고해야 할 의무를 부과하고 있다(제6조).

공전규칙안은 이러한 종류의 예고규정은 두고 있지 않으나, 군사목표가 보통 인민에 대해 폭격을 하는 것이 아니라면 폭격할 수 없는 위치에 있는 경우에는 항공기는 폭격을 피해야(하지 않아야) 할 필요가 있다고 하는(제24조 3항) 공격 측의 주의의무에 관한 규정을 두고 있었다.[72] 그러나 이러한 주의의무는 제2차 세계대전 중 거의 무시되었고, 그 결과 특히 일반주민에게 너무 큰 희생을 강요하게 되었다. 그래서 CICR 규칙안은 폭격에 따른 피해로부터의 일반주민의 보호의 시점에서 이 문제

72) 또한 동 규정에 대한 학설상의 비판으로 田岡, "前掲논문," p.30.

를 중시하여, 공격 측이 공격계획 시 군사목표의 확인과 공격 실시 중에 취해야 할 상세한 예방조치를 정하고, 동시에 피공격 측도 자국의 일반주민을 군사목표로부터 격리하기 위해 취해야 할 수동적 예방조치도 알릴 것을 규정했다(제8, 9, 11조).

국제인도법의 재확인과 발전을 위한 작업 중에도 이러한 예방조치의 필요성은 강조되었으며, 제1추가의정서는 실질적으로는 CICR 규칙안의 내용을 그대로 답습하여 다음과 같은 취지의 규정을 두었다. 즉, 공격 측의 예방조치에 있어 공격을 준비하거나 결정하는 자들은 공격목표가 민간인도 아니고 민간물자도 아니며 특별한 보호를 받는 것도 아니나 군사목표이기 때문에 그것들을 공격하는 것이 금지되지 않는다는 것을 증명하기 위하여 실행가능한 모든 것을 다하여야 하고 민간인 생명의 손실, 민간인에 대한 상해 및 민간물자에 대한 손상을 피하고 어떠한 경우에도 그것을 극소화하기 위하여 공격의 수단 및 방법의 선택에 있어서 실행 가능한 모든 예방조치를 취하여야 하며, 그러한 피해가 예상되는 구체적이고 직접적인 군사적 이익에 비해 과도한 것으로 될 것이 분명한 경우에는 그 공격은 취소 또는 중지되어야 한다(제57조 2항 (a), (b)).

또한 상황이 허용하는 한 민간주민에게 영향을 미칠 공격에 관하여 유효한 사전 경고가 주어져야 한다(동항 (c)). 더욱이 유사한 군사적 이익을 취득하기 위하여 수개의 군사목표의 선택이 가능한 경우에는 선택되는 목표는 그것에 대한 공격이 민간인 생명 및 민간물자에 대하여 최소한의 위험만을 야기할 것으로 예상되는 것이어야 한다(동조 3항). 이러한 예방조치는 군사목표에 대한 공격에 있어 부수적으로 발생되는 민간인의 위해와 민간물자의 피해를 최소화하려는, 말하자면 균형성의 적용에 기초하고 있는 것이다. 이러한 관점에서도 목표구역 폭격은 균형성을 무시하고 목표구별 그 자체를 위험에 빠뜨리는 것으로 간주될 것이다.

다음으로 피공격 측도 공격의 영향에 대한 일정한 예방조치를 요청하고 있다. 즉, 분쟁당사국은 실행 가능한 모든 방법으로 자국의 지배하에 있는 일반주민 · 민간인 · 민간물자를 군사목표의 인근으로부터 이동시키도록 노력하여야 하며, 군사목표를 인구가 조밀한 지역 내에 또는 인근에 위치하게 하는 것을 피하여야 하고, 자국의 지배하에 있는 민간주민 · 민간인 · 민간물자를 군사작전으로부터 연유하는 위험으로부터 보호하기 위하여 기타 필요한 예방조치를 취하여야 한다(제58조).

이와 같은 수동적인 예방조치는 '실행 가능한 모든 방법으로' 취해져야 할 것이므로, 피공격 측에서 이 조치가 취해져 있지 않은 사실이 공격 측에 의한 목표구별원칙 내지 군사목표주의의 위반이나 공격시의 예방조치의 무시를 허용하게 되는 것은 아니다. 그러나 무력분쟁 발발의 위험성이 없을 때부터, 군사기지와 기타 군사목표가 될 가능성이 있는 것을 대도시 등 인구 밀집지역중에 또는 그 인근에 설치하지 않는 배려가 필요하다고 할 수 있을 것이다.

제4절 해적수단 사용 형태의 규제

분쟁당사국이 행사하는 해적수단(害敵手段)의 사용 형태는 적대상황에 따라 다양하며 해적수단 및 방법을 규제하는 기본원칙과 개별 금지 및 제한규칙에 반하지 않는 한, 여하한 형태이든 허용된다. 무엇보다도 해적수단의 발달과 분쟁당사국의 역학관계의 변화에 따라 사용 형태는 변천되어 왔다.

18세기 후반 이후 근대국가간의 전쟁에 있어서 적대행위는 정규군간 전장 또는 모든 작전구역에서 행해지는 것이 일반적이었다. 그러한 경우에도 군대가 정면에서 대치할 뿐 아니라 측면이나 후방으로부터의 기습이나 기계(奇計)도 이용되었다. 현대의 민족해방전쟁과 같은 당사자 간 역학관계가 극단적으로 다른 전투에서는 게릴라활동이나 테러행위가 증대하고 있다. 몇몇 사용 형태에 관한 법적 규제의 전개방향을 살펴보자.

1. 기계 및 배신행위

헤이그 규칙은 "기계(奇計) 및 적정(敵情) 또는 지형탐지를 위하여 필요한 수단의 행사는 적법한 것으로 한다(제24조)"면서도 다른 한편에서는 "적국 또는 적군에 속하는 자를 배신행위로 살상하는 것(제23조 (b))"을 금지하고 있다. 그렇다면 기계와 배신행위(背信行爲)는 어떻게 구별되는가?

기계는 본래 적을 기만하는 책략(stratageme)이라고도 불리며 본질적으로 기습효과에 기대는 것이며 기만과 위장으로 적의 행동을 감소 또는 마비시켜 군사이익의 달성하는 것을 목표로 한다. 반면에 배신행위는 일반적으로 적의 신뢰를 남용할 의도에서 그 신뢰에 호소하는 행위로써 전쟁법상 예전부터 금지되어 왔다. 양자의 개념에는 어느 쪽이나 위장(simulation)으로 적을 속인다고 하는 요소가 포함되기 때문에 양자의 경계선은 본래 미묘하며, 특히 현대 무력분쟁에서 기계와 배신의 구별은 한층 곤란하다.[73)]

인도법의 재확인과 발전의 작업에서는 이러한 상황을 고려하면서 양자의 구별을 명확하게 하는 것에 관심을 가졌던 바, 제1추가의정서에서는 기계와 배신의 정의와 그에 대한 구체적인 예를 들고 있다.

우선 금지되지 않는 기계로는 "적을 오도하거나 무모하게 행동하도록 의도되었

---

73) Kalshoven(Kalshoven, *op. cit.*, p.103)은 적십자 휘장의 남용금지와 같은 명시적인 금지규칙이 없는 한, 당초 배신으로 볼 수 있었던 전쟁수단이 시간이 지남에 따라 허용되는 기계로 받아들여진다면서, 그러한 예로 기만무기(Boobytraps)를 들고 있다.

으나 전시에 적용되는 국제법 규칙에 위반되지 아니하며 또한 법에 의한 보호와 관련하여 적의 신뢰를 유발하지 아니하기 때문에 배신행위가 아닌 행위"라면서 그 예로 위장 · 유인 · 양동작전 및 오보의 이용을 들고 있다(제37조 2항).

다른 한편, 배신행위에 의하여 적을 살상하거나 포획하는 것을 금지하면서 "적으로 하여금 그가 무력분쟁 시, 적용 가능한 국제법 규칙하의 보호를 부여받을 권리가 있다거나 의무가 있다고 믿게 할 적의 신념을 유발하는 행위"는 배신을 구성하는 것으로 간주된다고 배신행위를 정의하고 있다. 그 예로서는 (a) 정전이나 항복의 기치 하에서 협상할 것처럼 위장하는 것 (b) 상처나 병으로 인하여 무능력한 것처럼 위장하는 것 (c) 민간인이나 비전투원의 지위인 것처럼 위장하는 것 (d) 국제연합, 중립국 또는 비전쟁당사국의 기장이나 표장 및 제복을 사용함으로써 피보호 자격으로 위장하는 것을 들고 있다(제37조 1항).

위에서 열거한 내용 중 가장 큰 문제는 민간인 또는 비전투원의 지위를 위장하는 것으로, 헤이그규칙에도 언급되지 않아 이것이 배신행위에 해당되는지의 여부가 종래부터 논쟁이 되었지만, 오늘날의 무력분쟁에서 흔히 볼 수 있는 현상이다. 다만, 이미 언급한 바와 같이 적대행위의 성질상 무장전투원을 일반주민과 구별할 수 없는 상황에서 무기를 공공연히 휴대하고 있다면 이는 배신행위로는 간주되지 않는다(제44조 3항). 또한 앞의 열거는 망라적이 아니어서 국제연합이나 중립국 기장 등의 사용뿐만 아니라 적십자 및 기타의 보호표장, 국제적으로 승인된 여타 보호표장, 문화재 보호표장의 부정 사용(제38조) 그리고 공격시 군사행동을 은닉하고 유리하게 하며 보호 또는 방해하기 위한 적국의 국기,[74] 군용표장이나 계급장, 제복의 사용(제39조)도 배신행위에 해당되는 것으로 보지 않으면 안 된다.[75]

---

74) 또 적국기 사용에 관해서는 육전과 해전의 관습법이 다르기 때문에 그 금지는 해상무력분쟁에서의 국기사용에 적용되는 규칙에 영향을 미치는 것은 아니다(제39조 3항)라고 하고 있다.

75) Otto Skorzeny 사건에서 적의 제복이나 국기의 사용은 국제법 위반이 아니며, 다만 전투개시전에 자국의 제복을 착용하고 국기를 게양하지 않으면 안된다고 하였다. 이 사건에서 미국 점령지역 군사재판소는 프랑스의 Ardennes 공격시 미국의 제복을 착용하고 있었다고 기소된 독일군이었던 피고에 대해 그가 제복을 착용하고 무기를 휴대하고 있었다는 증거가 없었기 때문에 무죄를 언도했다(Trials of Otto Skorzeny and others, *Law Reports*, Vol.9(1949), pp.90-94).

그리고 간첩은 교전국의 작전지대내(오늘날에는 그 영역 전체 또는 상당 부분)에서 적에게 통보할 의도로 은밀히 또는 허위의 구실하에 행동하여 정보를 수집하거나 수집하려는 자(헤이그규칙 제29조)이므로 일견 배신행위에 해당되는 것처럼 보인다(군인이 민간인 복장 또는 적의 복장을 착용하는 경우 등). 그러나 간첩활동은 적을 살상하거나 포획하는 것이 아니라 적정 및 지형탐지를 위한 필요한 수단이며 오래전부터 정당한 사용 형태의 하나로 간주되어 온 것이다. 제1추가의정서에서도 이 점은 확인된 바 있다(제39조 3항).

2. 게릴라 활동과 테러 행위 등

게릴라라는 용어는 여러 가지 의미로 사용되고 있고[76] 인도법상 엄밀한 개념이 정립되어있지 않지만 전투방법 및 형태로서의 게릴라의 의미를 한정한다면 그것은 고전적인 전투방법과는 대조적으로 일반적으로 경화기를 사용하여 기습 방법을 이용하는 동시에 원칙적으로 정면으로부터 대결을 피하는이동집단에 의해 싸우는 활동을 지칭한다. 따라서 적에 대한 은밀성, 비밀성이 게릴라의 특징이다.[77] 이러한 의미의 게릴라활동(전)은 오래전부터 행해져 왔으나 오늘날의 저항운동이나 해방투쟁 등에서 군사적(물질적) 역량이 열세인 당사자가 게릴라 활동을 통해 열세를 보완하려는 경우가 많다. 특히 전투지역의 일반주민이나 인민의 물질적 내지 정신적 지원을 얻어 행해지는 게릴라 활동은 그 효과가 증대된다.

또 게릴라 활동은 비정규병에 의해서 뿐만 아니라 정규군 구성원에 의해서도 이용되는 경우도 있다. 이러한 게릴라 활동에 참가하는 자체는 정규군 및 비정규군을

76) 게릴라(guerrilla, guérilla)의 어원은 나폴레옹군에 대항한 스페인 인민의 저항시 군용어로 나타난 것으로 字句상의 의미는 '작은 전쟁'(스페인어인 guerra의 축소형)이다. 게릴라는 전투방법 및 형태로서의 의미외에 그러한 방법으로 전투를 행하는 병사(게릴라병)의 의미(빨치산, 레지스탕스 등과 동일)로 사용되는 경우도 있고, 또 전쟁의 성질(빨치산전쟁, 레지스탕스전쟁, 해방전쟁과 동일하게)을 가리키기 위해서도 사용된다.

77) *Respect for Human Rights in Armed Conflicts, Report of the Secretary General*, A/7720(1969), pars.158, 159; A/8052(1970), par.166. 또 게릴라의 특징에 관하여는 Veuthey, M., *Guérilla et droit Humanitaire*(1976), pp.18-23.

불문하고 참가자(게릴라兵)의 법적 지위에 직접 영향을 미치는 것이 아니고 전투방법으로서의 게릴라 그 자체가 인도법상 위법으로 간주되는 것도 아니다.

무엇보다도 은밀성을 특징으로 하는 게릴라 활동의 과정에서 기계와 배신행위의 구별이 곤란한 점도 있어 게릴라 현상이 이제까지의 전쟁법 규칙에는 익숙하지 못한 면이 있다는 것도 사실이다. 게릴라 활동 중의 행위에 한정하지 않고 현대의 해적수단 사용형태에서 특별히 금지대상이 되는 대표적인 것을 들어보자.

우선 테러행위(테러리즘)도 다의적이며 인도법상의 용어라고 말하기 어렵지만 여기서는 적, 특히 민간인이나 일반주민에게 혼란 · 불안 · 공포를 유발시키기 위해 분쟁당사국(자)에 의해 전투원, 민간인이나 일반주민에 대해 많은 경우 무차별적으로 행해지는 공격 내지 폭력행위를 총칭한다.[78] 테러행위의 특징은 그 폭력행위에 의해 적 특히 일반주민에 대해 심리적으로 혼란 · 불안 · 공포를 유발시키는 것을 목적으로 하는 행위자의 의도가 포함된다는 것이다.

테러행위는 약자 측의 저항무기로서 또 강자측이 그 저항을 억제할 수단으로서 오늘날의 무력분쟁에서 빈번히 사용되고 있다. 예를 들면, 항공기나 대량파괴무기의 발달 결과 전략목적으로 적의 일반주민에게 공포를 주기 위해서 공습이 행해지는 경우도 있다. 이러한 종류의 공습은 군사목표주의에 비추어 평가되지만, 특히 공포와 같은 심리적 효과를 유발시킬 의도의 요소에 착안하여 이미 헤이그 공전규칙안은 "일반주민을 위협(terroriser)하거나 군사적 성질을 갖지 않는 사유재산을 파괴 또는 훼손하거나 비전투원을 살상함을 목적으로 하는 공중폭격은 금지 된다(제22조)"라고 규정하고 있다.

---

78) 반드시 무력분쟁을 전제로 한 것이 아닐 경우의 테러리즘 정의를 기도한 것으로는 1937년 '테러리즘의 방지 및 억압에 관한 제네바조약'(미발효) 제1조 2항. Strupp, Wörterbuch, ad "Terrorismus", p.439. 小和田恒, 「テロリズム」, 國際法辭典, 鹿島出版會, 1975年.

그러나 테러행위 그 자체를 포괄적인 대상으로서 금지하는 규칙은 오늘날까지 존재하지 않는다. 개개의 행위나 방법의 규칙으로서는 예를 들면, 민간인협약이 그 피보호자는 '모든 폭행 또는 협박' 으로부터 보호된다고 규정하고(제27조 1항), 또 "모든 협박 또는 공갈에 의한 조치는 금지 된다(제3조 1항)"라고 하고 있다.

그러나 이들 규정은 반드시 테러행위에 한정된 규정이 아니고 그 보호대상도 한정되며 오늘날 많은 테러행위의 양태를 포괄하는 것도 아니다. 제1추가의정서도 테러행위 그 자체에 관한 규정을 포기하고 민간인협약에서 명기되지 않은 일반주민의 보호 관점[79]에서 "민간인은 물론 민간주민도 공격의 대상이 되지 않는다. 민간주민 사이에 테러를 만연시킬 목적으로 하는 폭력행위 및 위협은 금지 된다(제51조 2항)"라고 규정하는데 그쳤다. 또 테러행위와 관련된 몇 가지 행위(고문, 인질 등)에 관해서는 금지규정이 존재한다.

고문은 어떤 자로부터 정보를 얻기 위해 가하는 폭력으로써 그러한 자가 굴복할 때까지 물리적 고통을 가하는 것이다. 게릴라활동의 은밀성이나 테러행위에 대항하여 적군의 배치, 조직의 구성, 무기 은닉장소, 책임자의 신원을 밝힐 정보를 얻기 위해 고문이 행해지는 경우가 많다. 테러리스트망을 발견하기 위한 학대나 고문은 무수한 무고자의 죽음보다는 더 낫다고 하여 고문을 정당화하는 견해조차 있으나, 고문은 인간의 존엄성에 반할 뿐만 아니라 테러행위와 고문의 악순환을 야기하기도 하고 장기적 관점에서 볼 때도 군사적 효과도 의문이다. 고문은 비록 적이지만 인간으로서 최소한 존중받을 권리를 갖는다는 인도법의 기본원칙에 반하는 것이며, 제네바제협약도 피보호자로부터 정보를 얻기 위해 육체적 또는 정신적 고문 및 기타 강제를 가해서는 안 된다고 규정하고 있고(제1, 2협약 제12조, 제3협약 제14조(제17조), 제4조약 제31조), 고문을 중대한 위반행위로 분류하고 있다.

---

79) *Réaffirmation*, p.142; *Règles opplicables dans la guerilla* (1971), CE/6, pp.37-40.

제1추가의정서는 그 보호대상을 확대 및 보완하고 있으며, 특히 적의 권력내에 있는 자로 제네바제협약이나 추가의정서에서 보다 유리한 대우를 향유하지 않는 자에게 "육체적이든 정신적이든 불문하고 모든 형태의 고문"을 금지(제75조 2항)한 의의는 크다. 고문은 적병의 항복이나 체포단계에서 포로수용소나 형무소로 이송되기까지 행해지는 경우가 많다는 사실을 생각한다면, 이 규정은 제네바제협약에서 언급되지 않은 부분을 보완하는 것이다.

또 고문은 아니지만 항복이나 체포 시, 적병이 살상되기 쉬운 점을 감안하여 이미 헤이그 규칙은 무기를 버리고 구명을 요청하는 적의 살상금지 및 조명 거부선언 금지(제23조 (c), (d))를 규정하고 있으며 제1추가의정서도 이를 보다 명확히 하고 있다(제40조 및 제41조). 더욱이 현대 무력분쟁에서의 공전(空戰)의 역할에 착안하여 조난항공기에서 낙하산으로 하강하고 있는 조종사에 대한 공격의 가부가 인도법 외교회의에서 논란의 대상이 되었으나, 이 경우의 공격금지를 널리 인정하자는 견해와 착지한 조종사가 반드시 전투 외에 놓인 자라고는 볼 수 없다는 견해를 고려하여[80] 제1추가의정서는 "조난당한 항공기로부터 낙하산으로 하강하는 자는 공격대상이 되지 않는다"고 하면서도 "적국에 의하여 통제되고 있는 영역에 착지하면 그가 적대행위를 하고 있음이 명백하지 않는 한 공격의 대상이 되기에 앞서 항복할 기회가 주어져야 한다"라고 규정하고 있다(제42조). 이 규정은 공수부대가 탑승한 항공기가 조난당한 경우에는 적용되지 않는다.

인질이란 무력분쟁을 전제로 할 경우, 스스로 또는 강제적으로 적의 권력내에 있는 자로 자유 또는 생명을 걸고 적의 명령이행이나 적 군대의 안전을 보장하는 자이다. 과거 주로 반게릴라측 또는 점령국측이 질서유지, 점령군에 대한 공격 방지, 식량이나 필수품의 인도 보장 등을 위해서 인질을 잡고, 다른 한편 게릴라측도

80) *Actes*(1974-77), Vol. XIV, pp.305-310; Vol. XV, pp.85-88.

적이 잡은 인질의 생명을 보장케 하거나 석방시키기 위해 또는 포획된 우군에게 포로대우를 인정토록 하기 위해 나아가 정치적 정당성을 공표하기 위해서 인질에 호소하는 경우도 있었다.

인질이 되는 자는 적국민(민간인과 군인을 불문)중 선택되는 경우가 가장 많지만, 최근에는 직접 분쟁에 관계없는 중립국 국민이나 외교관 등이 인질의 대상이 되는 경우도 있다.[81] 인질행위는 적대행위에 직접 관계없는 무고한 자의 자유뿐만 아니라 생명조차 박탈하는 것이므로 개인책임의 원칙에 반하며 또한 테러행위와 마찬가지로 장기적으로 보아도 효과가 의문이다.

무력분쟁에서의 인질의 규제는 제2차 세계대전의 경험(독일 점령당국의 인질 처형)을 계기로 전후 군사재판에서도 거론되어 민간인협약에서는 "인질은 금지 된다(제34조)"라는 간단명료한 표현으로 규정되었다.[82] 이 표현은 절대적인 성질을 갖는 것으로 분쟁당사국 및 점령지역에 있는 피보호자(제4조)에게 적용되며, 동 협약 제33조(개인책임원칙, 집단처벌 등의 금지)를 보완하는 것이다. 그러나 최근의 인질 대상의 다양화를 감안하여 제1추가의정서는 인질이 되어서는 안 되는 자의 범위를 확대하였다(제75조 2항(c), (d)).

---

81) 또 1979년 12월 국제연합 총회에서 채택된 '人質行爲防止國際條約'(International Convention against the Taking Hostages)(제12조)은 무력분쟁시의 인질행위에 관하여 다음과 같은 취지의 규정을 두고 있다. 즉, 1949년 제네바 제협약 또는 1977년 추가의정서는 특정의 인질행위에 적용 가능하며, 동시에 이 조약 당사국이 조약에 기초하여 인질행위자를 소추 또는 인도할 의무를 지는 한 이 조약은 이들 협약 및 추가의정서에 정의된 무력분쟁시에 행해진 인질행위에는 적용되지 않는다. 그러한 무력분쟁에는 추가의정서 제1조 4항의 자결권에 기초한 해방투쟁이 포함된다. 추가의정서의 비당사국에 대한 관계는 해방투쟁의 과정에서 인질행위가 행해진 경우 인질방지조약을 적용할 수 있는지 여부는 명확하지 않다. 이러한 문제점에 대해서는 西井正弘, "人質行爲防止國際條約の成立(2, 完)", 島大法學, 24卷 2·3号 참조.

82) Wright, Q., "The Killing of Hostages as a War Crime", *BYBIL* (1938), pp.296ff.; Pilloud, C., "La question des otages et les Conventions de Genève", *RICR* (1950), pp.430-447; Naville, "Le CICR et la prise d'otages", *RICR* (1970), pp.630-632.

제3장 무력분쟁 희생자 및 재산의 보호

이제까지 살펴본 해적수단 및 방법의 규제는 공격 측에 관한 것이었던 반면, 여기서 살펴볼 분쟁희생자나 재산의 보호는 피공격 측의 대상에 관한 것이다. 무엇보다도 양자는 무관한 것이 아니라 해적수단의 법적 규제는 동시에 분쟁희생자나 재산의 보호를 대상으로 하고 있다는 것은 말할 필요도 없다. 그러나 해적수단의 규제가 공격대상의 人과 物을 일반화, 추상화하고 그 개개 유형의 보호내용을 고려하는 것은 아니다. 분쟁희생자나 재산의 종류는 다양하며 처해진 상황에 따라 취급을 달리하지 않으면 안 된다.

인도법은 적대행위로부터 피해를 받는(받을 우려가 있는) 분쟁당사국(또는 중립국)의 人과 物에 일정한 법적 보호를 부여한다. 이를 규율하는 기본원칙으로 人과 관련하여서는 적대행위 참가자(전투원)와 그 이외의 자를 구별하고, 후자를 적대행위의 직접 영향으로부터 면제시켜 각각의 종류에 적합한 보호나 대우를 부여하는 것이다. 또한 物과 관련하여서는 적대행위 수행에 직접 기여하는 것(군사목표)과 그 이외의 재산(公, 私有)을 구별하고, 후자가 가능한 한 침해받지 않도록 보호하는 것이다.

이것은 해적수단을 규율하는 기본원칙(군사목표 구별원칙)과 본질적으로 동일하며 표리 관계에 있다. 이 기본원칙을 다른 개개의 카테고리의 人과 物에 적용함에 있어 각각에 적응된 보호 내지 취급규제가 필요하다. 人에 관해서는 적대행위 참가자, 전투 외에 놓인 자, 상병자, 조난자, 포로 나아가 민간인 및 일반주민의 취급은 각각 다른 역사적 배경하에서 다른 규칙으로 성립되어 왔다.

조약의 보호대상으로서는 당초 상병자에서 시작되어 포로, 민간인이나 일반주민으로 확대되어 최근에는 어느 카테고리에도 들어가지 않는 자도 포함되기에 이르렀다. 이러한 전개는 한편으로는 해적수단의 발달 – 항공기의 사용, 대량파괴무기의 출현, 게릴라전의 전개 등 – 에 따라 현실적으로 적대행위로 인해 피해를 입는 희생자가 전투원에서 일반주민으로 확대되고 또 피해의 질도 한층 대량파괴화, 잔학화되어 온 점에 대응하는 것인 동시에 전쟁법에서 인도법으로의 성질변화도 반영되어 있다.

다른 한편, 재산의 보호는 인도법으로의 전개과정에서 현재까지 큰 진전이 없었다. 이것은 인도법이 오늘날까지 주로 분쟁희생자의 보호에 역점을 두어왔기 때문이다. 그러나 이에 대해서도 민족, 나아가 인류의 공동유산이라고도 할 수 있는 문화재나 인간의 생존에 불가결한 물자의 보호 등 종래의 전쟁법에서는 그다지 친숙하지 않았던 새로운 보호 카테고리가 나타나고 있다는 점에도 주목하지 않으면 안된다. 이하에서는 분쟁희생자와 피해물 각각의 카테고리별로 그 보호 내지 취급의 전개와 문제점을 살펴보고자 한다.

제1절 상병자, 조난자, 의무요원 등의 보호 및 존중

1. 상병자 및 조난자의 간호

적대행위 참가자[83]는 별도로 하고 무력분쟁 희생자의 조약상의 보호는 전장에 있는 상병자로부터 시작되었다[84]. 1864년 '전장에서의 군상병자의 상태 개선에 관한 조약(제1회 적십자조약)' 은 "상병자는 국적을 불문하고 수용하여 간호하여야 한다.

83) 교전자격을 갖는지 여부를 불문하고 적대행위 참가자중인 자를 직접 보호대상으로 하는 규정은 인도법상 존재하지 않는다. 그러나 이들도 인도법 대상외에 완전히 놓이는 것은 아니며, 이미 살펴본 해적수단에 대한 제한 규칙은 주로 적대행위 참가자에게 적용되는 것이다. 이들 규칙은 일반적으로 공격자측에 부과되는 것이지만, 이는 당연히 상대의 적대행위 참가자가 앞의 규칙의 준수로부터 일정한 보호를 받을 권리를 지닌다는 것을 의미한다.

84) 국가관행으로는 이미 프랑스혁명 당시 영토와 자유의 방위를 위해 법에 의해 소집된 시민은 그 역무중에 부상 또는 병에 걸리면 간호받을 불가양의 권리를 갖는다고 선언되었으며(1792년 4월 21일, 27일 국민회의 선언), 또 국민공회는 1793년 5월 25일 '적병 및 국민병의 군대병원에서의 의무적 평등취급'을 선언했다(Basdevant, *op. cit.*, p.109).

지휘관은 사정이 허락하는 한 양당사자의 동의를 얻어 적대행위 중에 적의 상병자를 즉시 인도할 수 있다. 치료 후 군복무가 불가하다고 인정되는 자는 그 본국에 송환된다. 그 이외의 자는 전쟁 계속 중에 다시 무기를 잡지 않겠다는 조건하에 마찬가지로 송환될 수 있다. 그러한 자를 간호하는 요원을 동반한 철수는 절대적 중립에 의해 보호 된다(제6조)" 고 규정하고 있다.

동 규정은 상병자의 수용 및 간호의 일반원칙을 강조하고 있으나 상병자의 정의도 없고, 수용 및 간호의 내용도 규정되어 있지 않다. 동 조약 이후 이를 보완하고 개정한 제2, 3회 적십자조약(1906년 전장에서의 군대의 상병자의 상태개선에 관한 조약, 1929년 동 조약) 그리고 1949년 제네바 제1협약이 체결되어 각각의 적용을 받는 상병자의 범위는 순차적으로 명확해지고 확대되었으며 또 그 보호내용도 상세화 되었다.

우선 보호대상이 되는 상병자의 범위에 관하여 제2, 3회 적십자조약은 '군인 및 공무상 군대에 속하는 기타의 인원으로 부상 또는 질병에 걸린 자(동 제1조)' 로 하고, 1949년 제1협약은 군대구성원이나 민병대, 의용대 나아가 조직적 저항운동단체 구성원뿐만 아니라 "실제로 군대의 구성원은 아니나 군대를 수행하는 자, 예를 들면, 군용기의 민간인 승무원, 종군기자, 납품업자, 노무대원 또는 군대의 복지를 담당하는 부대의 구성원. 다만 이들은 수행하는 군대로부터 인가를 받고 있는 경우에 한 한다(제13조 4항)" 및 "선장, 수로안내인 및 견습선원을 포함한 분쟁당사국 상선의 승무원 및 민간항공기 승무원으로서 국제법의 다른 어떠한 규정에 의하여서도 더 유리한 대우를 받지 아니하는 자(동 제5항)"로 상병자가 된 자를 대상으로 하고 있다.

이들 상병자의 보호 및 존중[85]에 관해서는 그 중에서도 1949년 제1협약이 상세

85) '존중'이란 네거티브적인 성질의 태도이며, 해치거나 위협하지 않으며 타인의 생명을 관용으로 사면하는 것 등을 의미하고, '보호'란 보다 포지티브한 태도로 타인을 해악, 위험, 고통으로부터 지킨다든가 원조, 지원함을 의미한다(Pictet, J., *Le droit humanitair et la protection des victimes de la guerre* (1973), p.85).

하게 규정하고 있는데 "이들을 그 권력내에 두고 있는 분쟁당사국은 성별, 인종, 국적, 종교, 정견 또는 기타 유사한 기준에 근거한 차별 없이 인도적으로 대우 또는 간호하여야 한다"라는 무차별원칙(다만, 치료순서에 있어 우선권은 긴급한 치료상의 이유가 있을 경우에 한하여 인정됨)에 이어, "이들의 생명에 대한 위협 또는 신체에 대한 폭행은 엄중히 금지된다. 특히 그들을 살해 및 몰살하거나 고문 또는 생물학적 실험을 받게 해서는 안 된다. 이들은 고의로 치료나 간호를 받지 않은 채 방치되어서도 아니 되며 또한 전염이나 감염에 노출되어서도 안 된다"면서 상병자에 대해 금지되는 행위를 열거하고 있다(동 제12조).

그밖에 분쟁당사국은 항상 매 교전 후에 상병자를 수색하여 수용하고, 약탈이나 학대로부터 보호하고, 이들에게 충분한 간호를 보장하기 위하여 가능한 조치를 지체 없이 취하여야 하며(동 제15조), 분쟁당사국은 그의 권력내에 있는 적국의 상병자(및 死者)에 관하여 그 식별에 도움이 될 어떠한 세부사항이라도 상세히 기록하고, 그 정보를 포로정보국(제3협약 제122조)에 송부하여야 한다(제1협약 제16조). 또한 상병자로 '적의 권력내에 있는 자'에게는 포로규정이 적용된다(동 제14조).

이상은 전장(육전)에서의 상병자의 보호를 염두에 둔 것인데, 해상(해전)의 경우에도 그 적용이 배제될 이유는 없다. 다만 해전의 특수성을 감안, 이에 적용될 특별조약이 작성되었는데, 특히 1949년 제2협약은 통상의 해전뿐 아니라 분쟁당사국 지상군과 해군간의 적대행위에 있어서 선내에 있는 군대에 대해서도 적용된다(제2협약 제4조). 동 협약의 보호대상은 앞에서 설명한 제1협약의 피보호자와 동일 카테고리의 군대구성원과 기타의 자로서 해상에 있고 또한 상병자 또는 조난자 – 조난이라 함은 원인의 여하를 불문하고 모든 조난을 말하며 또한 항공기에 의한 또는 항공기로부터의 해상에의 불시착 포함 – 는 모든 경우에 존중되고 보호되어야 한다

(동 제12조).

이상과 같은 전장 혹은 해상에서의 상병자, 난선자의 보호에 관한 협약 규정은 약 1세기에 걸쳐 전개되었는데, 이들의 무차별적 보호 및 존중이라는 기본원칙 그 자체는 항상 유지되었으며, 인도법의 역할은 큰 논쟁 없이 명료하게 표명되어 왔다. 다만, 육상에서든 해상에서든 기본적으로는 고전적인 전투상황을 예상하여 주로 상병자에게 적용될 규정이 1949년 제1, 2협약에서도 중심을 점하고 있고 현대의 해적수단의 발달이나 전투형태의 변화, 그에 동반되는 상병자 카테고리의 확대에 따른 보호범위나 내용의 확대 · 확충 문제는 충분히 반영되었다고 할 수 없다.

이 점에서 제1추가의정서는 전장 또는 해상이란 장소적 구별을 하지 않고, 일괄적으로 상병자 및 난선자를 대상으로 하는 일반적 보호를 규정하고 있다(제2편). 우선 주목되는 것은 그 보호대상이 될 상병자 및 난선자는 민간인을 포함하는 등 그 범위가 확대되고 있다는 점이다. 즉, 상병자라 함은 군인 또는 민간인을 불문하고 외상, 질병 기타 신체적 · 정신적인 질환 또는 불구로 인하여 의료적 지원 또는 가료가 필요한 자로서 적대행위를 하지 아니하는 자를 말한다. 이들에는 임산부, 신생아 및 허약자와 같은 즉각적인 의료지원 또는 가료를 필요로 하는 자로서 적대행위를 하지 아니하는 기타의 자를 포함한다(제1추가의정서 제8조 (a)).

조난자라 함은 군인 또는 민간인을 불문하고 본인 또는 그를 수송하는 선박 또는 항공기에 영향이 미치는 재난의 결과로 해상 또는 기타 수역에서 조난을 당한 자로서 적대행위를 하지 아니하는 자를 말한다(동 제8조 (b)). 여기에 "적대행위를 아니 한다"는 유보하에 모든 상병자, 조난자가 제1추가의정서에서 다루어졌다.

이들의 보호에 관한 구체적 규칙도 한층 진전되어 무차별이나 보호 및 존중의 기본원칙이 적용되고(동 제9조, 제10조) 특히 건강과 신체보호에 관한 억류국에 의한 부정행위나 의료처치의 남용을 막기 위해 상세한 제한규정(동 제11조)도 두고 있다. 추가의정서의 이러한 규정들은 현대 무력분쟁에서 민간인이나 일반주민이 입는 피해(부상 및 질병 등)가 급격하게 증대하고 있는 현실에 기초하여 모든 상병자에게 분쟁당사국에 관계없이 공평하고 무차별적인 보호나 간호가 보장되어야 한다는 점에서 인간의 보편적 가치의 보호를 목적으로 한 인도법의 질적 전개의 일단을 읽을 수 있다.

그밖에 행방불명자 또는 死者에 대해서도 제1추가의정서는 독특한 규정(제2편 제3부)을 두고 있다. 각 분쟁당사국은 '상황이 허락하는 즉시 그리고 아무리 늦어도 실질적 적대행위의 종료시부터' 적국이 실종된 것으로 통보한 자들을 수색하여야 하며, 적국은 그러한 수색을 촉진하기 위하여 실종자들에 관한 모든 관련 정보를 전달하여야 한다(동 제33조 1항).[86] 또한 분쟁당사국은 전투지역에서 사망자를 수색·식별하고 발견하기 위한 합의에 도달하도록 노력하여야 한다(동 제4항). 이러한 규정의 적용에 있어 체약국, 분쟁당사국 또는 국제적인 인도주의 단체의 활동은 무엇보다도 '그 구성원의 운명을 알고자 하는 가족의 권리'에 의해 정당화된다(제32조).

이는 어느 특정의 사람을 수사하는 것을 국가(정부)의 권리로 간주하는 것을 피하기 위한 표현이며, 무력분쟁에서의 행방불명자에 관한 국제연합 총회 결의 3320(XXIX)에서 제시된 기본적인 인간적 욕구인 가족 간의 소식을 알려고 하는 욕구를 권리로까지 끌어올린 것이다. 국가의 권리가 아니라 가족의 권리를 인정하고 그것에 바탕을 두고 분쟁당사국 등이 행동하여야 한다는 것은 확실히 인도법의 새로운 측면을 나타내는 것이라 할 것이다.

86) 베트남전에서 행방불명된 미군의 수색문제를 계기로 이 문제는 국제연합 총회의 결의(3320[XXIX])에서도 다루어졌으며, 인도법 외교회의에서는 미국 등이 행방불명자의 수색 등에 관한 제안(제18조 bis[CDDH/II/56])을 제출하였고, 수정된 결과 제1추가의정서 제32조~제34조가 되었다. 80년대 이후도 유골반환이나 행방불명자의 수색에 관하여 외교관계가 없는 미국과 베트남 사이에 협의가 반복되어 합동조사가 행해지기도 했다.

2. 위생요원 등의 보호

상병자의 보호는 그 간호 및 치료에 종사하는 위생요원 및 위생시설의 보호 및 존중을 수반하지 않고는 현실적으로 확보되지 않는다. 이제까지 살펴본 상병자에 관한 조약 중에 위생요원 및 위생시설의 일정한 보호도 규정되어 있다. 여기서 말하는 위생요원이란 (1) 부상자 또는 병자의 수색 · 수용 · 수송이나 치료 또는 질병의 예방에만 전적으로 종사하는 위생요원 (2) 의무부대 및 시설의 관리에만 전적으로 종사하는 직원 (3) 각국 적십자사의 직원 및 본국 정부가 정당히 인정한 독지 구호단체의 직원으로서 앞의 요원들과 동일한 임무에 종사하는 군법에 따르는 자(제1협약 제24조, 제26조)이다. 이러한 자들은 어떠한 경우에도 존중되고 보호되어야 한다. 이러한 보호를 받기 위하여 이들은 흰 바탕에 적십자(또는 적신월, 적사자 및 태양)의 특수표장을 왼팔에 두르고 또한 신분증명서를 휴대하여야 한다(동 제40조). 위생요원이 상당한 면제를 부여받는 것은 의사 및 간호사라는 자격 때문이 아니라 전적으로 상병자를 간호한다는 목적 때문이다. 따라서 위생요원은 이러한 면제의 대가로 전투에서 엄격한 군사적 중립을 준수하여야 한다. 또 군대에 수반하는 종교요원도 이러한 면제의 점에서 위생요원과 동일시된다.[87]

그런데 적의 권력내에 빠진 위생요원(종교요원 포함)을 억류하고 포로로 삼는 것이 인정되는지 아니면 본국으로 송환해야 하는지가 문제가 된다.[88] 이에 대해 제1, 2회 적십자조약(각각 제3조, 제12조)에서는 그들이 적의 권력내에 빠진 경우에도 계속해서 직무를 수행하고, 그 필요가 없어지면 소속군대 또는 본국에 송환되는 것으로 하고 있다. 그러나 이 규정은 제1차 세계대전에서 효과적으로 적용되지 못하였고 교전국은 적의 위생요원을 포로의 간호를 위해 억류할 필요성을 주장하였으며, 제

87) 역사적으로는 종군승을 존중하는 관행은 종군의를 존중하는 관행보다 오래되어 이미 17세기의 포로교환조약(cartels)에서 인정되었다. 제1회 적십자조약은 위생요원과 동일하게 종군승(教法者)에게 임무수행중 중립의 향유를 인정했다(제2조). 또 종교요원의 임무는 상병자뿐만 아니라 군대 전체에 미친다.

88) *Commentaire* I, pp.259-286.

2차 세계대전에서 이들의 억류는 일반화되었다. 이 때문에 전후 위생요원의 억류를 인정하여 포로와 동일시하려는 견해와 위생요원의 절대적 면제를 유지하여 본국 송환을 요구하는 견해간에 충돌이 일어났다.[89]

전자의 견해는 위생요원은 전장의 상병자뿐만 아니라 당연히 포로도 간호해야 하며 포로도 자국민에 의해 간호 받는 편이 의료상 바람직한 결과를 초래한다는 점과 나아가 위생요원의 송환은 안전의 요청에서도 실제상 곤란하다는 점을 그 이유로 든다. 한편 후자의 전통적 견해는 위생요원이 자유와 위엄을 가질 경우에 포로는 간호를 보다 더 잘 받게 되며 그렇지 않으면 억류국은 위생요원에 대해서 그 의무를 부과하지 않게 된다고 주장한다.

1949년 제네바 외교회의에서 제1협약 중 가장 논쟁적이었던 문제에 관하여 대부분의 대표가 후자의 견해에 가담했으나, 조정 결과 다음과 같은 약간 미묘한 방법이 채용되었다.[90] 즉, 적의 권력내에 빠진 위생요원의 일부 억류는 인정되지만 이 요원은 포로의 건강상태, 종교상의 요구 및 포로의 수에 따라 필요하다고 인정되는 한도를 넘어서 억류하여서는 안 된다(제1협약 제28조 1항). 또한 억류를 필요로 하지 않는 요원은 그 귀로가 열리고 또한 군사상의 요건이 허용하는 때에는 즉시 그들 요원이 속하는 분쟁당사국에 귀환시켜야 한다(동 제30조 1항).

그러면, 억류된 요원 혹은 귀환하기까지의 요원의 지위나 보호는 어떠한가? 이 점은 명료하지 않다. 그들은 양자 모두 포로로 인정되지 않지만, 적어도 1949년 제3(포로)협약의 모든 규정에 의한 이익을 향유한다(제1협약 제28, 제30조 및 제3협약 제33조).

그들은 법적으로는 포로가 아니지만 자유가 어느 정도 제한된다. 또 수용소에 억류된 요원은 수용소의 내부 규율에 따르지 않으면 안 되지만(제1협약 제28조 2항(c)), 수용소외에 있는 노동분견소 또는 병원에 있는 포로를 정기적으로 방문하고 그에

89) Pictet, *op. cit.*, p.89.
90) *Actes*(1949), II A, pp.188-189, 204-205.

필요한 수송수단을 자유롭게 하는 등 그 의료(종교)상의 임무수행을 위하여 일정한 편의를 향유한다. 한편, 억류를 필요로 하지 않는 위생요원은 귀환할 때까지 적국의 명령하에 자기의 임무를 계속 수행하고, 또한 가능한 한 자기가 속한 분쟁당사국의 부상자 또는 병자의 간호에 종사하여야 한다(동 제30조 2항).

앞의 내용은 상시 위생요원에 관한 것으로 그들 규정은 다음에 살펴볼 임시 특별위생요원에게는 적용되지 않는다. 반전투원 및 반위생요원이라고 할 수 있는 특별요원제도는 제3회 적십자조약에서 처음으로 인정된 부류로 군인(보통 군악대로 수는 매우 적다)이면서 경우에 따라 보조간호인 또는 이송병으로 상병자의 수용, 수송, 치료에 사용하기 위해 특별히 교육받은 자이다.

1949년 제1협약에 따르면 이들 특별요원은 그들의 임무를 수행하려고 할 경우 적과 접촉하고 있을 때나 또는 적의 수중에 들어가 있을 때에 역시 존중되고 보호되지만(동 제25조), 적의 수중에 들어가 있는 자는 포로가 되며 필요한 경우 의료상의 임무에 종사하여야 한다(동 제29조).[91]

또한 그밖에 일반주민이 상병자를 간호하지 않으면 안 될 경우가 있다. 이미 솔페리노의 경험을 근거로 한 제1회 적십자조약은 상병자를 간호하는 국가의 주민은 존중되고 자유로워야 한다는 리버럴한 입장을 보였다(제5조). 제2차 세계대전에서는 점령지역 내외에서의 저항운동이나 낙하산 강하작전 등의 결과로 고립된 상병자가 증대하고, 그를 간호하는 주민의 지위와 보호의 필요가 주목되어 동 조약이 유익하다는 것이 재인식되었다. 그 결과 제1협약 제18조는 군 당국은 주민에 대하여 그의 지시하에 자발적으로 부상자 및 병자를 수용하고 또한 간호해 줄 자선을 호소할 수 있다면서, 군 당국은 이 요청에 응하는 자에 대하여 필요한 보호 및 편의를 제공하고 적국이 그 지역을 점령하거나 또는 탈환하게 될 때에도 그 적국은 이러한 주민에

91) 또 육군의 위생요원 규정은 위생선 요원 및 그 승조원에게는 적용되지 않고, 후자는 1864년의 리버럴한 제도(포로가 되어 억류되어서는 안된다)에 위임되었다.

게 동일한 보호와 편의를 제공하여야 하고, "여하한 자도 부상자 또는 병자를 간호하였다는 이유로 박해 또는 유죄선고를 받을 수 없다"고 규정하고 있다.

제1추가의정서는 위생요원의 범위와 그 보호에 관하여 제네바협약보다 상당한 진전을 보이고 있다. 위생요원의 종류 및 범위에 대해 다음과 같은 광의의 정의를 내리고 있다. 즉, 위생요원이란 분쟁당사국에 의하여 '위생부대'의 정의(제8조 (b))에 열거된 의료목적이나 의무부대의 행정 또는 의료수송의 운영에 배속된 자로서 다음의 자를 포함한다. (1) 제1, 2협약에 규정된 자를 포함하여 군인 또는 민간인을 불문하고 분쟁당사국의 의료요원 또는 민방위 조직에 배속된 의료요원 (2) 각국 적십자(적신월, 적사자 및 태양)사와 분쟁당사국에 의하여 정당히 인정되고 허가된 기타 국내의 자발적 구호단체의 의료요원 (3) 의무부대와 의료수송차량의 의무요원(제8조 (c))이다. 그리고 종교요원도 동일하게 군인과 민간인을 불문하고 항구적이든 일시적이든 군배속이 허용되었다. 앞의 정의에 따라 제1협약에서 해결되지 못했던 위생요원의 구별에 따른 몇 가지 문제는 해소되었다.

무엇보다 위생요원의 카테고리 확대도 현실의 무력분쟁에서 위생요원과 기타의 자가 식별되지 않으면 그 보호의 확보는 곤란해진다. 특히 민간인 위생요원이 적절하게 식별될 필요가 있으며 종래의 적십자 표장만으로는 불충분하다는 점은 분명하다. 그래서 제1추가의정서는 각 분쟁당사국은 의무 및 종교요원과 의무부대 및 수송수단이 식별될 수 있도록 보장하기 위하여 노력하여야 한다는 것과 식별표장과 식별신호를 사용하는 의무부대 및 수송수단을 인지하는 것을 가능케 하기 위한 방법과 절차를 채택하고 실시하도록 노력하여야 한다고 규정하고(제1추가의정서 제18조), 〈식별에 관한 규칙(16개조로 구성)〉이라는 동 의정서 부속서를 채택하였다.

위생요원의 지위 및 보호에 관해서는 제1협약에 명확한 규정이 없는 민간위생부대 및 민간인 위생요원이 제1추가의정서의 주된 규정대상이다. 위생부대의 존중 및 보호원칙은 민간위생부대에도 적용되며(동 제12조), 그 보호는 민간위생부대가 인도적 기능 외, 적에게 해로운 행위를 하는데 이용되는 경우 소멸된다(동 제13조 1항).

점령의 경우 점령국은 민간위생부대와 그 장비, 자재 또는 요원의 역무가 민간주민에 대한 적절한 의료봉사의 제공과 이미 치료받고 있는 부상자 및 병자의 계속적인 의료적 가료를 위하여 필요로 하는 한 이들을 징발하여서는 안 된다(동 제14조 2항). 또는 민간위생요원에 대해서도 보호 및 존중원칙이 적용된다(동 제15조). 이것은 제1협약의 (군)위생요원의 보호 존중을 민간인에게도 적용한 것으로 현실적으로 군인과 민간위생요원의 협력과 융합이 이루어지고 있다는 사실 및 이 상황에서 민간인 위생요원도 국가에 의해 조직 및 관리되고 있는 현상을 고려한 것이다.

제1추가의정서에서 가장 중요한 새로운 규정은 의료임무의 일반보호에 관한 것이다. 누구도 의료윤리에 적합한 의료 활동을 수행함을 이유로 그 수혜자가 누구인가를 불문하고 결코 처벌받지 아니한다(동 제16조 1항). 이것은 상병자는 의료를 받지 않으면 안 된다는 원칙(동 제10조)에 대응한 것이며 또 의사, 치과의사, 간호사, 이송병 등을 불문하고 혹은 군 또는 민간 위생요원이든 국가가 인정한 위생부대에 배속되지 않고 의료 활동을 행하는 자이든 의료 활동에 종사하는 모든 자가 이 규정의 대상이 된다.

이와 같이 의료 활동에 종사하는 자는 의료윤리 또는 상병자를 보호하는 기타 의료규칙[92], 제네바제협약 및 추가의정서에 반하는 행동 및 규정에 의하여 요구되는 행동 또는 업무를 수행하지 못하도록 강제되지 아니한다(제16조 2항).

의료윤리 또는 규칙에 관련한 델리케이트(delicate)한 문제로서 무력분쟁 시, 위생요원이 간호하는 상병자에 관한 정보를 비밀로 해야 할 지 여부가 문제이다. 이 문

92) 의료윤리는 일반적으로 각국 의사회에 의해 규정되고 있으나, 국제적인 측면에서는 세계의사회(Association mèdicale mondiale)가 '전시 의료윤리규칙'을 작성하였다(CICR, 425me circulaire du 6 fév., 1959).

제는 특히 제2차 세계대전 중 점령당국이 주민(의사 포함)에게 엄격한 제재를 가할 수도 있다는 협박으로 적(저항운동 구성원)의 소재를 밀고할 것을 명령했다는 점에서 문제시되었다. 1949년 외교회의에서 이 점이 논의되었으면서도 구체적 규정을 채택하는 데는 이르지 못했으나, 이후 의학계에서도 검토되어 일반적으로 이 경우의 비밀엄수원칙을 인정하는 방향으로 가닥이 잡혔다.[93] 그래서 1973년 CICR 최종초안은 이에 관한 조문(제16조)을 만들고, 인도법 외교회의에서 약간 수정한 후 다음과 같은 규정이 새롭게 만들어지게 되었다. 즉, 의료 활동에 종사하는 자는 자국의 법률에 의하여 요구되는 경우를 제외하고는 자기의 가료를 받고 있거나 또는 받았던 부상자, 병자에 관한 어떠한 정보라도 그의 견해상 그러한 정보가 관련 환자 또는 그 가족에 유해할 것으로 판단될 경우, 적대국에 소속하든 자국에 소속하든 불문하고 누구에게도 이를 제공하도록 강요당하지 아니한다.

단, 전염병 질병에 대한 의무적인 통보에 관한 규칙은 존중된다(제16조 3항). 이 규정은 의료 활동에 종사하는 자에게 정보제공을 강제하지 않는다는 보호를 부여하는 것인데, 그 정보가 자신이 간호하는 상병자 및 그 가족을 해하는지 여부에 관한 판단의 여지를 의료 활동에 종사하는 자에게 부여하고 있기 때문에 문제의 상병자의 보호 내지 안전이 그의 판단에 달려있다는 불안정함을 남겨두고 있다. 또 이 규정은 적의 권력내에 빠진 상병자에게는 이미 관계없으나 점령지역에 한정되지 않고 비점령지역에서도 적용되는 것이다. 또 CICR 최종초안은 '적당사국의 당국' 에 대한 정보제공의 강제를 금지하고 있었던데 비해, 제1추가의정서는 "적국에 소속하든 자국에 소속하든"이라는 표현에서 '자국' 도 포함하고 동시에 '당국' 뿐만 아니라 어떠한 자에게도 미친다는 점에서 보다 넓고 완전한 방법으로 규정되었다고 할 수 있다.[94]

93) ILA, *Report of the Fifty-Third Conference*(1968), pp.542ff.

94) 상병자의 보호를 위해서는 위생요원 뿐만 아니라 (a)위생시설, (b)위생재료, (c)위생운송수단의 존중과 보호가 필요하다. 이들 보호의 양상과 범위는 위생요원의 변용과 확대에 따라 변화하고 있다.
(a)위생시설은 이동부대(텐트를 친 야전병원 등)와 고정시설(군병원 등)로 구분되는데, 어느 쪽이나 그 곳에 상병자가 있는지 여부를 불문하고 어떠한 경우에도 공격해서는 안되며 존중하고 보호되어야 한다(제1협약 제19조). 이들 시설과 그 부대가 인도적 임무에서 벗어나 적에게 유해한 행위를 행하기 위해서 사용된 경우를 제외하고 그 보호는 소멸되지 않는다(동 제21조).
(b)위생재료와 관련하여 이동위생부대의 재료와 고정위생부대의 건물 및 재료는 그 취급이 다르다. 전자는 1925년 제3회 적십자조약에서는 적의 권력내에 빠진 위생부대는 그 재료, 운송수단 모두 일체로 간주되어 전체가 반환되는 것으로 간주되고 있었다. 그러나 제1협약에서는 위생요원의 억류가 인정되었기 때문에 그 재료도 본국에 반환되지 않고 상병자의 간호를 위해 억류되게 되었다(제33조 1항). 후자는 '계속 전쟁법의 적용을 받는다'. 즉, 적은 그것을 포획물로 간주할 수 있는 것이 아니라 그 관리자, 용익권자로 그것을 사용할 수 있는데 지나지 않는다(제33조 2항). 그렇지만 상병자의 간호에 필요로 하는 한 그 사용목적이 변경되어서는 안된다.
(c)위생운송수단은 육상운송, 병원선, 위생항공기로 나뉘며 각각의 보호규정 및 취급은 다르다. 우선 상병자, 위생재료의 육상운송수단(차량)은 이동위생부대와 동등하게 존중 및 보호되어야 한다(제1조약 제35조). 그러나 차량은 그것들을 포획한 분쟁당사국이 그 안의 상병자의 간호를 확보할 것을 조건으로 전쟁법규의 적용을 받는다(제35조). 차량은 현대전 수행상 필요한 것이므로 차량을 포획한 측은 그것을 처분하거나 군대수송을 위해 사용하는 것도 가능하지만, 후자의 경우에는 적십자 표장을 제거하여야 한다(*Commentaire* I, p.314). 또한 적십자사 및 기타 인정된 구호단체에 속하는 차량은 사유재산으로 간주되어 포획을 면한다.
해상수송은 병원선의 존중 및 보호가 중심과제이다. 군용병원선, 민간병원선, 중립국 병원선은 그들 선박이 사용되기 10일 전에 선명 및 세목이 분쟁당사국에 통고될 것을 조건으로 항상 존중 및 보호되어야 한다(제2협약 제22조, 제24조, 제25조, 제1추가의정서 제22조). 그리고 위생상의 운송목적을 위해서 용선된 선박은 항해에 관한 명세가 적국에 통고되고 동시에 적국에 의해 승인되어 있을 것을 조건으로 전적으로 군상병자의 치료 또는 질병 예방을 위한 설비를 운송하는 것이 허용된다(제2협약 제38조 1항, 제1추가의정서 제23조). 이들 선박이 존중되기 위해서는 어떠한 군사목적을 위해서도 사용되어서는 안되고 어떠한 방법에 의해서도 전투원의 행동을 방해해서도 안되며 전투중 또는 전투외를 불문하고 위험을 감수하고 행동해야 한다(제2협약 제30조, 제34조).
위생항공기 즉, 전적으로 상병자의 수송, 위생요원 및 위생재료의 운송에 사용되는 항공기의 보호 기도는 육상운송이나 병원선의 그것보다 훨씬 늦었다. 1949년 제네바 제협약에서 교전국은 위생항공기가 교전국간 특별히 합의된 고도, 시각 및 노선에 따라 비행하고 있는 동안 공격해서는 안 되고 존중되어야 하며, 역으로 합의가 없는 한 적의 영역 또는 점령지역 상공의 비행은 금지한다고 비로소 규정되었다(제1협약 제36조, 제2협약 제39조, 제4협약 제22조). 그러나 특별한 합의는 일반적으로 곤란하며, 또 최근의 분쟁에서 사용된 위생항공기는 후위하에서 그 역할을 수행하는 경우가 많고, 다른 한편 일렉트로닉스나 기술의 진보에 따라 새로운 식별방법의 가능성도 나타나고 있다. 이 점이 위생항공기의 보다 진전된 보호나 면제 가능성을 초래하여 제1추가의정서에는 제2편의 규정에 따른 존중 및 보호의 일반원칙하에(제24조) 다음과 같은 主旨의 일련의 규정이 만들어졌다.
첫째, 적당사국의 지배하에 있지 않는 구역에서의 분쟁당사국의 위생항공기의 존중 및 보호는 적국과의 합의에 의한 것이 아니다. 다만, 그 항공기의 안전강화를 위해 분쟁당사국은 특히 위생항공기가 적국의 지대공 무기체계가 도달할 수 있는 거리내를 비행할 경우는 적국에 통보할 수 있다(제25조). 둘째, 아군의 군대에 의해 사실상 지배되고 있는 접촉구역 및 사실상 어느 군대도 명확히 지배하고 있지 않은 구역과 상공에서의 위생항공기의 보호는 분쟁당사국의 권한 또는 군당국간에 사전합의가 이루어질 경우에만 충분히 효과적일 수 있다. 합의가 없을 경우 위생항공기는 스스로의 위험부담으로 운항하지만, 그 경우에도 위생항공기임이 확인되었을 경우 존중되어야한다(제26조 1항). 셋째, 적국의 지배구역 상공을 비행하는 위생항공기는 미리 적국의 권한있는 당국의 동의를 받은 경우에 한해 비행중 보호된다(제27조 1항). 이 동의를 받지 않고 또 항법의 잘못이나 비행안전에 영향을 주는 긴급사태에 의해 이 합의에 반한 채 비행하는 위생항공기는 자기를 식별시켜 적국에게 그것을 알리기 위해서 가능한 한 노력을 해야 한다. 적국은 이 항공기를 확인한 즉시 着陸(水)을 명하기 위해, 혹은 그 국익을 보호할 다른 조치를 취하기 위해, 또 이들 양 경우 항공기에게 공격 전 항복할 여유를 부여하기 위해 모든 합리적인 노력을 다해야 한다(제27조 2항). 그리고 적국에 의해 사실상 지배되고 있는 구역 또는 사실상 어느 군대도 명확히 지배하고 있지 못한 구역의 상공을 비행하고 있는 위생항공기는 검사를 위한 착륙(수) 명령에 복종해야 한다(제30조 1항). 한편, 위생항공기의 사용에 대한 제한은 다음과 같은 사항을 들 수 있다(제28조). 적국에 대한 군사이익을 얻으려고 위생항공기를 사용하는 것은 금지되며, 군사목표를 공격으로부터 보호하기 위해 이용하는 것도 금지된다. 위생항공기는 군사적 성질의 정보를 수집 및 전달하기 위해 사용되어서는 안되며 또한 이러한 목적을 위한 장치를 장착하여서도 안된다. 또 일정한 것을 제외하고 무기를 운반해서도 안 된다.
그리고 위생항공기는 접촉구역이나 적국 지배구역에서 비행하는 동안 적국과 사전합의했을 때를 제외하고 상병자, 조난자의 수색을 위해서 사용되어서는 안된다. 위생항공기가 중립국이나 다른 분쟁당사국의 상공비행 또는 착륙(수)에 관하여 사전합의없이는 금지되지만, 합의된 경우 위생항공기는 비행중 및 착륙시에 존중되어야 한다. 무엇보다도 착륙(수) 명령에는 복종하여야 한다. 중립국 및 다른 분쟁당사국은 위생항공기의 자국 영역내 비행 및 착륙에 관한 조건이나 제한을 모든 분쟁당사국에 평등하게 적용해야 한다(제31조).

제2절 포로의 자격과 대우

포로에 대해서는 오늘날 1949년 제네바 제3(포로) 협약에 상세하게 규정되어 있는데, 그 취급을 둘러싼 역사는 오래되었다. 근대이전의 전쟁에서는 관행적으로 포로는 살해되거나 노예가 되는 것이 운명이었다. 17세기가 되자 포로교환 및 신병인도금제도(몸값을 지불하는 제도)로의 길이 열렸고, 18세기에는 프랑스혁명을 계기로 당시의 인권사상에 기초하여 포로에게 일정한 인도적 대우를 보장하는 이론 및 관행도 나타났다. 이러한 인도적 대우의 요구는 근대국가의 국민군 제도의 등장에 따라 촉구되었으나, 당시에는 인도적 대우를 받기 위한 포로자격 문제는 그다지 논의되지 않고 적에게 체포된 병사는 당연히 포로대우를 받는 것으로 간주되었다.

그러나 19세기 후반 이후의 전쟁에서 비정규군의 전투참가 상황이 두드러지게 됨에 따라 교전자의 자격 조건이 문제되어 그 조건을 충족하는 자가 체포된 경우에만 포로자격을 부여하는 방식이 1874년에 브뤼셀선언안 및 헤이그규칙에서 채택되었다. 이후 포로자격과 포로대우가 조약상 주로 규정되고 또 최근 포로송환도 문제가 되고 있다.

1. 포로자격

포로자격과 관련하여 헤이그 규칙에서는 정규군 및 4개의 조건을 충족한 민병과 의용병단, 군민병(이상 전투원) 및 병력중의 비전투원으로 적에게 포획된 자(포로협약 제3조)로 되어 있다. 정규군 구성원 이외의 자는 일정한 조건하에서 포로자격을 부여받는 것이므로 여기서도 교전자 자격과 동일하게 이원적 구성이 인정되고 있다고 할 수 있다.

1949년 포로협약은 교전자 자격은 언급하지 않은 채 포로자격을 상당히 확대하고 명확히 했다. 즉, 동 협약에서 말하는 포로란 다음 부류의 하나에 속하는 자로서 '적의 권력내에 빠진 자' 이다(제4조 A). (1) 분쟁당사국 군대의 구성원 및 그러한 군대의 일부를 구성하는 민병대 및 의용대의 구성원(이상은 정규군 구성원) (2) 분쟁당사국에 속하며 그들 자신의 영토(동 영토의 점령 여부 불문) 내외에서 활동하는 기타 민병대의 구성원 및 의용대의 구성원(이에는 조직적인 저항운동단체의 구성원 포함). 단, 그러한 조직적 저항운동을 포함하는 민병대 또는 의용대는 앞에서 서술한 4가지 조건을 충족시켜야 한다. (3) 정규의 군대 구성원 중에서 억류국이 승인하지 않은 정부 또는 당국에 충성을 서약한 자(망명정부의 정규군) (4) 점령되지 않은 영토의 주민으로서 적이 접근하여 올 때, 정규군 부대에 편입할 시간이 없이 침입하는 군대에 대항하기 위해 자발적으로 무기를 든 자. 단, 이들이 공공연하게 무기를 휴대하고 또한 전쟁법규 및 관행을 존중할 경우(군민병)에 한한다. 그리고 군대 중의 비전투원에 상당하는 자로서 (5) 실제로 군대의 구성원은 아니나 군대에 수행하는 자, 즉 군용기의 민간인 승무원, 종군기자, 납품업자, 노무대원 또는 군대의 복지를 담당하는 부대의 구성원 등 (6) 분쟁당사국 상선의 승조원(선장, 수로안내인 및 견습선원 포함) 및 민간항공기의 승무원으로서 국제법의 다른 어떠한 규정에 의하여도 더 유리한 대우의 이익을 향유하지 아니하는 자이다.[95]

그러나 그 후 일반화된 해방투쟁 등에서는 이미 서술한 '자유전사' 가 협약의 포로자격 조건을 충족하기란 어렵다는 논란이 있던 중, 1968년 국제인권회의(테헤란)의 결의 이후 반복된 국제연합 총회 결의에서 일정한 해방투쟁에서 '자유전사' 에게 무조건으로 포로대우를 부여하자는 요구도 있었다. 이러한 상황을 참작하여 제1추가의정서는 포로자격 조건을 대폭 완화하여 발상의 전환을 꾀했다.

95) 그 밖에 동 협약에 기초하여 포로로서 대우하여야 할 자는 제4조 B에 열거되어 있다.

즉, 분쟁당사국(민족해방운동 포함) 군대의 구성원인 전투원(위생요원 및 종교요원 제외) 중에서 적의 권력내에 빠진 자는 모두 전쟁포로로 간주하였다(제44조 제1항). 이로써 교전자(전투원) 자격과 포로자격은 일치하게 되었으며, 정규군과 비정규군에 따른 조건의 차이를 부과하지 않는다는 의미에서의 포로자격의 일원화(조건의 평등화)가 달성되었다. 이것은 현대 무력분쟁이나 군사조직의 상황을 고려한 것이다. 또한 포로자격 조건의 완화(내지는 삭제) 규정은 복잡하고 불명확하였다. 우선 모든 전투원(=포로)은 '무력분쟁에 적용되는 국제법 규칙'을 존중할 의무가 있으나 이들 규칙의 위반으로 그러한 자가 적의 권력내에 빠지는 경우 전쟁포로가 될 권리를 박탈당하지 않는다(제44조 제2항).

다음으로 "전투원은 공격이나 공격준비 행동에 참여하고 있는 동안 자신들을 민간인과 구별되도록 하여야 한다(제44조 제3항 첫째 문장)"는 구별의무를 위반하면 적의 권력내에 빠졌을 때 포로자격을 상실한다고 해석할 수 있다. 그런데 이 문장은 적대행위의 성질상 무장전투원이 일반주민과 구별될 수 없는 무력분쟁의 상황이 존재하므로 그러한 자는 이 상황에서 "(a) 각 교전기간 중 및 (b) 공격 개시전의 작전 전개에 가담하는 동안 적에게 노출되는 기간 중" 무기를 공공연히 휴대하는 경우에는 포로(=전투원)로서의 지위를 보유한다고 단서를 달고 있다. 앞의 상황(특히 해방투쟁과 점령지역의 저항운동)에서의 공공연한 무기의 휴대 조건은 포로자격을 위한, 말하자면 창설적 조건이라고 할 수 있다. 더욱 문제인 것은 이러한 조건을 충족시키지 못하는 적의 권력내에 빠진 전투원은 전쟁포로가 될 권리를 상실한다는 것이다.

그러나 모든 면에 있어서 "제네바 제3협약 및 제1추가의정서에 따라 포로에게 부여되는 것과 대등한 보호를 향유한다. 이러한 보호에는 자신이 범한 어떠한 범죄로 인하여 심리 및 처벌을 받는 경우에 제3협약에 의거하여 전쟁포로에 부여되는 것과 동일한 보호가 포함 된다(제44조 제4항)"라는 이 규정은 제44조 내용 중 가장 애매한 부분이긴 하지만, 3항과 함께 외교회의에서의 긴 토론에 종지부를 찍은 타협 규정이다[96].

다만, 동 조 5항에서도 알 수 있듯이 앞의 공공연한 무기 휴대라는 조건의 비준수는 인도법의 기본원칙의 위반이라기보다 이 조건을 충족하지 않았을 때에 체포되지 않았다면 후에 이것을 이유로 처벌할 수 없다는 의미로 해석된다. 또한 이 규정과 관련하여 적대행위에 가담하고 적대당사국의 권력내에 빠진 자는 포로자격을 갖는지 여부가 결정될 때까지 포로로 추정된다(제45조).

앞의 포로자격 범위는 종래의 자격조건을 대부분 제거함에 따라 확대되었으나, 별도의 시각으로 보면 그러한 확대에 일정한 제약을 가하고 있다고 볼 수 있다. 그 하나는 분쟁당사국의 군대 구성원 중에서 스파이 활동을 행하는 적국의 권력내에 빠진 자는 전쟁포로로서의 지위를 가질 권리가 없으며 스파이(간첩)로 취급된다(제46조 제1항)는 것이다. 무엇보다도 이것은 헤이그 규칙에도 규정되고 있어 새로운 것은 아니다. 또 따른 하나는 용병이 전투원 자격뿐만 아니라 포로자격으로부터도 제외되었다는 점이다(제47조).

용병은 사적 이익을 얻을 목적이라고 해도 종래 의용병에 유사한 것으로 간주해 왔던 점을 생각하면 용병에게 포로지위를 거부하는 것은 큰 방향전환을 의미하는 것이다. 이러한 점에서 포로자격의 새로운 일원적 구성의 특징이 나타나고 있다.

2. 포로대우

포로의 대우에 관한 조약 규정은 헤이그 규칙, 1929년 포로조약을 거쳐 1949년 제3(포로) 협약에서 상세하게 다루어지고 있다. 제3협약은 종래의 포로대우원칙을

96) 제44조의 성립경위와 문제점은 拙稿, "捕虜資格と國際人道法の展開", 國際法外交雜誌, 77卷 5号 참조.

발전시키고 또 제2차 세계대전중의 포로수용소에서의 대우에 관한 관행을 고려하여 포로의 일반적 보호(제2편), 포로의 신분(제3편), 포로 신분의 종료(제4편)로 대별하고 각각에 대해 자세하게 규정하고 있다.

우선 '포로의 일반적 보호'의 기초인 원칙 내지 구조는 "포로는 적국의 권력내에 있는 것이지, 이들을 체포한 개인이나 군부대의 권력내에 있는 것이 아니다. 억류국은 있을 수 있는 개인적 책임에 관계없이 포로에게 부여하는 대우에 관한 책임을 진다(제3협약 제12조 1항)"라는 것이다. 이와 같은 포로의 대우에 관한 억류국의 책임 명시는 무력분쟁이 국가 對 국가의 관계라는 구조의 이론적 귀결이며 포획한 개인이나 부대가 포로를 자의적으로 취급할 위험을 피하고, 이러한 경우의 국가책임 회피를 막기 위함이다.[97]

또 포로의 타국으로의 이송에 있어 억류국은 이 협약을 적용할 의사와 능력이 확인된 협약체약국에 한하여 이송할 수 있다. 억류국에 의하여 포로가 이송될 때에는 협약의 적용에 대한 책임은 포로가 자국내에 억류되고 있는 동안 포로를 접수한 국가에 있다(동 제12조 제2항).[98]

다음으로 포로에 대한 일반적 보호의 내용과 관련하여 포로는 항상 인도적으로 대우되어야 하며, 그 억류하에 있는 포로를 사망케 하거나 그 건강에 중대한 위해를 가하는 여하한 억류국의 불법적인 작위 또는 부작위(중대한 위반)를 금지하여야 하며, 특히 포로에 대하여 신체의 절단 또는 의료, 치과 또는 임상 치료상 정당하다

97) 이 점은 무엇보다도 개인이 포로에 대해서 국제위법행위를 저지른 경우, 국가책임과 함께 개인책임을 진다는 사실(제3협약 제129조, 제130조 참조)을 부정하는 것이 아니다. 국가책임과 개인책임의 이중 존재는 제12조에도 표명되어있다. 또 제3협약은 포로에게 배상청구권을 부여하지 않고 국가가 舊포로 개인에 대해서가 아니라 그 본국에 대해서 책임을 진다는 고전적 체계를 바꾸지 않고 있다. 포로 대우에 대한 국가책임의 예로서 對日평화조약 제16조에서 일본은 포로였든 시기에 부당한 고난을 당한 연합국 군대의 구성원에게 보상하기 위해 전시중의 중립국 등에 있는 일본 및 그 국민 자산의 청산과 연합국에의 배분을 CICR에게 맡겼다.

98) NATO나 바르샤바 조약기구처럼 분쟁시 다수국의 군대가 통일사령부 예하에 있는 경우 국제연합군에서 포로가 어느 나라의 권력내에 있는지, 또 어느 나라로 이송되고 어느 나라가 책임지는지를 제12조에 따라 결정하기는 곤란한 점이 많다. 제3협약의 해설에 의하면, 여하한 이유를 불문하고 포로를 포획하고 그에 따라 책임지는 국가를 결정하기가 불가능 또는 곤란한 경우는 즉각 관계국 전체가 연대하여 책임을 진다(*Commentaire* III, p.145).

고 인정될 수 없고 또한 그 이익에 배치되는 모든 종류의 의료 또는 과학적 실험을 행하지 못한다. 또한 포로는 폭행, 협박, 모욕 및 대중의 호기심으로부터 항상 보호되어야 한다(동 제13조).

이러한 인도적 규정은 절대적 성질을 갖는다. 포로는 모든 경우에 있어서 그들의 신체와 명예를 존중받을 권리를 가지며, 여자는 여성으로서 당연히 받아야 할 모든 고려로서 대우된다(동 제14조).

포로를 억류하는 국가는 무상으로 포로에 대한 급양을 제공하고 또한 그들의 건강상태상 필요한 의료를 제공하여야 한다(동 제15조). 또한 계급 및 성별에 관한 규정을 두고 있는데 포로는 그 억류국이 인종, 국적, 종교적 신념이나 정치적 의견에 근거를 둔 불리한 차별 또는 유사한 기준에 근거를 둔 기타의 모든 차별 없이 균등하게 대우되어야 한다(무차별 대우, 동 제16조). '포로의 신분' 편은 100여개의 조항에 가까운 조항(제17조~제108조)을 두고 있는데, 제3협약의 핵심적 내용으로 포로제도를 확립하고 있다.

'포로 신분의 개시(제17조~제20조)' 는 포획된 직후의 상황을 규정하고 있다. 모든 포로는 심문을 받을 때에 그 성명, 계급, 생년월일 및 소속 군의 명칭, 군번 또는 등록번호를 진술하여야 하며, 기타 정보를 얻기 위해 강제하지 못한다. 포로로부터 그러한 정보를 얻기 위해 답변을 거부하는 포로에 대하여 협박이나 모욕을 가하거나 또는 모든 형태의 불쾌하거나 불리한 대우를 하지 못한다.

포로에 대한 심문은 그들이 이해하는 언어로 실시되어야 한다. 무기, 마필, 군장비 및 문서를 제외한 모든 개인용품은 포로가 계속하여 소지하며, 철모와 방독면 및 인체의 보호를 위하여 교부된 유사한 물품도 또한 동일하다. 포로의 의식을 위하여 사용되는 물품도 비록 그들 정규의 군장비에 속하는 것일지라도 그들이 계속하여 소지한다.[99] 포로는 포로가 된 후 가능한 한 신속히 그들에게 위험이 없을 정도로 전투지역으로부터 충분히 떨어진 지역에 소재하는 수용소로 후송되어야 한다. 억류국은 후송중인 포로에게 충분한 식량과 음료수 및 필요한 의복과 의료상 치료를 제공하여야 한다.[100]

'포로의 억류(제21조~제48조)'는 수용소에서의 포로의 생활조건을 다루고 있다. 억류국은 위생상 및 보건상의 모든 보장이 제공되는 건물에 한하여 포로를 억류할 수 있다(형벌이나 징계벌에 관한 규정은 유보). 포로는 어떠한 경우에도 전투지역의 포화에 노출될 우려가 있는 지역에 보내거나 또는 억류하지 못하며 또한 포로를 일정한 지점이나 지역이 군사작전으로부터 면제되도록 이용하지 못한다. 포로의 숙영조건은 동일지역에 숙영하는 억류국 군대와 동일한 조건으로 수용되어야 하며, 매일의 기본급식은 양 · 질 및 종류에 있어서 포로로 하여금 양호한 건강상태를 유지할 수 있도록 하고 체중의 감소 또는 영양실조의 발생을 방지하는데 충분한 것이어야 한다.[101]

위생 및 의료에 관련해서도 상세한 규정을 두고 있으며, 지적 및 육체적 활동에 대해서도 군 당국이 정한 일정한 규율에 따를 것을 조건으로 인정하고 있다. 규율 중 주의할 점은, 모든 수용소에는 제3협약 및 그 부속서의 본문을 포로가 사용하는 언어로써 모든 포로가 읽을 수 있는 장소에 게시하여야 하며, 도주 또는 도주하려고 하는 포로에 대한 무기 사용은 최후의 수단으로 하고 그에 앞서 당해 사정에 적

99) 포로가 소지하고 있는 금전 및 귀중품은 일정한 절차를 거쳐야만 억류국이 이를 보관할 수 있으며, 포로신분이 종료되면 반환하여야 한다(제18조). 이는 전리품에 대한 권리는 적국의 국유재산에 한정되며, 포로가 소지하고 있는 포로의 개인소유물은 제외된다는 원칙을 확인한 것이다.

100) 포로의 후송은 항상 인도적으로 또한 억류국 군대가 이동할 경우와 동일한 조건으로 실행되어야 한다(제20조 1항). 이것은 1949년 외교회의에서 장시간의 토의를 거친 후 확정된 규정으로 포로 후송과 군대 이주의 상황 차이를 감안한다고 해도 제2차 세계대전에서의 포로의 '죽음의 행진'과 같은 사례를 금지하는데 주안점이 있다.

101) 1929년 포로조약에는 포로의 식량은 숙영하는 억류국 군대의 식량과 양적, 질적으로 동등해야 한다(제11조)고 되어 있었다. 그러나 이 규정은 만족할 만한 것이 못되었다. 국가와 민족의 식습관 차이를 일정한 카테고리로 표시할 수 없는 점, 또 무력분쟁시 자주 식량을 줄여 배급받는 일반주민보다 포로의 대우를 좋게 한다는 것은 곤란하다는 점에서 제3협약 제26조는 기술하고 있는 규정외에 '포로의 식습관도 고려하여야 한다' 든가, '포로는 가능한 한 (식사의) 조리에 참가시켜야 한다. 이를 위해 포로를 취사장에서 사용할 수 있다'는 유연한 해결방법이 시도되고 있다.

합한 경고를 반드시 행하여야 한다.

'포로의 노동(제49조~제57조)' 은 문제가 많다. 포로의 노동은 억류국에게는 경제노력에의 중요한 공헌이 될 수도 있으며, 포로의 본국에게는 적의 전쟁노력에의 포로 참가에 대해 관심이 높을수 밖에 없고, 포로 자신에게 있어 노동은 불안감 해소나 건강유지를 위하여 불가결한 측면이 있다. 그러므로 헤이그 규칙(제6조) 이후 포로에게 노동을 부과하는 것을 인정하면서도 조건을 부과하고 있다.

노동시간 · 휴식 · 노동조건 등을 상세하게 정하고 있는 제3협약은 포로의 노동에 관한 일종의 법전이다. 기본원칙으로서 억류국은 특히 포로들의 신체적 및 정신적 건강을 양호한 상태로 유지하기 위하여 그들의 연령 · 성별 · 계급 및 신체적 적성을 고려하여 신체적으로 적합한 포로의 노동을 이용할 수 있다. 부사관 신분의 포로들에게는 감독직만 행할 것을 요구할 수 있으며, 장교에게는 어떠한 경우에도 노동을 강요하지 못한다.

포로에게 노동을 부과하는 경우 어떠한 종류의 노동이라도 강제할 수 있는 것이 아니라, 원칙적으로 적대행위를 이롭게 할 성질의 노동은 제외되어야 한다. 이 점은 이미 헤이그 규칙에서 노동은 "일체의 군사작전(operations de guerre)과 관계가 없어야 한다(제6조)"로 되어 있었으나, 현대전에서 교전국의 전쟁노력과 관계없는 활동은 거의 없다는 점에서 1929년 포로조약은 군사작전에 '직접' 관계를 갖는 것이어서는 안 된다(제31조 1항)고 했다.

그러나 포로의 노동은 어떠한 것이든 억류국의 잠재력을 강화하는데 도움이 되므로 '직접' 관계를 갖는지에 대한 해석은 자의적일 수 있으며, 제2차 세계대전 중 교전국들은 서로 다른 태도를 취했다.

그래서 제3협약에서는 금지노동 또는 역으로 허용되는 노동을 열거하고 있다.

즉 포로들은 수용소의 관리, 영선 또는 유지에 관한 노동 외에 (a) 농업 (b) 원료의 생산 또는 채취에 관련되는 산업, 제조공업(야금업, 기계공업 및 화학공업은 제외) 및 군사적 성질 또는 목적을 갖지 않는 토목업과 건축업 (c) 군사적 성질 또는 목적을 갖지 않는 운송업과 창고업 (d) 상업 및 예술과 공예 (e) 가내노동 (f) 군사적 성질 또는 목적을 갖지 않는 공익사업에 한하여 이를 행하도록 강제할 수 있다(제50조). 그러나 이러한 열거 중 (b), (c), (f)에서는 예외적으로 '군사적 성질 또는 목적을 갖지 않는' 활동이라 기준을 첨언하고 있다.

포로의 노동에 관한 또 하나의 델리케이트(delicate)한 문제는 기(지)뢰 제거작업의 가부이다. 제2차 세계대전 중 또는 직후에 소해작업에 독일인 포로가 사용되었는데, 이것이 금지된 위험한 활동이 아닌가 하는 논쟁이 있었다.[102] 결국 제3협약은 포로는 스스로 희망하지 않는 한 건강에 해로운 또는 위험한 성질의 노동에 사용하지 못하며, "기뢰, 지뢰 기타 이들과 유사한 장치의 제거는 위험한 노동으로 간주한다(제52조)"라는 규정에 따라 포로가 자발적인 의사에 기초하여 기(지)뢰 제거노동을 할 수 있는 여지를 남겨두고 있다. 이러한 노동에 종사하는 포로는 작업훈련을 받아야 하며, 그들이 행하는 노동에 적합한 보호수단을 제공받아야 한다.

그밖에 포로의 노동상의 적성은 적어도 매월 1회 신체검사에 따라 정기적으로 확인하여야 하고 포로에게 노동에 대한 임금이 지불되어야 한다.[103]

102) 이 문제는 1943년 3월 북아프리카에서 독일군이 부설한 지뢰제거 임무를 독일인 포로에게 맡기기로 결정했을 때 야기된 문제이다. 이러한 노동은 1929년 포로조약 제31조에서 적대행위 중에는 금지되며, 적대행위 종료 후에도 제32조에 의해 금지되기 때문에 CICR대표는 그러한 결정에 항의했다. 1945년 초에도 프랑스 국내의 약 1억 개로 추정된 지뢰제거 작업에 독일인 포로가 동원되어 많은 희생자를 냈다(*Commentaire* Ⅲ, pp.295-296).

103) 제2차 세계대전후 소련에 억류되어 시베리아 강제수용소에서 강제노역에 종사한 구 일본군 포로 62명이 국가를 상대로 미지불 노동임금에 대한 보상 등 2억 6천만엔을 요구한 '시베리아 억류 보상 소송'(1981년 (ワ)제4024호 외 3건, 각 손해배상 청구사건)에서 1989년 4월 18일 도쿄지방재판소는 청구기각 판결을 언도했다. 원고는 1949년 제네바 포로협약 및 관습법에 의하면 포로의 소속국(일본)에게 자국민 포로에 대한 보상을 행할 의무가 있다고 주장했으나, 원고의 절반 이상은 동 협약이 日蘇간 효력을 발생하기 이전에 귀국했기 때문에 동 협약의 적용을 받지 않으며, 또한 자국민 보상도 일반관행이 있었다고는 할 수 없다고 하여 그에 관한 국제관습법의 성립도 인정하지 않았다. 여기서의 쟁점은 포로협약 제66조, 제68조에 규정한 포로의 소속국에 의한 '자국민 포로에 대한 보상의무'가 원고들의 억류 당시 관습법으로 성립되어 있었는가의 여부였다. 다음 문헌 참조. 廣瀨善男, 捕虜の國際法上の地位, 日本評論社, 1990年; 村瀨信也, "國際慣習法の成立に關する認定 -シベリア抑留訴訟1審判決をぬぐって-", ジュリスト 937号(1987년 7월 1일).

포로와 외부와의 관계(제5부, 제69조~제77조)에 대해서, 억류국은 포로가 그 권력내에 빠졌을 때에는 즉각 포로 및 이익보호국을 통하여 포로가 소속하는 국가에게 본(제5부) 규정을 시행하기 위하여 취할 조치를 통지하여야 하며, 모든 포로는 포로가 된 때에 즉시 또는 수용소에 도착한 후 1주일 이내에 그 가족 및 중앙포로정보국[104]에 포로가 되었다는 사실, 주소 및 건강상태를 통지하는 통지표를 직접 송부할 수 있도록 하여야 한다. 또한 포로에게는 정기적으로 가족과의 편지 및 엽서의 송부 및 수령이 허용되어야 한다. 포로에게는 특히 식량 · 피복 · 의약품 및 포로의 필요를 충족시킬 수 있는 도서 · 종교용품 · 과학용품 · 시험용지 · 악기 · 운동구 및 포로에게 연구 또는 문화 활동을 할 수 있게 하는 여러 용품을 포함하여 종교상, 교육상 또는 오락상의 용품이 들어 있는 개인 또는 집단적인 화물우편을 기타 경로에 의하여 수령함을 허가하여야 한다(제72조).[105]

'포로와 당국의 관계(제78조~제108조)' 에 있어 포로는 자신을 권력하에 둔 군 당국에 억류조건에 관한 불평불만을 제기할 권리를 갖는다. 포로는 또한 억류조건 중 이의를 제기하려고 하는 사항에 대하여 이익보호국의 대표자에게 주의를 환기시키기 위하여 포로대표를 통하거나 직접 이익보호국의 대표자에 대하여 신청할 무제한의 권리를 가진다. 다른 한편 포로는 억류국의 군대에 적용되는 법률 · 규칙 · 명령에 복종하여야 하며, 억류국은 그의 법률 · 규칙 · 명령에 대한 포로의 위반행위

---

104) 중앙포로정보국은 중립국에 설치되며, 임무는 공적 또는 사적경로로 입수할 수 있는 포로에 관한 모든 정보를 수집하고, 포로의 본국 또는 포로가 속하는 국가에 그 정보를 가능한 한 신속히 전달하는 것이다(제123조). 또한 각 분쟁당사국은 분쟁 개시 및 점령의 모든 경우에 그 권력내에 있는 포로에 관한 공적인 정보국을 설치하여야 한다. 포로정보국은 포로의 이동, 석방, 송환, 도주, 입원 및 사망에 관한 정보를 각종 기관으로부터 수집하여 이익보호국이나 중앙정보국의 중계를 통해 관계국에 가장 빠른 방법으로 즉각 통지해야 한다(제123조 3항, 5항).

105) 그리고 군사행동을 위해 관계국이 송부품의 수송을 확보할 의무를 수행할 수 없을 때 이익보호국, CICR 또는 분쟁당사국이 정식으로 승인한 그밖의 단체는 적당한 수송수단(철도차량, 자동차, 선박, 항공기 등)을 이용해 송부품의 전달이 확보될 수 있도록 하고, 이를 위해 체약국은 특히 필요한 안전을 보장하는 통행권을 발행하여 수송수단의 사용을 허가하여야 한다(제75조).

에 대하여 사법상 또는 징계상의 조치를 취할 수 있다. 단, 그 절차와 처벌은 제3장(형벌 및 징계, 제82조~제108조)의 규정에 배치되어서는 안 된다.

이와 관련된 규정중에서도 중요한 것은 포로는 여하한 경우에도 일반적으로 인정된 독립과 공평에 관한 불가결한 보장이 확보되지 않고 그 절차가 제3협약 제105조에서 정하는 변호의 권리 및 수단을 피고인에게 보장하지 않는 어떠한 종류의 법원에 의하여도 재판을 받지 아니한다. 또한 포로가 되기 전에 행한 행위에 대하여 억류국의 법령에 의하여 소추된 포로는 유죄판결을 받은 경우라 하더라도 이 협약의 이익을 계속 향유한다(제85조).

그러나 일부 국가(사회주의 국가)는 제3협약의 비준 또는 가입시 전쟁범죄 또는 인도에 대한 죄로 소추되어 유죄판결을 받은 포로는 제85조에서 규정되고 있는 이익을 향유하지 못한다는 취지의 유보를 행하였다.[106] 추가의정서의 기초과정에서도 이 점은 논쟁이 되었는데, 결국 무력분쟁에 적용되는 국제법 규칙의 위반은 전투원, 포로가 될 자격을 갖는 자가 그 권리를 박탈당하지 않는다는 규정(제44조 2항)은 포로의 최종적 유죄판결까지의 상황에 적용되고, 그 판결에 이어지는 시기는 제3협약 제85조에만 따르기로 양해되어[107] 앞의 유보국과 여타 체약국간의 제85조 적용관계 문제는 남겨진 상태에 있다. 그밖에 사법절차와 형벌의 제한은 포로의 보호를 위해 상당히 상세하게 다루어졌으나(제97조~제107조) 특히 주의할 점은 포로는 그 행위 당시에 유효했던 억류국의 법령 또는 국제법에 따라 금지되어 있지 않았던 행위로 재판에 회부되거나 형벌을 받지 않으며, 포로는 억류국의 국민이 아니므로 충성의 의무를 지지 않는다는 사실과 그의 의사에 관계없는 사정에 의하여 억류국의 권력내에 있다는 사실을 유의하지 않고서는 포로에게 사형을 언도하지 못한다. 사형판결은 제107조에 정하는 상세한 통고를 이익보호국의 지정된 수신처가 수령

106) 베트남전쟁중 베트남민주공화국은 '北爆' 실시로 포획한 미국의 조종사에 대해 미국의 유보를 근거로 제85조의 적용을 거부하고 기소후 유죄판결을 받은 조종사에게 포로의 지위를 인정하지 않았다(拙稿, "ベトナム戰爭と1949年ジュネーブ條約", 前揭, p.110 이하 참조).

107) CDDH/236/Rev. I , par.87.

한 날로부터 적어도 6개월의 기간이 경과하기 전에는 집행해서는 안 된다.

3. 포로신분의 종료 : 포로의 송환

포로신분의 종료에는 직접송환 및 중립국에서의 입원(제109조~제117조), 적대행위 종료시의 포로의 석방과 송환(제118조~제119조), 포로의 사망(제120조~제121조) 등 세 가지 방법이 있다.

직접송환이나 입원은 적대행위 중에 행하여지는 것으로 분쟁당사국은 중상 및 중병의 포로(제110조 1항에서 열거)를 그 수와 계급의 여하를 불문하고 본국으로 송환하여야 한다.[108] 다만, 송환의 대상이 되는 상병 포로는 적대행위 기간 중 그 의사에 반하여 송환하여서는 안 된다. 또한 분쟁당사국은 적대행위 중, 관계 중립국의 협력에 의하여 상병 포로(제110조 2항에 열거)의 중립국 내에서의 입원에 관하여 조치를 취하도록 노력하여야 한다. 또한 적대행위가 발생했을 때 부상자 또는 병자인 포로를 진찰하고 그 포로에 관하여 적절한 모든 결정을 취하도록 혼성위원회(임명, 임무 및 활동에 대해서는 제3협약 제2부속서 '혼성의료위원회에 관한 규칙' 참조)를 설치하여야 한다.

적대행위 종료시의 포로의 석방과 송환은 포로와 관련하여 가장 많은 논의가 제기된 문제의 하나이다. 분쟁당사국은 적대행위 종료 후에도 다수의 포로를 송환하지 않고 억류하여 노동력으로 사용하여 이익을 창출하려는 경향이 있다. 헤이그 규칙은 "평화회복 후에는 가급적 신속히 포로를 본국으로 귀환케 하여야 한다(제20조)"라고 규정하였으나, 제1차 세계대전시 휴전 조약 후 상당한 세월이 지난 베르사이유 평화조약이 발효됨에 따라(동 조약 제214조에서 포로송환은 조약 발효 후 가능한 신속히 행할 것을 규정), 패전국의 포로는 적대행위 종료 2년 반이 지나서야 겨우 본국에 돌아갈 수 있었다. 그래서 1929년 포로조약은 본국송환을 신속히 하기 위해 가능한

108) 제109조 이하의 베트남전쟁에서의 적용을 둘러싸고, Falk. R. A., "International Aspects of Repatriation of War During Hostilities," *The Vietnam War and International law, op, cit.*, Vol.4, pp.326ff; Levie. H. S., "International Aspects of Repatriation of Prisoners of War During Hostilities:A Reply," *ibid.*, pp.340ff.

한 휴전조약 체결시부터 송환되어야 한다는 취지의 규정(제75조)을 두었다.

그러나 제2차 세계대전 후 많은 국가가 휴전조약의 체결도 없이 무조건항복에 의해 적대행위가 종료됨으로써 패전국의 많은 포로가 항복 후에도 수년간 수용소에 억류된 채 지냈다.[109] 다른 한편 제2차 세계대전에서는 적대행위 종료 후 정치적 이유와 제재 때문에 본국송환에 반대하는 포로도 있었다. 이러한 경험에 따라 전후의 조약 개정 준비 작업에서는 송환은 적대행위 종료한 후 지체 없이 행하여져야 한다는 것을 명시적으로 규정하고, 양당사자의 합의를 얻기가 곤란하다는 것을 고려하여 이 규정에 일방적 성격을 부여하는 것이 적절하다고 판단했다.

채택된 조문(제3협약 제118조)은 "포로는 적극적인 적대행위가 종료한 후 지체 없이 석방하고 송환되어야 한다. 적대행위 종료를 위하여 분쟁당사국간에 체결된 협정에 상기 취지의 규정이 없거나 그러한 약정이 없는 경우에는 각 억류국은 전항에 정하는 원칙에 따라 지체 없이 송환계획을 작성하고 실천하여야 한다"라고 규정하고 있다. 이 규정의 해석방법은 완전한 승리나 패배에 의해 결말이 나지 않는 경우가 많은 오늘날의 무력분쟁에 특히 적합한 것으로 생각되어 문제는 해결된 것처럼 보였다. 그러나 한국전쟁 종료시에 '국제연합군' 측에 포획된 상당한 수의 포로가 본국송환을 거부했다는 점에서 이 규정의 해석을 둘러싸고 문제가 재연되었다.

제118조 1항은 억류국에 억류하는 모든 포로를 강제로라도 송환하여야 할 의무

---

109) 특히 독일인 포로의 경우 독일의 분할에 의해 1929년 포로조약의 통상적인 적용도 방해를 받았다. 일본은 항복문서에서 연합국측의 포로와 일반 억류자를 즉시 석방할 것을 승낙하고 실시했다. 다른 한편 포츠담 선언(항복문서에 흡수)은 '일본 군대는 완전히 무장해제당한 후 각자의 가정에 복귀해 평화적이고 생산적인 생활을 영위할 기회를 가져야 한다'고 했으나, 실제로는 각 전승국의 처리에 맡겨졌기 때문에 그 실시가 지연되어 대일평화조약은 '아직 실시가 완료되지 않은 부분은 즉시 실행되어야 한다'(제6조 (b))고 하여 재촉하지 않을 수 없었다.

110) 이 조문에 관하여 쌍방의 당사자는 다른 해석을 주장했다. 북한과 중국측은 제118조 1항은 포로는 어떠한 경우에도 이 협약에 의해 보장된 권리를 부분적이든 전면적이든 포기할 수 없다는 제7조를 보강하여 포로의 의사와 관계없이 송환의 무조건적 요구를 포함하는 것이며, 억류국은 포로에 대해서라기보다 포로의 본국에 대해 송환 의무를 진다고 했다(소련 대표 비신스키의 국제연합 제7회 총회에서의 연설 참조[U.S./A.C. I /2540,2543]). 다른 한편, 국제연합군사령부와 서유럽 국가들은 포로의 본국은 송환받을 무조건적인 권리를 갖지 못하고, 제118조의 일반원칙은 정치적 박해에 직면할 수 있는 포로의 강제적 송환은 포함하지 않으며 송환을 위해 포로에게 압력을 가해서는 안된다고 보았다(*Dept of Some Bull.* April and June 1953, "Talks on repatriation of sick and wounded prisoners, Text of agreement on prisoners of war." 이 관점을 반영한 국제연합 총회 결의 427[V], 610[VII], United Nations Yearbook[1950] ,pp.568-569). 또 포로송환에 관하여 Delessert, Ch. S., *Release and Repatriation of Prisoners of War at the End of Active Hostilities*(1977).

를 부과하는지(강제송환주의인가 자유송환주의인가)가 문제되었다.[110] 동 협약의 해설에 의하면, 한국전쟁의 경우는 제118조 적용의 선례로 취급할 수 없다고 하면서, 동 조의 해석으로 포로는 실제의 적대행위 종료 후 송환될 불가양의 권리를 가지며 이에 따라 억류국은 송환에 필요한 수단을 제공하여야 할 의무가 있다. 동 의무에 대한 예외는 자발적으로 송환에 반대하는 포로가 송환된 후 특히 인종, 사회적 지위, 종교 또는 정치적 의견 때문에 생명 또는 자유에 영향을 미치는 부정한 조치의 대상이 되고 그 결과 피송환자 보호라는 국제법 일반원칙에 반할지도 모를 우려가 있는 등의 중대한 이유가 있는 경우에만 인정된다.[111]

한국전쟁 후, 몇몇 무력분쟁에서의 포로송환 협정을 보면, 포로에게 선택권을 허용하기보다 강제송환주의를 받아들이고 있는 것으로 보인다.[112] 이란 · 이라크 전쟁에서도 포로송환을 둘러싸고 많은 논의가 있었다.

무엇보다도 앞에서 살펴본 적대행위 종료 후의 신속한 포로송환 원칙도 다음의 경우 일정한 제한을 받는다. 즉, 위반행위에 대한 형사소추가 진행중인 포로는 그러한 소추가 종료될 때까지 그리고 필요하면 형의 종료시까지 억류할 수 있다. 이것은 위반행위로 인하여 이미 유죄판결을 받은 포로에 대하여서도 동일하게 적용된다(제119조 5항).

이상에서 살펴본 바와 같이 제3협약의 포로대우를 중심으로 하는 규정은 인도

111) *Commentaire* III, pp.575-579.
112) 예를 들면, 1954년 6월 20일 베트남에서의 적대행위 종료에 관한 협정 제21조(a), 1973년 파리협정 제8조(a) 및 의정서 제1조, 1973년 8월 29일 인도와 파키스탄 포로송환협정(*ILM*[1973],p.1080). 중동분쟁에 있어서의 아랍제국과 이스라엘의 포로교환 협정에도 포로에게 선택권이 부여된 적은 없다.

법의 타 분야 규정과 비교하면 매우 상세하다. 다만, 동 협약은 그 적용을 위한 강력한 국내기구를 갖춘 당사국 및 일반적으로 전투지역과 배후지의 고전적인 구별을 전제로 하고 있기 때문에, 현대 무력분쟁(예를 들면 해방투쟁)의 당사자 입장에서 그 제규정상의 세부적 의무를 완전하게 이행하기 곤란한 경우도 있을 것으로 생각된다. 제1추가의정서는 앞에서 설명한 포로자격에 관한 급진적인 규정과는 대조적으로 포로대우에 대한 언급이 전혀 없다.

제3절 민간인 및 일반주민의 보호

두 차례 세계대전의 경험이 보여주는 바와 같이 현대 무력분쟁에서의 최대 희생자는 적대행위에 직접 참가하지 않은 민간인과 일반주민이라고 해도 과언이 아니다. 그런데 종래의 전쟁에서는 전투원과 일반주민의 구별원칙을 제외하고, 민간인 보호에 관한 구체적 규칙은 거의 없었다. 무엇보다도 제1차 세계대전 후, 특히 공습으로부터의 민간인 보호와 억류된 재류 적국민을 보호할 필요성을 통감하여, 1934년 제15회 국제적십자회의는 '전시 일반주민의 보호조약안(소위 동경초안)' 113)을 채택하고, 이를 논의하기 위한 외교회의도 1940년에 소집할 예정이었으나 제2차 세계대전의 발발로 무산되고 말았다. 이것을 참조하여 성립된 1949년 제네바 제4(민간인) 협약은 민간인 보호를 직접 규정하고 있는 최초의 조약이다.

민간인협약은 159개 조항과 3개의 부속서로 이루어져 있는데, 그 명칭에도 불구하고, 모든 범위의 민간인과 일반주민에게 충분한 보호를 부여할 것을 의도한 것이

113) 15me Conférence international de la Croix-Rouge, Tokyo(1934), Compte Rendu, Annexe, Project de Convention internationale concernant la condition et la projection des civils de nationalite ennemie qui se trouvent sur le territore d'un belligérant ou sur un territoire occupé par lui.

아니고 특히 적의 자의적 행위로부터 일정 범위의 민간인을 보호할 것을 주된 목적으로 한다. 이하에서는 어떤 범위의 민간인이 어떤 보호를 받는가에 관하여 민간인협약을 중심으로 그것을 보완한 제1추가의정서의 규정도 함께 검토한다.

1. 민간인의 보호

민간인 내지 일반주민은 크게 구별하여 무력분쟁 중, 교전국 영역에 체재하는 또는 권력내에 있는 외(적)국인(이하 일반적으로 '민간인' 으로 칭함)과 교전국 영역에 있는 모든 사람 특히 자국민(일반주민)으로 나누어지는데, 민간인협약은 주로 전자를 취급하고 있다. 민간인협약의 피보호자의 범위는 상당히 한정적이고 원칙적으로 분쟁당사국의 영역 및 점령지역에 있는 적국민 또는 제3국(중립국 또는 공동 교전국) 국민으로서 자국의 외교적 보호를 향유할 수 없는 자만이 대상으로 되어 있다(제4조).

그러나 이미 제1협약~제3협약의 피보호자는 민간인협약의 피보호자로 인정되지 않는다. 또 제1추가의정서는 난민과 무국적자도 민간인협약의 피보호자에 포함시키고 있다(제73조). 이러한 피보호자는 민간인협약상의 권리들을 향유하지만, 분쟁당사국의 안전에 유해한 활동 또는 점령지역에서 간첩이나 사보타지 행위를 한 명백한 혐의가 있는 자에게는 일정한 권리제한이 가해진다(제5조)는 점에 주의해야 한다. 다만, 이것은 국익(raison d' Etat)에 대한 중대한 양보를 나타내는 것으로써 제5조가 확대 적용되면 피억류자를 민간인협약의 통상적인 제도의 틀 밖에 놓이게 만들므로 동 조항의 적용은 극히 예외적인 것으로 보아야 한다.

피보호자의 지위 및 대우에 관한 민간인협약 규정은 115개 조항에 이르는데, 분쟁당사국의 영역 및 점령지역에 공통되는 규정(제27조~제34조), 분쟁당사국의 영역에 있는 외국인(제35조~제46조), 점령지역(제47조~제78조), 피억류자의 대우에 관한 규칙(제79조~제135조), 피억류자 정보국 및 중앙 피보호자 정보국(제136조~제141조)의 5개 부(部)로 구성되어 있다.

(a) 민간인의 기본적 권리

우선, 분쟁당사국 및 점령지역에 공통되는 규정으로서 모든 상황에서 인간의 존중을 확보하기 위한 기본원칙을 들 수 있다. 즉, 피보호자는 모든 경우에 있어 그들의 신체, 명예, 가족으로서 갖는 제권리, 신앙 및 종교상의 행사, 풍속 및 관습을 존중받을 권리를 가진다. 그들은 항시 인도적으로 대우되어야 하며, 특히 모든 폭행 · 협박 그리고 모욕 및 공중의 호기심으로부터 보호되어야 한다(제27조). 이것은 헤이그규칙 제46조를 기초로 하여 발전한 것으로, 인간 존중의 권리를 인간의 신체 · 정신 · 지성의 일체성의 권리라고 하는 최 광의로 파악한 것이다. 그밖에 여성에 대한 특별보호, 피보호자의 인종, 종교 또는 정치적 의견에 따르는 불리한 차별 없이 모든 피보호자를 동일한 조건하에 대우하여야 한다(무차별원칙)는 것도 열거하고 있다(제27조).

무엇보다도 분쟁당사국은 피보호자와 관련하여 전쟁의 결과 필요한 통제 및 안전조치를 취할 수 있다. 이러한 조치는 제2차 세계대전의 예로 보아 경찰에 대한 정기적 출두, 신분증명서의 휴대부터 허가 없는 주거변경 금지, 주거지정, 억류에 이르기까지 여러 가지가 있을 수 있으나, 민간인협약은 허가될 조치를 특정화하지 않고 다만 그 조치가 앞에서 기술한 인간의 기본적 권리를 침해하여서는 안 된다는 것을 나타내고 있다.

피보호자의 기본적 권리를 보장하기 위해 특히 금지되는 것으로서 피보호자와 제3자로부터 정보를 얻기 위하여 피보호자에게 육체적 또는 정신적 강제를 가해서는 안 되며, 피보호자의 살해, 고문, 육체적 형벌, 신체의 절단, 그들의 치료상 필요치 않는 의학적 또는 정신적 실험도 금지된다(제31조, 제32조). 또한 피보호자는 그 자신이 행하지 않은 위반행위로 인하여 처벌되어서는 안 되며, 체벌 및 모든 협박 또는 공갈도 금지된다(제33조). 피보호자는 이익보호국, 적십자국제위원회 및 그들이 재류하는 국가의 적십자사 및 피보호자들을 원조하는 기타 단체에 고충을 신청할 수 있다(제30조).

(b) 분쟁당사국 영역내의 외국인

분쟁당사국 영역 내에 있는 외국인, 특히 재류 적국민의 대우에 대해서는 제1차 세계대전을 거치면서 교전국의 태도에 기본적 변화가 있었다. 그 이전에는 전쟁 발발 시, 재류 적국민은 일정한 합리적 기간 내에 그 국가에서 퇴거하든지 아니면 계속 재류하든지 선택하는 것이 인정되었다. 그러나 제1차 세계대전 이후 병역의무의 일반화 및 총력전 양상의 출현과 더불어 재류 적국민의 귀국으로 인한 적의 인적 전투력에의 기여를 막기 위해 각 교전국은 그들의 퇴거 권리를 제한하고, 많은 국가가 재류 적국민의 적대적 활동을 예방하고 그들을 자국민의 폭력으로부터 보호하기 위해 특정한 억류정책을 취하기에 이르렀다. 그러나 집단적으로 억류된 적국민의 생활조건은 일반적으로 열악하였다.[114)]

이미 1934년 동경초안은 적국민의 퇴거를 인정하면서도 "단, 동원하기에 적합한 자 또는 퇴거가 거주국의 안전을 위협하는 자는 제외한다(제4조)"라고 규정하였다. 민간인협약은 "분쟁개시 시, 또는 분쟁중에 분쟁당사국 영역으로부터 퇴거하기를 희망하는 모든 피보호자들은 그 퇴거가 재류국의 국가적 이익에 반하지 않는 한 그 영역으로부터 퇴거할 권리를 가진다(제35조)"라고 규정하였다.

---

114) 제2차 세계대전중 외교교섭, 이익보호국이나 CICR을 개입시켜 피억류자의 본국 송환이 상호주의에 기초하여 교환되기도 했다. Rapport du CICR sur son activité pendant la seconde guerre mondiale, vol. II(1948), pp.628-665

이 규정에서 알 수 있듯이 한편으로 퇴거에는 이해관계자(재류 적국민)의 의사가 고려되며, 그 의사에 반하여 본국으로 송환되지 않는다. 다른 한편 재류국은 귀국하면 동원될 적국민과 자국의 안전과 양립하지 않는 외국인을 억류할 권리를 갖는다. 여기서 말하는 '국가적 이익'의 관념은 동경초안에 있던 '안전'의 고려보다 광범위한 것으로, 예를 들면 재류적국민의 퇴거에 의해 자국 경제가 영향을 받는 경우도 포함하는 것으로 볼 수 있다.115) 이처럼 분쟁당사국에게 넓은 재량권이 인정되고 있다.

퇴거가 허용된 자는 여행에 필요한 금전을 소지하고 또한 적당한 개인용품을 휴대할 수 있으며, 이러한 퇴거는 안전 · 위생 · 보건 및 식량에 관하여 만족할 만한 조건하에서 실시되어야 한다(제36조).

또한 퇴거할 의사가 없는 자 또는 퇴거할 수 없는 외국인의 지위는 특별조치는 예외로 하고 원칙적으로 평시에 있어서의 외국인에 관한 규정에 의하여 계속 규율된다. 여하한 경우에도 피보호자들에게는 일정한 기본적 권리(구호품의 수령, 의료상의 간호 및 입원치료, 신앙의 실천, 아동 · 임산부 · 유아의 모에 대한 유리한 대우 등)가 부여되어야 한다(제38조).

노동에 있어 외국인(피보호자)은 재류국 국민과 동등한 정도 이상으로는 강요당하지 않으며, 피보호자가 적국민일 경우에는 인간으로서 식량 · 주거 · 의류 · 수송 및 건강을 위하여 정상적으로 필요한 노동으로서 군사행동에 직접 관계가 없는 것 이외에는 그들에게 강요할 수 없다(제40조). 말하자면 내국민 대우라 할 수 있는 규정은 무력분쟁시에 국가경제의 기능 확보를 위해 분쟁당사국이 행하는 민간인 노동

115) 특히 다수의 외국인 퇴거가 노동력 문제나 경제적 이해 측면에서 국가적 이익을 위협하게 될 이주지의 사정이 고려되었다. *Actes*(1949), Ⅱ A pp.638, 722: Ⅱ B, p.407.

력의 동원 관행이 일반화되어 있는 현대에 있어 중요한 의미가 있다.

외국인의 재류국은 민간인협약에서 인정된 여타의 통제조치를 불충분하다고 인정하는 경우에도 그들의 주거지정 또는 억류조치보다 더 가혹한 통제조치를 취해서는 안 된다. 피보호자의 억류 또는 주거지정은 억류국의 안전보장상 이를 절대로 필요로 하는 경우에 한하여 명할 수 있다(자발적 억류는 별개, 제41조).

이러한 조치는 파괴행위, 스파이, 사보타지 등을 행할 위험성을 방지하고자 하는 것이므로 단지 적국민이라는 점이 억류를 정당화하는 기준이 될 수는 없다. 억류의 절차는 민간인협약 제4부에 상세하게 규정되어 있다.[116]

한편 억류국은 통제조치를 적용함에 있어 사실상 여하한 정부의 보호도 받고 있지 않는 망명자들을 다만 그들이 법률상 적국의 국적을 가지고 있다는 이유만으로 적성 외국인으로 취급되어서는 안 된다(제44조).[117] 외국인은 민간인협약 체약국 이외의 국가로, 또한 여하한 경우에라도 그들의 정치적 의견 또는 종교적 신앙 때문에 박해를 받을 우려가 있는 국가에 이송되어는 안 된다(제45조).

---

116) 민간인협약이 실현한 주요한 진보의 하나는 이유를 불문하고 자유를 뺏긴 모든 민간인(피점령국의 민간인도 포함)에게 포로와 유사한 지위를 향유시켰다는 점이다. 이에 해당되는 '피억류자의 대우에 관한 규칙'의 많은 조문(제97조~제135조)은 제3(포로)협약의 규정과 거의 동일하다. 다만 계급의 존중이나 경례 등 군인에게만 관련되는 규정이 삭제된 대신 민간인에게 고유한 몇몇 규정이 부가되어 있다. 후자는 군율에 복종하지 않는 민간인을 위해서 억류의 엄격함을 완화시킨 것이다. 예를 들면, 포로에게는 일정한 노동을 강제할 수 있는 것에 비해 피억류 민간인에게는 희망할 경우에만 노동자로 사용할 수 있다(제95조). 또한 동일 가족 구성원 특히 부모 자식은 억류기간 중 가능하면 수용소의 동일 건물 내에 거주시켜야 한다(제82조)는 것 등이다.

117) 제2차 세계대전 중 다수의 망명자(특히 독일인)가 교전국에 재류하고, 일정한 국가(미・영)에서는 그들을 특별재판소에서 개별적으로 심사하여 적성 외국인에 해당하는 '진정한 적국인'(real ennemies)과 적국으로부터의 망명인인 '우호적 적국인'(friendly ennemies)으로 구별하여 후자에게는 전자보다 훨씬 유리한 지위를 부여하였다. Kempner. R. M. W., "The Enemy Alien Problem in the Present War," *AJIL*(1940), pp.443ff.

또한 제2차 세계대전 중 다수의 일본계 미국인이 강제수용되었다. 1987년 미국에서는 이러한 강제수용에 대한 보상을 요구한 일본계 미국인의 소송이 연방최고재판소에서 시효를 이유로 기각되었다. 한편, 1988년 8월 10일 레이건 대통령은 상・하 양원에서 가결된 '전시 시민 강제수용법안'(소위 '시민자유법')에 서명하여 법률로 채택하였다. 동 법은 강제수용을 당했던 일본계 미국인 12만 5천명 중 생존한 6천명을 대상으로 1인당 2만 달러의 보상금을 지불할 것을 규정하고 있다. 1988년 9월에는 캐나다도 생존한 일본계 캐나다인 1만 2천명에 대한 보상계획을 밝혔다.

(c) 점령지역의 민간인

점령지역의 민간인(주민) 보호에 대해 민간인협약은 헤이그규칙의 점령 규정을 보완하여 훨씬 광범위한 규정을 명문화했다. 대다수는 제2차 세계대전에서의 점령군의 시정(施政) 사례 및 점령지역 주민의 대우에 대한 반성에 기초하고 있다. 점령지역에 있는 피보호자는 여하한 경우 및 여하한 방법으로도 점령의 결과로 동 지역의 제도 또는 정치상 초래되는 모든 변화, 점령지역 당국과 점령국간에 체결되는 모든 협정 또는 점령국에 의한 점령지역의 전부 또는 일부의 병합에 의하여 본 협약의 혜택을 방해해서는 안 된다(제47조).

점령지역은 사실상 적군의 권력내에 들어간 지역으로(헤이그규칙 제42조) 일시적 사실 상태를 가리키는 것이므로 무력분쟁 계속 중 점령군의 힘을 배경으로 한 그 지역의 지위 변경 및 병합은 법적으로 인정되지 않고, 일반적으로 점령지의 현행 법률을 존중하여야 한다. 제2차 세계대전 중 그것을 무시한 점령당국의 관행으로 점령지역 민간인의 법적 보호가 박탈되었던 경험에 비추어, 앞의 규정이 모두(冒頭)에 놓인 것이다. 마찬가지로 제2차 세계대전의 경험에 기초한 가장 중요한 규정은 점령지역 주민의 강제이송 또는 추방(déportation)의 금지를 강조한 다음과 같은 새로운 조문이다.

"피보호자들을 점령지역으로부터 점령국의 영역 또는 피점령 여부를 불문하고 타국의 영역으로 개인적 또는 집단적으로 강제이송 또는 추방하는 것은 그 이유를 불문하고 금지 된다(제49조 1항)."

이 금지는(동 조 2항 제외) 절대적이며 어떠한 예외도 허용되지 않는다.[118] 무엇보다도 점령국은 주민의 안전 또는 절대적인 군사상의 이유로 필요한 경우 일정구역의 전부 또는 일부에서 퇴거(évacuation)할 수 있다. 그러한 퇴거는 물적 이유 때문에 불가피한 경우를 제외하고는 피보호자들을 점령지역의 경계 밖으로 이동시키는 것이어서는 안 된다. 퇴거당한 자들은 당해 지역에서의 적대행위가 종료되는 즉시 각자의 가정으로 귀환되어야 한다(제49조 2항). 여기서 말하는 퇴거는 추방 및 강제이송과는 다른 일시적 조치에 지나지 않고, 피보호자의 이익을 위해서(예를 들면, 병원·안전지대 및 중립지대에 들어갈 수 있도록 하기 위함) 이루어진다.[119]

앞의 점령지역 민간인의 강제이송 등의 금지와 비교하여 피점령 지역의 국적을 갖지 않는 피보호자(교전국 또는 중립국 국민, 다만 피점령국 국민과 점령국(또는 그 동맹국) 국민 제외. 국적 불명자와 무국적자 포함)는 그 영역에서 퇴거할 권리를 행사할 수 있다(제48조).

점령지역의 민간인중 가장 취약한 입장에 있는 자는 아동이다. 특히 신원의 식별이 불가능한 아동의 보호에는 점령국의 적절한 조치를 필요로 한다. 이 점과 관련하여 민간인협약에 따르면 점령국에 국가 또는 현지 당국의 협력 하에 아동[120]들의 보호 및 교육에 전용될 모든 시설의 운영에 편의를 제공하여야 한다. 또한 점령국은 아동들의 신원확인 및 친자관계의 등록을 용이케 하기 위해 필요한 조치를 취하여야 한다(제50조).

이러한 규정은 제2차 세계대전에서 수백만에 이른 아동 희생자를 염두에 둔 것

---

118) 역으로 '점령국은 점령지역으로 자국의 민간인 일부를 추방 또는 이송해서는 안된다'(제49조 6항). 여기서 말하는 추방이나 이송은 주로 점령국 국민의 점령지역으로의 정책적 이주를 뜻한다. 이러한 이주는 제2차 세계대전 중에도 일부 국가에 의해 점령지역에 정치적, 인종적 또는 식민지주의적 이유에서 자국민의 일부를 이주시키는 방법으로 이루어졌다. 오늘날 중동지역에서 아랍 점령지역에의 이스라엘 국민의 이주는 위 규정에 저촉된다고 할 수 있을 것이다. CICR은 종래 점령지역에서의 민간인협약에 초점을 맞춰왔으나 1982년의 이스라엘에 의한 레바논 민간인 폭격과의 관계에서는 제1추가의정서의 일반주민의 보호에 관한 규정 등을 예로 들었다. MacBride(ed.), *Israel in Lebanon : Report of the International Commission to enquire into reported violations Law by Israel during its invasion of the Lebanon,* London, 1983. 1990년 11월 3일 예루살렘에서의 팔레스타인人 살상사건에 관한 보고서를 제출하고 민간인협약 체약국의 국제회의를 제창했다.

119) 베트남전쟁 중에 이루어진 남베트남 주민의 '평정촌'(平定村) 등으로의 수용은 비록 '강제이송'이 아니라 '퇴거'에 해당한다고 해석되어도 수용 후의 위생 등의 조건 뿐만 아니라 주민의 원래의 주거지가 몽땅 불태워져 적대행위 종료 후 각자의 가정으로의 귀환도 불가능해진 것을 생각하면 제49조에 따라 정당화될 수 없을 것이다.

120) '아동'의 일반적 정의는 민간인협약에 나타나 있지 않다. 아동의 대우를 규정한 조문에 의하면 아동의 한계연령은 제각각으로 제14조·제23조·제24조·제38조 5항에서는 15세, 제24조 3항에서는 12세, 제51조 2항 및 제68조 4항에서는 18세이다. 제50조는 타 조문과 달리 아동의 한계연령을 규정하고 있지 않지만(제50조 5항에서는 15세), 해설서(*Commentaire* IV, p. 307)에서는 15세가 합리적이라고 본다. 그러나 본 조는 순수하게 형식적 기준에 의한 것이라 할 수 없고 인간의 육체적·정신적 발달 정도에 의존하므로 나이는 성년이더라도 아동이라고 볼 수 있다. 또 아동의 관념은 피점령국의 법률에 따라 이해된다고 할 수도 있다.

으로 오늘날의 무력분쟁에서도 점령지역 여부를 불문하며, 적대행위에서 아동의 희생은 증대하고 있고 아동이 적대행위에 참가하는 현상도 두드러진다. 이러한 현상을 고려하여 제1추가의정서는 점령지역보다 넓은 의미로 '분쟁당사국의 권력 내에 있는 아동(민간인협약의 피보호자에 한정하지 않고)' 에 관하여, 더욱 특별한 보호규정을 두었다. 그 중에서도 분쟁 당사국은 15세 미만의 아동이 적대행위에 직접 가담하지 아니하고, 특히 자국군대에 그들이 징모되지 않도록 하기 위하여 모든 실행가능한 조치를 취하여야 한다(제77조 2항).[121]

또한 '아동의 권리에 관한 협약' 은 아동권리선언(총회 결의 1386[XV]) 30주년이자 '국제아동의 해' 10주년이었던 1989년에 국제연합 총회에서 채택되어(결의 44/25 부속) 1990년 9월 20일 발효하였다.

동 협약은 무력분쟁시(국제적 무력분쟁과 비국제적 무력분쟁을 구별하지 않고 또 점령지역 여부를 불문함)에도 적용되는 규정(제38조)을 두고 있다. 이에 의하면, 아동의 적대행위 참가를 규제하는 규정으로는 두 종류가 있다. 하나는 체약국은 "15세에 달하지 아니한 자가 적대행위에 직접 참여하지 아니할 것을 보장하기 위하여 실행 가능한 모든 조치를 취하여야 한다(제38조 2항)"라는 것이고, 다른 하나는 "15세에 달하지 아니한 자의 징병을 삼가야 한다. 15세에 달하였으나 18세에 달하지 아니한 자중에서 징병하는 경우 최 연장자에게 우선순위를 두도록 노력하여야 한다(동 조 3항)"라는 것이다.

이러한 내용은 제1추가의정서 제77조의 규정을 승계한 것으로 동 규정과 마찬가지로 규정상의 제한을 회피할 수 있는 여지를 포함하고 있다. 즉, 체약국은 아동이 적대행위에 '직접 참가' 하지 못하도록 가능한 한 모든 조치를 취하더라도 아동이

121) 그럼에도 불구하고 만15세에 미달한 아동이 적대행위에 직접 참가하여 적의 권력 내에 빠진 경우에는 그 아동이 포로인지 여부를 불문하고 본 조가 부여하는 특별한 보호를 계속 향유한다(제77조 3항). 또한 외교회의에서는 유고슬라비아, 스위스 등이 조국방위를 위한 적대행위에 대한 자발적 참가를 금지해서는 안된다고 주장하였고, 그 결과 금지를 '직접'참가만으로 한정하였지만, '가능한 조치'(CICR 최종초안 제68조에서는 '모든 필요한 조치'로 되어 있다)를 취하는데 한정되었다.

군사정보의 수집 전달, 무기탄약의 수송 · 보급 등에 간접적으로 참가하는 것은 금지되지 않는다. 또 군대의 '징모' 금지 문제를 '직접 참가' 금지 문제와 확실히 구별한 점에 개선의 흔적은 보이지만, 아동이 임의로(의용병으로서) 가담하는 것 자체는 금지되어 있지 않다고 할 수 있다.[122)]

점령당국이 점령지역 주민에게 역무를 요구할 수 있는가 여부는 군사적 역무와 비군사적 역무를 구분해서 살펴보지 않으면 안 된다. 전자는 헤이그규칙(제22조 2항)에서 명시되고 있는데, 적국민에게 그 조국에 대하여 무기를 들것을 강제하는 것은 엄격히 금지된다. 그러나 2차례의 세계대전에서 이러한 금지가 준수되지 않자 민간인협약은 점령국은 피보호자들에게 자국의 군대 또는 보조부대에 복무할 것을 강요하여서는 안 되며, 자발적 지원을 목적으로 하는 압력 또는 선전을 금지하였다(제51조).

이러한 금지는 절대적 의무이다. 병역 이외의 비군사적 역무와 관련하여서는 점령당국에 일정한 역무 부과가 허용되고 있다. 이 점에 대해 헤이그 규칙은 징발 및 과역(課役)은 점령군의 수요를 위한 것이어야 하고 지방의 자력에 상응하는 것이어야 한다고 규정하고 있다(제52조).

제2차 세계대전에서 점령국은 노동력 확보를 위해 다수의 주민들에게 강제로 역무를 부가하였고, 그로 인해 점령지역의 생산력 및 경제력은 극도로 악화되었었다. 이에 대한 반성으로 민간인협약은 과역의 완전한 금지를 실현하지는 못했으나 상당히 구체적인 몇 가지 제한조건을 부가했다. 예를 들면, 점령국은 18세 미만의 피보호자에게 모든 강제노동을 부과해서는 안 되고, 18세 이상이라도 점령군의 수요, 공익사업 또는 피점령국 주민의 급양 · 주거 · 피복 · 수송 또는 건강(주민의 수요) 때

122) Maria Teresa Dutli, "Enfants-combattants prisonniers," *RICR*, No.785, pp.456-470.

문에 필요한 노동이 아니면 피보호자에게 노동을 강요할 수 없다(제52조).

한편, 점령국은 이용 가능한 모든 수단으로서 주민의 식량 및 의약품의 공급을 확보할 의무를 진다. 특히 점령지역의 자원이 불충분할 경우에는 필요한 식량, 의료품 및 기타의 물품들을 수입하여야 한다. 점령국은 점령군 및 점령 행정기관 요원의 사용에 충당할 경우라도 주민의 필요를 고려한 경우를 제외하고 점령지역에 있는 식량, 물품 또는 의약품을 징발해서는 안 된다(제55조).

점령지역의 피보호자 중에서도 공무원과 법관은 피점령지 국가가 공적 자격과 직무를 갖는다는 의미에서 특수한 지위에 있다. 제2차 세계대전 중 점령국들은 자신들의 정치적 목적을 지지하도록 압력을 가해 그들이 충성을 맹세한 정부에 대립토록 몰아 부친 적이 있었다. 민간인협약은 점령국에게 점령지역내에 있는 공무원 및 법관의 신분을 변경시키거나 또는 그들의 양심에 따라 자기의 직무수행을 기피할 경우에라도 어떠한 방법으로 그들에게 제재를 가하거나 강제적 또는 차별적 조치를 취하여서는 안 된다(제54조)고 하고 있다. 이는 점령이 주권의 변경을 의미하거나 충성관계를 단절하는 것이 아니라, 공무원 및 재판관은 자국에 대하여 계속 책임을 부담한다는 점에서 당연히 용인되는 것이다. 그러나 앞의 금지에는 두 개의 중요한 한계가 있다.

하나는 점령국은 공무원을 공익사업, 주민의 급식 · 주거 · 피복 · 수송 및 건강을 위해 필요한 노동(제51조 2항에 열거)에 종사시킬 권리를 갖는다는 사실이며, 다른 하나는 점령국은 점령 중 공무원을 그 직책으로부터 해임시킬 권리가 있다는 점이다(제54조 2항).

점령지역의 주민에게 적용될 형법에 관해 민간인협약은 주민을 점령국의 자의로부터 보호하면서 질서유지를 위해 상세한 규정(제64조~제78조)을 마련했다. 우선 피점령국의 형법은 계속해서 효력을 갖는다. 그러나 여기에는 두 가지 예외가 있다.

하나는 그 법령이 점령국의 안전을 위협하는 경우(예를 들면, 점령군에 대한 저항을 규정하고 있는 법령)이고, 다른 하나는 그 법령이 민간인협약의 적용을 방해하는 경우(예를 들면, 민간인협약 제27조에 반하는 정신으로 만들어진 인종적 · 종교적 소수자에게 불리한 규정 등의 차별적 조치)이다.

이러한 경우 점령국은 그 법령을 폐지 또는 정지시킬 수 있다. 점령지역의 재판소도 그 임무를 계속 수행하여야 한다. 즉, 점령지역의 주민은 자국 재판관에 의한 재판을 받는다. 그러나 이 사항에도 유보가 있다. 한편으로 점령국은 비인도적 또는 차별적 법령을 적용하는 임무를 띤 재판소를 폐지할 권리를 가지며, 다른 한편 제54조에 의해 재판관이 그 직무수행을 기피한 경우에 재판을 인수할 권리를 갖는다. 점령국은 동 협약의 적용에 책임을 지는 당국으로서 또 잠정적인 권력보유자로서 일정한 한정적인 법령제정권한을 갖는다. 이 권한에 따라 점령국은 점령지역의 주민으로 하여금 자국이 민간인협약에 기초한 의무를 이행하고, 점령지역의 질서 있는 행정을 유지하며, 점령국의 안전, 점령군 또는 점령행정기구의 구성원 및 그 재산의 안전과 그리고 그들이 사용하는 시설 및 통신선의 안전을 확보하기 위해 불가결한 규정들에 점령지역 주민을 복종시킬 수 있다.

점령국이 제정한 형벌법령은 주민들이 사용하는 언어로 공포하고 또 주민들에게 주지시킨 후에 효력이 발생하며 소급 적용은 금지된다. 이 형벌 규정에 위반하는 행위가 있을 경우 점령국은 정당히 구성되고 비정치적인 점령국의 군사재판에 피의자들을 인도할 수 있다. 단, 동 군사재판은 피점령국 내에서 개정되어야 한다. 민간인협약은 점령국의 권한 있는 재판소의 재판절차에 대한 상세한 규정(제71조~제77조)을 두고 있다.

이상과 같이 민간인협약에서 재류 적국민 또는 점령지역 주민 여부를 불문하고 기본적으로는 인간의 존중 · 보호 관점에서 상세한 보호규정을 두고 있기 때문에 제1추가의정서에서는 보호내용 그 자체에 대한 추가적 규정은 여자(제76조) 및 아동의 보호(제76조~제78조)를 제외하고 거의 없다. 다만 민간인협약의 피보호자의 범위가 상당히 한정되어 있는 것에 반해, 제1추가의정서에서는 민간인의 범위가 확대되고 포로협약 제4조 A(1),(2),(3),(6)의 포로 및 동 의정서 제43조에 규정된 군대구성의 부류중 하나에 속하지 않는 모든 자를 포함하게 되었다(제50조 1항). 또한 의심스러운 경우의 민간인 추정도 규정되어 다음에 살펴볼 기자(저널리스트도)도 민간인으로 간주된다.

(d) 기자

주목할 점은 무력분쟁을 취재하기 위해 현지에 파견된 기자의 보호에 관한 규정이 제1추가의정서에 삽입되었다는 사실이다. 기자는 적대행위가 행해지고 있는 지역에 들어가 취재하기 때문에 분쟁당사국 쌍방으로부터 행동의 자유를 보장받을 필요가 있으며, 군사활동으로부터 피해를 입을 위험성도 매우 높다. 현대 무력분쟁에 있어 기자의 희생이 두드러지는 점에 착안하여 국제연합 총회는 1970년 이후 이 문제를 검토하여(결의 2673[XXV]) 장래의 작업의 기초가 될 조약안을 작성하였다.[123]

인도법의 재확인과 발전을 위한 정부전문가회의에서도 이 문제는 의제가 되었는데, 군사행동의 위험으로부터 특별보호를 향유할 새로운 카테고리를 신설하는 것은 기자를 포함한 민간인 전체의 보호를 취약하게 할 수도 있다는 특별보호의 필

123) 1972년 3월의 인권위원회 결의 6(XXVIII)의 부속서인 '무력분쟁 지역에서의 위험한 직업적 임무에 종사하는 저널리스트의 보호에 관한 조약 초안'(*Protection of Journalists Engaged in Dangerous Missions in Areas of Armed Conflict, Report of the Secretary General,* A/8777. Annex Ⅰ).

요를 의문시하는 의견과 반대로 무력분쟁 관련 사건들이 가능한 한 완전하게 보도되는 점이 세계여론에 이익이 되고 또 기자의 존재가 무력분쟁에 대한 인도법의 적용에 기여한다고 하여 그들에게 특별보호를 부여하는 것에 찬성하는 의견이 표명되기도 했다.[124]

인도법 외교회의에서는 이에 관한 새로운 협약의 작성보다 1개의 조항을 신설하기로 합의하였다. 제1추가의정서 제79조에 의하면, 무력분쟁 지역에서 위험한 직업적 임무를 수행하는 기자는 그 본국, 거주지국 또는 그가 속한 보도기관의 소속지국의 정부에 의해 발급된 기자자격을 증명하는 신분증명서(그 양식은 제1추가의정서 제2부속서에 있다)[125]를 취득할 수 있다.

기자는 민간인으로서의 자신의 지위에 불리하게 영향을 미치는 어떠한 행위를 하지 않는 한, 1949년 제네바제협약 및 1977년 제1추가의정서에 의하여 민간인 자격으로 보호된다. 다만 그들은 분쟁당사국의 권력 내에 빠진 경우 군대에 수반되는 종군기자가 포로협약에서 향유하는 포로의 지위를 방해받지 않는다. 이처럼 특별보호라고는 할 수 없지만, 기자의 민간인으로서의 자격이 확인되어 신분증명서의 휴대로 일정한 보호가 보장됨과 동시에, 몸에 부착하는 식별표장은 없지만 분쟁당사국의 군사행동의 직접 대상이 되어서는 안 된다는 점이 명확해졌다.

2. 일반주민의 보호

분쟁당사국의 일반주민에 대해 민간인협약은 약간의 일반적 보호규정(제2편)을 두고 있을 뿐이다. 제2편의 규정은 특히 인종, 국적, 종교 또는 정치적 의견에 따른 불리한 차별 없이 분쟁당사국의 주민 전체에 적용되며 또 무력분쟁에 의하여 발생

124) *Rapport sur les travaux de la Conférence*, Vol. I (1972), pp.137-141.

125) '위험한 임무에 종사하는 기자의 신분증명서'(제2부속서)의 외측에 '주의'(Notice, Avis)라고 하여 '이 증명서는 무력분쟁지구에서 위험한 직업적 임무에 종사하는 기자에게 발급된다. 이 증명서의 소지자는 1949년 제네바 제협약 및 제1추가의정서에 따라 민간인으로서 대우받을 권리가 있다. 이 증명서는 본인이 항상 휴대하여야 한다. 본인이 체포되었을 경우 신분을 증명하기 위해서 기자를 억류하는 당국에게 즉시 증명서를 제시하여야 한다'고 기재되어 있다. 내측에는 성명, 출생지와 생년월일, 신문(통신)사명, 유효기간 등이 기입된다.

되는 고통의 경감을 목적으로 한다(제13조). 여기서 말하는 '분쟁당사국의 주민 전체'란 그곳에 존재하는 모든 민간인을 가리키지만, 주로 그 당사국의 국민을 대상으로 한다. 국가가 자국민에 대해 국제법상의 일정한 의무를 진다는 자체가 새로운 현상이라고도 할 수 있다.

다만 본 편에는 군사행동에서 발생하는 위험에 대한 일반주민 전체의 보호 규정이 직접 언급되어 있지 않다. 이 점은 제1추가의정서 제51조에서 처음으로 상세하게 서술되었다. 민간인협약에서는 일반적으로 전투에 참가하지 않은 상병자, 임산부, 아동과 민간병원의 보호 및 특별 보호지대의 설정(앞에서 서술한 병원 · 안전지대와 중립지대)에 관해 규정하고 있는데 지나지 않는다. 그러한 의미에서 제1(및 제2)협약 규정과의 유사성 및 중복 또는 제1협약 제원칙의 민간인 상병자에 대한 적용이라는 면이 있다.

일반주민 중에서도 병자, 허약자 및 임산부는 여타 민간인 이상의 '특별한 보호 및 존중(제1협약의 전형적 방식)'을 받는다(제16조). 각 분쟁당사국은 군사상의 사정이 허락하는 한, 사망자 및 부상자를 수색하고 조난자 및 기타 중대한 위험에 처한 자를 구조하며, 약탈 및 학대로부터 이들을 보호하기 위하여 취하는 조치에 편익을 제공하여야 한다. 민간병원도 군병원과 동일한 방법으로 보호된다. 부상자 · 병자 · 허약자 및 임산부를 간호하기 위하여 설립된 민간병원은 어떠한 경우에도 공격의 대상이 되어서는 안 되며 항시 분쟁당사국에 의하여 존중되고 보호되어야 한다. 분쟁당사국은 모든 민간병원에 대하여 그 병원이 민간병원이라는 것 및 그 병원이 사용하는 건물이 병원으로서의 보호를 박탈당할 만한 목적으로 사용되고 있지 않다는 것을 제시하는 증명서를 발급하여야 한다.

또한 민간병원은 국가의 허가가 있는 경우에 한하여 적십자 표장을 게시할 수 있다(제18조). 민간병원의 운영 및 관리에 정규로 종사하는 직원은 존중되고 보호되어야 한다(제20조, 또 민간위생요원 보호규정의 不備는 제1추가의정서에서 이미 기술한 바와 같이 보강되었다).

그밖에 상병자 등을 보호 · 수송하는 차량 · 열차 · 선박은 민간병원과 동일하게 존중 및 보호되어야 하며 또한 그들의 수송과 의무요원 및 의료기구의 수송을 위하여 전적으로 사용되는 항공기는 모든 관련 분쟁당사국간에 특별히 합의된 고도, 시각 및 항로에 따라 비행하고 있는 동안 공격되어서는 안 되고 존중되어야 한다(제21조 및 제22조).

각 체약국은 비록 적국일지라도 타방 체약국 민간인에게만 향하는 의료품 및 병원용품 그리고 종교상의 의식을 위하여 필요로 하는 물품, 15세 미만의 아동과 임산부에게 송부되는 불가결한 식료품, 피복 및 영양제 등 모든 탁송품의 자유통과를 허가하여야 한다(제23조). 이러한 탁송품의 자유통과는 일정한 조건에 따르는데, 오늘날 자주 행해지는(특히 경제전) 봉쇄에 대한 인도적 요청에 기초한 것이다. 이러한 종류의 구호활동은 제1추가의정서에 의해서도 보충되었다(제70조).

현대 무력분쟁에서는 아동의 연루가 점차 증가하고 있고, 이에 따라 많은 고아의 발생 또는 가족의 이산이 초래되고 있다는 점을 감안하여 민간인협약은 일반주민 중에서도 특히 아동의 보호와 가족과의 통신에 관하여 규정하고 있다. 분쟁당사국은 전쟁의 결과 고아가 되었거나 또는 가족들로부터 이산된 15세 미만의 아동(자국민, 적(외)국인을 불문)이 유기되지 않도록 그리고 모든 경우에 있어 그들의 부양, 종교생활 및 교육이 용이하게 보장되도록 필요한 조치를 취하여야 한다. 그들의 교육은 가능한 한 유사한 문화적 전통을 가진 자들에게 위탁되어야 한다.

분쟁당사국은 이러한 원칙들이 준수되리라는 적정한 보장이 있는 경우에는 이익보호국의 동의를 얻어(만일 그러한 이익보호국이 있는 경우) 분쟁이 계속되고 있는 동안 앞에 기술한 아동들의 중립국내 수용에 대해 편의를 제공하여야 한다. 분쟁당사국은 또한 12세 미만의 아동들에게 명찰의 착용 또는 기타의 방법으로 그들의 신원을 식별케 할 수 있도록 하여야 한다(제24조). 또한 아동에 대해서는 기술한 바와 같이 제1추가의정서에 추가 규정(특히, 퇴거에 관한 제78조가 주목됨)이 두어졌다. 아동의 권리에 관한 협약도 체약국은 무력분쟁에 의해 영향을 받는 아동의 보호 및 양육을 확보하기 위하여 실행 가능한 모든 조치를 취하여야 한다고 하고 있다(제38조 4항).

가족과의 통신에 대해서는 분쟁당사국의 영역 또는 그 점령지역내에 있는 모든 자에 대하여는 그들의 가족이 있는 장소의 여하를 불문하고 엄밀한 사적 성격을 가진 소식을 그들 가족들과 상호 전달할 수 있도록 하여야 한다. 이러한 통신은 신속히 그리고 부당한 지체 없이 전달되어야 한다(제25조).

이산가족의 수색 · 재회에 대해 각 분쟁당사국은 전쟁으로 인해 이산된 가족들이 상호 연락을 회복하고 가능한 한 재회 목적의 수색에 편의를 제공하여야 하며, 특히 이러한 사업에 종사하는 단체가 자국에서 용인될 수 있고 또한 그러한 단체가 적국의 안전보장 규칙을 준수하는 한 동 단체의 사업을 장려하여야 한다(제26조). 제1추가의정서에도 이를 확인하고 보충하는 조문(제74조)이 들어 있다.

또한 민간인협약에는 없으나 제1추가의정서에 처음 규정된 것으로 '민방위(Civil Defense, Protection Civile)' 제도(제61조~제68조)가 있다. 여기서 말하는 민방위의 발상은 일반주민을 적대행위의 위해(危害) 뿐만 아니라 무력분쟁 중에 발생할 수 있는 자연재해에 의한 위험으로부터도 보호하려는 것으로 이 민방위에 해당되는 단체와 그 요원의 존중 · 보호를 확보함을 그 목적으로 하고 있다.[126)]

제4절 기타 희생자의 기본적 보장

무력분쟁 희생자 중에는 이제까지 살펴본 제네바제협약 피보호자의 어떤 부류에도 해당되지 않는 자도 있을 수 있으며, 그들에 대한 일정한 보호는 제1추가의정서에 처음으로 명시되었다. 현대 무력분쟁에서는 반드시 앞에서 거론한 제협약의 보호를 받지 못하는 자가 증대하고 있는 경향을 보아도 그들에 대한 기본적 보장을 부여하는 것은 시의적절하고 또한 인도법의 발전방향에 부합되는 것으로 볼 수 있다.

분쟁당사국이 자의적으로 그들에 대한 한계를 설정하고 민간인협약 제5조 3항에 의해 혐의를 받는 피보호자가 향유할 인도적 대우를 명확히 하기 위해 1973년

---

126) '민방위'라는 표현은 적대행위 또는 재해의 위험으로부터 주민을 보호하고 일반주민이 직접적인 피해로부터 회복하도록 원조하고 생존에 필요한 조건을 제공하기 위한 인도적 임무수행을 의미한다. 그 인도적 임무는 ①경보, ②퇴거, ③피난소의 사용과 관리, ④ 등화관제 실시, ⑤구조, ⑥응급치료를 포함한 의료와 종교적 원조, ⑦소방, ⑧위험지대 탐지와 표시, ⑨소독과 기타 유사한 방역조치, ⑩임시 숙박시설과 필수품 공급, ⑪재해지역의 질서 회복 및 유지를 위한 긴급지원, ⑫불가결한 공공시설의 긴급수리, ⑬사망자의 임시 매장, ⑭생존에 불가결한 물건의 보존을 위한 원조, ⑮前記한 임무의 달성을 위해서 필요한 보충적 활동 등을 들 수 있다(제61조(a)).
이러한 인도적 임무를 행하기 위해서 분쟁당사국의 권한을 가진 당국에 의해 준비 또는 허가된 조직 및 타 부대 중에서 오로지 前記한 임무에 사용되는 것이 '민방위 단체'이다. 이 단체에는 민간인에 의해 구성된 민방위단체(분쟁당사국의 단체) 외에 중립국 또는 다른 비분쟁당사국의 민방위 단체, 국제조정단체도 포함되며, 또 군대 구성원 및 군부대도 해당되는 경우가 있다.
각 분쟁당사국은 민방위 단체, 요원, 건물 및 기자재가 오로지 민방위 임무에 제공될 경우 식별이 가능하도록 노력해야 하며, 또한 일반주민에게 제공된 피난소도 동일한 방법으로 식별되어야 한다. 특히 점령지역 및 전투가 행해지고 있거나 또는 그럴 우려가 있는 지대의 민간인 민방위 요원은 원칙적으로 민방위의 국제 특수기장 및 지위를 증명할 신분증명서로 식별되어야 한다. 또 민방위의 국제 특수기장은 민방위 단체, 건물, 요원 및 기자재의 보호와 민간인 피난소의 보호를 위해 사용되는 것은 오렌지색 바탕에 정삼각형이다(제1추가의정서의 제1부속 '식별에 관한 규칙' 제5장 제14조, 제15조). 이 기장은 평시에도 권한을 가진 국내 당국의 동의를 얻어 민방위의 식별을 위해서 사용될 수 있다.
민간인 (민)방위 단체 및 요원은 존중되어야 한다. 그 요원은 절대적 군사상의 필요가 있는 경우 외에는 민방위 임무를 수행할 권리를 갖는다(제62조 1항). 또한 이 규정은 민간인 민방위단체에 소속되어 있지는 않지만 권한있는 당국의 요청에 응하여 (당국의 지휘 감독을 받아) 민방위임무를 수행하는 민간인에게도 적용된다(동 2항). 점령지역에서는 민간인 민방위단체는 당국으로부터 그 임무수행에 필요한 편의를 제공받는다. 앞의 보호규정은 분쟁당사국내에서 그 국가의 동의와 감독을 받아 민방위임무를 수행하는 중립국 또는 타 비분쟁당사국의 민간인 민방위단체의 요원 및 기자재에도 적용된다(제64조 1항). 또한 민방위단체에 배치된 군대 구성원 및 군부대는 일정한 조건(제76조 1항(a)~(f))을 충족한 경우 존중·보호되어야 한다. 민방위단체에서 근무하는 군사요원 구성원은 적의 권력내에 빠졌을 때 포로가 된다(동 2항).
앞에서 설명한 민방위는 순수하게 인도적 임무라고 판단되어 치안유지를 포함하지 않고, 또 국가방위(defence nationale)와 결부된 임무는 일단 영역밖에 놓여 있다(인도법 외교회의에서의 토의 참조, [1974-77], Vol. XII. pp.60, 336). 그러나 민방위에는 군대 구성원, 군부대도 배치될 수 있는 것이며 또 국가에 따라서는 군대가 주로 이 임무를 담당하는 경우도 있다는 사실 외에도 그 개념에서 보아도 군사적 요소(국가방위)가 전혀 없다고는 할 수 없을 것이다. 일본에서의 '민간 방위' 개념 등과 비교한 논문은 다음과 같다. 宮崎繁樹, "市民防衛(民間防衛)について," 法律論集 52卷 6号.

CICR 최종초안은 민간인협약에서 이끌어낸 기본적 보장을 열거한 조문안(제65조)을 제시하고,[127] 이것을 기초로 인도법 외교회의에서 많은 논의 끝에 한 조항이 채택되었다. 그럼 어떠한 자가 이 카테고리에 포함되며 또 어떤 보장이 부여되는가?

우선 그 적용대상자는 '분쟁당사국의 권력 내에 빠져 제네바제협약 및 이 의정서에 따라 한층 유리한 대우를 향유하지 못하는 자'로 이러한 자가 의정서 제1조에서 규정한 사태(즉, 국제적 무력분쟁)로 영향을 받는 한 제75조의 보호를 향유한다. 앞에서 거론한 대상자의 범위에는 일반적으로 민간인협약 제4조에 규정된 피보호자의 범위에 포함되지 않는 자, 즉 민간인협약의 비체약국 국민 및 그 본국이 통상의 외교대표를 상주시키고 있는 중립국 국민과 공동 교전국 국민을 들 수 있다.

여기에 분쟁당사국의 자국민도 포함되는지의 여부를 둘러싸고 외교회의에서 논쟁이 벌어져 결국 조문에는 대상자의 구체적 카테고리를 설정하지 못하고 자국민을 제75조의 적용대상으로 할지 여부는 해석에 맡겨졌다.[128] 또한 포로자격의 조건을 충족하지 못하고 적대행위에 참가하여 체포된 자도 제75조의 보장을 향유한다.

용병도 이에 해당된다고 볼 수 있을 것이다. 그밖에 위험한 직업적 임무에 종사하는 기자가 민간인으로서의 지위를 범하는 행위를 한 경우 적어도 제75조의 보장은 받는다고 할 수 있을 것이다. 따라서 인도법의 보호규정에 따라 전혀 커버되지 않는 분쟁희생자의 카테고리는 사라졌다고 볼 수 있다.

그럼 이들에게 어떠한 보호 및 보장이 부여되는가?

우선 제75조의 대상자는 모든 경우에 있어서 인도적으로 대우하여야 하고 인종·피부색·성별·언어·종교 혹은 신조, 정치적 기타의 의견, 국민 혹은 사회적 출신, 가문 혹은 다른 지위 또는 기타 유사한 기준에 기초한 불리한 차별을 받지 않으며(무차별 조항) 적어도 이 조항에 규정하는 보호를 향유하여야 한다.

---

127) *Commentaires*(1973), p. 84.
128) *Actes*(1974-77), Vol.XV, p.536.

각 당사국은 이들 모든 자의 신체 · 명예 · 신조 및 종교적 실천을 존중하여야 한다. 또 인간적 대우를 위한 기본적 보장으로서 어떠한 때와 장소에서도 민간 및 군사기관을 불문하고 다음 행위는 금지되어 있고 계속 금지된다. 즉, (a) 이들의 생명 · 건강 또는 육체적 혹은 정신적 복리에 대한 침해 특히 살인, 육체적이든 정신적이든 모든 종류의 고문 · 체벌 · 신체의 절단 (b) 인간의 존엄에 대한 침해 특히 모욕적이고 체면을 손상시키는 대우, 강제 매춘 및 모든 형태의 외설행위 (c) 인질 (d) 집단 벌 (e) 위에서 열거한 행위를 가하겠다는 위협이다.

이들의 체포 · 구류 및 형사절차에 대해서는 상세한 보장규정이 있다. 특히 형사절차는 무력분쟁과 관련해 범한 범죄로 유죄가 인정된 자에게 정규 사법절차에 의거 일반적으로 인정된 원칙(제75조 4항(a)~(j)에 열거된 자 포함)에 따라 정규로 구성된 공평한 재판소가 선고하는 사전 판결에 의한 것이 아니면 판결의 언도도 형의 집행도 할 수 없다. 그리고 전쟁범죄 또는 인도에 대한 죄로 기소된 자들의 소추 및 판결에 관한 의심을 남기지 않기 위해 다음 원칙이 적용된다. 즉, (a) 이러한 범죄로 기소된 자는 적용 가능한 국제법 규칙에 따라 소추 및 판결을 위해 재판소에 위임된다. (b) 제네바제협약 또는 이 추가의정서에 의해 한층 유리한 대우를 향유하지 못하는 자는 그 기소된 범죄가 협약 또는 추가의정서의 중대한 위반행위 여부를 불문하고 이 조항이 규정하는 대우가 부여된다. 그 외에 무력분쟁과 관련된다는 이유로 자유를 빼앗긴 여자는 남자 숙소와 분리된 숙소에 수용된다는 등의 배려가 의무지워져 있다.

또한 앞의 이유로 체포, 구류 또는 억류된 자는 무력분쟁 종료 후에도 그 최종 석방, 송환 또는 거주지의 설정까지 이 조항이 부여하는 보호를 향유한다. 무엇보다도 이러한 보호와 보장은 앞의 포로자격을 갖지 못한 자에게 적대행위 참가를 이유로 한 정규재판에서의 유죄판결(사형 포함) 언도를 부정하지 못한다는 점을 고려하면, 최소한의 보장밖에 규정되어 있지 않은 제75조를 대신하여 분쟁당사국이 보다 유리한 보호 · 보장규정의 적용을 회피하지 않겠다는 배려가 필요하다. 이러한 관점에서 제75조 최종항에서 이 조항의 어떠한 규정도 적용 가능한 국제법 규칙에 따라 앞에서 거론한 자들에게 보다 큰 보호를 부여할 한층 유리한 어떠한 규정도 제한 또는 침해하는 것으로 해석될 수 없다고 규정하고 있다.

제5절 재산의 보호 및 취급

인도법은 지금까지 살펴본 바와 같이 무력분쟁의 희생자 보호를 주된 대상으로 하지만, 동시에 적대행위의 결과 영향 또는 피해를 받는 재산 내지 물건에 관한 보호규정이 전혀 없는 것은 아니다.

전쟁법은 분쟁당사국 또는 점령지역에 있는 적국 및 그 국민의 재산의 취급에 군사 · 경제적 가치의 관점을 가미하여 일정한 규제를 해왔는데 인도법의 관점에서 중요한 것은 특히 제1추가의정서에서 취급되고 있는 바와 같이 분쟁희생자(특히, 일반주민)의 생존에 불가결한 물자에 보호를 부여한다는 점이다. 또 무력분쟁시의 문화재의 법적보호도 인도법에서 보아 관계없지는 않다.

물자 내지 재산의 보호기준으로서 군사목표와 비군사물의 구별이라는 기본원칙이 여기서도 타당하다. 비군사물인 재산은 공격과 파괴대상이 되어서는 안 되며, 그런 의미에서 일반적으로 보호를 향유한다. 물자에 대한 동 원칙의 적용에 관하여 제1추가의정서는 "비군사물은 복구(復仇)의 대상이 되어서는 안 된다. 비군사물이란

2항의 의미에 있어서의 군사목표가 아닌 모든 물건을 말한다(제52조)"라는 표현으로 이것을 확인하고 있다. 여기서 공격 또는 복구의 대상이 되어서는 안 되는 비군사물은 일반적으로 분쟁당사국 영역 내에 있는 물자를 가리킨다고 볼 수 있다. 다른 한편 적의 권력 내에 있는 물자(적재산)와 점령지역의 재산은 다음에서 살펴보는 바와 같은 규제가 이루어지고 있다.

1. 적재산의 보호 및 취급

적재산에 대해 예전에는 그것을 수중에 넣은 국가가 모두 몰수할 수 있는 것으로 간주되었으나 19세기에 들어 적의 국유재산은 몰수할 수 있으나, 적국민의 사유재산은 몰수할 수 없다는 비몰수 원칙이 확립되게 되었다. 다만, 전시중 적국민 사유재산을 관리하고 전후에 손해배상을 전제로 하여 그것을 사용 · 처분하는 것은 인정되었다. 그러나 2차례의 세계대전 중, 각 교전국은 사실상 사유재산 몰수와 동일한 효과를 초래하는 관행에 호소해 결국 적재산은 평화조약에 따라 청산되었다.

점령지역에 있는 재산도 점령지역 주민의 사유재산과 국(공)유재산의 취급을 달리한다. 이미 헤이그규칙에 명시된 바와 같이 사유재산은 존중되어야 하고, 몰수는 금지된다(제46조).[129]

국유재산은 점령당국의 압수 내지 관리가 인정된다. 보다 정확히 말하면 점령군은 국유 동산 즉, 국가소유에 속하는 현금 · 기금이나 유가증권, 저장 무기, 수송재료 재고품 및 양말(糧秣 : 식량과 말의 먹이) 기타 모든 군사활동에 도움이 될 수 있는 국유재산은 압수할 수 있다(제53조 1항).

국유 부동산 즉, 적국에 속하며 점령지에 있는 공공건물 · 부동산, 삼림 및 농장에 관해 점령국은 관리자 및 용익권자에 지나지 않는다고 판단되어 그 재산의 기본

129) 무엇보다 일정한 경우 사유재산의 징발은 가능하며(제52조), 또 私人에 속하는 저장무기나 각종 군수품은 압수될 수 있다. 다만 평화회복 후 그것을 반환하거나 또는 배상금을 지불하여야 한다(제53조 2항)

을 보호하고, 동시에 용익권 법칙에 따라 이것을 관리하여야 한다(제55조). 다만, 시 · 구 · 군 또는 국유재산(부동산)이라도 종교 · 자선 · 교육 · 기예 및 학문 용도로 사용될 수 있는 건물은 사유재산과 동일하게 존중되어야 한다(제56조).

앞에서 거론한 적국의 국유 · 사유재산 취급은 오늘날에도 타당한 데, 전쟁법에서 인도법으로의 전개과정에서 즉, 제2차 세계대전 후의 제네바협약에서 이 문제는 거의 취급되지 않았고 다만 민간인협약 중에 점령지역의 동산 · 부동산의 파괴금지에 관해 다음과 같은 하나의 조항(제53조)이 삽입되는데 그쳤다.

"개인적이든 공동적이든 불문하고 사인(私人)에 속하며, 또는 국가 기타 당국, 협동단체에 속하는 부동산 또는 동산의 점령군에 의한 파괴는 그 파괴가 군사행동에 의해 절대적으로 필요한 경우를 제외하고 금지한다."

이 조문은 사유, 국(공)유를 불문하고 재산 전체(동 · 부동산)를 다루는 광의의 개념을 채용했는데, 점령지역에만 적용되지만 '파괴'만이 금지되는 것이며, 점령군에 의한 사유재산의 징발, 국유동산의 압수 권리 등은 금지대상이 되지 않다는 점에 주의해야 한다.

더욱이 이 파괴금지도 군사행동에 의한 절대적으로 필요한 경우를 제외한다는 중대한 유보에 따른다. 그 때문에 점령군은 군사이익이 그것을 절대적으로 필요로 할 경우에는 앞의 재산의 전부 또는 일부를 파괴할 수 있다. 그러나 이러한 유보의 남용은 재산파괴금지 보장을 의미 없게 만들 수도 있다. 특히 논쟁이 되는 것은 철수하는 점령군에 의한 지역전체의 조직적 파괴, 소위 '초토화(scorched earth, terre brulee)' 작전이 이 규정에 의해 금지되는지 여부이다.

제2차 세계대전 중에 이루어진 이러한 종류의 작전에 대해 대전후의 많은 재판판결은 예외적 상황이고 동시에 정당한 군사적 이익에 기초하였던 약간의 경우 이

외에는 이 작전을 전쟁범죄로 분류했다.[130] 베트남전쟁 중에 행해진 초토화(황폐)작전은[131] 일반적으로 게릴라전에 대처한 것으로, 제2차 세계대전 중의 철수 중 작전과 내용이 약간 달라 앞의 규정에서 볼 때 예외적으로도 정당화될 수 있을지는 의문이다.

이러한 상황에 대응하기 위해 제1추가의정서는 비군사물의 일반적 보호규정에 그치지 않고, (적)재산중에서도 특히 일반주민의 생존에 필요한 물자와 위험한 물리력을 함유하고 있는 시설물의 파괴금지 등 다음과 같은 특별 보호규정을 두고 있다.

2. 생존에 불가결한 물자 및 위험한 물리력을 함유하고 있는 시설물의 보호

일반주민의 생존에 불가결한 물자의 보호에 관해 "민간인에 대한 식량결핍을 전쟁방법으로 이용하는 것은 금지 한다(제54조 1항)"는 원칙하에 다음과 같은 표현이 인정되었다.

"민간인을 굶주리게 하거나 이동시키기 위해 또는 다른 어떠한 이유이든 동기여하를 불문하고 식량, 농작물을 생산하는 농업지대 · 작물 · 가축 · 음료수 시설 및 저장과 관개시설같은 일반주민의 생존에 불가결한 것을 그들의 생명유지 수단으로서의 가치 때문에 일반주민 또는 적국으로부터 그것을 빼앗기 위해서 공격하고 파괴하며 제거 또는 사용하지 못하게 하는 행위는 금지한다(동 2항)."

다만 앞에 열거한 것이 적국에 의해 (a) 군대 구성원만의 생명유지 수단으로서 (b) 이러한 공급 이외의 목적이라도 군사행동의 직접지원으로서 사용된다면 그러한 금지는 적용되지 않는다. 그러나 어떠한 경우에도 일반주민에게 식량 또는 물을 거의 남기지 않은 결과 일반주민이 아사(餓死)에 직면하거나 부득이하게 이동할 수

130) 국제군사재판소 조례 제6조 (b)는 '도시·촌락의 파괴 및 군사적 이유에 의해 정당화되지 않는 여러 가지 황폐화'를 전쟁범죄라고 하였다. 민간인협약 제147조도 '군사상의 필요에 의해 정당화되지 않는 불법 및 자의적인 재산의 광범한 파괴 혹은 징발'을 중대한 위반행위에 포함하였다.

131) Melman, S., *In the Name of America*(1968), pp.143ff.

밖에 없는 상황을 초래할 수 있는 듯한 조치를 취해서는 안 된다(동 3항).

이것은 단순한 적재산의 취급이라는 전쟁법의 발상(군량미 공격은 허용)으로부터 일반주민의 생존에 불가결한 물자의 확보라는 인도법의 기본적 발상으로의 전환을 나타내는 중요한 규정이다. 앞에 거론한 식량 등(이것들은 열거에 불과하고 망라적이지 않음)은 동기 여하를 불문하고(동기에는 난민운동을 불러일으키는 경우도 포함)[132] 파괴뿐만 아니라 공격, 제거, 사용 불능케 하는 행위도 금지된다. 또한 이 규정의 적용은 점령지역에 한정되지 않고 분쟁당사국 영역에도 타당하기 때문에 예를 들면, 당사국이 자국 영역내 일반주민의 생존에 불가결한 물자를 파괴 · 공격 · 사용 불능케 하는 행위도 금지된다. 이들 파괴 등의 금지가 절대적인가 여부에 관하여 3항의 군사이용의 예외를 제외하고 이들 물자가 복구 대상이 되어서는 안 된다(동 4항)는 관점에서 판단하여도 일단 긍정할 수 있을 것이다.

다만, 제54조는 침입에 대해서 자국 영역을 방위하기 위한 모든 분쟁당사국의 생존에 관련되는 요구를 고려하여 앞의 금지로부터의 일탈은 절대적인 군사필요가 요구될 경우 분쟁당사국에게 그 지원 하에 있는 자국 영역 내에서는 허용된다고 했다(동 5항). 여기서 허용되는 일탈은 적의 침입에 대한 자국 영역 방위를 위해 부득이한 경우에 한정되며, 점령지역에서 또는 적군을 앞에 두고 그곳으로부터 철수할 때의 초토화 작전은 논외이다.

다음에 위험한 물리력을 함유하고 있는 시설물은 파괴될 경우 그 물리력이 초래할 아주 큰 재해(災害)적 효과로부터 일반주민을 보호하기 위한 원칙으로 인정되면서 시설물에 절대적 보호를 부여하려는 주장과 그것들이 군사적으로 이용되는 경우에는 공격대상이 될 수 있다는 주장의 타협으로서 다음과 같이 성문화되었다.

"위험한 물리력을 함유하는 공작물 및 시설물, 즉 댐 · 제방 · 원자력 발전소는

132) *Commentaires*(1973), p.64.

군사목표를 구성하는 경우라도 그 공격이 그것들의 물리력을 방출시켜 그 결과 일반주민에게 중대한 손실을 불러일으킬 경우에는 공격대상이 되어서는 안 된다(제56조 1항)."

이 '위험한 물리력을 함유하는 공작물 및 시설물'[133]은 제방 · 댐 · 원자력 발전소에 한정되지만(예시가 아님), 이들 세 종류가 모든 경우에 특별히 보호되는 게 아니라, 군사목표가 되더라도 그 파괴에 의해 일반주민에게 중대한 손실을 끼칠 수 있는 경우에 한정된다. 이러한 공격으로부터의 특별보호는 다음 경우에만 정지된다.

즉, 댐 또는 제방에 관해서는 그것이 통상기능 이외의 목적으로 그리고 군사작전에 대한 정기적이고 중요하며 직접적인 지원으로 사용되며 동시에 공격이 오직 그러한 지원을 종결시키는 유일한 실제적 수단일 경우, 또 원자력 발전소와 이러한 사업장이나 시설물 내 또는 그것들에 인접하여 소재하는 기타 군사목표물에 관해서는 오직 그것이 군사작전에 대한 정기적이고 중요하며 직접적인 지원으로 사용되며 동시에 공격이 오직 그러한 지원을 종결시키기 위하여 실행 가능한 유일한 실제적 수단일 경우이다(동 2항).

만약 보호가 정지되고 앞의 시설물이 공격을 받을 경우에도 위험한 물리력의 방출을 피하기 위해 실제상 가능한 모든 예방조치가 취해져야 한다(동 3항). 다른 한편, 분쟁당사국은 앞의 공작물이나 시설물 인근에 군사목표를 설치하지 않도록 노력해야 한다.

다만, 이들 피보호물을 공격으로부터 지키겠다는 목적만을 위해 구축된 시설은 인정되며 그 자체가 공격대상이 되어서는 안 된다. 이를 위한 조건으로서 이러한 시설물은 피보호물에 대한 공격에 대응하기 위해서 필요한 방어행위를 제외하고 적대행위에 사용되어서는 안 되며, 그 시설물의 무장도 피보호물에 대한 적의 공격

133) 이 식별을 용이하게 하기 위해 분쟁당사국은 제1추가의정서 제1부속서 제16조에 명기된 동일선상에 나열된 선명한 오렌지색의 원 3개로 이루어지는 특별기장 방법으로 그것들을 표시할 수 있다. 이러한 표시가 없다고 해서 분쟁당사국에게 본 조항의 의무를 면제하는 것은 아니다(제56조 7항).

을 격퇴하기 위해서만 도움될 수 있는 무기로 한정되어야 한다(동 5항).

그밖에 위험한 물리력을 함유하는 시설물의 보충적 보호를 확보하기 위해 의정서 체약국 및 분쟁당사국은 상호간에 별도의 협정을 체결하는 것도 요청된다(동 6항). 이상과 같은 일반주민의 보호 관점에서 일부 시설물에 대한 특별보호가 시설물에 관한 인도법 규정의 한 방향으로 전개되고 있는 바, 그 하나는 문화재에 대한 특별보호이다.

3. 문화재의 보호

무력분쟁에서 일정한 문화재 등을 해적수단 행사의 직접적 영향으로부터 제외하고자 하는 발상은 헤이그규칙 중에도 존재한다(제27조, 전시 해군력에 의한 포격에 관한 조약 제5조도 유사한 규정). 그러나 이것만으로는 현대전의 상황 하에서 문화재 보호에 충분하지 않다는 사실 때문에 1954년 유네스코가 주최한 외교회의는 '무력분쟁시 문화재 보호를 위한 조약'을 체결했다. 동 조약은 많은 점에서 1949년 제네바협약의 체계에 대응하는 것이며, 우선 동 조약 적용상 '문화재'를 다음과 같이 정의하고 있다. 문화재란 그 원천 또는 소유 여부를 불문하고, (1) 각국민이 승계해야 할 문화적 자산으로서 매우 큰 중요성을 갖는 동산 및 부동산(건축상이나, 예술 및 역사상 기념할 만한 물건(종교적 여부 불문), 고고학적 유적, 미술품, 서적 등). (2) 박물관, 도서관, 기록보존소 기타 건물로 (1)에서 규정하는 동산 문화재의 보존 또는 전람을 중요하면서도 실효적인 목적으로 하는 것. (3) (1)과 (2)에 규정하는 문화재가 다수 소재하는 집중지구(문화재 집중지구)를 가리킨다(제1조).

이들 문화재의 보호, 즉 '문화재의 보존 및 존중(제2조)'은 모든 문화재에 대한 일반적 보호와 특별 문화재에 대한 특별보호의 두 제도로 나누어진다. 일반적 보호의 제도하에서 분쟁당사국은 자국 영역내 또는 적 영역내에 있는 문화재를 존중해야 할 의무를 진다.

동 의무의 내용은 문화재와 그 직근 주변 및 그들의 보호를 위해서 상용될 시설을 무력분쟁시에 파괴 또는 손상 위험이 있는 목적에 사용하지 않을 의무, 그 문화재에 대해 어떠한 적대행위도 하지 않을 의무이다(제4조 1항). 그러나 이들 의무는 절대적 성질이 아니라 진실로 부득이한 군사상의 필요가 있을 경우에만 면제될 수 있는 것이다(동 2항). 또한, 이들 문화재에는 식별을 용이하게 하기 위한 표식(제16조에 규정)을 게시할 수 있다.

특별보호제도는 최대한의 불가침 제공을 목적으로 하는 것이며, 동 조약의 체약국은 한편으로는 특별보호하에 있는 문화재에 대해 어떠한 적대행위도 하지 않고, 다른 한편으로는 그러한 문화재 또는 그 주변을 군사상의 목적으로 사용하지 않음으로써 그 문화재의 불가침을 확보할 것을 약속하는 것이다(제9조).

다만, 특히 후자와 관련해서 체약국이 특별보호하에 있는 어느 문화재에 관해 앞의 조약에 위반했을 때는 그 위반이 계속될 동안 그 문화재의 불가침을 확보할 의무가 면제된다(제11조 1항). 또 이 불가침은 피할 수 없는 군사상의 필요가 있는 예외적인 경우에만, 동시에 그 필요가 계속되는 기간에만 정지된다(동 2항).

이 특별보호하에 놓인 문화재는 (1) 동산 문화재를 무력분쟁시에 방호하기 위한 피난시설, 문화재 집중지구 및 기타 대단히 중요한 부동산 문화재로, (a) 큰 공업지구 또는 공격받기 쉬운 지점인 중요한 군사목표로부터 타당한 거리에 존재할 것. (b) 군사상의 목적에 사용되지 않을 것이라는 요건을 충족할 것. (2) 동산 문화재를 위한 피난시설로 폭탄에 의한 피해를 입을 우려가 전혀 없도록 만들어져 있을 경우(제8조 1, 2항)를 들 수 있다.

무엇보다 이 특별보호는 문화재가 '특별보호 문화재 국제등록부'에 등록된 경우에만 보장된다(동 6항). 특별보호하에 있는 문화재는 무력분쟁동안 식별표식[134]으로 표시되며, 이 조약의 실시규칙에서 규정하는 국제관리하에 놓인다(제10조, 제16조 및 제17조). 이제까지 등록된 특별보호 문화재는 문화재 집중지구로서의 바티칸 및 네덜란드 남부의 림부르그(Limburg)지방에 있는 동산 문화재를 위한 피난시설 정도다[135].

제1추가의정서는 문화재 및 예배소의 보호에 관해 1개의 조문(제53조)을 두고 있다. 이에 따르면, '무력분쟁시 문화재 보호를 위한 조약' 및 다른 관련 국제문서의 규정을 해치는 일이 없이 (1) 인민(민족)의 문화적 또는 정신적 유산을 구성하는 역사적 기념 건조물, 예술작품 또는 예배소에 대해 적대행위를 행하거나 (2) 이들을 군사노력을 지원하기 위해서 사용하거나 (3) 이들을 복구 대상으로 하는 것은 금지된다. 이 규정은 '무력분쟁시 문화재 보호를 위한 조약'과의 경합을 피한다는 취지에서 제정된 것이지만, 민족의 문화적 · 정신적 유산으로서의 문화재뿐만 아니라 예배소까지 포함한 점이 특징적이다.

1999년에 채택된 전시 문화재 보호 조약 제2의정서는 등록 예가 적은 문화재의 특별보호외에 '강화된 보호제도'를 도입하였으며 또한 중대한 위반을 구성하는 다섯 가지 행위를 정의하고(15조), 그것들을 범죄로 취급하여 개인에게 형사책임을 부과하는 국내 입법조치를 취할 것을 요구하고 있다.[136]

134) 이 특별표식은 아랫부분이 뾰족하고 청색면과 백색면으로 경사진 십자로 4등분된 방패 모양이다(제16조).
135) Kalshoven, *op, cit.*, p.85.
136) Second Protocol to the 1954 Hague Convention for the Protection of Cultural Property in the Event of Armed Conflict, signed at the Hague, 17 May 1999, UNESCO Doc. HC/1999/7, 26 March 1999.

제4장 인도법의 적용확보와 위반행위의 처벌

제1절 인도법의 적용확보

인도법의 적용확보는 일반적으로 표현할 경우 국제법의 한 분야인 전쟁법, 인도법의 실효성에 의존하고 있다는 점은 말할 필요도 없다. 다만, 인도법은 일반적으로 적국과의 외교관계가 없는 상호간 적개심에 사로잡힌 상황인 무력분쟁시에 적용되기 때문에 국제법의 여타 분야 이상으로 그 실효성을 지지하는 제요소의 인도법에서의 역할 및 인도법 특유의 적용확보 방법에 관하여 검토할 필요가 있다. 그럼 인도법의 적용확보를 위하여 어떠한 방법이 강구되고 있는가? 대별하면 분쟁당사국 자신이 인도법 적용확보를 위해서 취할 수 있는 방법과 당사국 이외의 자에게 적용감시를 위임하는 방법으로 나누어진다. 이러한 방법은 다음에서 살펴보는 바와 같이 어느 경우든 인도법의 적용을 완전하게 보장하지 못하는데, 이러한 방법들이 기능하는 일정한 역할과 그 한계를 명확히 해 둘 필요가 있다.

1. 당사국에 의한 인도법의 적용확보

분쟁당사국은 자국(민)이 인도법을 적용하기 위해서 또는 적국으로 하여금 인도법을 적용토록 하기 위해서 몇 가지 방법 및 조치를 의무지우거나 취할 수 있다.

(a) 인도법의 실시 조치 및 보급 · 교육

인도법의 적용도 다른 분야와 마찬가지로 기본적으로는 각각의 분쟁당사국에 위임되어 있다. 각 당사국은 자국(특히, 그 군대)에 의한 인도법 적용에 관한 책임을 진다. 각국(적어도 분쟁당사국)은 그 군대에 관한 훈령 및 국내법령을 제정할 필요가 있으며, 그 외에 군대구성원 및 민간인이 인도법의 내용, 적어도 그 기본원칙을 숙지하고 있다는 사실이 각 당사국에 의한 인도법 준수의 전제로 간주된다. 이는 몇몇 조약들에서 체약국의 의무사항으로 되어있다.

1907년 헤이그 '육전법규 및 관례에 관한 조약'은 체약국이 헤이그규칙에 적합한 훈령을 발하여야 할 의무가 있다(제1조)는 것을, 1949년 제네바협약은 협약의 공식 번역문과 협약의 시행을 위하여 제정한 법령(국내실시법령)을 상호 통보해야 할 의무를 부과하고 있다(제1협약 제48조, 제2협약 제49조, 제3협약 제128조, 제4협약 제145조).

1977년 제1추가의정서도 이러한 의무를 재확인하고 있으며(제84조), 체약국 및 분쟁당사국은 제네바협약 및 동 추가의정서에 의한 자국 의무의 이행을 위하여 지체없이 모든 필요한 조치를 취하여야 하며, 준수를 보장하기 위하여 명령과 지시를 내려야 하고, 그 집행을 감독하여야 한다(제80조). 체약국은 항시 그리고 분쟁당사국은 무력분쟁시 필요한 경우 제협약 및 추가의정서의 적용에 관하여 그리고 이 문제에 있어 군대에 시달되는 적절한 지시에 관하여 적절한 수준에서 군지휘관에게 자문을 할 법률고문들의 확보를 보장하여야 한다(제82조). 인도법 위반의 상당 부분이 인도법에 대한 무지에서 비롯된다는 것을 생각해 볼 때 이러한 규정은 적절하다고 평가된다.

그러나 인도법의 적용은 군대구성원에 의해 행해질 뿐만 아니라 재류 적국민의 대우 및 점령법규 등을 보아도 알 수 있듯이 분쟁당사국의 민간인도 그 적용에 있어 무관할 수는 없다. 각 국들에 의한 인도법의 보급 및 교육이 필요한 이유이기도 하다. 적십자조직은 종래의 활동을 통해 이러한 보급 및 교육의 중요성을 강조해왔다.137)

137) 이것은 각국 적십자사가 그 주된 역할을 할 것을 요청받는 분야의 하나이고, 적십자 국제회의도 반복적으로 제네바 제협약의 보급에 관한 결의를 채택해 왔다(Conférence internationale de la Croix-Rouge, Congrès du Centenaire, Résolution IV; XXme Conférence internationale de la Croix-Rouge, Resolution XXI). 국제연합도 회원국에게 이 분야에서의 노력을 요청해왔다(A/Res/2582[XXVI]).

제네바제협약에 의하면, 체약국은 전평시를 막론하고 협약 전문을 가급적 광범위하게 자국내에 보급시키고, 특히 군 교육계획, 가능하면 민간 교육계획에도 협약에 관한 학습을 포함시킴으로써 협약의 원칙을 모든 국민 특히 군인, 의무요원 및 종교요원에게 습득시킬 것을 약속하여야 한다(제1협약 제47조, 제2협약 제48조, 제3협약 제127조, 제4협약 제144조. 제1추가의정서 제83조도 같은 취지임).[138]

(b) 상호주의

분쟁당사국이 적국의 인도법의 적용을 확보하는 하나의 방법으로는 상호주의가 있다. 인도법 뿐만 아니라 국제법의 준수는 일방이 그것을 적용하지 않는다면 타방도 그에 구속되지 않는다는 상호주의에 의거한다고 할 수 있다. 문제는 인도법에서도 그 적용확보를 위해서 상호주의가 절대적 원칙으로 모든 경우에 타당하다고 할 수 있는가의 여부이다.

전술한 바와 같이 19세기 후반부터 제1차 세계대전까지의 전쟁법에 관한 많은 조약들은 총가입조항을 두고 있었다. 이 조항은 상호주의 그 자체를 의미하는 것은 아니지만, 전쟁법 규칙은 교전국간의 이익조정 측면을 지니고 있고, 교전국간의 상호주의에 의해 일반적으로 준수되어야 할 성질이라는 점을 나타내고 있다고 할 수 있다. 이 조항은 상호주의에 의한 적용가능성의 논의에 대한 일종의 전제였다. 그런데 제1차 세계대전 이후의 인도법 관련 제협약에는 더 이상 총가입조항은 존재하지 않는다.

그러나 그것은 인도법 적용의 기초로서의 상호주의가 타당하지 않게 되었다는 것을 의미하는 것은 아니다. 총가입조항이 없어도 교전국 쌍방은 동일한 인도법의

138) 전시민간인협약의 피보호자에 관하여 책임을 지는 민간당국, 군당국, 경찰당국 및 기타 당국은 이 협약의 본문을 소지하고 그 규정에 관해 특별교육을 받아야 한다(민간인협약 제144조 2항). 전시에 있어서 포로에 대해 책임을 지는 군당국 및 기타 당국은 포로협약의 본문을 소지하고 동 협약의 규정에 관해 특별교육을 받아야 한다(포로협약 제127조 2항).

규정에 구속되고, 상호주의에 따라 그 적용이 실제상 보다 잘 보장됨은 말할 필요도 없다. 국가의 관행도 예를 들면, 제2차 세계대전 발발시 주요국은 상호주의에 의한 전쟁법 적용을 선언했다. 상호주의를 완전 무시할 경우 특히, 무력분쟁에서 야만주의에 빠지기 쉽다.

그럼에도 불구하고 전쟁법 관념으로부터 인도법 관념으로의 전개, 교전국 이익으로부터 인간의 기본적 권리의 보장으로의 중심적 법익 관념의 이동은 그 적용확보를 위한 상호주의의 위치를 절대적인 것으로부터 상대적인 것으로 끌어내렸다고 할 수 있다.

즉, 인도법이 지닌 본래의 성질에서 보면 그 준수는 반드시 상대에 의한 적용을 전제로 하는 것이 아니라 상대방의 태도 여하를 불문하고 항상 준수되어야 한다. 이것은 제네바제협약 공통1조에 체약국은 '모든 경우에' 본 협약의 존중을 보장할 것을 약속한다는 간접적 표현으로 나타나 있다.[139] 인도법의 재확인과 발전을 위한 작업에 있어서도 상호주의를 법원칙의 위치에 두는 것에 대한 의문이 있었다.[140]

제1추가의정서도 그 모두(冒頭)에 체약국은 '모든 경우에' 동 의정서를 존중할 것을 약속한다(제1조 1항)라면서 제네바 제협약 공통1조를 확인하고 상호주의로부터의 이탈을 명확하게 하고 있다. 이러한 인도법의 경향에도 불구하고 그리고 오늘날의 인도법상의 상호주의가 법원칙으로 간주될 수 없다는 것이 확인되었음에도 불구하고 무력분쟁의 양 당사국에 의한 인도법의 존중을 실제 가능한 한 확보하기 위해서는 그리고 당사국에게 인도법에 구속되지 않는다는 구실을 주지 않기 위해서는 인도법 규칙의 상호주의적 적용이 여전히 권유되고 있다는 것은 말할 필요도 없다.[141]

139) 제1조의 해설에 의하면 '여기서 문제되는 것은 체약국이 그 의무를 존중하는 한도내에서만 그 체약국과 어떤 국가를 구속하는 상호주의의 계약이 아니라 다른 타 체약국들로 대표되는 세계에서 엄숙히 인수된 일련의 일방적 약속이다. 각국들은 타 국가들에 대해서와 마찬가지로 자기자신에 대해 의무를 진다'(*Commentaire* IV, pp.20-21). 1954년 '헤이그문화재보호조약' 제4조 1, 2항도 동일하다.

140) *Reaffirmation*, p.96.

141) von der Heydte의 견해(*Annuaire*[1967] II, p.90), Kalshoven. F., *Belligerent Reprisals*(1971) p.363.

(c) 복구

상대방으로 하여금 인도법을 준수하게 하는 또 하나의 방법으로 복구제도가 이용되고 있다. 일반적으로 복구란 상대방의 국제법 위반행위에 의해 동기가 부여되고, 위반행위를 중지시켜 법 준수를 되돌릴 다른 수단이 없을 때 자국도 부득이하게 위법행위에 호소하는 것을 말한다. 이러한 경우 예외적으로 복구로서 취해진 조치는 위법성이 조각되는 것이다.

복구제도는 오래전부터 존재했었는데, 근대국제법 성립 이후 평등한 국가 간 관계에서 상대방의 법준수를 확보하는 수단으로 또는 상대방의 위법행위에 대한 일종의 제재로 용인되어 왔다. 오늘날의 국제사회에서도 복구행위는 특별히 금지된 것을 제외하고는 일반적으로 허용되고 있다.

무력분쟁의 전시복구도 원칙적으로 마찬가지다. 다만, 전시복구는 상대방의 전쟁(인도)법 위반행위에 대해 스스로도 그것을 위반하는 행위이며 그 행위의 성질상 비인도적 피해가 따르거나 무력분쟁시의 특수한 상황을 반영하여 재복구를 초래하기 쉽기 때문에 결국 전쟁(인도)법의 완전한 무시가 복구라는 이름으로 정당화되기는 어렵다. 그 때문에 복구행위에 호소할 때 충족해야할 허용조건이나 복구제한의 엄격한 준수가 특히 필요하다.

전시복구의 허용조건으로서는 첫째, 적국의 위반행위를 전제로 하고 그것이 계속된다면 복구행위에 호소한다는 사실을 적국에 통고하여야 한다. 둘째, 적국의 위법행위를 중지시켜 법준수로 되돌리기 위해 복구를 제외한 다른 수단이 없어야 한다(보충성). 셋째, 복구조치는 적국의 위법행위의 중대성과 균형을 잃는 정도의 과도한 것이어서는 안 된다(균형성). 넷째, 지나치게 비인도성이 높은 행위는 제외되어야 한다.

이러한 조건 중에서도 보충성과 균형성의 필요는 제2차 세계대전의 군사재판에서도 확인되었으나, 균형성 충족 여부에 대한 판단은 구체적 경우에 반드시 용이하지 않다.[142] 또한 복구조치는 반드시 적의 위법행위와 동질의 복구행위, 소위 동종복구(同種復仇) – 예를 들면, 적에 의한 포로학살에 대하여 자국도 적의 포로를 살해하는 경우 – 만에 한정되는 것은 아니지만, 성질이 완전히 다른 수단으로 복구조치에 호소하는 경우 – 예를 들면, 적의 포로학살에 대해 독가스를 적에게 사용하는 것 – 균형성 기준을 충족하고 있는지 여부의 판단은 매우 어렵다.

행해진 복구조치가 위의 허용조건에 반하지 않는가의 여부는 1차적으로는 그 조치를 취할 분쟁당사국이 스스로 판단하므로 복구에는 남용의 위험성이 늘 따라다닌다. 또 복구조치에 의해 반드시 적의 위법행위가 사전에 중지되고 법준수로 복귀된다고도 할 수 없으므로 복구제도는 인도법의 이행확보 방법으로서 실효성 내지 적절성이 낮은 것이라고도 할 수 있다. 더욱이 제2차 세계대전과 그 후의 무력분쟁에서 당사국들이 복구라는 명목으로 취해온 조치를 보아도 알 수 있듯이 그러한 조치에 의한 희생자는 직접 사전의 위법행위의 책임과 관계없는(소위 연대성이 결여된) 무고 또는 무방비의 민간인 및 포로에게 가해지는 경우가 많다.

복구조치에 관한 이러한 결점을 강조하여 오히려 전시복구는 금지되어야 마땅하다는 견해도 유력하다. 사실 인도법은 일정한 대상에 대한 복구를 금지하고 있다. 복구와 관련된 연좌벌은 헤이그규칙(제50조)에서 금지하고 있으며, 포로에 대한 복구도 1929년 포로조약(제2조 3항)에서 금지되었다.

제네바제협약은 광범위하게 미치는 사람과 물자에 대한 복구 금지를 규정하고

142) 균형성이란 반드시 그 위반의 중대성이 정확히 동등할 것을 요구하는 것은 아니기 때문에 명확히 불균형이 아니라면 그 기준이 충족되었다고 할 수 있다. 예를 들면, 제2차 세계대전중 독일군 점령지역에서의 저항운동에 의해 희생(부상 또는 사망)된 독일군 1명당 50명 또는 100명의 인질을 살해할 것을 명령한 히틀러의 복구명령은 균형성의 기준에 비추어보면 명확히 정도를 넘었다고 간주하여 복구조치로서 정당화될 수 없다고 판단한 군사재판소의 판례가 있다(Case of Wilhelm List and Others [Hostage Trial], *War Crimes Reports*, Vol.8, pp.60-66).

143) 1954년 문화재보호조약도 보호할 문화재에 대하여 복구수단으로서 어떠한 행위도 해서는 안된다고 규정하고 있다(제4조 4항).

전시복구에 대한 제한을 두어 획기적인 진전을 나타내고 있다.[143] 여기에서 복구 금지대상은 제1협약에 의해 보호되는 상병자, 요원, 건물 또는 재료(제46조), 제2협약에 의해 보호되는 상병자 · 조난자 · 요원 · 선박 · 소단정 또는 재료(제47조), 포로(제3협약 제13조), 민간인협약의 피보호자 및 그 재산(제33조)이다.

특히 주목되는 것은 민간인협약의 피보호자에 대한 복구 금지는 인질금지 및 집단벌 금지와 결합한 형태로 규정되어 있는데, 피보호자는 자기가 행하지 않은 위반행위 때문에 처벌될 수 없다고 하여 개인책임의 원칙을 강조한 것이다.[144]

제2차 세계대전에서도 가장 논란이 되었던 점령지역 주민에 대한 복구 금지 효과는 매우 컸다. 그러나 분쟁당사국 영역내의 민간인 및 일반주민(민간인협약의 피보호자에 포함되지 않음)에 대한 복구는 금지대상이 아니었다. 그래서 인도법의 재확인과 발전의 작업중에도 복구보다 광범한 일반적 금지 및 제한 문제가 논의되었으나,[145] 제1추가의정서는 다음의 특정 카테고리의 사람과 물자에 대한 복구 금지를 규정하는데 그쳤다.

즉, 동 추가의정서 제2편(상병자, 조난자)에서 보호되는 사람과 물자, 비군사물자(제52조 1항), 문화재 및 예배소(제53조 (c)), 일반주민의 생존에 불가결한 물자(제54조 4항), 위험한 물리력을 포함하고 있는 공작물 및 시설에 근접한 여타의 군사목표물(제56조 4항)을 복구의 대상으로 삼는 것은 금지되며, 또 일반주민 및 민간인에게 대한 공격(제51조 6항) 및 자연환경에 대한 공격(제55조 2항)은 복구조치로서도 금지된다. 동 규정이 확실히 복구 금지대상을 확대한 점은 사실이다.

이미 설명한 바와 같이 제1추가의정서의 상병자, 조난자 및 위생시설 등의 범위

---

144) **拙稿, "戰時復仇制限と1949年ジュネーブ諸條約," 法學論叢 80卷** 5号 참조.

145) 1972년 정부전문가회의에 제출된 CICR의 제1추가의정서안에는 피보호자와 물건(또는 물자)에 대한 복구의 일반금지와 예외적인 경우의 규정(제74조)이 포함되어 있었다. 그러나 이 규정의 적절성에 관하여 전문가의 의견이 나뉘었기 때문에 CICR은 최종초안에서 복구금지에 관한 일반적 규정을 포기하고 일정한 카테고리의 사람과 물건(또는 물자)을 취급하는 개별 조문으로 각각 복구 금지규정을 두었다(*Commentaires*[1973], p.93). 외교회의에서는 복구에 관한 일반규정으로서 2개의 수정안(폴란드안[CDDH/Ⅲ/103]과 프랑스안[CDDH//221Rev. Ⅰ])이 제출되어 토의에 회부되었으나 종합되지 못하고 결국 어떠한 일반규정도 채택되지 못하였다(Nahlik. S. E., "Le problém des représailles a la lumière des travaux de la Conférence sus le droit humanitaire", *RGDIP*, Tome 82[1978] Ⅰ, pp.130-169).

는 제네바제협약보다 확대되어 있고, 무엇보다도 일반주민 및 민간인에 대한 복구공격을 금지한 점은 제네바제협약의 흠결을 보완하는 것으로 그 의의는 크다. 또한 일반주민의 보호와 직결되는 생존에 불가결한 물자 및 위험한 물리력을 내포하고 있는 공작물 등에 대한 복구금지도 현대 무력분쟁의 실태를 볼 때 적절하다고 할 수 있다. 그러나 제1추가의정서 개개의 금지규정의 대상이 되지 않는 카테고리의 사람 또는 물자는 여전히 남아 있고(예를 들면, 제75조의 기본적 보장을 향유하는 자), 또 동 추가의정서는 해적수단에 관해서는 복구의 금지 및 제한에 대해 어떠한 규정도 두고 있지 않다. 또한 1977년 '파나마 운하의 영구중립과 운영에 관한 조약'은 파나마운하 및 파나마 지협(地峽)은 여타 국가 간 어떠한 무력분쟁에서도 복구목표가 되어서는 안 된다라고 규정하고 있다(제2조). 이 조약은 미국과 파나마 양국간 사항인데, 이 조약에 바탕을 둔 영구중립제도를 승인하는 의정서는 모든 국가의 가입에 개방되어 있다.

그러면 위법한 수단(무기)에 대해 명시적 복구 금지규정이 없는 상황에서 그러한 수단의 복구로서의 사용은 항상 허용된다고 말할 수 있는가? 그중에서도 문제가 되는 것은 화생방무기인 대량파괴무기의 복구로서의 사용이다. 이들 무기의 성질 및 효과로 보아 동종복구(同種復仇) 이외의 사용은 앞에 기술한 균형성을 충족하기 어려우므로 허용되지 않는다고 해야 할 것이다.

이들 무기 중, 특히 생물(세균)무기는 동종복구로서의 사용도 금지된다는 점에 대해서는 이론이 없다. 특히 논쟁적인 것은 핵무기에 의한 복구(핵복구)의 허용성이다. 핵무기 사용을 위법이라고 보는 견해도 상대방의 핵무기 선제사용에 대한 핵복구를 법적으로 허용하는 것으로 보는 견해가 많다(이것은 핵억지론의 논거가 될 수 있음). 그러나 일반주민에 대한 핵무기에 의한 복구 공격(對 도시폭격)은 제1추가의정서의 일반주민 및 민간인에 대한 복구로서의 공격금지 규칙(제51조 6항)에 비추어 보더라도 인도법상 허용되기 어렵다고 보아야 할 것이다.146) 이러한 복구의 허용은 인도법의 이름으로 문명의 파괴 및 인류의 멸망을 정당화하게 될 것이다.

전시복구의 이러한 비인도적이고 퇴행적 역할에 부가하여 인도법의 적용확보 조치로서의 복구의 기능 한계를 돌이켜보면 복구의 전면금지가 인도법의 전개방향이 되어야 할 것이다.147) 인도법의 적용 확보를 위한 제3자 기관에 의한 감시체제, 나아가 인도법 위반행위에 대한 처벌제도의 정비와 함께 전시복구의 존재 이유도 희박해져 갈 것이다.

2. 제3자 기관에 의한 인도법의 적용 확보

제3자 기관의 감시에 의한 인도법의 적용확보는 그 객관성 및 공평성으로 보아 일반적으로 적절한 방법이라고 할 수 있다. 그러나 국제적 무력분쟁 자체가 당사국 간에 그 상위기관(판정자)을 인정할 수 없는 상황에서 이루어지기 때문에 인도법 적용확보를 위한 제3자 기관에 일종의 판정자와 같은 위치를 부여하기 어렵고, 분쟁당사국도 이러한 기관의 존재를 인정하지 않는 경향이 있다.

제3자적인 감시기관의 협력으로 인도법의 적용을 꾀하는 사고방식은 1929년 포로조약 작성시에 나타났으나 그러한 기관설립은 실현되지 못했으며, 이익보호국 및 CICR의 활동이 협약(제86조, 제88조)상 처음으로 인정되었다. 제네바제협약 및 제1추가의정서에서 체약국은 이들 문서의 '존중을 확보한다'는 것을 약속하고(제협약 공통1조, 제1추가의정서 제1조 1항), 분쟁당사국 이외의 체약국이 당사국에게 앞의 문서

146) 그리고 전술한 바와 같이 추가의정서의 규정들은 핵무기 사용에는 적용되지 않는다는 취지의 미·영 선언에 따르면, 제51조 6항도 복구의 경우에 당연히 적용되지 않게 된다. 미국은 제51조의 복구금지를 지나치다고 본다(*AJIL* Vol.72, No.2[1978], p.406).

147) Kalshoven, *Belligerent Reprisals, op. cit.*, pp.375ff. 그리고 조약법조약이 '인도적 성질의 조약에 포함되는 인신보호에 관한 조약, 특히 그러한 조약이 보호할 사람에 대한 어떠한 형식의 복구도 금지지 한다는 규정에 관하여' 당사국에 의한 그 중대한 위반이 행해진 경우라도 타 당사국에게 그 조약을 종료시키거나 또는 조약의 운용을 중지하기 위한 근거로서 이 위반을 원용할 것을 인정하지 않는다고 한(제60조 5항) 것은 인도법의 복구의 전면금지 방향에 따른 것이라고도 할 수 있다.

를 적용시킬 체제를 확립함과 동시에 이익보호국 제도 및 CICR을 비롯한 공평한 인도적 단체의 인도법 적용의 감시 내지 협력기관으로서의 보다 진전된 지위를 규정했다.

이러한 보편적 내지 제3자에 의한 적용 감시체제 확립이 가능해진 것 자체가 상대국과의 관계뿐만 아니라 보편적으로 준수되어야 할 인도법의 성질(그 준수가 국제사회의 보편적 이익이 됨)에 대응한 것이라 할 수 있다. 또한 인도법은 단지 조약상 규정된 기관의 불완전한 형태로서의 감시뿐만 아니라 폭넓은 국내 및 국제여론[148]의 감시에 의해 현실적으로 그 적용이 담보된다는 점도 잊어서는 안 된다. 다음에서는 이익보호국 제도와 CICR의 활동을 중심으로 그 특징과 한계를 살펴보고자 한다.

(a) 이익보호국 제도

제네바제협약은 분쟁당사국의 이익 보호를 임무로 하는 이익보호국의 협력에 의해 그리고 그 '감시'[149]하에 적용되는 것으로 함으로써, 분쟁당사국 이외(중립국)의 이익보호국 존재를 전제로 하고 있다(공통 8조, 민간인협약은 제9조).

이익보호국은 그 외무직원 또는 영사직원 외에 자국의 국민 또는 타국의 중립국 국민 중에서 대표를 임명할 수 있고, 그 대표는 임무를 수행할 국가의 승인을 받아야 한다. 또한 분쟁당사국은 이익보호국의 대표자 또는 대표의 직무수행을 가능한 한 용이하게 하여야 하고, 다른 한편 이들 대표자 또는 대표는 어떠한 경우에도 동

148) 여론은 일반적으로 조직화되지 않고 비공식적인 것이며 제3자 기관의 법적용 감시라는 이상적 개념과는 거리가 있음에도 불구하고 분쟁당사국의 전쟁행위에 대한 정책변경을 초래하는 요소가 된다. 여론의 역할 그 자체는 조약상의 명시와 융합되지 않는 것이지만, 마르텐스 조항중의 '공공 양심의 요구'라는 표현이 이것에 해당된다고도 판단할 수 있다. 무엇보다도 여론의 존재나 그 내용을 객관적으로 확인하기는 용이하지 않고 또 여론이 특정 정치권력에 의해 조작되거나 악용될 위험성도 없다고는 할 수 없으나 현대처럼 정보전달 방법이나 매스콤이 발달하여 분쟁지역의 사항이 즉각 전세계에 알려지는 점을 생각하면 그것들을 통해 형성되는 국내·국제여론의 존재나 내용은 상당히 객관적으로 파악될 수 있을 것이다. 무력행사 수행에 관한 분쟁당사국의 기본적 태도나 방침의 결정 또는 변경을 위해서 작용할 수 있는 국내·국제여론은 인도법의 기본원칙 준수를 그 근저에 두고 지지하는 중요한 요소이다.

149) '감시'라는 용어와 관련하여 프랑스어의 controle과 비교하여 영어의 control이나 supervision은 의미가 지나치게 강하다고 하여 scrutiny라는 표현을 이용하는 것으로 일치되었다는 점에서도 알 수 있듯이 감시의 의미는 제한적이며(*Commentaire* IV, pp.92-93), 그 기능은 위반행위에 대한 소추나 처벌과 직접적으로 결부되지는 않는다.

협약에 기초한 자신의 임무의 범위를 넘어서는 안 된다.[150)]

이러한 이익보호국 제도는 동 협약의 약간의 규정(예를 들면, 포로협약 제101조)의 적용에 불가결할 뿐만 아니라, 특히 적의 권력내에 있는 자(상병자, 포로, 민간인)에 대한 협약 규정의 실제적 적용확보에 유용하다는 점은 의심할 여지가 없다. 그런데 실제 이익보호국의 지명은 자국민의 보호를 열망하는 분쟁당사국의 요구(지명)로 이익보호국이 되어야 할 국가(중립국)와 상대 교전국의 국민(피보호자)을 권력내에 두고 있는 억류국 양자의 동의에 의해 행해진다. 그러나 현실에서는 이러한 동의를 얻는다는 것이 매우 어렵기 때문에 동 협약상 분쟁당사국은 이익보호국을 지명할 의무를 지지는 않는다.

따라서 동 협약상의 이익보호국 제도는 무력분쟁이 발생할 경우 반드시 운용되어야 하는 것이 아니기 때문에 현실의 무력분쟁에서 이 제도는 거의 활용되지 않았다. 이 제도를 활용한 첫 번째 예는 1982년 포클랜드전쟁으로 영국은 스위스를, 아르헨티나는 브라질을 각각의 이익보호국으로 지명했었다.

이익보호국 제도상의 결함을 보완하는 형태로 동 협약은 이익보호 확보를 위한 대체제도(공통10조, 민간인협약은 제11조)를 인정하고 있다. 그에 따르면 동 협약의 피보호자가 이유 여하를 불문하고 이익보호국의 활동에 의한 이익을 받지 아니하거나 또는 받지 아니하게 된 때에는 억류국은 중립국 또는 공평하고 유효성을 전적으로 보장하는 단체에 이익보호국의 임무를 인수하도록 요청하여야 하고, 그럼에도 보

---

150) 기타 이익보호국은 이들 협약규정의 적용·해석에 관해 분쟁당사국간에 의견대립이 있을 경우 이의 해결을 위해서 중개 노력을 할 의무도 지고 있다(공통 제11조, 민간인협약은 제12조).

호가 확보되지 않을 때 억류국은 CICR과 같은 인도적 단체에 대하여 그 인도적 임무를 인수하도록 요청하여야 한다.

인도법의 재확인과 발전을 위한 작업과정에서 이익보호국의 지명을 의무적인 것으로 하자는 제안이 있었지만 채택된 제1추가의정서 관련 조문에는 분쟁당사국(피보호자의 억류국)의 동의(수락)가 필요하다는 조건이 존속되었고, 다만 지명절차 및 대리에 관한 상세한 규정을 두어 이 제도의 활용을 기대하고 있다. 즉, 한편으로는 무력분쟁이 개시된 때부터 이익보호국 제도(특히 이익보호국의 지명과 수락을 포함)의 운용으로 제네바제협약 및 추가의정서의 존중 및 실시를 확보할 의무가 있으며, 이익보호국은 분쟁당사국의 이익을 보장할 의무가 있다. 각 분쟁당사국은 지체 없이 그리고 동일한 목적을 위하여 적대국에 의하여 지명되고 자국에 의하여 수락된 이익보호국의 활동을 허용하여야 한다(제5조 1, 2항).

다른 한편으로는 분쟁이 개시된 때로부터 이익보호국이 지명되거나 수락되지 않은 경우에는 기타 공정한 인도적 단체가 행동할 권리를 침해함이 없이 CICR이 분쟁당사국이 동의하는 이익보호국의 지체 없는 지명을 목적으로 분쟁당사국에게 주선을 제공한다. 이러한 목적을 위하여 CICR은 각 분쟁당사국에게 이익보호국으로 활동함을 수락할 수 있다고 생각하는 최소한 5개국의 명단을 제공할 것과 각 적당사국에게 상대당사국의 이익보호국으로 수락할 수 있는 최소한 5개국의 명단을 제공할 것을 요청할 수 있다(동 3항).

그럼에도 불구하고 이익보호국이 없는 경우 분쟁당사국은 CICR 또는 공정성과 유효성이 보장되는 기타 조직이 관계당사국과 필요한 협의를 한 후, 이러한 협의의 결과를 고려하여 대리기관으로 행동할 것을 제의하는 경우 이를 지체없이 수락하여야 한다. 이러한 대리기관의 기능은 분쟁당사국의 동의를 얻어야 한다(동 4항).[151]

이와 같은 이중 삼중의 절차가 인정된 것은 이익보호국 또는 그 대리를 보다 확실하게 확보하기 위함이다. 또한 만약 이 제도가 활용된다면 이익보호국의 감시범위는 제네바제협약의 규정에 한정되지 않고 제1추가의정서의 규정에 까지 미치므로 상당히 확대되는 셈이 된다. 그러나 여기서의 감시는 제협약 및 의정서의 피보호자, 특히 적의 권력내에 있는 자 또는 적에게 억류되어 있는 자의 보호를 염두에 둔 것이며, 인도법 분야 전체의 적용확보를 의도한 것은 아니다. 특히 이 제도는 분쟁당사국이 수행하는 군사행동이 인도법규에 따르고 있는지 여부의 감시 역할을 수행하는 것은 아니다(예를 들면, 사용무기의 선택 및 폭격시의 목표선택 등에 관하여 이익보호국 대표가 입회하는 것은 아님).

이처럼 인도법 일반의 적용확보라는 관점에서는 이익보호국 제도 하에서 예정되어 있는 감시범위는 상당히 제한되어 있다. 더욱이 이익보호국의 주된 역할은 분쟁당사국의 이익보호이지, 반드시 분쟁당사국의 인도법 적용상황의 제3자적 내지 객관적인 감시라는 기능의 수행이 예정되어있는 것이 아니라는 점에도 주의하여야 한다.

순수한 객관적 입장에서 인도법의 적용을 감시할 권한을 갖고 있는 제3자적 기관은 오늘날까지 확립되어 있지 않다. 1949년 외교회의에서 국가로부터 독립된 공정한 중립기관으로서의 국제고등위원회 설립 제안[152]이 있었으나, 협약중에 포함되지 못하고 결의 형태로 도입되는데 그쳤다. 다만 제네바제협약에는 위반행위에 대한 조사에 관해 "협약의 위반혐의에 대해 분쟁당사국의 요청이 있을 경우 관계국들이 결정하는 방법으로 조사하여야 한다"라는 조문(제1협약 제52조, 제2협약 제53조, 제3협약 제132조, 제4협약 제149조)이 삽입되었다. 이와 관련하여 제1추가의정서는 제네바제협약과 동 추가의정서의 중대한 위반행위 및 기타 중대한 침범이라고 주장되는

151) 인도법 회의에서 이익보호국 제도의 성립과정과 문제점에 관하여 竹本正幸, "國際人道法の履行監視制度 -利益保護國制度强化のための最近の試み--," 關西大學, 法學論集 26卷 4·5·6合併号.

152) de La Pradelle. P., La Conférence diplomatique et les nouvelles Conventions de Gèneve du 12 aout 1949(1951), pp.231-232; *Actes*(1949), Ⅲ, p.30.

사실을 조사하기 위한 국제사실조사위원회 설치 규정(제90조)을 두고 있다.[153]

비록 설치가 실현되어도 동 위원회의 활용은 위원회의 권한 인정을 선언하는 당국 또는 조사에 동의하는 분쟁당사국에게만 유효한 것에 지나지 않는다. 이러한 선언을 행한 국가가 1991년 말, 25개국에 이르러 위원회가 설치되었으며, 1992년 3월에는 15명의 위원에 의해 위원회 규칙이 채택되었다.

(b) 적십자국제위원회와 기타 인도적 단체의 활동

CICR은 그 설립 이래 분쟁희생자의 구호활동을 행하여 왔으며, 그 전통과 규약에 의해 특히 1929년 포로조약에 의해 국제사회에서 정식으로 소위 인도적 이니셔티브 권리(droit d' initiative)가 인정되어 왔다. 이 권리에는 제네바협약 상, CICR에 인정된 역할에 따라 협약의 성실한 적용을 위해 노력하며 그 위반에 관한 고충 수리가 포함된다.[154]

1949년 제협약은 CICR에 앞에 기술한바와 같이 이익보호국의 임무 인수를 인정한 것 외에 CICR 또는 기타 공정한 인도적 단체가 분쟁당사국의 동의를 얻어 피보호자의 보호 및 구제를 위하여 행하는 인도적 활동을 방해하지 않는다(공통9조, 민간인협약은 제10조)라고 하여 앞의 권리를 확인하고 있다.

제1추가의정서도 분쟁당사국은 분쟁희생자에 대한 보호와 원조를 보장하기 위하여 제협약 및 의정서에서 CICR에 부여한 기능을 수행할 수 있도록 하기 위하여

153) 동 위원회는 덕망이 높고 공평성이 인정된 15명의 위원으로 구성되며, 그 권한은 (i)제협약과 추가의정서의 중대한 위반행위 또는 기타 중대한 침범이라고 제기된 사실을 조사하고, (ii) 주선/알선에 의해 제협약과 의정서의 규정 준수를 위해 편의를 꾀한다는 것이다. 기타의 경우, 위원회는 분쟁당사국의 요구에 따라 기타 관계당사국의 동의가 있어야만 조사할 수 있다. 관계당사국이 별도로 합의하지 않는 한 모든 조사는 7명의 위원으로 이루어지는 部會에 의해 행해진다. 이 部會는 분쟁당사국에게 部會를 원조하고 증거를 제출하도록 요청하고, 나아가 기타 증거를 찾으며 현지에서 조정할 수 있다. 모든 증거는 관계당사국에 제시되며 그 당사국은 위원회에 그에 관한 의견을 진술할 수 있으며, 또한 각 관계당사국은 그 증거에 대해 논의할 권리를 갖는다. 위원회는 적당하다고 판단하는 권고를 첨부하여 부회의 조사결과에 관한 보고서를 관계당사국에 제출하여야 한다. 또, 위원회는 모든 분쟁당사국이 요구하지 않는 한 그 결과를 공표해서는 안된다. 위원회의 조치는 적어도 20개국이 위원회의 권한을 수락하고 동의했을 때 위원을 선출하기 위한 이들 체약국의 대표자회의가 소집되어 이들 국가 각각이 1명을 천거한 명부에서 비밀투표에 의해 위원이 선출된다. 상세한 사항은 竹本正幸, "國際人道法と國際事實調査委員會(1), (2)," 關西大學, 法學論集 28卷 1·2,号 참조.

154) 국제적십자위원회 정관 제4조 C. 구체적으로 말하면 CICR대표가 분쟁지역에 파견되어 상병자 구호, 포로의 정보전달과 수용소 방문, 구호품의 송부, 이익보호국 임무의 인수 등을 행한다. Forsythe. D., *Humannitarian Politics,* The CICR(1977).

자국의 능력범위 내에서 모든 편의를 CICR에 제공해야 한다는 것과 CICR은 분쟁당사국의 동의를 조건으로 희생자들을 위한 기타 모든 인도적 활동을 수행할 수 있음을 규정하고 있다(제81조 1항). 또한 분쟁당사국은 자국의 적십자(적신월, 적사자, 태양)단체들이 제협약 및 의정서의 제규정과 적십자국제회의에서 제정된 적십자 기본원칙에 따라 분쟁희생자들을 위한 인도적 활동을 수행토록 하기 위하여 필요한 편의를 제공하여야 하며, 체약국 및 분쟁당사국은 적십자단체 및 적십자사연맹이 분쟁희생자에게 제공하는 원조에 대하여 모든 가능한 방법으로 편의를 제공하여야 한다(동 2, 3항).

그리고 체약국 및 분쟁당사국은 분쟁당사국에 의하여 정식으로 인정되고 제협약 및 의정서에 따라 자체의 인도적 활동을 수행하는 기타 인도적 단체들에게도 유사한 편의를 제공하여야 한다(동 4항).

이러한 CICR과 기타 인도적 단체의 활동의 주된 목적은 분쟁희생자에 대한 인도적 원조이며, 이를 위해 인도법의 적용여부를 감시할 수는 있어도 반드시 분쟁당사국에 의한 인도법의 준수 또는 위반의 판정자로서의 역할을 맡는 것은 아니다. CICR이 분쟁당사국에서 행한 인도적 활동에 관한 보고서는 그 당사국 당국에 제출하지만 공표되지 않기 때문에 인도법의 적용 및 위반 상황이 외부에는 전해지지 않는 경우가 많다.[155] 이처럼 CICR 등의 활동에도 인도법 적용확보의 관점에서 볼 경우 큰 한계가 있음을 알아야 한다.

155) 베트남전쟁중 '호랑이 우리'라는 감옥의 실태에 대해 비난이 제기되자 1969년 9월 CICR대표가 남베트남의 콤슨감옥을 3회 방문한 후 사이공 당국에 보고서를 제출했으나 제출한 보고서는 공표되지 않았고, 동 당국은 보고서를 공개하지 않은 채 방문 결과 억류조건이 인도적 조약에 합치하는 것으로 보고되었기 때문에 조사할 필요가 없다고 주장했다. 이에 대해 CICR은 그러한 주장에 대해 반론을 제기하였으며(*Le monde* 11, 21 juillet 1970), 르몽드지의 동 보고서 폭로로 인도법 위반을 지적하고 반성을 촉구하는 보고서 내용이 사실로 드러났다.

제2절 인도법 위반의 책임과 처벌

인도법의 위반행위가 행해진 경우 누가 책임을 지고 처벌 되는가? 이 문제는 위반국(당국) 책임과 개인처벌의 양면에서 접근할 수 있다.

1. 국가책임

전쟁(인도)법 위반에 대한 국가책임은 위법행위에 대한 국가의 국제책임의 하나의 적용에 지나지 않으며, 이미 관습법상으로도 인정되어온 것이다. 1907년 〈육전법규 및 관례에 관한 조약〉은 헤이그 규칙의 "각 항을 위반한 교전당사자는 손해가 있을 때에는 이의 배상책임을 부담하여야 한다. 교전당사자는 자국 군구성원의 일체의 행위에 관하여 책임을 진다(제3조)"라는 표현으로 이를 나타내고 있다. 70년이 지나 채택된 제1추가의정서도 거의 동일한 표현을 답습하고 있다(제91조). 동 규정에서 알 수 있듯이 이러한 경우의 국가책임은 위법한 전쟁행위에서 초래된 손해에 대한 금전적 배상책임에 한정되어 있다. 이 책임은 일반적으로 적대행위 종료 후에 이행되지만 실제로는 패전국의 책임만 강제되어 왔다.[156]

더욱이 배상액의 산정도 위법행위에 기초한 손해액이라기보다 승전국이 전쟁때문에 입은 모든 손해에 대한 포괄적 지불형태를 취하는 경우가 많다. 이것은 배상책임 원칙이 거의 실행되지 않고, 위법행위에 대한 제재로서의 의미가 거의 무시되고 있다는 것을 나타내고 있다. 무엇보다도 제네바제협약 상의 중대한 위반행위에 관하여 국가가 부담하는 책임(제1협약 제51조, 제2협약 제52조, 제3협약 제131조, 제4협약 제148조), 제1추가의정서상의 분쟁당사국의 배상의무(제91조)는 승전국을 포함한 모

---

156) 또 희귀한 사례인 제2차 세계대전중의 阿波丸사건에 관하여 미국정부는 전쟁중이므로 그 책임을 인정하는 취지를 통고하고, 손해배상문제에 관해서는 적대행위 종료후까지 연기하도록 제의했다. 전후 미일간 논의가 계속되었으나 결국 일본은 국회 결의로 본 사건에 관한 청구권을 포기하고 이 결의에 기초하여 미일간에 阿波丸 청구권 처리를 위한 협정이 체결되었다("阿波丸事件", ケースブック國際法, 有信堂, 1986年, 新版에 수록).

든 분쟁당사국이 이에 승복할 것과 패전국도 승전국의 배상의무를 요구할 수 있다는 점을 당연한 것으로 간주하고 있다. 또한 현대적 무력분쟁의 결과는 반드시 군사적 의미에서 승패가 분명치 않은 경우도 많고(예를 들면, 해방투쟁의 경우에는 식민지 인민의 독립달성이 그 인민의 승리가 됨), 분쟁을 종료시키는 문서에서도 분명한 배상규정을 두지 않는 경우도 있다.[157]

인도법의 위반행위를 이유로 국가책임이 요구되더라도 위반을 범한 개인의 책임이 없어지는 것은 아니며, 오히려 위반에 대한 처벌은 개인에게 보다 엄격하게 적용할 수 있다.

2. 개인처벌

전쟁(인도)법 위반에 대한 개인처벌 내지 전쟁범죄라는 관념은 오래전부터 존재했지만, 제2차 세계대전까지는 이에 관한 조약상의 직접적인 규정은 없었다. 전후 이 문제는 새롭게 전개되었다. 이 문제를 둘러싸고 어떠한 행위가 처벌되어야 할 전쟁범죄로 간주되는지, 전쟁범죄의 책임을 지는 자는 누구인지, 전쟁범죄인의 처벌은 어떤 기관에 의해 행해지는가 라는 점이 제기되고 있다.

(a) 전쟁범죄에 대한 관념 변화

전시범죄에서 국제법상 범죄로 종래부터 일반적으로 알려진 의미에 따르면, 전쟁범죄란 전쟁법규에 위반되는 행위를 하였거나 그것을 하도록 명한 자를 교전국이 체포한 경우 그 자를 처벌할 수 있음을 말한다. 일본에서는 전시범죄 또는 전시중죄로 불려 왔다. 그런데 전시범죄에 해당하는 행위로서는 종래의 분류에 따르면,

157) 1973년 파리협정에는 "미국은 전통적 정책에 따라 베트남민주공화국 및 全 인도지나에서의 전쟁의 상처를 치유하고 전후 복구를 위해 공헌한다"(제21조)고 되어있다. 이와 관련하여 인도법 위반행위로 발생한 손해의 배상을 의미하는가, 아니면 단순히 미국의 정책으로서의 전후복구에 대한 공헌에 지나지 않은 의미인가라는 문제가 논쟁이 되었다.

(1) 교전국의 병력에 속한 자에 의한 전쟁법규의 위반 (2) 병력에 속하지 않는 자에 의한 적대행위 (3) 일방 교전국의 권력내에서 그 국가에의 충성의무가 없는 자(적국 및 중립국 국민, 위장 군인)가 그 국가에 손해를 끼치거나 또는 적을 이롭게 하기 위해서 행하는 행위, 즉 전시반역 (4) 스파이행위 (5) 전장에서 군대를 따라다니며 약탈 · 절도 · 전리품의 강탈 등을 행하는 행위, 즉 노상강도 등을 들 수 있다.

이들 중 전시반역, 스파이는 전쟁법에 직접 금지되어 있는 행위가 아니며, 또 앞에서 서술한 것처럼 민간인의 적대행위 참가도 그 자체가 인도법 위반으로 간주되지 않는다고 해야 할 것이다. 그러나 이들 행위자를 체포한 측은 자국의 군형법 및 일반 형법에 따라 엄벌에 처해야 하는 것이 국제법상 인정되고 있다.

전시범죄는 그것을 행한 자를 체포한 교전국이 전시(무력분쟁중)에 재판에 회부하여 처벌하는 것이며, 적대행위 종료 후에는 이미 처벌할 수 없는 것으로 간주되어 왔다. 이러한 점에 전시범죄의 성격이 나타나 있다. 즉, 전시범죄는 일반적으로 그것을 범한 자와 체포한 국가(당국)와의 관계에서 의미를 지니며(국가법익의 침해), 따라서 전시 중에 더구나 자국의 형법에 기초하여 처벌할 수 있는데 지나지 않는 것이다.

그런데 제2차 세계대전 중 연합국 측에서 추축국(樞軸國)의 전쟁범죄인(침략전쟁에 대한 책임자 포함)을 전후 엄중하게 처벌해야 한다는 주장이 제기되어 종래의 전시범죄, 즉 전쟁의 법규 및 관례 위반에 의한 '통상의 전쟁범죄' 외에 '평화에 대한 죄'와 '인도에 반한 죄'라는 새로운 전쟁범죄 유형이 등장했다. 여기에서 전쟁범죄 개념의 확대와 그 관념의 전환의 단서를 볼 수 있다.

이 새로운 전쟁범죄 유형은 국제군사재판소 조례(이하 '조례') 및 극동군사재판소 조례(이하 '극동조례')에 명기되어 있다. 이와 관련하여 '평화에 대한 죄'란 "침략전쟁 또는 국제조약 및 협정 서약을 위반한 전쟁을 계획 · 준비 · 개시 및 실행하는 등의 행위 또는 이러한 행위를 달성하기 위한 공동의 계획이나 모의에 참가하는 것(조례 6조Ⅱ A, 극동조례 5조Ⅱ A도 유사함)"이다. 이러한 평화에 대한 죄의 개념은 전쟁법(jus in bello)의 틀 외에 존재하는 것으로 간주되어 온 침략전쟁이 전쟁위법화에 따라 국제법 위반(jus ad bellum의 레벨)이 될 뿐만 아니라 국제범죄라는 점과 그 책임은 국가기관의 지위에 있는 자라도 개인에게 지워진다는 전제를 포함하고 있기 때문에 많은 논란을 야기하였다.

'인도에 반한 죄' 란 "전쟁 중 또는 전쟁 전에 일반주민에 대하여 행한 살해 · 절멸 · 노예적 혹사 · 추방 기타의 비인도적 행위 또는 범행지 국내법의 위반여부를 불문한 정치적, 인종적 및 종교적인 이유에 근거한 박해행위(조례 6조Ⅱ C, 극동조례 5조Ⅱ C)"이다.

여기서 말하는 인도에 대한 죄는 그 국적을 불문하고 일반주민에 대한 행위인데, 나치 독일이 독일 및 점령지역에서 무수한 유태인을 박해한 쓰라린 경험에서 유래하는 그 개념형성의 동기에서도 알 수 있듯이, 자국민에 대한 비인도적 행위 및 박해를 주된 대상으로 하고 있다. 종래의 전쟁범죄 개념에서는 이러한 자국민에 대한, 그렇지만 전쟁중 뿐만 아니라 전쟁전의 행위(특히 박해)를 전쟁범죄의 유형에 포함시킨다는 것은 생각할 수 없었던 일이다. 그리고 인도에 반한 죄는 앞의 정의에 따르면 '본 재판소의 관할에 속하는 어떤 경우의 범죄' 즉, 통상의 전쟁범죄 또는 평화에 대한 죄의 수행과정에서 또는 이와 관련하여 행해진 것이 아니면 안 된다.[158]

이처럼 제2차 세계대전을 계기로 새롭게 등장한 전쟁범죄 개념은 전후의 국제연

158) 이들 새로운 전쟁범죄 유형의 국제군사재판소에서의 피고에 대한 적용과 관련하여 사후법에 의한 처벌이라든가, 죄형법정주의에 위반된다라는 비판도 많았다. 또한 이러한 신개념을 적용하는 국제군사재판소 판결(*IMT*, Vol. I , pp.232-233)의 법논리면에서의 불충분함도 부정할 수 없다. 그러나 관습법 중심의 국제범죄에 관하여 죄형법정주의는 타당하지 않다고 보는 견해도 있다(Pella, V. V., *La guerre crime et les criminels de guerre*[1946], pp.68 et s.).

합의 활동을 중심으로 한 국제법의 전개에서[159] 단지 전승국이 만들어낸 개념이라기보다는 보편타당한 개념으로서 보다 명확해지고 한층 확고하게 정착되었다.

국제연합 총회는 '뉴른베르그재판소 조례에 의해 승인된 국제법 제원칙' 을 확인하는 결의(3[I], 95[I])를 만장일치로 채택하였고, 1950년 국제법위원회(ILC)가 작성한 소위 뉴른베르그 원칙은 ⓐ 평화에 대한 죄 ⓑ 전쟁범죄 ⓒ 인도에 반한 죄(조례중에 있었던 '전쟁전 또는 전쟁중에' 라는 표현은 삭제되었음)는 국제법상의 범죄(crimes under international law)로써 처벌된다(제6원칙)고 밝히고 있다. 게다가 1954년 ILC가 채택한 '인류의 평화와 안전에 대한 범죄의 법전안' 은 책임 있는 개인이 마땅히 처벌되어야 할 국제법상의 범죄로 간주되는 '인류의 평화와 안전에 대한 죄' 중에 침략행위 및 그 위협(제2조 (1), (2)), 인도에 반한 죄에 상당한 행위(제2조 (11)),[160] 전쟁의 법규 및 관례 위반행위(제2조 (12))를 열거하고 있다. 또한 인도에 반한 죄는 다른 조약에서 보다 일반화 내지 구체화되었다.

집단살해(Genocide)는 평시에 행해지든 전시에 행해지든 불문하고 국제법상의 범죄로 간주되며(집단살해죄의 방지 및 처벌에 관한 조약 제1조), '무력공격 또는 점령에 의한 추방' 및 '인종분리정책(apartheid)에 기초한 비인도적 행위' 도 인도에 반대한 죄에 포함되기에 이르렀다.[161]

통상의 범죄도 소위 전쟁범죄의 성질로부터 국제법상의 범죄로의 새로운 전개가 전후의 인도법의 성문화에서 현저하게 나타나고 있다. 제네바제협약은 '중대한 위반행위' 로 다음과 같이 열거하고 있다. 각 협약이 보호하는 사람 또는 물자에 대

---

159) 奥原敏雄, "國際聯合と國際犯罪," 神谷龍男篇, 國際聯合の基本問題, 酒井書店, 1973年에 수록 참조.

160) 정확히는 '일국의 관헌에 의해 혹은 이러한 관헌의 선동 또는 용인에 바탕을 두고 어떤 시민에 대해 행해지는 살해, 절멸, 노예화, 추방 또는 박해와 같은 비인도적 행위'이다. 여기에는 조례중의 인도에 대한 죄의 정의에는 없었던 '사회적', '문화적' 이유에 바탕을 둔 것도 추가되어 있다. 또 이 법전안은 국제연합에 제출되었지만 '침략의 정의'(A/Res/3314[XX I X])가 성립되기를 기다리며 방치되고 있었으나, 최근에야 겨우 국제연합 총회에서 거론될 움직임이 있다. 1981년의 총회결의36/106에 따라서 ILC는 재차 '인류의 평화와 안전에 대한 죄의 법전안'을 주요의제의 하나로 거론해 현재 검토중이다.

161) 시효부적용조약(後述) 제1조, '아파르트헤이트(apartheid)죄의 진압 및 처벌에 관한 국제조약' 제1조, ILC의 '국가책임에 관한 조약 초안' 제19조의 '국제범죄'의 예시에는 '노예화, 제노사이드, 아파르트헤이트(apartheid)와 같이 인간의 보호를 위해서 본질적으로 중요한 국제적 의무의 중대하고도 광범위한 위반'을 들고 있다(제19조의 해설 참조. *Report of the ILC on the Work of its twenty-eighth sesion*[1976], A/31/10, pp.226ff.).

해 행해진 다음의 행위, 즉 살인, 고문 또는 비인도적 대우(생물학적 실험 포함), 신체 또는 건강에 대한 고의적인 극심한 고통의 부여, 중대한 상해를 가하는 행위, 군사상의 필요에 의해 정당화되지 않는 불법적이고 자의적인 재산의 광범위한 파괴 또는 징발 행위(제3협약에는 없음), 포로 또는 피보호자(민간인)를 강제하여 적국 군대에 복무시키는 행위(제3, 4협약), 협약에 규정된 공정한 정식재판을 받을 권리를 박탈하는 행위(제3, 4협약), 피보호자(민간인)를 불법으로 추방 · 이송 또는 구속하고 인질로 삼는 행위(제4협약) 등이다.

동 협약의 각체약국은 이러한 중대한 위반행위의 처벌에 필요한 법을 제정하고, 혐의가 있는 자를 수사할 의무가 있으며, 국적여하를 불문하고 자국의 법원에 기소하거나 타 체약국에서 재판을 받도록 인도해야 할 의무가 있다는 점에서도 판단할 수 있듯이, 중대한 위반행위는 종래의 전쟁범죄로서 보다 오히려 국제법상의 범죄로서의 지위가 확립되었다고 할 수 있다.

제1추가의정서는 이를 답습하면서도 중대한 위반행위에 해당하는 범위를 더욱 확대했다. 그 중에는 일반주민 또는 민간인을 공격대상으로 하는 등의 일정한 행위가 의정서의 관련 규정을 위반하여 고의적으로 행하여짐으로써 사망이나 신체 또는 건강에 대한 중대한 위해를 야기하는 경우(제85조 3항) 및 점령국이 자국 민간주민의 일부를 점령지역으로 이주시키는 행위 등의 일정한 행위가 고의적으로 제협약 및 의정서를 위반하여 행해진 경우(동 4항) 등을 들 수 있다. 이들 중에서 문제라고 생각되는 것은 인종분리정책(apartheid)의 시행과 같은 오히려 인도에 반한 죄에 해당되는 것이 여기서는 전쟁범죄(동 5항)의 부류에 포함되어 있다.

또 이들 중대한 위반행위 중에서도 포로 및 민간인 송환의 부당한 지연 및 인종분리정책의 시행 등은 분쟁당사국의 군대구성원 뿐만 아니라 정부 당국(행정 책임자)에 의해서도 행해질 가능성이 높기 때문에 정부의 책임자도 여기서 말하는 중대한 위반행위를 범할 여지가 인정되었다. 그리고 전쟁범죄의 성질의 전개에 있어 하나의 현저한 특징은 전쟁범죄와 인도에 반한 죄의 시효가 없다고 하는 경향이 나타났다는 점이다.

1968년 국제연합 총회에서 채택된 〈전쟁범죄 및 인도에 반한 죄의 시효부적용에 관한 조약〉은 양 범죄가 국제법상 가장 중대한 범죄에 해당된다는 점을 고려하여, 양 범죄에 대해서 공소시효의 시한이 없다는 국제법상의 원칙을 확인하고 이의 보편적 적용을 확보하려는 의도에서 채택되었다.

동 조약에 의하면, ⓐ 국제군사재판소조례에 규정되고 1946년 국제연합 총회 결의 (3[Ⅰ], 95[Ⅰ])에서 확인된 전쟁범죄, 특히 제네바제협약에 열거된 '중대한 위반행위' 및 ⓑ 전시 또는 평시를 불문하고 행해진 인도에 반한 죄, 군사적 공격이나 점령 그리고 인종차별정책에 따른 비인도적 행위에 의한 추방, 1948년 집단살해죄의 방지와 처벌에 관한 협약에 규정된 집단살해죄에는 그 범행시기와 관계없이 공소시효의 제한이 적용되지 않는다(제1조).[162]

또한 특히 나치 범죄에의 시효 부적용을 정한 국내입법조치를 취한 국가도 일부 있다.[163] 이러한 시효부적용의 경향은 그 대상으로 하는 범죄를 시효가 적용되는 국내범죄와는 기본적으로 다른 국제법상의 범죄로 간주하고 있다는 것을 보여준다.

162) 이 조약에는 '평화에 대한 죄'가 언급되어있지 않지만, 사무총장의 연구보고서인 '전쟁범죄 및 인도에 대한 죄의 시효부적용 문제'(E/CN. 4/906)는 전쟁범죄를 광범위하게 해석하여 '평화에 대한 죄'도 그것에 포함된다고 하여 3개의 카테고리 모두가 시효에는 그 본래의 성질(국제법 위반의 성질)상 융합되지 않는 것으로 하였다. 그러나 이 '연구'를 검토한 인권위원회 제22회기에서 이들 범죄에 대한 시효부적용이 현행 국제법규인지 여부에 관하여 견해가 나뉘었다. 또 이 조약의 성립경위에 관하여 拙稿, "『戰爭犯罪び人道に反する罪に對する時效不適用に關する條約』の成立," 金沢法學 15卷 1·2号.

163) 동독, 폴란드, 체코슬로바키아, 불가리아, 소련은 법령으로 시효부적용을 선언 또는 확인하였고, 프랑스는 1964년 12월 26일 법률로 인도에 대한 죄의 시효부적용을 규정했다(Projet de Convention sur les crimes de guerre, les crimes contre la paix et les crimes contre l'humanité, Introduction et Questionnaire par J, Graven, *Revue internationale de Droit Pénal*[1966], pp.395-398).

(b) 전쟁범죄의 인적 범위 : 상관명령과 상관책임

그렇다면 전쟁범죄에 대해 책임을 지는 자는 누구인가? 우선 전쟁범죄는 그것을 직접 행한 개인에게 책임이 귀속되고 처벌대상이 된다는 것은 말할 필요도 없다. 통상의 전쟁범죄는 현실 세계에서 적대행위에 참가한 군대구성원에 의해 이루어지는 경우가 많고, 그들은 국가기관이라고 해도 개인적으로 책임을 지지 않으면 안 된다. 그러나 군대는 일반적으로 상의하달(上意下達 : 명령복종관계)이 철저한 계급조직이어서 상관의 명령에 대한 부하의 복종이 엄격하게 요구된다. 또한 부하가 그 명령의 국제법상의 위법성을 즉석에서 판단할 수 없는 경우도 있다. 그 때문에 상관의 명령에 의해 전쟁범죄를 행한 자는 책임을 지지 않는다(상관명령에 의한 면책)라는 주장이 있다.

제2차 세계대전 이전의 각국의 군사교범에서는 이러한 입장을 취하는 경우가 많았다. 그러나 이러한 입장으로 순수하게 일관한다면, 전쟁범죄가 그 부하에 의해 행해졌더라도 그것을 명한 상관은 일반적으로 전장에서 적에게 체포되는 일이 없기 때문에 결국 아무도 그 범죄에 책임을 지지 않게 되고 처벌은 어려워진다. 그래서 비록 상관의 명령에 따라 전쟁범죄를 행한 경우에도 그 자는 책임이 있고 책임을 면하지 못한다는 입장이 생겨났다.

제2차 세계대전 후의 군사재판의 관행 및 국내입법 상황은 기본적으로는 후자의 입장을 반영하면서, 명령거부의 가능성 및 명백한 위법성의 인식이라는 조건을 제기하는 경향을 보이고 있다. 국제군사재판소 조례는 "피고가 그 정부 및 상관의 명령에 따라 행동하였다는 사실이 그를 책임에서 벗어나게 하지는 않는다. 단지 재판소가 정의를 위해서 필요하다고 결정했을 때는 이것을 형벌의 경감에 고려하는 것을 방해하지 않는다(제8조, 국동조례 제6조도 유사)"면서 상관명령에 위한 면책을 원칙적으로 부정하고 있다.

또한 '인류의 평화와 안전에 대한 범죄의 법전안' 은 "본 법전안에 규정된 범죄에 대해 책임을 지는 개인이 그 정부 또는 상관의 명령에 따라 행동한 사실은 당시 상황에서 그 명령에 따르지 않는게 가능했다면 국제법상의 책임을 면하게 하는 것은 아니다(제4조)"라고 하여 앞의 조례의 표현과는 상당한 차이를 보이고 있다.

조례에서는 재판소의 결정에 따라 형벌의 경감만이 고려될 수 있음에 대해, 법전안에서는 당시 상황에서 명령에 따르지 않을 가능성이라는 조건이 붙여, 이 가능성이 없으면 상관명령을 이유로 책임을 면제받을 수 있기 때문이다. 이러한 가능성, 즉 부하의 책임과 군의 기율유지 요구와의 조화점, 접점을 규정하기는 매우 어렵다. 제네바제협약은 상관명령에 관한 규정을 두지 않았고, 인도법 외교회의에서도 재차 시도했으나 실패했다. 그러나 오늘날 각국의 군사교범의 경향과 CICR 최종초안에 나타나있는 바와 같이,[164] 부하에 의한 명백한 위법성 인식과 범죄행위의 실행 거부 가능성은 앞의 접점을 나타내는 조건으로서 타당한 것이라고 할 수 있을 것이다(구 유고슬라비아형사재판소 규정 제7조 4항, 국제형사재판소 규정 제33조 참조).

다른 한편, 상관 내지 지휘관은 그 지휘하의 군대구성원이 전쟁법 위반을 범하는 것을 방지 또는 억제하기 위해 모든 가능하거나 필요한 조치를 취하지 않으면 안 된다. 그러나 만약 부하에 의해 위법행위가 이루어졌다고 하면, 상관은 어떠한 경우에 또는 어떠한 조건하에서 책임을 지는 것일까? 이 점에 대해서는 종래부터 자신의 부하에게 명령 및 지휘한 행위에 대해서만 책임을 진다는 견해와 부하의 모

---

164) 미 · 영 · 불의 군사교범(The Law of Land Warfare, FM 27-10[1956], §509; Greenspan, H., *Soldier's Guide to the Law of War*[1969], p.72; The Law of War on Land, §627; Decret No.66-749 portant règlement de discipline générale dans les armées du ler oct. 1966, Art 22), CICR 최종초안 제77조(*Commentaires*[1973], p.100) 참조. 또 베트남전쟁시의 ソソミ(songmy)사건과 관련하여 Report of the Department of the Army Review of the Preliminary Investigations into the My Lai Incident, Vol. I . the Report of the Investigation(1970), Department of the Army; Falk. R. A., "Songmy, War Crimes and individual Responsibility," *The vietnam War and international Law*, Vol. 3(1972), pp.327-345.

든 전쟁범죄 행위에 대해 책임을 진다는 견해가 대립되어 왔다.

제2차 세계대전 이후의 경향을 보면 양 견해의 중간적 입장, 즉 상관은 부하의 모든 행위에 대해 당연히 책임을 지는 것이 아니라 자신의 명령 및 지휘에 의한 행위뿐만 아니라 부하의 위법행위를 묵인 내지 간과하거나 또는 그것을 억제하기 위한 필요한 조치를 취하지 않은 경우에도 책임을 면할 수 없다는 입장이 유력해지고 있다. 예를 들면, 제2차 세계대전 중 필리핀에서 행해진 부하의 잔악행위에 대한 책임에 대해 소위 산하재판에서의 판결은 살인, 폭행, 악랄한 복수 행위가 광범위하고 계획적으로 행해졌으나 그러한 행위를 인지하고 단속하기 위해서 지휘관이 어떤 유효한 조치도 취하지 않은 경우에 그 지휘관에게 책임이 있는 것으로 하고, 부하의 위법행위를 몰랐던 것이 자신의 과실 또는 태만에 의한 경우에도 상관에게 책임을 지웠다.[165] 제네바제협약은 이 점에 대해 침묵하고 있었으나 제1추가의정서는 다음과 같은 미묘한 표현으로 앞의 경향을 명문화하였다.

"제협약 및 본 의정서의 위반이 부하에 의하여 행하여졌다는 사실은 경우에 따라 부하가 그러한 위반을 행하고 있는 중이거나 행하리라는 것을 알았거나 또는 당시의 상황에서 그렇게 결론지을 수 있을 만한 정보를 갖고 있었을 경우 그리고 권한내에서 위반을 방지 또는 억제하기 위하여 실행 가능한 모든 조치를 취하지 아니하였을 경우 그 상관은 형사 또는 징계책임을 면제받지 아니한다(제86조 2항)."[166]

앞의 상관과 부하는 일반적으로 군대조직에 속한 자이지만, 전쟁범죄는 여타의 공무원과 사인에 의해서도 행해질 수 있다. 조례가 전쟁범죄를 행한 자의 공무상의

---

165) *Law Reports*, Vol. I, Case No.21; *Annual Digest*(1946), Case 111, Case 115. 미·영의 군사교범(The Law of Land Warfare. *op. cit.*, §501; The Law of War on Land. *op. cit.*, §631)도 부하를 감독해야 할 입장에 있는 지휘관이 부하가 범한 위반행위를 알고 또는 알아야 했을 경우나 전쟁법 준수를 위해 또는 그 위반의 처벌을 위해 필요하고도 합리적인 수단을 취할 것을 태만히 한 경우 상관의 책임을 인정하고 있다.

166) CICR 최종초안 제76조 2항(*Commentaires*[1973]. p.99)은 "상관은 부하가 이러한 위반행위를 범하거나 범하려고 하는 것을 알고 있었는지 또는 (당연히) 알았어야 한 경우"라는 표현을 사용하고 있었으나, 외교회의에서 '(당연히) 알았어야 한'을 둘러싸고 그 문구의 삭제 또는 유지를 요구하는 서로 대립하는 견해가 있었기 때문에 '그 당시의 상황에서 그렇게 결론지을 수 있을 만한 정보를 얻을 수 있었던 경우'라는 완화된 표현으로 의견일치를 볼 수 있었다(*Actes*[1974-77], Vol.IX, pp.121 et s., 294-295).

지위도 그 책임을 면제하지 않는 것으로 한 것(조례 제7조, 극동조례 제6조)을 시초로, 그러한 자가 헌법상의 책임 있는 통치자이든지 공무원이든지 또는 사인이든지 불문하고 처벌하겠다는 식으로 전쟁범죄인의 신분여하를 불문하겠다는 것을 명기한 조약(제노사이드 조약 제4조, 시효부적용 조약 제2조)도 나타나고 있다.

미국과 영국의 군사교범도 특히, 국가 원수 및 정부책임자의 전쟁범죄 행위에 대한 책임이 면제되는 것이 아니라고 하고 있다.[167] 이러한 경향은 제2차 세계대전 후의 전쟁범죄의 성질 변화, 그 중에서도 평화에 대한 죄와 인도에 반한 죄에 해당하는 행위가 국가원수와 정부고관과 같은 국가의 권력보유자의 명령에 의해 행해질 위험성이 매우 크다는 사실인식에 부합하는 것이다. 인도법의 면에서 국가행위를 이유로 하는 개인책임을 문책하지 않는 것은 오늘날에는 확실히 부정되고 있다.

(c) 처벌제도의 전개 : 관할권의 보편화

지금까지 살펴 본 전쟁범죄의 성질 변화와 그 인적 범위의 확대는 처벌제도의 전개와 표리관계에 있다. 제2차 세계대전 이전에 전쟁범죄 처벌제도로서 일반적으로 인정되었던 것은 각국이 전쟁법 위반행위에 대한 처벌을 그 국내법에 규정토록 하는 것이었다.

또한 위반자의 처벌에 대해서는 전쟁(무력분쟁)중에 위반행위를 행한 자를 체포한 교전국이 전쟁중에 재판에 회부하는 것으로 되어 있었다. 국제조약으로 위반행위

167) The Law of Land Warfare. *op. cit.*, §510; The Law of War on Land. *op. cit.*, §632

의 범죄성을 규정하거나 형벌규정을 두며 그 처벌을 위한 국제재판소를 설치하여야 한다는 발상은 일반적으로는 없었다. 무엇보다도 베르사이유 평화조약에는 2국 이상의 국민에 대한 전쟁의 법규관례 위반행위를 행한 자를 동맹 및 연합국의 군사재판소에서 소추하고 또는 그를 위해 인도하는 취지의 규정이 있었다(제228조, 제229조, 기타 평화조약의 해당 조문).

그리고 前 독일 황제 빌헬름 2세(Wilhelm Ⅱ)를 "국제도덕에 반하고, 조약의 신성함을 훼손한 중대한 범죄"로 소추, 처벌하기 위한 연합국의 특별재판소(미국, 영국, 프랑스, 일본 및 이탈리아의 재판관으로 구성) 설치도 예정되어 있었다(동 제227조). 그러나 평화조약에서 예정되었던 이들 국제 군사재판은 당시의 정치상황에서 어느 것도 실현되지 못했다.[168]

적대행위 종료 후의 국제재판에 의한 전쟁범죄인의 현실적인 처벌은 제2차 세계대전을 계기로 실현되었다. 뉴른베르그 국제군사재판소와 극동군사재판소는 전승국의 재판관으로 구성되긴 했지만 사상 초유의 국제군사재판이었는데, 독일과 일본의 주요 전쟁범죄인에 대한 판결 후 해체되었다.[169] 패전국의 여타 전쟁범죄인에 대한 재판은 각 전승국의 군사재판소에서 행해졌다.[170] 이와 같은 처벌제도는 전쟁범죄의 성질 변화에 따라 적대행위 종료 후의 재판이라는 방향으로의 전환을 보이는 것이었다고는 해도, 전쟁의 와중에서 태어났기 때문에 설립근거에 약점을 갖고 있었고, 패전국의 전쟁범죄인만을 처벌한다는 점에서도 결함을 갖고 있었다.

---

168) 전자에 관해서는 전쟁의 법규관례 위반의 범죄인을 인도하는 대신 독일정부가 라이프찌히 제국재판소에서 처벌하게 되었다. 이러한 독일에 의한 재판에서는 연합국이 선택한 45건중 현실로 소추된 것은 12건, 그 중 유죄판결을 받은 것은 6건에 지나지 않았다(横田喜三郎, 戰爭犯罪論, 有斐閣, 1974年, p.29 이하, *History of the United Nations War Crimes Commission and the Development of the Law of War*[1948], pp.43-48). 다른 한편 빌헤름2세는 네덜란드로 망명하였고, 네덜란드 정부는 정치범불인도원칙을 내세워 인도를 거부했기 때문에 소추를 위한 국제재판소도 설치되지 않았다.

169) 조례에 따라 설치된 뉴른베르그재판소는 미·영·불·소 4개국의 재판관으로 구성되어 25명의 피고를 재판하였고, 연합국 최고사령관의 명령에 따라 설치된 동경군사재판소는 호주·인도·프랑스·네덜란드·필리핀의 5개국 재판관으로 구성되어 28명의 피고를 재판하였다.

170) 독일 점령 4개국의 1945년 12월 20일 관리이사회법령 제10호는 런던협정과 불가분의 일체로 간주되어 각 점령지구 사령관에게 그 지구내에서 적절한 재판소를 설치할 권한을 부여했다. 프랑스와 미국의 점령지구에서 특별한 재판소가 설치되었는데, 특히 중요한 것은 후자인 뉴른베르그의 미국군사재판소로 여기서는 12건, 185명의 피고를 재판하였다.

제네바제협약에 규정된 처벌제도는 종래 각국의 국내입법에 의한 처벌방식을 따른 것으로 중대한 위반행위에 대해서는 각 체약국에 재판관할권을 인정함으로써 보편주의적 경향을 받아들였다.[171]

그에 따르면 각 체약국은 ⓐ 본 협약에 대한 중대한 위반행위를 범하였거나 또는 범할 것을 명령한 자에 대한 유효한 형벌을 규정하기 위하여 필요한 입법조치를 취하고 ⓑ 그러한 혐의가 있는 자를 수사할 의무를 지며, 또 그러한 자의 국적여부를 불문하고 자국의 재판소에 소를 제기하지 않으면 안 되고 ⓒ 희망하는 경우 국내법령의 규정에 따라 이러한 자를 다른 관계 체약국에서 재판을 받도록 인도할 수 있다(제1협약 제49조, 제2협약 제50조, 제3협약 제129조, 제4협약 제146조).

무엇보다도 앞의 입법 의무에 대해 살펴보면, 이 문제에 관한 각국들의 입법상황은 좋지 않지만 이미 보편주의적 관할권을 재판소에 부여하는 내용의 현행법을 갖추고 있는 국가로서는 반드시 새로운 입법이 필요하다고 보이진 않는다.[172] 또한 분쟁당사국 뿐만 아니라 각 체약국에 의한 수사 및 소추에 대해서는 – 이 의무야말로 보편주의적 재판관할권을 인정한 것이라고 하지만 – 중립국(비분쟁당사국)도 소추할 권리를 갖는 것은 당연하다고 해도 그러한 의무까지 부담하는지는 의문이다.[173]

중립국은 전쟁범죄를 범한 자의 피난처가 되어서는 안 되지만, 실제로는 그러한 자를 직접 소추하기보다 관계국에 인도하는 편이 적절한 경우가 많을 것이다. 이러

171) Draper, G. I. A. D., "The Geneva Conventions of 1949," *Recueil des Cours*[1965], Ⅰ. p.157

172) 이 점에 관한 각국들의 입법상황을 알기 위해 CICR은 '제네바협약 위반방지'에 관한 회람장(1964년 4월 20일)을 각국 적십자사에 발송했다. 이에 대해서는 Respect des Conventions de Genève. Mesures prises pour réprimer les violations, *Rapport présente par le CICR*(1965); Vol.2(1969) 참조. 또한 일본은 헌법 제9조에 의해 전쟁은 금지되어 있으므로 제협약 위반행위가 일본에서(in Japan) 행해진 경우 그 행위는 형법에 열거하는 조문들을 적용함으로써 처벌할 수 있다고 회답했다(*ibid.*, Vol.2, pp.50-62).

173) 이 문제에 관하여 岡田泉, "1949年ジュネーブ諸條約の『重大한 違反行爲』に對する裁判管轄權の普遍主義," 愛知教育大學 研究報告 28輯(人文・社會科學).

한 면에서 각국의 협력을 촉진하기 위해 제1추가의정서는 체약국이 제네바제협약 및 의정서의 중대한 위반행위에 관한 모든 절차에서 가능한 사법상의 원조를 상호 제공하여야 하고, 또한 사정이 허용할 경우 범죄인 인도 문제에 대해 협력하여야 한다(제88조 1, 2항)고 규정하고 있다.

이러한 보편주의적 처벌의무를 각 체약국에 부과하는 제협약과 의정서상의 제도는 중대한 위반행위가 국제법상의 범죄 성격으로 전개되어온 점에 대응하는 것이라고도 할 수 있을 것이다. 무엇보다도 이러한 제도하에서 중대한 위반행위를 행한 자의 처벌 권한을 갖는 것은 각국의 재판소이며, 국제형사재판소가 아니고 또 그것이 예정되어 있는 것도 아니다. 전쟁범죄에 국제법상 범죄의 성격을 부여하지 않으면 안 되므로, 그 처벌제도도 국제재판소의 설립을 지향하는 것이 타당하다는 것은 말할 필요도 없다. 예를 들면, 제노사이드 조약에는 제노사이드죄 처벌을 위해서 국제형사재판소에 의한 심리도 예정되어 있으나(제6조), 오늘날까지 이러한 재판소의 설치문제는 진전을 보지 못하고 않다.[174)]

174) 이미 국제연합 총회가 설치한 특별위원회에 의한 국제형사재판소규정 초안(1951년)과 그 수정안(*Official Record General Assembly*, Supplement No.12, A/2645)도 존재하지만, 그 심의는 침략의 정의나 인류의 평화와 안전에 대한 법전안을 총회가 거론하기까지 연기되었다. ILC는 최근 국제형사재판소 설치문제를 검토할 움직임에 있고, '인류의 평화와 안전에 대한 범죄의 법전안'의 특별보고자의 제8보고서의 제3부도 이 문제를 취급하고 있다. Draft Code of Crimes Against the Peace and Security of Mankind. *Report of the Working Group*, UN Doc. 4/CN, 4/L. 454. 國際法外交雜誌 90卷 2号 p.50 이하 참조.
또한 제네바협약의 처벌제도가 충분히 기능하지 못하고 있는 상황하에서 특히 중대한 범죄를 범했다고 생각되는 자를 재판하기 위해 국제여론을 배경으로 한 민간재판이 기도되는 경우가 있다. 베트남전쟁에서의 ラッセル法庭(*Tribunal Russell, Le jugement de Stockholm*[1967]; *Tribunal Russel* 2, *Le jugement final*[1968], 日本語 譯, ラッセル法庭, 人文書院, 1967年; 續ラッセル法庭, 人文書院, 1968年)이 대표적인 예이다. 이러한 종류의 재판은 절차상 문제를 포함해 판결의 집행력에 있어서는 문제가 있지만 사회적, 도의적 의의는 자못 크다할 것이다.

제3편 비국제적 무력분쟁과 인도법

제1장 내전과 전쟁법, 인도법의 관계

제1절 전쟁법에 있어서의 내전의 지위

내전의 개념에 대한 통일적 정의는 없지만[1] 보통 일국내의 분쟁당사자간(일방은 합법정부, 타방은 반도) 일반적으로 국가의 지배권력의 획득 및 분리독립을 위해서 투쟁하는 무력분쟁을 가리키는 것으로 국가 간 무력분쟁인 국제적 무력분쟁과는 다르다.

내전은 원래 일국의 국내문제에서 발생하기 때문에 국내법은 이를 당연히 금지하고, 합법정부에 대항하는 반도를 반역자로 진압하여 형법에 따라 처벌할 권리가 있다. 한편 국제법상 내전을 금지하는 규칙은 없다. 그러나 근대국제법은 일국내의 문제인 내전에 일정한도 관여할 수 있다는 것을 인정한다.

---

1) 분쟁의 규모와 정도의 차이에 따라 다른 용어, 예를 들면 civil strife, insurrection, rebellion, revolt 등이 사용되었다. 이들 용어의 소개와 비판은 Castren, E., *Civil War*(1966), pp.26-30 참조.

국제법은 내전과 항상 무관한 것이 아니라 전통적 이론에 따르면 일정시점부터 내전은 국제법과 관계가 있다. 합법정부(또는 제3국)가 반도를 교전단체로 승인하면 양자간에는 전쟁법규(제3국에게는 중립법규)라는 일정한 국제법규가 적용된다. 이러한 승인에 따라 반도는 일정범위의 국제법 주체로 인정되고, 국제법상 일정한 권리와 의무를 갖게 된다. 내전에 있어 국제법 적용의 기점이 되는 승인은 전통국제법상 몇 가지 조건을 갖추어야 한다.[2)]

(1) 일반적 성질의 무력분쟁의 존재 (2) 반도가 국가영역의 실질적 부분을 점령·지배할 것 (3) 전쟁법에 따라 적대행위를 행하는 책임 있는 당국의 지휘하에 있는 조직적인 군사조직체의 존재 (4) 제3국이 교전단체를 승인해야 할 조건(보호법익)의 존재가 그것이다.

이러한 승인조건의 존부 판단은 합법정부와 제3국의 재량에 위임되어 있다. 조건이 다 구비되었다 하더라도 승인해야 할 의무는 합법정부나 제3국에게 없다. 승인을 받은 반도는 국제법상 지위를 가지며, 포획된 자는 전쟁법상 포로로 대우받고, 반란 시 범한 죄는 국내형법에 따라 처벌하지 못한다.

이와 같이 승인을 통해 반도를 국가로 의제하는 임의적 교전단체 승인제도는 추상적 국가만을 법주체로 인정하는 합법정부의 입장을 정당하다고 보아 반도진압권을 당연히 전제로 하는(소위 메테르니히적 정통성이론)[3)] 근대국제법의 성격을 여실히 나타내는 것이다.

우선 무엇보다도 이 승인제도가 국제사회에서 일반적으로 인정받게 된 것은 미국남북전쟁 이후이며, 17~18세기의 근대국제법 형성기에는 이론상 및 실제상 내전에의 국제법(전쟁법) 적용은 반도의 승인을 전제로 하지 않고 당연히 또는 합의에

2) 立作太郎, 內亂と國際法, 日本大學, 1912(명치45)年, pp.42-46; Lauterpacht, G., *Recognition in internationalLaw*(1948), p.176.

3) Friedman, W., "Law and Politics in the Vietnam War", *AJIL*(1967), p.782; 田畑茂二郎, 國際法I(新版), 有斐閣, 1973年, p.296 참조.

의해 이루어졌다.[4] 남북전쟁에서 영국, 프랑스, 네덜란드 및 스페인 등은 중립선언에 의해 남부연합의 교전단체로서의 지위를 승인하였다. 또한 북부연방동맹의 링컨대통령의 봉쇄선언은 남부연합에 묵시적 승인을 부여한 것으로 간주되었다.[5] 전쟁법 규칙은 당초부터 쌍방에 의해 적용되었으며, 소위 Liber법도 일반적으로 준수되었다.

그러나 교전단체 승인은 그 후의 내전에서 거의 행해지지 않았다. 왜냐하면 승인조건을 갖추었는가, 승인을 할 것인가의 판단이 합법정부(또는 제3국)에 위임되어 있다고 하는 승인제도의 특징에서 뿐만 아니라 승인을 부여하는 것은 전투의 잔학화를 막고 쌍방의 이익이 될 수 있는 것 이상으로 반도에게 합법정부에 버금가는 국제법상의 지위를 부여하여 정당성을 인정하는 것이므로 합법정부의 절반의 패배를 의미한다고 볼 수 있기 때문이다.

특히 식민지내의 반란이나 계급투쟁적 색채가 농후한 내전에서 교전단체 승인조건을 구비하기란 그리고 그런 반도를 승인하여 전쟁법을 적용한 일은 거의 없다.[6] 이 시기의 학설에서도 내전의 경우 양당사자가 아니고 합법정부에 대해서만

4) Vattel은 내전의 양당사자를 전쟁중의 양국가와 유사한 것으로 생각하여 공통의 전쟁법, 人道와 節度의 준칙이 쌍방에 의해 준수되는 것으로 시사하고 있다 (Vattel, *op. cit.*, Liv.Ⅲ, Chap.ⅩⅧ, §§293, 294). 그는 반란과 혁명운동은 주권자의 명백한 부정의 결과로서 일정한 경우 인민의 반(저)항권을 인정하고 있었다. 1774년 미국 독립전쟁 당초 반도의 승인은 이루어지지 않았으나, 영국의 제안으로 전쟁법의 준수에 관한 합의가 있었다(Castren, *op. cit.*, pp.39-40).

5) 이 봉쇄선언은 외국의 남부연합 지원을 봉쇄하기 위한 것이었으며 남부연합이 교전단체의 요건을 구비했다고 인정할 의도는 아니었다. 특히 링컨은 영국의 중립의무위반(알라바마호 사건 등)에 항의했으나 그것은 남부의 지위를 인정하지 않는 태도를 방기한 것으로 간주되었다(Wehberg, H., "La guerre civile et le droit international", *Recueil des Cours*(1938) I, pp.26-31).

6) 1871년 파리꼼뮨에 즈음하여 베르사이유 정부는 꼼뮨의 전사에게 전쟁법 적용을 인정하지 않고, 꼼뮨에 대한 최초의 억압의 하나로써 무기를 휴대한 채 체포된 적병사는 군법에 따라 처형하였다. 한편 꼼뮨측은 항상 전쟁법 적용을 요구하면서 적십자조약에의 가입을 선언했다(마르크스, 프랑스內亂, 岩波文庫, pp.261-266 참조).
이와는 대조적으로 동 시기에 일어난 일본의 戊辰戰爭(1866~69년)에서 鳥羽伏見 전투 이래 舊막부는 일본정부라 자인하고 각국 대표가 정당정부의 전쟁권 행사에 대하여 그 국민을 협력시킬 수 있도록 요청하며, 천황정부도 스스로를 정당정부라는 입장에서 德川에게 군사원조를 제공하지 않도록 외국에게 국외중립을 요청했다. 여러 국가(영국, 프랑스, 미국, 이탈리아, 프러시아, 러시아)들은 이 전쟁을 '天皇과 大君간의 전쟁'으로 규정하고 양정부에 대등한 교전단체권을 인정하여 엄정중립을 지키는데 동의했다. 이 국외중립은 이제까지 외국들과 교역하여 온 대군정부에게는 불리하게, 신정부에게는 유리하게 작용했다. 또한 箱館의 舊幕臣軍(蝦夷政權)은 교전단체 승인과 중립준수를 각국 대표에게 요청했으나, 영·불 양국 공관의 공동각서는 이 승인을 거부했다. 이것은 토쿠카와 家臣의 하코다테 봉쇄를 부인한 것으로 여기서는 교전단체 승인과 전쟁법의 결부를 볼 수 있다.

7) *Annuaire*, Tome XVII, Session de La Haye(1899), pp.74-93; *Annuaire*, Edition nouvelle abregee(1928), pp.564-609, 637-639.

제3국의 권리의무 또는 반도억압을 위한 제3국의 합법정부에 대한 협력의무라는 점만을 강조하고 미승인 반도의 지위는 안중에도 없이 다만 억압의 대상으로 간주되었다.[7] 이러한 관행이나 학설을 배경으로 19세기후반 이후의 전쟁법의 법전화 과정에서 내전은 무시되어 전쟁법은 국가간에만 적용되고 예외적으로 교전단체 승인후의 내전에 적용되는 것으로 전통적 제도는 완성되었다.

그러나 20세기 들어 이데올로기적 대립이 강한 내전에서 이 임의적 승인제도에 내재하는 모순이 점차 명확해졌으며 그러한 모순은 스페인 내전에서 명백히 드러났다. 동 내전은 결국 반도(프랑코정권)의 승리로 끝났으나 합법정부(공화국정부)는 반도에 대한 교전단체 승인을 최후까지 거부하였고, 반도는 승인 조건을 모두 구비하였다면서 그 지위의 승인을 각국들에게 반복적으로 요구하였다.[8]

내전의 초기단계부터 반도를 합법정부로 승인(상조의 승인)한 독일과 이탈리아를 제외하고 대다수 유럽 국가들과 미국은 공식적으로는 분쟁당사자에게 교전자로서의 지위 인정을 거부하고 반도를 승인하지 않았다. 그러나 이들 국가들이 맺은 불간섭협정 및 그 실시를 위한 런던불간섭위원회가 입안한 규칙은 스페인에서의 적

8) Padelford, N. J., *International Law and Diplomacy in the Spanish Civil Strife*(1939), pp.18-19, 596-598.

대행위 존재의 집단적 확인, 분쟁당사자에 대한 무기탄약 등의 제공금지, 전쟁법의 인도적 규칙위반에 대한 항의 등을 포함하였으며, 선례가 없는 이러한 정책을 전통적 이론에 따라 해석하면 동 협정은 말하자면 중립선언이며 각국들이 스페인에서의 교전상태의 존재를 인정하는 것이었다.

이는 국가들의 공식적 태도와 모순되는 것이다. 또한 스페인 내전에서의 전쟁법의 적용은 CICR의 신속하고도 적극적인 개입으로 성공을 거두기도 했는데, 합법정부는 1929년 상병자조약(제3회적십자조약)의 원칙의 적용과 1929년 포로조약상의 정보국 설치를 암묵리에 인정하는 선언을 하였고, 반도측의 최고평의회도 양 조약을 준수하고 존중한다는 의도를 표시하였다.[9]

이처럼 양당사자가 약간의 전쟁법 규칙과 원칙의 적용을 일찍이 인정하고 있었으나 반도측의 의향 표명은 교전단체로서 승인받기 위한 제스처에 지나지 않았으며 양당사자 특히, 반도는 이들 규칙을 사실상 무시하여 근대유럽에서 최악이라고 일컬어지는 무수한 잔학행위를 행하였다.

스페인 내전을 둘러싼 양당사자와 각국들의 태도는 명확성이 결여되었고, 전통적 승인제도에 비춰볼 때 모순되어 내전에 대한 근대국제법의 경직성 내지 한계를 반영한 것이었다. 이러한 관행 속에서 새로운 방향이 맹아적이기는 하지만 시사되었다. 그것은 CICR의 제안이 의도한 바와 같이 교전단체 승인과는 구별하여 즉, 양당사자(특히 반도)의 법적 지위와는 무관한 채 전쟁법의 일정 규칙과 원칙의 적용을 꾀하는 타협적 해결책이었다.

스페인 내전에서 양당사자(특히 합법정부)와 제3국은 이러한 해결방법을 실질적으로 인정하였다. 이러한 실질과 형식의 유리는 내전에 적용되어야 하는 새로운 규칙

9) CICR, Circulaire 330, annexe IV: Mémorandum du CICR sur la Croix-Rouge et l'aide aux victimes des conflits internes, D759(1962), pp.2-3.

10) La IXe Conférence internationale de la Croix-Rouge, Compte-rendu, Washington(1912), pp.107-108, 199-204.

이 아직 명확하게 형성되지 않았으나 형해화(形骸化) 된 교전단체 승인제도가 제국간에 타당한 것으로 받아들여졌다는 점에서 유래한다. 이 새로운 규칙형성으로의 첫걸음은 스페인내전을 계기로 시작되었다. 우선 이러한 방향은 1912년 적십자국제회의[10] 이래 모색되어 온 것이지만, 그 구체적 성과는 1949년 제네바제협약 공통3조의 성립을 기다리지 않으면 안 되었다.

제2절 인도법에 있어서 비국제적 무력분쟁의 지위

1. 공통 3조의 성립과 적용

내전과 인도법의 관계는 제네바제협약의 준비과정에서 제기되어 제협약의 규정이 내전에도 적용되는지, 그 경우 어떠한 조건에 따르는지가 검토되었다. 새로운 협약초안을 심의하기 위한 1948년 제17회 적십자국제회의(스톡홀름)에 CICR이 제출한 초안은 4개 협약 공통규정(제2조 4항)으로서 "국제적 성질을 갖지 않는 무력분쟁의 경우, 특히 하나 또는 그 이상의 체약국의 영역내에서 발생하는 내전, 식민지전쟁, 종교전쟁의 경우 각 당사자는 이 협약의 제규정을 적용하지 않으면 안 된다. 이러한 상황하에서의 협약의 적용은 어떠한 방법에 의해서도 분쟁당사자의 법적 지위에 좌우되지 않고 동시에 그 지위에 영향을 미치지 않는다[11]"라고 규정하고 있었다.

동 회의에서의 검토 결과, '특히 내전, 식민지전쟁, 종교전쟁의 경우' 라는 표현이 삭제되어(제3, 4협약안에서는 상호주의 조항 부가) CICR 초안을 약간 수정한 채, 다음

11) Projets de Conventions revisees ou nouvelles protégeant les victimes de la guerre(1948), No.4, pp.5-6. 제2조 4항중 분쟁당사자의 법적 지위에 좌우되지 않는다는 표현은 합법정부 뿐만 아니라 협약에 서명하지 않은 반도에게도 본 협약규정의 준수를 의무지우려고 하는 것이며 또한 당사자의 법적 지위에 영향을 미치지 않는다는 표현은 협약적용에 대해 합법정부가 안고 있는 불안과 우려를 완화하여 상호주의 조항을 포함하지 않고 그 적용을 꾀하기 위해 필요하다고 판단되었다.

과 같은 스톡홀름 초안 제2조 4항이 되었다.

"하나 또는 그 이상의 체약국의 영역내에서 발생한 국제적 성질을 갖지 않는 모든 무력분쟁의 경우에 있어서 각 분쟁당사자는(적당사자도 동등하게 그것에 따른다는 조건하에) 이 협약의 제규정을 적용해야 한다(이하 CICR안과 동일)."[12)]

1949년 외교회의에서는 비국제적 무력분쟁에 대한 협약의 적용확대를 둘러싸고 논쟁이 반복, 확대되었다. 그 초점은 스톡홀름 초안 제2조 4항을 둘러싼 논의였으며 상호주의 조건을 삭제하려는, 즉 비국제적 무력분쟁에 대한 협약전체의 무조건 적용을 인정하자는 주장과 제2조 4항 자체를 삭제하고 비국제적 무력분쟁에 협약적용을 거부하자는 주장으로 나누어지고 나아가 협약적용의 전제로서 분쟁당사자(반도)가 충족해야하는 조건을 제시하는 전통적 견해도 제기되는 등 혼탁한 상황이었다. 그러나 전체적인 방향은 협약이 적용되어야 할 비국제적 무력분쟁의 경우를 제한할 것인지 아니면 이러한 분쟁의 경우에 적용되는 협약규정을 제한할 것인지에 대해 논쟁 끝에 결국 후자가 채택되어 공통3조가 성립되었다.[13)]

그 결과 공통3조의 내용은 스톡홀름 초안보다 훨씬 후퇴하여 협약전체가 아니라 극히 한정된 기본적 인도규칙이라고 할 수 있는 것만을 규정하고 있을 뿐이다. 그 대신 '국제적 성질을 갖지 않는 무력분쟁'의 성질에 대한 조건 내지 제한은 부가되지 않았으며, 따라서 교전단체 승인이 행해지지 않은 내전에도 공통3조가 적용될 수 있게 되었고,[14)] 그 적용은 분쟁당사자의 법적 지위에 영향을 미치지 않는다. 어쨌든 공통3조는 타협의 산물로서 한계와 모호함을 남기면서도 내전에 직접적으로 적용되는 최초의 협약규정으로서, 단 하나의 조문임에도 불구하고 '축소협약'이라고 불렸다. 이것은 인도법이 비국제적 무력분쟁도 대상으로 하고 그 영역에도 진입했음을 보여주는 획기적인 조문이다.

12) Projets de Conventions, *op. cit.*(1948), No.10, pp.52-53.
13) 외교회의에서의 토의의 상세한 내용에 대해서는 拙稿, "國際的性質を有しない武力紛爭 : 1949年ジュネーブ諸條約共通3條をめぐって(2)", 金澤法學 16卷 1·2合併号 참조.
14) 외교회의가 채택한 결의 10은 교전단체 승인의 조건은 협약 제3조와는 직접 관계없고 종래의 국제법 일반원칙에 따라 규제된다는 것을 확인했다(*Actes*(1949), I, p.356.).

그런데 '축소협약'의 적용을 둘러싸고 현실적으로는 다음과 같은 경향이 있었다. 공통3조는 교전단체 승인이 없는 내전에도 적용되고 또한 이 승인은 현실적으로 합법정부에 의해 행해지지 않는다는 점에서 반도가 사실상 이 승인 조건을 구비하는 내전(고전적 또는 전통적 내전)의 경우에 있어서도 우선 요구되는 것은 제3조의 적용이며 따라서 그것은 제3조 분쟁으로 분류되는 경향이 있다.

그 때문에 몇몇 내전에서는 기본적인 인도적 규정밖에 포함하지 않는 제3조보다 오히려 제네바협약의 제원칙과 본질적 규정들의 적용이 반도로부터 요구되고 또한 반도나 식민지 해방조직이 일정한 지배지역을 획득하고 또는 국제연합 결의 등에서 전쟁의 합법성을 인정받게 되면, 이것은 제3조 분쟁이 아니라 국제적 무력분쟁(제2조 분쟁)이라 간주하여 협약전체의 적용을 요구하는 경우도 생겼다.[15)]

2. 제2추가의정서의 성립

인도법의 재확인과 발전의 작업에 있어서 2가지 주요문제가 제기되었는데 하나는 비국제적 무력분쟁의 성질 내지 범위의 문제이며, 또 다른 하나는 거기에 적용될 인도법의 발전가능성 문제였다.

전자에 관해서는 이미 국제적 · 비국제적 무력분쟁을 구별하지 않고 '모든 무력분쟁에 적용되는 유일한 국제문서'의 작성이 제안되었지만[16)], 양 분쟁을 인도법 적용에 있어 구별하자는 의견이 대세여서 비국제적 무력분쟁만에 적용되는 별도의 문서(제2추가의정서)가 작성되었다. 이러한 취지에 따라 기초된 1973년 CICR 최종초안(제1조)에 의하면 제2추가의정서는 제네바제협약 공통2조에 포함되지 않는 무력분쟁에서 합법정부의 군대 또는 반도의 책임 있는 지휘하의 조직적 무장집단 사이에서 행해지는 모든 무력분쟁에 적용되지만 국내적 소요 및 긴장의 사태에는 적용

15) 공통3조의 적용 경향과 그것을 둘러싼 문제점에 관하여는 拙稿, "內戰と1949年ジュネーブ諸條約 -捕えらねた戰鬪員の法的保護を中心に", 國際法外交雜誌, 71卷 2号 참조.
16) 노르웨이 전문가의 제안(CE/Com. III/I).

되지 않는다는 것이었다.[17)]

이것은 공통3조의 적용조건을 수정하지 않으면서도 동 추가의정서안의 적용범위 즉, 비국제적 무력분쟁에 일정한 틀을 꿰맞춘 셈이다. 이 틀은 공통2조에 포함되지 않는 모든 분쟁을 커버하고 또 책임 있는 지휘하의 조직적 무장집단이라고 하는 최저한의 사실조건을 요구하는 문턱이 낮은 것이므로 제3조 분쟁의 범위를 해석하여 명확히 한 것이라고도 받아들일 수 있다. 다만 이 초안에서는 관행상 다투어온 고전적 내전과 해방투쟁도 이 틀에 포함되게 되어 비국제적 무력분쟁이라고 간주될 수 있게 될 것이다.

그러나 인도법외교회의에서 자결권에 기초한 해방투쟁이 국제적 무력분쟁(제1추가의정서의 적용)이라고 간주된 결과 제2추가의정서에 대한 관심이 희박하여 비국제적 무력분쟁의 틀을 좁히려는 경향이 강하게 나타났다. 그 결과 성립된 제2추가의정서 제1조는 체약국의 영역내에서 그 군대와 책임 있는 지휘하의 계속적 및 일치된 군사행동을 하는, 추가의정서를 적용할 수 있을 정도로 그 영역의 일부를 지배하는 반란군 또는 조직적 무장집단 간에 전개되는 것이라는 틀이 제공되었다. 이것은 교전단체 승인의 조건에 근접한 것이며, 제2추가의정서가 적용되는 비국제적 무력분쟁의 문턱이 높아지고, 제3조 분쟁의 그것보다 좁아졌다고 할 수 있다.

다른 한편, 비국제적 무력분쟁에 적용되어야 할 인도적 규칙의 내용에 관해서는 공통3조의 발전에 역점이 두어졌다는 점을 CICR 최종초안(제2추가의정서안)의 47개에 이르는 조문을 보아도 일목요연하다. 그 내용은 상당한 점에서 최종초안의 제1추가의정서와 공통되면서도 그것을 보다 간결하게 표현한 것이었다. 그러나 외교회의의 최종단계에서 제2추가의정서의 존재자체에 대한 비판이 가해져 그 채택조차 어려워졌기 때문에 다수의 조문을 삭제한 '제2추가의정서 간소화안'[18)]이 제출되어 사실상 그것을 기초로 채택된 28개조로 이루어진 제2추가의정서가 성립되었다.

삭제된 주요한 내용은 분쟁당사자의 법적 지위와 권리의무를 명기한 것이었다. 이것은 반도를 자신과 동등한 지위로 이끄는 결과가 초래될 것을 우려한 참가국 정부들의 경계심을 반영한 것으로 이로써 제2추가의정서의 내용은 상당히 좁혀졌다. 그러나 최종규정을 제외한 실질조항 18개조는 상당히 상세한 인도적 규정이었다.[19]

이것은 인도법의 비국제적 무력분쟁에 대한 적용확대가 분명히 뿌리내렸음을 의미한다. 앞에서 말한 것처럼 비국제적 무력분쟁의 범위에 관하여 문턱이 높아진 점을 생각하면 제2추가의정서 보호규정 내용의 불충분함에 관한 문제가 남아있다.

이와 같이 내전에 관한 국제법은 교전단체 승인제도의 기능정지를 방치한 채, 공통3조에서 제2추가의정서로 독자적인 전개를 나타내고 있다. 이것은 동시에 현대국제법의 본질과도 관계있는 법적 문제를 야기하고 있다. 다음에 이 전개과정에서 제기되어온 주요한 문제점에 유의하면서 비국제적 무력분쟁에 적용될 인도법에 관하여 몇 개의 항목으로 나누어 살펴보고자 한다.[20]

---

17) *Commentaires*(1973), pp.137-138.

18) 파키스탄 제안이다. 그 경위에 대해서는 竹本正幸, "1949年ジュネーブ諸條約に追加さねる二つの議定書について(2·完)", 國際法外交雜誌 77卷 3号 pp.64-68 참조.

19) 또한 조문비교표는 竹本正幸, "1977年第二追加議定書の變遷," 法學論集 29卷 3号.

20) 산레모 인도법 국제연구소 후원으로 국제법률가에 의해 준비된 '비국제적 무력분쟁 희생자 보호에 관한 산레모 매뉴얼'(San Remo Manual on The Protection of Non-International Armed Conflicts) 시안(2002년 8월)은 비국제적 무력분쟁에 있어서의 적대행위를 규율하는 제원칙을 게시하고 있다. 이 매뉴얼의 목적은 비국제적 무력분쟁을 명확하고도 이용하기 쉬운 방법으로 재검토하는데 있다. 이를 위해서 행동규칙과 분쟁당사자의 지위를 구별하고 있다. 즉, 비국제적 무력분쟁에서 분쟁당사국의 분쟁수행능력을 방해하는 것은 국제적 무력분쟁에 적용되는 많은 규칙, 특히 적대행위에 관한 제한규칙의 국내적 무력분쟁에의 적용에 의한 것이 아니라, 그 적대행위로 인한 개인의 소추·처벌에 대한 제한에 따르기 때문이다. 따라서 인도적 보호규정의 적용이 분쟁당사자의 법적지위에 영향을 미치지 않는다는 법적 입장이 주장되었다. 또한 국제책임(international accountability)의 타당성도 인정되었다. 즉 면제특권의 요건을 충족한 국가의 전투원에게만 한정한 것은 그 특권을 국제책임 시스템내에서 충분히 조직된 부대로 한정할 것을 요구하기 때문이다. 따라서 국제분쟁과 비국제분쟁의 구별은 무력분쟁법의 기본적 부분, 특히 전투원의 지위 구별을 인정하고 있다. 한편, 적대행위에 관한 규칙의 적용범위를 확대하는 중요한 인도법의 경향도 담고 있다. 이 매뉴얼(시안)의 제규정 특징은 군사작전 행동에 관한 국제적 무력분쟁에 적용되는 규칙과 동등한 규칙을 다수 포함하는(다만, 그 행동주체가 될 당사자에 대한 언급은 없음) 한편, 개인의 형사책임에 관해서도 상세한 규칙을 두고 있는 것이다.

제2장 비국제적무력분쟁의 인도법

비국제적 무력분쟁에 적용되는 인도법에 대해 동 분쟁의 범위, 분쟁당사자의 지위, 적용되는 인도적 규칙의 내용 및 구호단체의 활동으로 나누어 살펴보고자 한다.

제1절 비국제적 무력분쟁의 범위

비국제적 무력분쟁이란 어느 정도의 분쟁을 말하는지, 즉 어느 시점부터 동 분쟁이 시작되고 어느 시점부터 그렇게 되지 않는가 하는 것이 문제가 된다. 전술한 바와 같은 공통3조가 적용되는 비국제적 무력분쟁의 개념에 관하여 어떠한 제한도 부가할 수 없고 제2추가의정서에서 "한 체약국의 영역내에서 그 군대와 책임있는 지휘하에 계속적이고 일치된 군사활동을 수행하며, 이 추가의정서를 적용할 수 있도록 영역의 일부를 지배하는 반란단체 또는 조직적 무장단체 사이에 행해지는 무력분쟁"이며, 제1추가의정서 제1조(국제적 무력분쟁)에 포함되지 않는 것으로 되어 있다.

나아가 "무력분쟁으로 간주되지 않는 폭동, 단발적이고 산발적인 폭력행위, 기타 이와 유사한 행위와 같은 국내적 긴장, 국내적 소요사태"는 동 추가의정서의 적용범위에서 제외되었다. 그러나 이 규정에 따라 비국제적 무력분쟁의 범위가 명확해졌다고 말할 수 없다.

우선 국내적 소요 · 긴장 사태가 제외된 것은 이들이 '무력분쟁'에 달하지 못하기 때문에 한편으로는 긍정될 수 있다. 그러나 제2추가의정서의 내용은 이들 사태에의 적용이 불가능하다고 하는 성질의 것은 아니다. 이들 사태에 공통3조의 최소한 규정의 적용 여지는 남아있고[21], 비상사태에 적용될 인권규정도 이들 사태에서는 타당하다.

다음으로 제2추가의정서 제1조가 비국제적 무력분쟁의 문턱을 높였다는 점에서 이 문턱에 달하지 않는 무력분쟁은 동 추가의정서의 적용범위에서 제외된다. 여기에는 반도간의 무력분쟁 외에 예를 들면, 합법정부의 군대와 적대하는 반도가 영역의 일부를 제2추가의정서의 시행이 가능한 정도로 지배를 확립하고 있지 않은 경우 – 해방투쟁이나 현대의 내전은 이러한 상황에 있는 경우가 많다 – 도 포함된다. 무엇보다도 해방투쟁은 제1추가의정서의 적용범위내에 들어가기 때문에 문턱이 높은데서 비롯되는 제2추가의정서 비적용 경우의 심각함은 그만큼 감소되었다고 할 수 있다. 또한 그 문턱에 달하지 않는 상황의 무력분쟁에도 공통3조의 제규정이 적용된다고 생각할 수 있다.

이 문턱에 달하는 무력분쟁으로서는 반도가 교전단체 승인의 조건을 사실상 충족하고 준국가조직을 형성한 단계에 도달한 고전적 내전이 무엇보다도 대표적인 것이라고 할 수 있다. 이 내전의 경우 승인이 없어도 적어도 제2추가의정서의 제규정이 적용된다.

고전적 내전과의 관계에서(그것에 한정되지 않지만) 문제가 되는 것은 내전에 대한 외국군(국제연합군 포함)의 개입이 그 분쟁의 법적 성질을 변화시키는지 아닌지, 즉 비국제적 무력분쟁을 국제적 무력분쟁으로 변화시키는 가 변화시키지 않는가 하는

21) 공통3조가 이러한 사태에 적용가능한지에 대해서는 CICR이 개최한 전문가회의 보고 참조. Commission d'experts chargée d'examiner la question d'application des principies humanitaires en cas de troubles interieures(1955), pp.6-7; Commission d'experts chargee d'examiner la question de l'aide aux victimes des conflits internes(1962), pp.7-8; 1971년 정부전문가회의에서 CICR은 '국내소요 또는 공공의 긴급시에 있어서 인간의 기본적 권리 선언안'을 준비하고 있었으나 (Protection des victimes des conflicts armés non internationaux, Documentation présentée par le CICR, CE/5(1971), pp.85-86; *Rapport sur les travaux de la Conférence* (1972), Vol.1, p.126) 외교회의에는 제출하지 않았다. 국내소요 등에 있어서 제2추가의정서의 적용제외에 대한 비판은 Freymond Jacques, "Droit de l'homme et conflits internes," *Annales d'etudes internationales* (1971), p.12.

점이다.

외부로부터의 군사개입은 오늘날의 내전에서 흔히 볼 수 있는 현상이다. 종래 통설에 따르면 합법정부의 요청에 의한 외부의 군사원조는 당연하고 분쟁의 성질을 변화시키지 않으며, 반대로 반도에 대한 군사원조는 국내사항에 대한 간섭인데 합법정부와 개입군 간의 분쟁만을 국제화한다고 해석되어 왔다(메테르니히적 정통성이론의 귀착). 그러나 이 이론은 오늘날 상당한 비판을 받아 합법정부와 반도 어느 쪽에 대해서도 외부의 개입, 특히 외국군의 파견에 의한 개입은 비국제적 무력분쟁을 국제적 무력분쟁으로 변화시킨다고 보는 견해가 유력해지고 있다.[22]

그러나 제2추가의정서에는 이 점에 직접 관련되는 어떤 조문도 없다.[23] 다만 동 추가의정서의 규정은 비국제적 무력분쟁이 발생한 국가에 대한 직접 또는 간접의 개입을 정당화하기 위하여 원용되어서는 안 된다(제3조 2항)라고 하고 있는데 그친다. 이것은 그 분쟁에 대한 외부의 개입이 있는 경우 분쟁의 법적 성질의 변화를 추측케 하는 것은 아니다. 그뿐 아니라 추가의정서의 어떠한 규정도 국가의 주권 또는 국가에 있어서의 질서를 유지 또는 회복하고 국가의 국민적 통일과 영토보전을 모두 합법적 수단에 의해 유지할 정부의 책임을 침해하기 위해 원용되어서는 안 된

22) *Reaffarmation*, p.116; 또 田畑, 國際法I(新版), 有斐閣, 1973年, p.295 이하 참조.

23) 1971년 정부전문가회의에서 CICR은 '비국제적 무력분쟁의 경우에 일방 또는 타방의 당사자 -또는 쌍방- 가 제3국으로부터 군사원조를 받고 있을 때, 분쟁당사자는 국제적 무력분쟁에 적용되는 국제인도법 전체를 적용하지 않으면 안된다'(Protection des victimes, CE/5, p.21.)라는 제안을 했다. 이 제안은 합법정부와 반도를 구별하지 않고 대등한 입장에 두고 그 어느 쪽에 외국군을 파견해도 비국제적 무력분쟁이라는 성질은 변하지 않지만 모든 국제인도법의 적용을 인정한다는 점에서 전통적 이론을 넘어서고 있다. 그러나 1972년 전문가회의에서 이 제안에 대하여 제3국 군대가 반도를 원조하기 위해 국경을 넘는 순간 합법정부는 체포한 반도에게 포로대우를 부여하지 않으면 안된다는 비판(미국 전문가의 의견 [CE/COM II/16])이 있었으며, 이것을 받아들인 의정서 제1차안(제35조의 부속2조 [부속 B])은 권력을 장악한 당국(합법정부)과 '적대 당사자(반도)'의 구별을 재차 받아들여 각각에 대한 외국의 군사원조의 경우를 구분하여 취급했다. 그 요점은 합법정부와 반도의 관계는 공통3조와 추가의정서의 적용에 그치고 원조국 상호간의 관계 및 반도원조국과 합법정부간의 관계는 제네바 제협약과 추가의정서의 적용을 인정하나 다만 합법정부에 대한 외국원조 또는 양당사자에게 외국원조가 이루어질 경우 합법정부와 반도간의 관계에서는 체포된 전투원에게는 포로대우, 민간인에게는 제1추가의정서(안) 제4편(일반주민)의 이익을 보장한다는 것이다. 반대로 보면 반도에 대해서만 외국의 군사원조가 이루어지는 경우 합법정부측의 병사가 반도측에 체포되면 공통3조 대우, 원조국측에 체포되면 포로대우를 받는다고 하는 것으로 그 취급이 달라진다. 이와 같은 제안도 지지를 얻지 못해 결국 채택되지 못했다.

다(동 3항)고 하는 점에서 알 수 있듯이, 기존의 합법정부의 행동을 정당화하는 메테르니히적 정통성이론에 대한 회귀의 경향조차 보인다. 이것은 기존정부의 대표들이 참석했던 외교회의의 당연한 결과라고도 할 수 있다. 그러나 제2추가의정서의 다른 조문들을 볼 때 이러한 이론이 시종 일관되어 있는 것은 아니다.

제2절 분쟁당사자의 법적 지위

비국제적 무력분쟁의 법적당사자는 어떠한 법적 지위를 갖는가? 또는 적어도 반도는 처음부터 법적 지위를 갖지 않는가? 공통3조에 의하면 "동 규정의 적용은 분쟁당사자의 법적 지위에 영향을 미치지 않는다"라고 되어있다. 이 표현은 제3조 기초과정에서도 볼 수 있듯이 합법정부의 법적 지위는 불변이며, 제3조의 적용이 반도에 대한 교전단체 승인을 의미하지 않는다는 것을 나타낸다.

그러나 그것이 반도가 어떠한 법적 존재 또는 지위도 갖지 않는다는 것을 의미한다고는 할 수 없다. 반대로 제3조에서 반도의 법적 지위를 적극적으로 명확히 끌어내기도 곤란하다. 제3조 분쟁이 넓은 범위를 커버하고 반도가 충분히 집단화하지 않고 개별적 무력행동을 행할 경우도 포함된다고 한다면, 이 경우 반도는 개인의 지위 이상의 것은 아니라고도 말할 수 있다. 무엇보다도 제3조의 기본적 인도규정이 개인을 위한 것이라 해도 그 적용주체인 '분쟁당사자'가 개인의 지위에 한정되는 것은 아니다.

제3조 분쟁의 '각 분쟁당사자'는 적어도 동 조에 규정된 일정한 권리의무를 가지며, CICR 등의 역무 승낙의 주체가 되고, 나아가 상대당사자와 협정을 체결할 권한을 갖고, 그 한도내에서의 법주체성 내지 법적 지위를 인정받는다고 볼 수 있

다.[24] 이것은 분명히 국가나 교전단체의 승인을 받은 반도만을 법주체로 하는 종래의 국제법(전쟁법) 구조의 틀을 넘는 것으로 공통3조의 혁신점으로 볼 수 있다.

제2추가의정서에 관해서는 전술한 바와 같이 최종단계에서 '분쟁당사자'라는 표현이 들어간 조항이 모두 삭제되었고(노르웨이 전문가 제안), 그 결과 동 추가의정서의 적용주체가 일견 불명확해졌다.

그러나 동 추가의정서가 적용되는 비국제적 무력분쟁에 있어서의 반도는 책임 있는 지휘하에서 지속적이고 일치된 군사행동을 행하고 동시에 일정한 영역만 지배하는 반란군 또는 조직적 무장집단이므로, 제2추가의정서는 공통3조의 적용 조건을 변경한 것이 아니라 발전 및 보완시킨 것으로 적어도 공통3조에서 인정된 법적 지위 또는 그 이상의 것을 당연히 갖는 것으로 보지 않으면 안 된다. 그것은 교전단체 승인을 받은 반도와 법적 지위가 동일하지 않다고 해도 사실상 그것에 가까운 것이며, 여기에 있어서도 새로운 법주체성이 인정되었다고 할 수 있을 것이다.

이러한 분쟁당사자 특히 반도측의 특수한(sui generis) 지위와 관련하여 논쟁대상이 되는 것은 공통3조와 제2추가의정서의 제규정이 반도도 법적으로 구속하는가 하는 점이다. 만약 그것들이 반도를 구속하지 않는다면 그 법적 지위를 논하는 것은 거의 의미가 없다고 할 수 있다. 이 점이 문제되는 이유는 협약이나 추가의정서를 비준하고 가입한 것은 국가(합법정부)이므로 스스로 동의하지도 않았고 비준이나 가입시에 존재도 하지 않은 반도에게 협약과 추가의정서상의 의무를 지우는 일은 불합리하다고 판단할 수 있기 때문이다. 확실히 동의만이 그 당사자를 법적으로 구

24) 이 점을 둘러싸고 학설은 일치하지 않는다. 반도는 제3조라는 한정된 범위내에서 법주체성이 인정된다는 견해(Siotis, J., *Le Droit de la guerre et les conflits armes d'un caractere non internatuonal* (1958), p.314.), 제3조는 최소한의 인도법 적용이라는 결과에 한정된 묵시적이고 이론상 의무적인 교전단체 승인의 새로운 형태를 탄생시켰다고 보는 견해(Zorgbibe, Ch., La guerre civile(1975), p.189.), 반대로 제3조가 분쟁당사자의 법적 지위에 어느 정도 영향을 준다고 해도 그 효과가 앞의 조항들의 문제에 한정되는 것을 최종 항이 강조한 것에 지나지 않는다고 하는 견해(Castren, *op. cit.*, p.88; Siordet, F., "Les Conventions de Geneve et la guerre civile," *RICR*(1950), p.205.) 등이 있다.

속한다고 하는 입장(의사실증주의)에서 보면 반도가 스스로 동의를 부여하지 않는 한 공통3조도 제2추가의정서의 규정도 반도를 구속하지 못한다고 하지 않을 수 없다.

그러나 공통3조는 '분쟁당사자'는 그 규정을 적용하지 않으면 안 된다고 하여 반도도 구속한다는 규정 방식 및 입장으로 되어 있다. 이것을 근거로 하여 제네바 제협약의 비준 · 가입에 따라 당해체약국의 모든 주민은 동 협약에 구속되며 따라서 그 주민으로 구성되는 반도도 제3조를 주지하고 있다고 간주되어 그것을 적용하지 않으면 안 된다고 설명된다.[25)]

이러한 설명은 일반론으로서는 충분히 설득력이 있다고 말할 수 없다. 반도의 활동은 그 국가의 법제도의 부정, 적어도 그 활동목적의 달성에 방해되는 모든 법제도를 부인하기 때문에 협약은 정부가 국민전체를 대표하여 체결한 것으로 수용되어 국내법의 일부가 되었다고 할지라도, 반도의 입장에서는 그 목적달성에 장애가 되는 한 일체 부인된다는 비판을 받을 수밖에 없다.[26)]

그러나 반도라고 해도 모든 법제도를 부정하는 것을 국제법상 인정하고 있는 것이 아니라[27)], 예를 들면 교전단체 승인을 받은 반도가 그 정립에 관여도 하지 않았고, 동의도 표명하지 않은 전쟁법규나 국가책임의 규칙에 구속되는 것과 마찬가지로 국제법상 특정의 법제도에 대해서는, 일정 조건하에 있는 어떤 법주체가 자기의 동의와는 무관계하게 당연히 구속된다고 간주될 수 있다(구속력을 갖는 관습법규칙의 존재).[28)] 공통3조의 제도가 바로 이 경우에 해당된다고 볼 수 있다. 제3조 분쟁의 발생이라는 조건하에서 분쟁당사자(반도 포함)는 제3조에 구속된다.

25) CICR, *Protection des victimes de conflits armés non internationaux*(1969), p.4; *Commentaire* Ⅳ, p.42.
26) 田岡, 國際法Ⅲ(新版), 有斐閣, 1973年, pp.282-283 참조.
27) 반도에 대한 어떤 법의 구속성의 근거는 반도가 사실상 그 법을 부정하는지, 준수하는지 여부라고 하는 사실에 의한 것이 아니라 반도에게 부여된 법제도의 구속을 추구하는 규범적 근거가 있는지 없는지에 따른다.
28) 공통3조의 기초과정에서도, 그 적용에 있어서도 반도측도 동 조에 구속되는 것을 인정해 왔다. 국가(합법정부)에 의한 제네바 제협약의 비준·가입의 효과가 공통3조의 새로운 법주체(반도)에게도 미친다고 하는 관습규칙이 존재한다고 판단된다(Bothe, *op. cit.*, p.92.) 또한 반도가 공통3조의 의무를 부담하는 근거는 자명하여 설명할 필요가 없거나(Slotis, *op. cit.*, p.217.), 국내분쟁의 인도화를 위해 불가피한 최소한의 衡平(equite)으로 추구된다는 것(Zorgbibe, *op. cit.*, p.186.)등이 있다.

제2추가의정서에 관해서 말하면 CICR 최종초안이나 외교회의 위원회에서 채택된 조문에서는 공통3조의 제도에 의거하여 이 추가의정서에서 생기는 권리의무는 모든 분쟁당사자에게 평등하게 적용된다고 되어 있으나[29] 이것도 최종단계에서 삭제되었다.

이 삭제는 이러한 규정으로 인해 합법정부와 반도가 동등한 지위를 갖게 되는 것이 아닌가 하는 우려를 피하기 위해서였다. 그렇다고 해서 반도는 제2추가의정서에 구속되지 않고 합법정부만이 일방적 의무를 부담하는 것은 아니다. 이러한 삭제와 무관하게 제2추가의정서의 법적 내용은 불변이며, 공통3조의 경우와 동일하게 추가의정서에 기초한 의무는 모든 분쟁당사자의 입장에서 유효하다는 것은 변함없다.

이상과 같은 점은 전술한 상호주의 원칙과 혼동되어서는 안 된다. 각 분쟁당사자 입장에서 공통3조와 제2추가의정서의 제규정을 준수할 의무는 무조건이며 상호주의에 의한 것이 아니다. 그 제규정은 기본적인 인도적 규정이라는 성질에서 보아도 분쟁당사자의 일방이 그것을 준수하지 않고 또는 준수할 수 없는 상황에 있을 때에도 타방은 당연히 그 구속으로부터 면제되지 않는다. 그 준수에서 이익을 얻는 것은 법주체로서의 타방 당사자라기보다는 피보호자라고 간주되는 개인이기 때문이다. 따라서 분쟁당사자의 법적 지위, 타방 당사자의 규정에 대한 구속성이나 그 준수에 관계없이 개인의 보호라는 일반법익의 관점에서 분쟁당사자는 그 규정들을 준수하지 않으면 안 된다.

---

29) *Commentaires*(1973), p.140.

제3절 인도적 규칙의 내용

비국제적 무력분쟁에 있어서 분쟁당사자가 준수해야 할 의무의 종류나 내용은 어떤 것인가? 그것은 공통3조에서 제2추가의정서로 상당히 발전했다. 여기서는 피보호자의 범위와 그들에 대한 보호내용에 대해 살펴보고자 한다.

1. 피보호자의 종류와 범위(인적 적용범위)

공통3조 및 제2추가의정서에 의해 어떤 보장을 받을 자격을 갖는 자는 누구인가? 공통3조에서는 "적대행위에 직접 참가하지 않는 자(무기를 버린 군대의 구성원 및 병, 부상, 억류 기타의 이유에 의해 전투 외에 놓인 자 포함)"이다. 즉 공통3조의 피보호자는 (1) 합법정부 · 반도측을 불문하고 군대구성원으로 자의에 의해 또는 불가항력(force majeure)으로(부상의 결과) 전투 외(hors de comat)에 놓인 자 (2) 적대행위에 직접 참가하지 않은 민간인이라는 2개의 카테고리로 이루어져 있다.

이것을 엄격하게 해석한다면 무기를 휴대하는 군대구성원(투항의 의사가 있어도 아직 전투 외에 놓이지 않은 자)이나 적대행위에 직접 참가한 민간인(인민봉기 등)은 피보호자로 간주되지 않는다. 실제로는 이들(특히 후자)이야 말로 어떤 의미에서는 가장 보호를 필요로 하는 부류이다.

제2추가의정서는 그 피보호자의 범위를 제3조의 그것보다 확대하고 보다 완전하게 했다. 그 범위는 "제1조의 의미에 있어서의 무력분쟁(비국제적 무력분쟁)에 의해 영향을 받는 모든 자이다(제2조 1항)." 이 표현은 군인 · 민간인 또는 전투원 · 비전투원의 구별이나 국적여하를 불문한 넓은 범위에 걸친 것이며, 공통3조의 피보호자에서 제외되어 있는 자도 제2추가의정서의 피보호자에 포함된다.[30]

---

30) 공통3조에도 제2추가의정서에도 영역적 적용범위에 대한 규정은 없다. 그것은 분쟁이 일국 영역의 일부에만 영향을 미치기 때문에 모든 규칙을 영역 전체에 자동적으로 적용케 하는 것은 지나치다고 보았기 때문이다. 그러나 무력분쟁에 의해 '영향을 받는 자'는 그 영역내의 어디에 있다고 해도 또한 전투지역으로부터 멀리 떨어진 곳에서 체포되었든 추가의정서의 이익을 향유한다. *Commentaires* (1973), p.139.

이들 피보호자에는 공통3조의 피보호자와 동일하게 인종 · 피부색 · 성 · 언어 · 종교 또는 신조, 정치적 의견 기타의 의견, 국민적 혹은 사회적 출신, 재산, 출생 또는 다른 지위 또는 기타 유사한 기준에 의한 어떠한 불리한 차별(이하 불리한 차별이라 함)을 받지 않고 추가의정서가 적용될 수 있다.[31)]

그 밖에 제2추가의정서는 무력분쟁 종료 후에도 무력분쟁에 관계되는 이유로 자유가 제한되고 박탈당한 자에게도 일정한 규정의 적용을 인정하고 있다(제2조 2항). 이것은 승리한 당사자의 자의로부터의 자유가 박탈된 자의 일정한 보호(제5조 및 제6조)를 꾀하려고 하는 것이다. 또 이 보호규정의 적용종료 시점이 규정되어 있지 않은 점에 유의하지 않으면 안 된다.

2. 인도적 대우

앞의 피보호자는 일반적으로 '불리한 차별' 없이 인도적 대우를 받지만 이를 위한 기본적 보장이 되어있지 않으면 안 된다. 공통3조는 어떠한 경우에도 또는 어떠한 장소에서도 금지되는 행위로서 다음의 네 가지 항목을 들고 있다.

(a) 생명 및 신체에 대한 폭행, 특히 모든 종류의 살인 · 상해 · 학대 및 고문 (b) 인질 (c) 인간의 존엄성에 대한 침해, 특히 모욕적이고 치욕적인 대우 (d) 문명국이 불가결하다고 인정하는 모든 법적 보장을 부여하고 정상적으로 구성된 법원이 행하는 사전의 재판에 의하지 않은 판결의 언도 및 형의 집행이 그것이다.[32)]

제2추가의정서는 기본적 보장을 더욱 확대하고 동시에 보다 명확하게 하였다. 우선 '적대행위에 직접 참가하지 않은 또는 이미 참가하지 않은 모든 자'는 자유를 박탈당했는지 여부를 불문하고 그 신체 · 명예 · 신조 및 종교적 관행을 존중받을

31) '불리한 차별' 금지조항은 인권조약의 규정(예를 들면, 시민적정치적규약 제2조 1항)과 거의 동일하다. 또한 공통3조에는 '언어', '정치적 의견 및 기타 의견'이라는 표현은 없다.

32) 이러한 열거는 제2차 세계대전중의 경험에 기초한 것이며 내전의 성질이나 특징을 특별히 고려하여 작성된 것은 아니었으나 본질적으로 인도적 요청에 기초한 것이므로 국제 · 국내분쟁을 불문하고 언제, 어디서든 준수되어야 하는 내용이다. CICR, Projet de Convention reveisees ou nouvelles, *op. cit.*(1948), No.10, p.115; *Remarques et Propositions du CICR*(1949), p.8.

권리를 가진다. 이 규정의 일반성을 해하는 일 없이 이들에 대하여 어떠한 때나 어떠한 장소에서 금지되는 행위로 다음을 들 수 있다.

(a) 이들의 생명 · 건강 및 신체적 또는 정신적 복리에 대한 침해 특히 살인 및 고문, 상해 또는 모든 종류의 체벌과 같은 학대 (b) 집단적 처벌 (c) 인질 (d) 테러행위 (e) 인간의 존엄에 대한 침해, 특히 모욕적이고 치욕적인 취급, 강간 · 강제매춘 및 모든 형태의 저열한 행위 (f) 모든 종류의 노예대우 및 노예 매매 (g) 약탈 (h) 前記의 행위 중 어느 것이라도 행하도록 하는 위협[33]이 그것이다(제4조 2항).

특히 아동에 대해서는 특별한 보호가 부여되고 있다. 아동은 그들이 필요로 하는 보호와 원조를 받으며 특히, (a) 그들은 그 부모의 희망에 부합하는 교육, 또는 부모가 없을 경우에는 그들의 보호책임이 있는 자의 희망에 부합하는 교육(종교적 및 도덕적 교육을 포함)을 받는다. (b) 일시적으로 분산된 가족의 재결합을 용이하게 하기 위하여 모든 적절한 조치가 취해져야 한다. (c) 15세 미만의 아동은 군대 또는 무장집단에 징모되지 아니하며 적대행위에 가담하는 것이 허용되어서는 안 된다. (d) 15세 미만의 아동에게 부여된 특별보호는 만일 그들이 (c)항의 규정에도 불구하고 적대행위에 직접 가담하여 보호되는 경우에 있어서도 그들에게 계속 적용된다. (e) 필요할 경우에는 그리고 부모 또는 법률, 관습에 의하여 그들의 양호에 관하여 일차적 책임을 지는 자들의 동의를 얻어 가능할 경우에는 하시라도 아동들을 적대행위가 발생한 지역으로부터 국내의 보다 안전한 지역으로 이동하기 위한 그리고 그들의 안전과 복지에 관하여 책임을 지는 자들과의 동반을 보장하기 위한 조치가 취해져야 한다(제4조 3항). 이 규정은 오늘날 비국제적 무력분쟁의 희생자중 아동이 큰 비중을 점하고 있는 현실을 반영한 것이다.

---

33) 이러한 열거중 (a), (c), (e)는 공통3조에 기초를 둔 것이며, (b), (d), (g)는 민간인협약 제33조, (f)는 시민적·정치적 인권규약 제8조 1항을 따랐다. (d)테러행위는 분쟁당사자가 그 권력내에 있는 자에 대하여 행하는 것을 가리키고, 테러공격(제13조 2항)과는 구별된다.

위의 기본적 보장 외에 특히 '자유가 박탈된 자'에 관해서는 공통3조의 규정에는 없었으나 제2추가의정서에서는 일정 정도 보장되었다. 무력분쟁에 관련되는 이유로 자유가 박탈된 자(억류되고 있든 또는 구류되고 있든 불문)들에 관한 최소한도의 것으로 다음의 규정들이 존중된다.

(a) 부상자 및 병자는 제7조에 따라 취급되어야 한다. (b) 자유가 박탈된 자는 현지의 일반주민과 동일한 정도로 식량과 음료수를 제공받고 위생상의 보호나 기후의 혹독함 및 무력분쟁에 대한 보호를 향유하여야 한다. (c) 그들은 개인적 또는 집단적 구호를 수령하는 것이 허용된다. (d) 그들은 자기의 종교를 실천하고 그들의 요청에 따라 종교상의 임무를 행할 자의 정신적 원조를 누려야 한다. (e) 노동을 해야 할 경우에는 현지의 일반주민이 향유하는 것과 유사한 노동조건 및 보장을 향유하여야 한다(제5조 1항). 또한 자유가 박탈된 자의 억류 또는 구류에 책임을 지는 자는 모든 수단을 동원하여 다음 규정을 존중하여야 한다. 즉, (a) 동일 가족을 제외하고 여자의 숙소는 남자와 구별하여 여자의 직접 감시하에 둘 것. (b) 편지나 엽서의 송부와 수령 허가(회수의 제한은 인정). (c) 억류 및 구류장소가 전투지역에 근접하지 않으며, 특히 그 장소가 무력분쟁에서 발생하는 위험에 노출될 때 그들을 이동시킬 것(다만 이 이동이 안전하게 이루어질 경우에 한함). (d) 의료진단 (e) 그들의 신체적 · 정신적 건강 및 일체성이 부당한 작위 또는 부작위에 의해 범해지지 않을 것, 그들의 건강상태를 이유로 하지 않는 의료처치로 자유를 향유하는 자와 유사한 의료상황에서 일반적으로 인정되고 적용된 의료기준에 합치하지 않는 행위의 금지(동조 2항)이다. 자유가 박탈된 자의 석방이 결정될 경우 그들의 안전을 확보하기 위해 필요한 조치가 결정자에 의해 취해져야 한다(동 4항).

또 무력분쟁에 관련되는 이유로 자유가 제한되어 있는 자(제5조 1항에 포함되지 않은 자)도 기본적 보장 및 자유가 박탈된 자의 보장에 관한 몇몇 규정(5조 1항 (a), (b), (c), (d), 2항 (b))에 따라 인도적으로 대우하여야 한다(제5조 3항).

이와 같은 보장이나 대우를 받는 피보호자도 무력분쟁에 관련되는 형사범죄의 처벌의 적용을 면하는 것은 아니다. 반도가 무력분쟁에 참가한 그 자체가 일반적으로 국내 형사법에 위반되는 행위로 간주되어 국내법에 따라 처벌대상이 된다. 국제적 무력분쟁의 경우 전투원은 적에게 체포되어도 적대행위에 참가한 이유로 처벌되지 않는다는 것과 비교하면 비국제적 무력분쟁에 있어서의 피보호자의 보호나 대우의 질적 차이 내지 본질적 한계가 존재하는 것을 알 수 있다. 그러나 그들의 형사소추를 위해서는 공정한 재판을 받는 등의 일정한 보장이 부여되지 않으면 안 된다.

공통3조는 전술한 바와 같이 최소한의 재판상의 보장을 하고 있지만 제2추가의정서는 보다 상세하게 규정하고 있다. 이에 따르면 독립과 공평의 기본적 보장을 부여하는 재판에 의한 사전의 판결이 아니면 위반행위로 죄가 있다고 인정되는 자에 대해서 어떠한 유죄판결을 언도해서도 안 되고 또한 어떠한 형벌도 집행해서도 안 된다(제6조 2항). 여기서는 '정규로 구성된' 재판소를 요구하고 있지 않다는 점에서 공통3조보다 간단한 것은 반도측이 구성하는 재판을 염두에 두었기 때문이다. 그러나 제3조에는 없는 다음과 같은 형사법의 제원칙이 특별히 명기되었다. 독립성 및 공평성이라는 필수적 보장이 부여되는 법정에 의한 선고에 의하지 아니하고는 범죄를 범한 자에 대하여 어떠한 형벌도 집행할 수 없다.

특히, (a) 동 절차는 혐의사실의 세목을 지체 없이 피고에게 알려 주어야 하고 피고에게 심리이전 및 심리중에 변호에 필요한 모든 권리 및 수단을 부여하여야 한다. (b) 개인적 형사책임에 근거하지 아니하고는 어떠한 자도 유죄판결을 받지 아니한다. (c) 누구도 행위시의 법률하에서 죄를 구성하지 않는 작위 및 부작위로 인하여 유죄판결을 받지 아니한다. 또한 범행이 행해진 당시에 적용되는 것보다 더 중한 형벌이 과하여져서는 아니 된다. 범행 후에 보다 경한 형벌을 과하는 법률이 제정되는 경우에는 범행자도 그 혜택을 향유하도록 한다. (d) 위반행위 등으로 기소된 모든 자는 그 죄가 법적으로 확정 될 때까지는 무죄로 추정된다. (e) 위반행위 등으로 기소된 모든 자는 스스로 출석하여 재판을 받을 권리를 갖는다. (f) 누구나 자신에게 불리한 증언을 하거나 또는 스스로 유죄를 인정하도록 강요되어서는 안 된다(제6조 2항).

또한 제2추가의정서에서는 다음과 같은 보장이 부여되고 있다. 유죄판결을 받은 자는 언도 즉시 자기의 사법적 및 기타 구제책과 그것의 행사 시한에 관하여 통지받는다(제3항). 위반행위시에 18세 미만의 자에 대해서는 사형을 선고해서는 안 되고 또한 임산부 및 유아의 母에게는 사형을 집행해서는 안 된다(제4항). 후자의 사형집행금지는 태아나 유아를 위한 것이지 임산부나 母를 특별히 보호하기 위한 것은 아니다.

적대행위의 종료 시, 권한 있는 당국은 무력분쟁에 가담하였던 자들 또는 무력분쟁에 관련된 이유 때문에 자유가 박탈된 자들에 대하여 그들이 억류되고 있든 구류되고 있든 불문하고 가능한 한 최대의 광범위한 사면을 부여하도록 노력하여야 한다(제5항). 이 규정은 분쟁당사자(특히 승자)에게 그 권력내에 있는 적개인의 적대행위 참가를 이유로 하는 처벌에 있어 참작케 하고 또는 그 개인이 적대행위에 있어서 인도적 규칙을 준수하도록 촉구하는 것과 관련 있으며, 적대행위 종료 후 통상상태로의 신속한 회복을 용이하게 하는 효과를 꾀하는 중요한 규정이다.[34)]

이제까지 살펴본 기본적 보장이나 형사소추에 관한 규정에는 인권관련 조약의 관련 규정에 대응하는 것도 상당히 있다.[35)] 무엇보다도 제3조나 제2추가의정서가

34) CICR 최종초안은 '오로지 적대행위에 참가한 것을 이유로 소추가 행해질 경우 재판소는 형을 판결함에 있어서 피고인이 본 의정서의 규정을 준수한 사실을 가능한 한 최대한으로 고려하지 않으면 안된다'(제10조 5항)라고 또한 '무력분쟁에 관한 위반행위에 대해서 사형이 선고될 경우에도 그 사형은 적대행위가 종료할 때 까지 집행되어서는 안된다'(동 3항)라고 규정하고 있다(*Commentaires* (1973), pp,146-148). 외교회의 위원회(제3회기 제1위원회)에서 후자(3항)는 삭제되고 전자(5항)와 동일한 취지의 규정이 채택되었으나 이것도 최종단계의 제2추가의정서 간소화안중에는 포함되지 않았다.

35) 제2추가의정서 제4조(기본적 보장)는 시민적·정치적 인권규약 제6조~제8조 중의 일정한 요소를 포함하고, 동 추가의정서 제5조(자유가 박탈된 자) 및 제6조(형사소추)는 규약 제10조, 제14조의 요소를 포함한다.

적용되는 비국제적 무력분쟁의 상황과 인권조약이 적용되는 상황(일반적인 평시)은 동일하지 않다.

그러나 인권조약에는 '공공의 긴급사태' 에 있어서도 위반이 허용되지 않는 일정한 규정(예를 들면, 국제인권(시민적 · 정치적)규약 제4조 2항에 열거)이 있다. 이들 규정은 비국제적 무력분쟁의 경우에도 계속하여 적용될 수 있는가? 이것은 '공공의 긴급사태의 경우' 가 비국제적 무력분쟁의 개념에 들어가는지 여부에 달려있다.

'공공의 긴급사태' 로서는 국내소요나 긴장 사태(제2추가의정서 제1조 2항)가 추측되지만 그밖에 국제인권규약의 기초과정에서 보아도,[36] 적어도 공통3조의 비국제적 무력분쟁의 사태도 이에 포함된다고 판단할 수 있다. 다만 그 경우에서도 인권규약 제6조의 '생명에 대한 고유한 권리' 의 위반금지는 비국제적 무력분쟁의 경우는 합법적 적대행위에서 발생하는 사망에는 해당되지 않는다고 보지 않으면 안 된다. 이처럼 일반적으로 볼 때 제2추가의정서와 인권관련 조약의 규정은 상호 배타적이 아니라 보완적이라고 판단된다.

그런데 추가의정서가 규정하는 바와 같은 국제적 무력분쟁 또는 비국제적 무력분쟁의 개념에 포함되지 않는 '국내소요 · 긴장 사태' 는 말하자면 법적 간극이 있으며, 이들 사태에도 인도법 또는 인권의 적용여부가 문제이다. 여기서 말하는 국내소요 · 긴장 사태란 인간의 고통을 유발하는 인권침해와 결부된 폭력현상에 의해 특징지워지는 사태의 전체를 포함하는 것이며 현재에도 빈번하게 발생하고 있다. 이것은 질서유지세력(군)과 반체제파의 직접대립에 의해 혹은 인종 · 종교 · 사상 · 경제 · 사회적 성격의 긴장에 의해 특징 지워지고 있다. 이것에 부가하여 공적 또는 비

36) 시민적·정치적 인권규약 제4조의 기초과정을 보면 국제연합 인권위원회에 제출된 최초의 조문안에는 '전쟁 또는 다른 공공의 비상사태의 경우' 혹은 '전쟁 또는 국민의 이익을 위협하는 다른 공공의 긴급사태'로 되어있었고, 동 위원회의 토의에서도 가장 중대한 '공공의 비상사태'는 전쟁이라는 것이 인정되고 있었다. 그러나 전쟁이라는 표현을 피하려고 하는 당시의 풍조를 반영하여 동 위원회는 '전쟁'이라는 표현을 삭제하였다(A/7720, *op. cit.*, par.26). 동일한 비상사태를 규정하는 유럽인권규약 제15조 1항, 미주인권규약 제27조 1항은 '전쟁'이라는 표현을 사용하고 있다.

밀리의 폭력 · 남용 · 기본적 인권의 위반 · 대량체포 · 과도한 억압조치 · 실종 · 테러행위 · 약식처형 등이 이루어지기 쉽다. 이러한 사태에 대한 인권내지 인도법의 기본적 규칙을 적용하려고 하는 기도는 특히 추가의정서 성립 후에 활발해졌다.[37]

3. 상병자 · 난선자의 간호 및 위생요원 등의 보호

공통3조는 "상병자 및 병자를 수용하여 간호하여야 한다"고 단순하면서도 명쾌하게 규정하고 있다. 이 규정은 1864년 제1회 적십자조약의 원칙을 재확인한 것이며 그 성질상 비국제적 무력분쟁에서도 절대적 명령으로서 타당하다.

제2추가의정서는 보호내용을 명확히 하고 나아가 위생요원과 의료임무의 보호에 관해 새로운 규정을 두고 있다. 이들 규정의 내용은 제1추가의정서의 상병자에 관한 규정과 상당히 유사하다. 그 요점은 다음과 같다.

37) 1984년의 국제법협회(ILA) 파리대회는 '인권 실시' 위원회가 작성한 '긴급상태에 있어서 인권규범의 최저기준'을 승인했다(International Law Association, *Report of the Sixty-First Conference*, Paris, 1984, pp.1, 56-96.). 이 때의 최저기준은 A절 '긴급성, 선언, 기간 및 지배(관리)', B절 '긴급권 및 개인의 보호, 일반원칙', C절 '일탈할 수 없는 권리와 자유'로 제목을 붙이고 C절은 다음 16개조를 포함한다. 즉 법인격권(제1조), 노예 또는 예속으로부터의 자유(제2조), 차별로부터의 자유(제3조), 생명권(제4조), 자유권(제5조), 고문으로부터의 자유(제6조), 공정한 재판을 받을 권리(제7조), 사상, 양심 및 종교의 자유(제8조), 계약의무의 이행불능에 의한 투옥(제9조), 소수자의 권리(제10조), 가족의 권리(제11조), 성명의 권리(제12조), 아동의 권리(제13조), 국적을 취득할 권리(제14조), 정부(통치)에 참가할 권리(제15조), 구제를 받을 권리(제16조).
CICR은 인도적 이니셔티브의 권리에 의해 이러한 사태에 개입해 왔다. CICR에 의하면 이 이니셔티브 권리는 관습법화 되어 있고, CICR의 역무제공은 그 대상국에 대한 내정간섭으로 간주되지 않는다. 이러한 사태에 대한 CICR의 보호·원조활동은 1986년 제25회 국제적십자회의에서 발표된 CICR의 자료에 서술되어 있다(*RICR*, No.769, 1988, pp.9 et suiv.).
또한 이 '국내적 소요·긴장'의 사태는 그것에 적용될 권리의무에 관하여 '법적 간격'이 있다는 점에서 이 사태에 대한 국제적 보호를 확보하기 위하여 어떻게 해야 할 것인가 하는 점에 대해 2개의 개인적 제안이 있었다. 하나는 Hans Peter Gasser(CICR의 전문가)의 행동준칙이며(*Ibid.*, pp.39 et s.)이며, 또 하나는 Theodor Meron의 모델선언(안)이다(*Ibid.*, pp.62 et s.). 이들 2개의 문서는 어느 쪽이나 모든 사람, 우선 질서의 유지·확립의 임무를 지는 정부, 나아가 권력(당국)에 반대하는 자에게 적용되는 국제법의 기본원칙을 상기시키려 하고 있다. 절대적으로 존중되어야 할 규칙으로는 다음을 들 수 있다. 생명권, 인간의 고유한 존엄·살해·고문 및 기타 체면을 손상시키는 대우의 금지, 인질, 실종, 테러행위와 집단벌, 추구하는 목적과 균형을 잃은 무력행사, 자유가 박탈된 자의 인간적 대우, 아동의 권리, 상병자의 보호와 실종의 수색. 이들 명령적 규칙은 특히 시민권규약, 유럽인권협약 및 제네바 제협약 공통3조와 제2추가의정서 제4조~제6조에 있는 일탈할 수 없는 권리로부터 나왔다. 이들 2 텍스트가 상이한 점은 각각 최적이라고 판단할 수 있는 표현형식과 정식화에 있다. 행동준칙은 각 개인의 양심을 지향하고 있으며 모든 희생자가 알 수 있도록 법률용어를 피하고 있다. 모델선언(안)은 법적 성격을 갖는 표현이며, 인권조약과 인도조약에 대한 추가의정서가 될 수 있는 면을 지니고 있다. 1990년 아보 아카데미 대학 인권연구소의 초청으로 회합한 사적 전문가 그룹이 위 2개 텍스트를 조정하는 형태로 '최저 인권규범 선언'(안)을 발표했다(*RICR*, No.787, 1991, pp.350 et s.). 이 선언의 제규칙은 우선 인권보호문서에서 더 나아가 제네바 제협약과 추가의정서로부터 착상을 얻은 것이며 무력에 호소하는 모든 자에게 해당된다.

모든 부상자, 병자 및 난선자는 무력분쟁의 참가여부를 불문하고 존중되고 보호되어야 한다. 그러한 자는 모든 경우에 인도적으로 대우되어야 하며, 가능한 최대한도로 그리고 가능한 한 지체 없이 필요한 의료행위를 받아야 한다. 의료적 기준 이외의 기준에 기초한 어떠한 차별도 이들에게 행해져서는 안 된다(제7조). 또 수색에 관해서도 사정이 허락하는 한 특히 교전 후에 부상자 · 병자 · 난선자를 수색하고 수용하여야 하며, 그들을 약탈이나 학대로부터 보호하고 적절한 간호를 확보하기 위해 또한 사망자를 수색하기 위해서 모든 가능한 조치를 취해야 한다(제8조).

위생요원과 종교요원도 존중 및 보호되며, 또한 그 임무수행에 도움이 되는 모든 원조를 받아야 하고, 인도적 사명과 양립할 수 없는 역할을 강제하여서는 안 된다(제9조 1항). 상황 여부 또는 의료활동의 수익자 여부를 불문하고 의료윤리에 따른 의료활동 실시를 이유로 처벌하여서는 안 된다(제10조).

위생요원과 위생수송수단은 항상 존중 및 보호되어야 하고 공격대상이 되어서는 안 된다(제11조). 위생요원 등에 대한 특수표장에 관해서는 국제적 무력분쟁과 동일하며 권한을 가진 관계당국의 감시하에 흰 바탕에 적십자(적신월, 또는 적사자 및 태양) 표장은 위생 및 종교요원, 위생부대 및 위생수송수단에 부착하거나 게시하여야 한다. 이 표장은 모든 경우에 존중되어야 하고 또 부당하게 사용되어서는 안 된다(제12조).

4. 일반주민의 보호

일반주민 및 민간인의 보호에 관해 공통3조에서는 직접 언급되지 않았으나 제2추가의정서에서 처음으로 약간의 그러나 중요한 기본적 규정들이 포함되었다. 우선 일반주민 및 민간인은 군사행동에서 발생되는 위험으로부터 일반적 보호를 향유하고, 이 보호를 효과적으로 하기 위하여 모든 경우에 다음 규정이 준수되지 않으면 안 된다(제13조 1항). 일반주민은 물론 민간인은 공격의 대상이 되어서는 안 된다. 일반주민들 사이에 공포를 만연시킴을 주목적으로 하는 폭력행위 또는 그 위협은 금지된다(2항). 민간인은 적대행위에 직접 참가할 경우 및 그 참가기간을 제외하고 이 편(제4편 일반주민)이 부여하는 보호를 향유한다(3항).

기타 국제적 무력분쟁에 적용되는 규정보다 간결하지만 일반주민의 생존에 불가결한 물자(제14조), 위험한 물리력을 함유하는 공작물 및 시설(제15조)을 공격 · 파괴의 대상으로 해서는 안 된다는 것이 규정되었다. 또한 인문화재 및 예배장소의 보호도 동일하다(16조). 그리고 일반주민의 강제이동은 다음과 같이 원칙적으로 금지되었다.

"일반주민의 이동은 민간인의 안전 또는 절대적 군사 이유가 필요한 경우를 제외한 여타 분쟁 관련 이유로 명령되어서는 안 된다. 이러한 이동이 행해질 경우 일반주민이 주거 · 위생 · 건강 · 안전 및 식량에 관해 만족할만한 조건으로 받아들일 수 있도록 하기 위해 모든 가능한 조치를 취해야 한다(제17조 1항)."

이동이 예외적으로 허용되는 경우로서 민간인의 안전 외에 분쟁당사자의 절대적 군사이유를 들 수 있는 것은 여기에 있어서도 인권의 시각뿐만 아니라 분쟁당사자의 군사요구 관점이 어느 정도 작용할 수 있음을 나타내고 있다. 또한 외국인의 영역으로부터의 퇴거에는 언급하지 않고 "민간인은 분쟁에 관계하는 이유 때문에 자기의 영역을 떠나도록 강제될 수 없다(2항)"고 규정되어 있다.

앞의 제규정은 획기적인 것이며 인도법의 비국제적 무력분쟁 분야로의 확대를 크게 전진시킨 것이다. 또한 해적수단 그 자체의 제한 및 금지에 관해서는 일반주민의 보호와 관련하여 앞에서 서술한 것을 제외하고는 결여되어 있다.[38]

제4절 구호단체의 활동

비국제적 무력분쟁에 있어서도 이제까지 살펴 본 희생자(피보호자)의 보호 · 존중에 관한 제규정의 실시를 도모하고 그들에게 원조를 제공하기 위하여 분쟁당사자 외에 국내외의 구호단체의 활동을 필요로 하는 경우가 많다. 그러나 구호단체의 활동은 분쟁당사자, 특히 합법정부 측의 입장에서는 국내사항에의 개입이라든가 주권침해라는 위험성을 동반하기 때문에 국제적 무력분쟁의 경우 이상으로 곤란하다. 무엇보다도 CICR은 활동 초기부터 다수의 내전이나 소요사태에 있어서 역무제공(인도적 중개)을 시도하여 상당한 성과를 거두었다.[39] 이 활동은 이미 기술한 이니셔티브의 권리로서 승인되고 있다.

공통3조는 "적십자국제위원회와 같은 인도적 기관은 그 역무를 분쟁당사자에게 제공할 수 있다"는 것으로서 앞의 권리를 확인함과 동시에 CICR 이외의 '공평한 인도적 기관' 에게도 동등한 역무제공을 인정하고 있다. 그러나 여기에 명기된 CICR 등의 개입은 보충적인 것에 지나지 않고 우선 첫째로 원조를 행할 수 있는 것은 그 영역내에 있는 적십자사이다. 또 앞의 규정으로부터 CICR 등이 분쟁당사자에게 역무제공을 신청해도 비우호적 행위라든가 국가의 국내사항에 대한 간섭의 기도라고는 간주되지 않지만 분쟁당사자가 그 신청을 수락할 의무를 지는 것은 아니다.[40] 공통3조 성립 후의 많은 비국제 무력분쟁에 즈음하여 CICR의 역무제공 신

38) CICR 최종초안에서도 외교회의의 위원회 단계에서도, '전투의 방법 및 수단' 編이 인정되고 불필요한 고통의 금지, 배신행위의 금지, 助命에 관한 규정을 두고 있었으나 간소화안에 의해 모두 삭제되었다(다만 조명의 기본적 관념은 제2추가의정서 제4조 1항에 포함되어 있다). 제2추가의정서가 군대 또는 조직적 무장집단의 대립이라는 특징을 지닌 무력분쟁에 적용되는 이상 해적수단이나 그 행사에 관한 기본원칙을 두는 편이 적절했다고 할 수 있으나 그렇게 하면 분쟁당사자(반도)의 법적 존재를 인정하게 된다는 우려에서 결국 삭제되었다. 그러나 일반주민의 보호에 관한 규정 등은 분쟁당사자의 법적 지위를 당연히 전제로 하는 것이다.

39) Moreillon, J., *Le CICR et la Protection des détenus politiques*(1973).

40) 그러나 수락의무를 인정하는 견해도 없지 않다. *cf.* Pinto, R., "Les regles du droit international concernant la guerre civile", *Recueil des Coues*(1965), I, p.543.

청은 약 절반 정도가 분쟁당사자에 의해 수락되었다.[41]

이와 같은 경향을 한층 발전시키기 위하여 제2추가의정서 기초과정에서는 '구호' 編을 설정하고, 희생자 보호를 위한 몇 개의 규정이 예정되어 있었다.[42] 그러나 외교회의에서, 특히 외부의 구호단체의 직접적인(straight) 개입에 대한 강한 우려가 표명되어 최종적으로 채택된 조문은 다음과 같이 영역내의 구호단체나 일반주민의 자발적 활동의 신청과 당해체약국의 동의를 조건으로 일반주민에 대한 구호활동을 인정하는데 그쳤다.

"적십자(적신월, 적사자 및 태양) 조직과 같은 체약국의 영역내에 있는 구호단체는 무력분쟁의 희생자에 관한 전통적 임무를 수행하기 위해 역무를 제공할 수 있다. 일반주민은 자의에 의해 부상자, 병자 및 난선자의 수용 및 간호를 신청할 수 있다(제18조 1항)."

"일반주민이 식량이나 의료품과 같은 생존에 불가결한 공급품의 극도의 궁핍으로 고통 받고 있는 경우에는 오로지 인도적이고 공평하며 불리한 차별 없이 행해지는 일반주민을 위한 구호활동은 당해 체약국의 동의를 얻어 행하여야 한다(동 2항)."

동 규정에서 처음으로 영역내의 적십자사가 구호단체로서 명시적으로 언급되었으나 반대로 CICR의 활동을 허용하는 명시적 규정은 제2추가의정서에서 모두 삭제되었다. 그러나 제2추가의정서는 공통3조를 보완하고 발전시킨 것이므로 공통3조에 기초한 CICR의 역무제공의 신청(요구)도 변함없이 실시될 수 있음은 말할 필요도 없다. 또한 영역내의 적십자사로서도 CICR로서도 분쟁희생자를 위한 역무제

41) CICR, Protection des victimes de conflits armés non internationaux(1969), *op. cit.*, pp.3 et s. 拙稿, "內戰と1949年ジュネーブ條約", 前揭, p.38 이하.

42) CICR 최종초안(제2추가의정서) 제33조(구호활동), 제34조(기록과 정보), 제35조(각국 적십자사와 기타 구제단체)(*Commentaires*(1973), pp.70-173).

43) 여기서 말하는 '당해체약국'(High Contracting Party Concerned)을 둘러싸고 그 체약국 영역내에서 행해지는 모든 구호활동에 관하여 그 동의가 필요한지, 합법정부가 실효적으로 지배하는 영역에서 행해지는 구호활동이나 그 곳을 통과하는 구호품에 관해서만 동의가 필요한 것인지 명확하지 않았다. *cf. Actes*(1974-77), Vol.VII, p.147 et s. 이 조문(제18조 2항)은 핀란드 수정안(CDDH/435, 440)에 기초한 것이며, 일반적으로 받아들여진 해석이 존재하지 않는 형식적 타협이었기 때문에 그 해석은 향후의 동 조 적용의 관행을 기다리지 않을 수 밖에 없다(Bothe, *op. cit.*, pp.98-99).

공은 '당해체약국'[43]의 동의를 얻어서 비로소 실시할 수 있다는 점에는 변함이 없다. 그러나 일반주민의 생존에 불가결한 물자가 극도로 궁핍한 경우 구호활동은 절대적 성질을 갖는 것으로 볼 수 있고, 그 당해체약국의 동의는 자의적으로 거부되어서는 안 된다고 할 수 있을 것이다. 어쨌든 일반주민을 위한 구호활동의 언급은 특히 현대의 비국제적 무력분쟁이 일반주민을 연루시켜 그들에게 기아나 극도의 희생을 강요하는 경향이 있다는 것을 고려할 때 중요한 의미를 지닌다.

이상에서 살펴본 바와 같이 비국제적 무력분쟁에 적용되는 인도법의 공통3조로부터 제2추가의정서로의 전개는 개개의 보호내용에 있어 불충분함이나 한계 · 타협을 나타내면서도 전체로서는 분쟁희생자의 보호 · 존중을 위한 기본적 보장과 그 구호의 필요성을 인정하는 방향으로 나아가고 있다고 할 수 있다. 해방투쟁이 국제적 무력분쟁으로 편입됨에 따라 비국제적 무력분쟁의 국제적 규제에 대한 관심이 수그러들었음에도 불구하고, 또한 분쟁당사자의 지위에 관한 명확화를 방치한 채 인권보장을 배경으로 하는 인도적 규정을 비국제적 무력분쟁에 적용하려고 하는 것은 국제적 무력분쟁에 있어서의 인도법의 발전과 동일한 방향으로 가고 있는 것이라고 할 수 있다. 무력분쟁에서의 현대국제법의 전개는 국제적, 비국제적 무력분쟁의 구별을 유지하면서 각각에 적용될 인도적 법규의 내용을 상세화 하는 방향으로 진행되고 있다.

보론 현대무력분쟁과 인도법의 적용

제1절 인도법의 전개

1. 추가의정서 가입 현황

1977년 12월 12일 서명에 개방된 2개 추가의정서는 가나의 비준서(1978년 2월 28일)와 리비아의 가입서(1978년 6월 7일)가 스위스 정부에 기탁됨에 따라 그 6개월 후인 1978년 12월 7일에 발효되었다. 서명부터 발효까지 1년여라는 이례적으로 짧은 기간이 소요된 것은 추가의정서가 세계 각 지역에서 언제 발생할지도 모를 무력분쟁에 적용되어야 하기 때문에, 불과 2개국의 비준서 또는 가입서의 기탁만으로도 발효된다는 규정(제1추가의정서 제95조 1항, 제2추가의정서 제23조) 때문이었다.

그리고 추가의정서는 제네바협약의 모든 당사국의 서명 또는 가입에 개방되었고(제1추가의정서 제92조, 제2추가의정서 제20조 및 제22조), 대부분의 국가가 제네바협약의 당사국이기 때문에[1] 추가의정서에의 가입 상황을 살펴보는 것은 이들 의정서의 제규정이 국제사회에서 어느 정도 받아들여지고 있는가를 판단하기 위해서도 필요하다.

추가의정서 채택 이후 10년이 경과한 시점(1987년)에서의 가입 상황을 보면, 67개국이 제1추가의정서를, 61개국이 제2추가의정서를 비준(또는 그것에 가입)했다.[2] 일부 국가는 의정서와 제협약에 동시에 가입했다. 또한 8개국(스웨덴 · 필란드 · 노르웨이 · 스위스 · 덴마크 · 아이슬란드 · 오스트리아 · 이탈리아)이 제1추가의정서 제90조의 국제사실조사위원회에 관한 선언을 하였다.

이러한 숫자는 제네바협약 체약국의 대략 3분의 1이 의정서에 참가한 것을 나타낸다. 먼저 연대순으로 보면, 이 시기까지의 비준 또는 가입국은 제3세계 국가들(그

1) 부탄, 버마(미얀마), 브루네이, 키리바치, 몰디브, 나우르의 6개국만이 제네바협약의 체약국이 아니다.
2) Colloque sur les Protocoles de Genève de 1977 Additionnels aux Conventions de 1949: Dix Ans Après, 1987, Genève, Rapport de R. Abi-Saab: "Le degré d'acceptation des protocoles de 1977 après dix ans: ratifications, adhésions, réserves, décisions de ne pas en devenir partie."

러나 인도 · 이집트 · 나이지리아와 같은 주요국들은 아직 비준하고 있지 않았음), 북구국(NATO 국가들 중 2개국)의 스위스 · 오스트리아 및 유고슬라비아였다.

최근 이탈리아와 벨기에(유보를 붙여)가 비준서를 기탁했다. 이것은 아마 NATO 유보 내지 핵유보라고 불리는 군사적 유보를 포함한 다른 일련의 서구국가들의 비준을 촉구하게 될 것이다.

프랑스는 제2추가의정서에 대한 가입 통지(1984년 2월 24일)에서 제1추가의정서에 가입할 의도가 없음을 명확히 했다. 중국의 양 의정서에 대한 가입(1983년 9월 14일)은 5대국 중 최초였으며, 제1추가의정서 제88조 2항에 유보를 붙이기는 했지만, 제2추가의정서에는 어떠한 유보도 달지 않았다. 필리핀은 제1추가의정서에 서명은 했으나 제2추가의정서에만 가입했다.

제1추가의정서와 제2추가의정서는 참가국 수에 있어 차이를 보인다. 제1추가의정서만을 비준한 국가는 연대순으로 키프로스 · 베트남 · 자이르 · 쿠바 · 멕시코 · 모잠비크 · 시리아 · 앙골라이다. 반대로 제2추가의정서만을 비준한 국가는 2개국, 즉 프랑스와 필리핀이다. 이후에 미국도 이에 가세하게 된다.

또한 1987년까지의 비준가입국 리스트에는 중국을 제외한 사회주의국가가 포함되어있지 않았다. 또한 제3세계의 일부 대국은 동서진영의 국가들과는 달리, 제1추가의정서보다도 오히려 제2추가의정서에 가입하는 것을 꺼렸다.[3] 이러한 의정서 채택 10년 후의 상황은 1925년 제네바 · 가스의정서와 인권문서의 비준 상황과 비교하여 그다지 큰 차이는 없다. 비준시의 유보 수도 그 정도로 많은 것은 아니다.[4]

그 후에도 미국의 동맹국가들 상당 수(NATO 국가들 중 9개국)가 유보나 해석선언을 붙여 비준하였고, 다른 한편 1989년의 소련의 비준(유보도 해석선언도 달지 않았다)에 이

---

3) 또한 일본정부의 견해에 대해서는 石本泰雄, "憲法と戦時国際法—政府答弁の検討—", 上智法学論集29巻2・3合併号 참조.

4) 樋口一彦, "一九七七年ジェネーヴ諸条約追加議定書の留保、宣言及び通知", 関西大学大学院法学ジャーナル50号 참조.

어 동구국가들도 비준하였으며, 나아가 제3세계 국가들의 참가도 이어졌다.

1991년 12월 31일 현재 107개국이 제1추가의정서, 97개국이 제2추가의정서의 당사국이다. 이러한 비준 및 가입 속도로 보아, 추가의정서는 1949년 제네바협약 정도의 보편적 참가(168개 체약국, 국제연합 회원국은 166개국임)는 아직 확보되지 못했지만 상당히 일반적인 수락을 얻어가고 있다고 볼 수 있을 것이다(2009년 1월 현재 제네바협약 가입국은 194개국이며, 제1추가의정서와 제2추가의정서는 각각 168개국과 164개국임).

2. 추가의정서에 대한 미국의 태도

이미 살펴본 바와 같이 추가의정서가 서명을 위해서 개방되었을 때, 미국과 영국 등 서구의 주요국 중 선언이나 유보를 붙인 채 서명했으나, 그 후 비준하지 않은 나라도 있다. 특히 미국은 제1추가의정서의 비준을 거부하고, 제2추가의정서만 비준할 것을 결정했다. 1977년 외교회의 종료 시 미국 대표 올드릿치(Aldrich)는 제1추가의정서의 채택을 환영하는 성명을 발표했기 때문에, 1987년 1월 레이건 대통령의 제1추가의정서의 비준 거부 결정은 파문을 던졌다.[5)]

제2추가의정서의 비준을 위해 레이건 대통령이 상원에 제출한 송부장[6)]에 그 이유가 상세하게 기술되어 있다. 동 송부장에 따르면 제1추가의정서는 기본적으로 결함이 있는 바, 인도법을 손상하였고 전쟁에서의 민간인을 위험에 빠뜨릴 수 있는 규정을 포함하고 있다. 그러한 예의 하나는 소위 '민족해방전쟁'을 자동적으로 국제적 무력분쟁으로 간주하는 것이다. 전쟁목적에 기초한 주관적 구별에 의거하는 것은 인도법을 정치화하고 국제적 무력분쟁과 비국제적 무력분쟁의 구별을 없애게 될 것이다. 이것은 또한 테러리스트 및 여타 다른 비정규군이 민간인 중에 자신을

5) *Digest of United States Practice in International Law* 1977, pp.918-9. 미국의 의정서 서명후 수년간은 미국정부와 NATO 제국들은 비준시에 해야 할 적절한 양해와 유보에 관하여 검토했었다고 알려져 있다. 그런데 레이건 대통령은 포드와 카터 양 정권하의 의정서 교섭자들이 테러리즘을 인정하는 조약을 묵인했다면서, 제1추가의정서가 테러리스트의 이익이 된다고 보아 그 비준을 거부키로 결정했다.
6) *AJIL*, Vol. 81, p.910.

숨기게 되어 민간인을 위험에 빠뜨릴 것이다. 인도법에 있어서의 진보의 대가로서 테러리스트 그룹에 승인과 보호를 부여해서는 안 되며, 그럴 필요도 없다.[7]

그런데 미국은 제1추가의정서의 비준 거부 시, 관습법에 대해 언급했다. 즉, 레이건 대통령의 송부장에서 제1추가의정서를 제외하는 이유를 기술하는 동시에 "그 때문에 우리는 (제1추가의정서의) 이들 실정 규정을 관습국제법으로서 우리의 군사행동을 규율하는 규칙에 편입하기 위한 적절한 방법을 마련하기 위해 동맹국들과 협의중이다"라고 하였다.[8]

3. 추가의정서와 관습법(일반국제법)의 관계

추가의정서와 관습법의 관계는 이제까지 상당히 주의를 끌어왔다.[9] 80년대 이후의 무력분쟁에서도 추가의정서의 당사국이 아닌 분쟁당사국간에서는 항상 그 관계가 문제되어 왔고(특히 이란 · 이라크 전쟁과 이라크 · 쿠웨이트 걸프전쟁), 90년대의 인도법의 전개 맥락에 있어서도 무시할 수 없었다. 그런데 이제까지 이 관계에 대한 논의는 주로 추가의정서 규정들 중 어느 것이 채택 당시의 국제법을 선언하고 있는가

---

7) 비준의 是非를 둘러싼 몇몇 논문이 있다. 그 중에서도 송부장이 제1추가의정서의 정확한 평가를 나타내고 있지 않다면서 비판한 것으로는 Hans-Peter Gasser, "An Appeal for Ratification by the United States," *ibid.*, pp.912-925. 이에 대한 반론으로서 Abraham D. Sofaer, "The Rational for the United States Decision," *AJIL* Vol.82, No.4, pp.784-787. 미국의 비준을 권장하는 것으로서 George H. Aldrich, "Prospects for United States Ratification of Additional Protocol I to the 1949 Geneva Conventions," *ibid.*, Vol.85, No.1, pp.1-20. 또한 樋口一彦, "米国の行政府によるジェネーウ諸条約第二議定書の批准、及び第一議定書の批准拒否、の決定," 関西大学大学院法学ジャーナル 49号 참조。

8) *Message from the President og the United States Transmitting the Protocol II Additional to the Geneva Conventions.*, US Senate, 29 January 1987, 100th Congress, 1st Session. reprinted in *AJIL* Vol.81. p.910(1987), 樋口一彦, 前掲論文 참조. 또한 1976년에 개정된 1956년 미육전편람(FM 27-10, The U.S. Army's Field Manual of 1956(as amended) 및 1987년 미 해군성에 의해 작성된 Annoted Supplement to the commander's Handbook on the Law of Naval Operations NWP 9(Rev, A) /FMFM 1-10 『指揮官のための海軍作戦法規便覧』(竹本正幸외의 일본어 역은 法学論集40巻 3号~41巻 2号)은 제1추가의정서의 상당한 규정을 사실상 받아들이고 있다.

9) 문헌 "Customary Law and Additional Protocol I to the Geneva Conventions for Protection of War Victims." *ASIL, Proceedings,* 1987, pp.26-43; Theodor Meron, "Geneva Conventions as Customary Law," *AJIL,* Vol.81, 1987, pp.348-370; Antonio Cassese, "The Geneva Protocols of 1977 on the Humanitarian Law of Armed Conflict and Customary Law," *UCLA Pacific Basin Law Journal,* Vol.3, 1984, pp.55-118; Rosemary Abi-Saab, "Les 'principes généraux' du droit international humanitaire selon La Cour internationale de Justice," *RICR,* No.766, juillet-août 1987, pp.381-390.

하는 점을 둘러싼 것이었다. 그러나 동시에 1977년 시점에서는 한층 쇄신적이었던 규정이 그 후 일반적으로 적용되는 규칙으로 발전되었는가 하는 점도 물을 필요가 있다. 즉, 조약(추가의정서)의 관습법화 또는 일반국제법화의 문제이다.

여기에서 제기된 문제는 인도법에 관한 다수국간의 조약과 관습법의 관계에 관해서이고 반드시 새로운 것은 아니다. 이미 1899년 헤이그 제4조약의 마르텐스 조항은 이러한 관계를 나타내고 있고, 뉴른베르그 국제군사재판소의 판결도 헤이그 규칙은 1939년 당시 체약국과 비체약국 쌍방을 구속하는 것으로 확립되었다고 하였다.[10] 그러나 앞의 미국 대통령의 송부장에 있어 새로운 점은 제1추가의정서의 가치를 상쇄하고자 하는 의도를 보이고 있다는 것이다. 즉, 마르텐스 조항처럼 법전화 조약의 틀 외에 있는 것을 '인도의 법칙' 으로서 인정하는 것이 아니고 또 뉴른베르그 국제군사재판소처럼 조약을 초월하여 그 규정을 적용하는 것이 아니라, 조약(이 경우는 제1추가의정서)에 포함되어 있는 것 중에서 자국의 목적에 적합한 것만을 선택하고 나머지는 무시하고 있는 것으로 보인다.[11]

올드릿치(Aldrich)에 의하면, 제1추가의정서의 원칙과 규정으로부터 관습법을 뽑아내는 것은 조약에서 자기가 바라지 않는 것을 제외하고 바라는 것만을 이용하려고 할 때의 상투적인 수단이다.[12]

바꾸어 말하면, 의정서의 교섭과 서명 단계에서 이미 각국들 간에 동의가 있었던 것을 취소하고 오랫동안 어려운 교섭 끝에 도달한 '팻키지 딜' 의 포장을 뜯을 것을 요구하고 있다고도 할 수 있다.[13] 또한 대통령의 송부장에 기술된 동맹국들과의 협의(1990년말 현재)는 공표되지 않았고, 그 결과도 분명치 않다. 미국 자신도 제1추

10) *Trials of Major German War Criminals*, Cmd. 6964, 65(1946).
11) Sofaer는 행방불명자나 死者의 수색에 관한 새로운 규정은 베트남전쟁중의 미군 구성원이 경험한 문제에 바탕을 두는 것이며, 그 규정이 준수되고 또한 곧 관습법으로서 인정받을 수 있도록 하는 노력을 지지하고 있다. Sofaer, *op. cit.*, p.784.
12) Aldrich, *op. cit.*, p.19.
13) Georges Abi-Saab, "The 1977 Additional Protocols and General International Law: Some Preliminary Reflections," in *Humanitarian Law of Armed Conflicts Challenges Ahead, op. cit.*, pp.115ff.

가의정서에서 관습법 규칙을 나타내고 있는 규정과 스스로 '적극적 쇄신' 으로 간주하는 규정을 구별하지 않았다. 이것은 일면에서는 관습규정과 정책사항으로서 준수가 요망되는 규정과 구별을 없애버리는 위험을 안고 있다고도 할 수 있을 것이다.[14]

그런데 일반적으로 다수국간 조약은 다음의 경우 관습법의 권위 있는 표명으로 취급될 수 있다. 하나는 그 조약 체결 전에 이미 관습법화 되어있는 원칙을 법전화하는 경우이고, 둘째는 조약규정이 당초 관습법을 반영한 것이 아니었으나 후에 그 원칙이 일반적으로 적용할 수 있는 것으로서 받아들여져 새로운 관습법이 되는 경우이다.

후자의 경우가 문제인데, 법전화조약이 아닌 것이 관습법을 생성하는 방법으로서 국제사법재판소는 북해대륙붕사건 판결[15]에서 다음의 3가지 조건을 들었다. 그 규정이 규범 창조적이라는 점, 국가관행 특히 특별 이해관계국이 그 규정이라든가 원칙을 광범위하게 수락하고 있다는 점 및 그 관행이 법적 신념(opinion juris)에 바탕을 두고 있다는 점이다. 바꾸어 말하면, 조약중의 쇄신적 규정은 조약이 적용되지 않는 상황하에서 그 규정에 구현된 원칙을 적용하는 광범위한 국가관행의 증거가 있고, 관계국이 그 원칙을 관습법상 구속력이 있는 것으로 취급하고 있다고 생각된다면 그 경우에만 관습법으로 이행되었다고 간주할 수 있다는 것이다.

니카라구아 사건에서는 동 재판소는 관습법의 인정에 관하여 그다지 엄격하지 않은 어프로치를 채용했다. 동 사건에서 재판소는 제네바협약 공통1조 및 3조를 포함한 다수국간 조약의 많은 규정들은 관습법이 되었다고 보았다.[16] 전술한 바와 같

14) Christopher Greenwood, "Customary Law Status of the 1977 Geneva Protocols," *ibid.*, pp.93ff.
15) *ICJ Reports 1969*, sec. 71, p. 41. 또 이 판결에서는 1958년 대륙붕조약의 문제 규정(제6조)은 관습법이 아닌 것으로 되어 있다.
16) *ICJ Reports 1989*, p.114(112-115).

이 뉴른베르그 국제군사재판소가 1907년 헤이그규칙을 1939년 당시 관습법화 되었다는 점을 인정하고 있는 것 외에 미국의 군사재판들에서도 1929년 포로조약의 많은 규정들이 1941년 독소전쟁의 발발 이전에 이미 관습법으로 이행했음을 받아들이고 있었다.[17)]

이러한 점에 비춰 말할 수 있는 것은 조약규정이 관습법상 이미 확립되어 있는 것보다 일반적인 원칙을 단지 상세하게 적용하는 것일 경우, 그 상세한 규정의 관습법으로의 이행은 한층 용이하게 확인된다는 것이다. 박스터(Baxter)에 의하면, 인도조약의 제규정은 다른 다수국간 조약의 규정들보다도 관습법화 된 것으로 보다 쉽게 받아들여진다.[18)] 또한 조약 본문(텍스트)의 채택도 그 자체 국가관행의 중요한 부분이고, 이러한 국가관행이 다수인 경우에는 관습법으로의 변화를 초래하기에 충분하다고도 인정된다.[19)]

다만 이러한 어프로치는 남용되면 조약과 관습법의 구별을 말살할 위험 및 조약교섭의 미묘한 팻키지 딜의 성질을 무시하게 될 위험도 내포하고 있는 것으로 생각되지만, 조약규정이 조약 팻키지의 일부로서 뿐만 아니라, 일반적 적용의 규칙을 표명한 것으로서(국제사회 전체에서) 일반적 수락을 받을 경우를 증명하기 위해서는 적절하다.[20)]

또한 아비 사브(Abi-Saab)[21)]에 의하면, 추가의정서는 그 비준 및 가입 페이스로 보아 관습법화 되었다기보다 오히려 일반국제법의 지위에 근접하고 있다고 본다. 의정서는 오늘날의 국제사회에 있어서의 일반 다수국간 조약(소위 입법조약)으로서의

---

17) United States v. Von Leeb(the High Command Case), *Trials of War Criminals, Nuremberg Military Tribunals,* Vol.11(1948). p.462.

18) R. R. Baxter, "Multilateral Treaties as Evidence of Customary International Law", *BYIL,* Vol.41(1965-1966), p.286.

19) *ICJ Reports 1969,* p.42. 조약 규칙이 일반 국제법 규칙이 되기 위해서는 '상당한 시간의 경과가 없어도 조약에 대한 극히 광범위하고 대표적인 참가가 있으면, 거기에 특별 이해관계국이 포함되어 있는 것이라면 그 자체로 충분할 수 있다'.

20) cf. Greenwood, *op. cit.,* pp.96-99.

21) Abi-Saab, *op. cit.,* pp.122ff.

양식을 취하고 있다. 의정서의 최대 공헌은 새로운 규칙을 도입한 것이 아니라, 제네바협약 나아가 헤이그규칙의 일반원칙이나 규정을 현대 무력분쟁의 상황을 고려하여 상세하게 서술하고 있다는 점이다.

의정서의 대부분의 규정은 이러한 부류에 해당된다.[22] 제1추가의정서는 국제적 무력분쟁에서의 전쟁희생자 보호규칙을 법전화하고 발전시키고 있다. 1949년 제네바협약 – 무력분쟁에 적용될 인도법에 관한 보편적으로 받아들여진 조약 – 의 본문을 수정하는 일 없이, 제1추가의정서는 '제네바법' 즉, 상병자 및 조난자 · 포로 · 민간인 억류자와 일반주민의 보호에 관한 규칙을 현대화하고 강화하였다.

제1추가의정서는 또한 적대행위를 규율하고 그 효과에 대해 일반주민을 보호하는 관습법의 현행규칙(즉 헤이그법)을 재확인하고 동시에 상당히 발전시키고 있다. 제1추가의정서의 대부분은 군사목표와 비군사물과의 구별원칙(해적수단의 선택에 있어 무제한이지 않다는 기본원칙)을 사용할 수 있는 제규정으로 변형시킬 것을 지향하고 있다.

이러한 어프로치는 제1추가의정서에서 가장 논란이 많은 규정(해방전쟁에 관한 제1조 4항, 제96조 3항, 게릴라전에 관한 제44조, 민간인보호의 제4부에 있어서의 공폭의 제규칙)조차 제네바협약의 해석으로 간주될 수 있다.[23] 앞서 살펴본 레이건 대통령의 비준거부의 2가지 이유 중 하나가 자결을 위한 투쟁의 신규칙이 테러리즘을 자행하는 자칭 '민족해방' 그룹을 국제적인 법적 지위를 갖는 것으로 끌어올린다고 하지만 그렇지 않다. 제1조 4항에 관하여 제1추가의정서는 주요한 새로운 지평을 연 것이 아니

22) Gasser, *op. cit.*, pp.913ff.
23) Gasser, *op. cit.*, pp.916ff.

라, 이미 국제법의 일부가 된 인민의 자결원칙의 개념을 인도법에 단순히 도입한 것이다. 제1조 4항은 어떠한 무력분쟁 또는 그룹에 정당성(합법성)을 인정하거나 부여하는 것이 아니다.[24)]

또 다른 거부이유(일반주민과의 구별의 전통적 조건을 충족하지 않는 비정규군에게 전투원의 지위를 부여하는 것)는 신규칙이 테러행위를 허용하거나 테러리스트에게 정당성을 부여하게 될 수도 있다는 것이었다. 외교회의는 전쟁법에서 오래된 문제, 즉 게릴라전에 대한 해결책을 교섭하는 일이었다.

제44조 3항에 관하여 새로운 법은 전투원이 스스로를 식별할 필요를 면제받을 수 있는 예외적 상황이 있음을 인정한다. 이러한 예외 상황에서 전투원은 교섭에 종사하는 동안 및 공격 개시에 앞선 군사전개에 종사하고 있을 때 공공연하게 무기를 휴대하고 자기를 일반주민으로부터 구별해야 한다. 여기서 말하는 군사전개에 관하여 영 · 미는 의정서 서명시에 '공격이 행해지는 장소로의 이동' 을 의미한다고 선언하였다. 이러한 해석은 서구측 뿐만 아니라 많은 대표들의 견해를 반영한 것이었다.

이러한 해석이 테러리즘을 촉진시키리라고는 누구도 합리적으로 주장할 수 없다. 대통령의 송부장은 이 분별 있는 해석을 방기(放棄)한 것이고, 그 대신 전투원은 공격 직전에만 자신을 구별하면 되는 것으로 해석하면 된다는 인상을 줄 수 있다. 전투원의 지위에 대한 이러한 새로운 규칙은 타협을 반영한 것이고(이 최종조문은 미국과 베트남 대표에 의해 교섭되었음), 베트남 전쟁에 있어서의 미국의 관행과 불일치하는 것은 아니다. 어쨌든 이 새로운 규칙은 테러리스트를 만들어내는 것도 승인하는

24) 또한 자결투쟁의 대상국은 제1추가의정서에 참가하지 않았고, '식민지 본국'인 점에 동의하지 않았으며 또한 해방운동도 제96조의 선언을 하지 않을 것이기 때문에 제1조 4항은 결코 적용되지 않을 것이며 따라서 사문화되었다는 견해도 있다(Aldrich, *op. cit.*, pp.6-7.).

것도 아니다. 부가하여 테러리즘의 어떠한 행위도 제네바협약과 제1추가의정서(특히 제51조 2항)에 의해 금지되어 있다.

니카라구아 사건의 판결처럼 국제재판에서도(관습법보다도 오히려) 일반국제법 규범의 해석으로서 법전화조약이 원용되고 있다. 인도법의 재확인과 법전화를 통해 달성하려고 한 것은 제규칙을 일반국제법의 궤도로 쏘아 올리는 일이었다. 이러한 결과를 달성할 수 있는 이제까지의 유일한 벡터(Vektor)로서 관습법만이 알려져 있으나, 다른 벡터 즉 계속적인 조약의 채택에 의해서도 달성 가능하다. 이것은 조약에서 조약으로 현대화하고 변화의 조건에 대응하며, 동시에 경험에 비추어 진보하는 인도법 규범의 발달패턴이라고 할 수 있다.

시간의 경과와 함께 참가국의 범위가 확대됨에 따라, 규범 전체로서(몇 개의 개별 규범이 아님) 새로운 문서는 유일한 인증규범(引證規範)으로서 법적 환경을 완성하는 것이다. 법적으로 구속된다고 하는 일반적 의식은 대다수 국가에 의해 받아들여진 조약에서도 발생할 수 있다고도 말할 수 있다. 기술한 바와 같이 북해대륙붕사건 판결에서도 법전화조약은 3개의 다른 방법으로 관습에 영향을 부여한다고 하고 있다. 즉 선언적 효과, 결정적 효과(조약의 교섭, 정식화 및 채택과정이 또한 생성도상의 관습규칙을 성숙시키는 것) 및 신관습법규칙의 생성적 효과가 그것이다.[25]

요약하면 법전화와 점진적 발달 과정의 직접 또는 간접 결과로서 그 사이에 관습법이 된 것을 식별하기 위해서, 의정서 이전에 존재하고 있었던 것을 뒤돌아볼 뿐만 아니라 교섭중 및 그 종료 상황과 그것을 초월한 상황도 고려해야 마땅할 것이다.[26] 어쨌든 제네바협약뿐만 아니라 추가의정서의 적용이 현대무력분쟁에서 요구

25) 이러한 3분류에 대해서는 Jiménez de Aréchaga, "International Law in the Past Third of a Century," *Recueil des Cours*, 1978, pp.14-24. ; Abi-Saab, "La coutume...", *International Law at the Time of its Codifucation : Essays in Honour of Roberto Ago*, 1987, pp.53-65.

26) 그 예로서 제3차 국제연합 해양법회의에서의 배타적 경제수역의 관습법화를 들 수 있다. 또한 '일관된 반대국'(persistent objector) 이론을 원용하여 추가의정서에의 참가를 정식으로 거부하는 국가들이 관습법으로서 자국이 받아들일 수 있는 것과 그 이외의 것을 구별하는 취사선택(pick and choose) 태도를 정당화하고 패키지 포장을 풀 위험이 있다. 그러나 복잡한 교섭과정의 결과는 전체로서, 즉 패키지 딜로서 받아들여져야 한다.

되어왔다.[27] 다음에서는 80년대부터 90년대에 이르는 동안 두 차례의 걸프전쟁에 있어서의 인도법 적용 문제를 살펴보고자 한다.

제2절 이란 · 이라크 전쟁

이란과 이라크간의 무력분쟁은 1980년 9월부터 1988년 8월 20일의 정전까지 7년 11개월에 걸쳐 발생했었다. 장기간에 걸친 동 무력분쟁의 성격은 비동맹국가들 간의 국경분쟁을 기인으로 하는 아랍 對 페르시아의 항쟁임과 동시에, 양국이 지정학적으로 동서대립의 중간에 위치하고 있고, 양국 모두 중요한 산유국이라는 점에서 미소뿐만 아니라 서구제국과 일본이 이 분쟁에 아주 큰 관심을 가졌다는 점에서 그 특색이 드러난다. 그 때문에 페르시아만에 있어서의 원유수송확보를 위한(특히 제3국에 의한) 관심이 큰 비중을 차지했었다는 점 외에도 양국이 구입한 현대무기를 사용한 즉, 미사일 전쟁으로 인한 도시파괴와 화학무기의 사용 등으로 쌍방이 합계 백만 명을 넘는 희생자를 냈다는 점(이것은 제2차 세계대전 이후 수많은 무력분쟁 중 가장 많

27) 1987-91년의 5년간에도 챠드 · 리비아분쟁, 에티오피아 · 소말리아분쟁, 또 스리랑카, 수단, 소말리아, 미얀마 등의 국내분쟁에서 인도법의 적용이 요구되어 CICR이 활동을 전개했다. *Respect for International Humanitarian Law, ICRC Review of Five Yeats of Activity (1987-1991)* 참조.
1982년 4월 2일에 시작되어 6월에 일단 종결된 영국과 아르헨티나간의 포클랜드(말비너스)전쟁은 쌍방에 의한 전쟁구역 설정이나 해전이 상당한 부분을 점하고, 제네바 제2협약 적용과 그리고 제1추가의정서 제2편의 병원선의 식별에 관한 제규정에 관한 진정한 첫 테스트였다고도 알려져 있다. Eberlin, "Identification des navires-hopitaux et des navires proteges par les Conventions de Geneve de 1949," *RICR*, No.738, pp.325-339. (육전에서도) 일반적으로 인도법은 잘 준수되어 그러한 의미에서 '신사들의 전쟁'(gentlemn's war)이라고도 불렸다. 다만 쌍방의 행위중에 인도법 위반행위나 위반 위험성이 있는 행위가 전혀 없었던 것은 아니지만, 제2차 세계대전 이후의 많은 무력분쟁과 비교하면 인도법 적용상의 심각한 문제는 제기되지 않았다. 레비(Howard S. Levie, "The Falklands Crisis and the Law of War," in *Alberto R. Coll and A. C. Arend (eds), The Falklands War Lessons for Strategy, Diplomacy, and International Law*, Boston, 1985, pp.64ff (p.76).)는 포클랜드 위기가 전쟁법의 생존력을 위해 많은 희망을 제공하였고, 격렬한 국가(국민)대립에도 불구하고 이 전쟁은 국가가 전쟁법에 따라 통상 전쟁을 행할 수 있다는 것을 예증했다고 하면서 동 전쟁의 특수성으로 다음 3가지 점을 들었다. 우선, 이것은 한정된 목적을 위한 동시에 제한된 수단으로 싸운 제한전쟁이었다. 쌍방의 입장에서 목적은 특수적인 것 즉, 특정 영토의 지배이고, 쌍방은 탈취된 영토에 작전행동을 한정하였고, 적 본토에 대한 군사행동을 삼갔다. 둘째, 양국은 정치체제의 분명한 차이에도 불구하고 같은 문명의 멤버로 간주되고, 많은 문화적 유사성과 결부성을 가지고 있었다. 셋째, 분쟁이 단기간이었기 때문에 전쟁법이 어느 정도 준수되었는가를 기술하는 것이 곤란하다.

음)도 큰 특징이다. 이하에서는 이란 · 이라크 전쟁에서 인도법상 특히 문제가 될 수 있는 사례를 중심으로 그 법적 평가 또는 교전국외에 국제연합과 CICR의 대응 등을 살펴보겠다.

1. 이란 · 이라크 전쟁의 성질과 인도법의 적용 가능성

우선 이란 · 이라크 전쟁에 인도법의 제규칙이 적용될 수 있는지 여부를 검토하기 위해서는 동 전쟁의 성질에 대해 간단하게 되돌아 볼 필요가 있다. 이란과 이라크의 긴장관계는 1979년 이후 한층 고조되었다. 1980년 9월 10일 마침내 군사충돌에 돌입하였으며, 이라크는 이란에게 빼앗긴 영토의 회복을 선언했다.[28]

이라크에 의한 이란에 대한 최초의 무력행사를 이유로 이라크를 침략국으로 인정할 수 있는가 하는 문제가 생기지만, 이것을 거론한 국제연합 안전보장이사회의 결의 479(1980년)는 침략문제는 언급하지 않고, 단지 양국에 무력행사의 정지와 평화적 수단에 의한 분쟁해결을 요구하였다. 또한 이라크는 자위권을 주장하면서 오히려 이란이 9월 4일 이라크의 주거지역을 공격한 것을 들어 이란의 침략을 비난했다. 이러한 무력분쟁의 계속과 격화 사태에 대한 안전보장이사회 이사국, 특히 5대

28) 동 전쟁의 배경은 샤틀아랍(Chattel Arab)강의 경계선을 둘러싼 국경분쟁이다. 1937년의 이란 이라크 국경조약에서는 이 하천의 국경선은 이란측의 저수위선으로 규정되어 있었으나, 1975년의 아르제협정에서는 하천의 가항수로의 중앙선(thalweg)으로 되었기 때문에 이에 불만인 이라크가 이란혁명의 국내혼란에 편승하여 동 협정을 파기했다(1980년 9월 17일). 그 직후(9월 22일) 이라크군이 하천에 대한 주권회복을 이유로 침공을 개시했다. 그리고 이라크는 전쟁개시일을 국경지대에서 대규모 전투가 발생한 9월 4일로 본다.

상임이사국의 공동 노력으로 '새로운 어프로치'(즉, 헌장 제7장에 의한 처리 고려)를 시사한 1987년 7월 20일의 안보리 결의 598이 만장일치로 채택되었다. 그 전문에서 안보리는 처음으로 헌장 제39조와 제40조하에서 행동한다고 강조하면서도, 본문에서는 이란과 이라크 쌍방에게 즉시 정전의 준수, 육해공의 모든 군사행동의 정지 및 모든 군대의 국제적으로 승인된 경계로의 지체 없는 철수를 요구하고 정전 및 철수 감시를 위한 국제연합시찰단(옵저버)의 파견을 사무총장에게 요구하였다.[29]

이 중요한 결의도 양국 중 누가 헌장 제39조의 평화에 대한 파괴 또는 침략행위를 행했는지에 대해서는 전혀 언급하지 않았고, 적대행위 종료 후의 포로송환을 제외하고는 인도법의 위반에 대한 어떠한 비난조차도 하지 않았다. 적어도 이 전쟁과정에서 어느 쪽인가를 침략국으로 인정하고 그에 따라 국제법, 특히 인도법의 적용방법을 변경해야 할 상황은 없었다고 보아야 한다. 양국 모두 후술하는 바와 같이 상대방의 인도법 위반행위를 비난하는 태도를 취하고 있다는 점에서 보아도 인도법이 당연히 쌍방에게 평등하게 적용되어야 마땅하다는 점을 전제로 하고 있었다고 할 것이다.

이란 · 이라크 전쟁의 전개에서 특히 문제가 되는 인도법 규칙은 해적수단과 전쟁희생자에 관한 것이다. 화학무기의 사용을 금지한 1925년 제네바 가스의정서에는 양국 모두 가입하고 있었다.

1949년 제네바협약에 대해서는 양국 모두 체약국이지만, 1977년 추가의정서에는 이란은 서명했으나 비준 하지 않았고, 이라크는 서명조차 하지 않았다. 다만, 추가의정서는 관습법규칙을 포함하고 있을 뿐만 아니라, 이미 기술한 바와 같이 기존의 규칙과 점진적 발달을 나타내는 신규칙을 구별하기 어려운 것도 적지 않다.

그 때문에 양국이 형식적으로는 구속되지 않는 1977년 추가의정서의 규정도 이

29) 동 결의의 의의에 관하여는 Emmanuel Decaux, "La résolution 598(1987) du Conseil de Sécurité et les efforts de paix des Nations Unies entre l'Iran et l'Irak," *AF*, 1988, pp.62-90.

분쟁에 적용될 여지는 있었다.[30] 부언한다면 무력분쟁이라는 특수한 상황을 고려하여, 제네바협약은 분쟁당사국 뿐만 아니라 모든 체약국이 "이 협약의 존중을 확보할 것을 약속한다(공통 제1조)"라고 규정하고 있다. 나아가 이들 협약은 이익보호국의 협력과 그 감시하에 적용되게 되어 있고 이익보호국의 지명이 요구되고 있었으나, 동 전쟁에서는 이란 및 이라크 어느 쪽도 이익보호국을 지정하지 않았다. 그러한 경우에도 CICR과 같은 인도적 단체가 분쟁당사국의 동의를 얻어 인도적 활동을 수행하는 것이 협약상 인정되어 있다. 사실 CICR은 이란 · 이라크 전쟁에도 인도적 이니셔티브(의 권리)를 행사하여 양국내에서 인도적 활동을 수행했다.[31] 또한 국제연합도 양국의 인도법 위반행위의 호소에 대하여 조사단을 파견하거나, 안보리에서 이를 토의하고 결의를 통해 인도법의 준수를 호소하기도 했다.

2. 해적수단 및 방법의 규제에 대한 위반

이란 · 이라크 전쟁은 당초 지상전투의 형태로 이루어졌으나, 점차로 공중전투와 폭격이 행해져 비군사물이나 도시의 파괴, 석유시설에 대한 공격 등으로 인한 환경파괴, 화학무기의 사용, 더욱이 아동의 전투참가라는 현상이 목격되었다. 그러한 문제들에 대한 인도법상의 규제 문제를 차례로 살펴보자.

(a) 폭격

양국은 상대의 비군사물, 특히 도시에 대한 폭격을 반복했다. 전선 가까이에 있는 도시가 입은 피해 외에, 도시에 대한 최초의 폭격은 1982년 6~7월에 이라크에 의해 이란의 여러 도시에 대해 행해졌다. 다른 한편, 이란의 호메이니는 1983년 11월 5일 "1개의 포탄도 이라크 도시에 투하된 적은 없다"고 선언했지만, 이라크의 폭

30) Greenwood, *op. cit.*, pp.100-102.

31) Yves Sandoz, "Appel du C.I.C.R. dans le cadre du conflit entre l'Iran et l'Irak," *AF*, 1983, pp.161-173.

격에 대항하여 이라크 도시들, 특히 바그다드에 대해 1984년 2월 폭격을 개시했다. 양국은 상대의 제네바협약과 추가의정서의 위반을 비난하는 많은 문서를 국제연합에 제출했다.

이에 대해 국제연합 사무총장은 보고서를 작성하여 안보리에 제출하였고, 동 안보리는 결의 540(1983년)에서 인도법의 모든 위반을 비난하고, 비군사물 특히 도시와 거주지구에 대한 모든 군사행동의 즉각적인 정지를 요구하였다. 이라크는 일정한 조건하에서 이 결의의 문언이 구속력을 가지는 것으로 간주하고 선언했으나, 이란은 이 결의에 반대했다. 더욱이 사무총장은 1984년 6월 5일 민간인 거주지구에 대한 공격을 자제하는 약속을 하도록 양 정부에 요구하는 선언을 제출하였고, 6월 12일 양국은 이에 대해 합의했다.

이러한 합의의 존중을 검증하기 위해 두개 조의 국제연합 감시단(국제연합 휴전감시단 군사요원 3명과 국제연합 사무국 직원 1명)이 바그다드와 테헤란에 파견되었다.[32] 그러나 양국은 서로 상대의 합의 위반을 비난하여 이 감시 메커니즘은 제대로 작동되지 못했다. 1984년 12월 이후 양국은 상대의 수도를 포함한 여러 도시에 폭격을 반복했다.

이러한 폭격이 애초부터 인도법의 기본원칙에 반한다는 점은 두말할 필요가 없다. 즉, 공폭은 상대의 군사목표에만 행해져야 하고, 비군사물을 공격대상으로 삼아서는 안 된다는 원칙은 이미 1922년 헤이그 공전규칙안에도 규정되어 있고, 최근의 제1추가의정서에서도 재확인되었으며, 특정의 군사목표에 향해지지 않는 금지되는 무차별공격의 종류도 열거되어 있다(제51조).

이러한 점에 비추어 볼 때, 양국에 의한 상대국의 도시폭격은 육상부대의 근접지역에 행해진 것도 아니고, 상대국 영역의 깊숙한 지역까지 도달하는 미사일 공격

32) Paul Tavernier, "La guerre du Golfe : quelques aspects de l'application du droit des conflits armes et du droit humanitaire," *AF*, 1984, pp.59-60.

으로 행해지는 경우가 많다는 점을 보아도 명백하게 위법이다. 또한 이란이 이라크의 도시에 대한 폭격을 상대가 먼저 이란의 도시를 폭격한 것에 대한 복구로써 정당화하려고 했으나, 비록 상대국의 금지위반이 있었다 하더라도 특히, 일반주민이나 민간인에 관한 법적 의무는 그것으로 면제되지 않으며(제1추가의정서 제51조 8항), 그들에 대한 복구로서의 무차별공격이 위법성이 방해하는 것은 아니다.

이란 및 이라크 양국 모두 추가의정서의 당사국이 아니라고 해도 위의 폭격에 관한 기본원칙은 관습법화 되어 있으며(국제연합 총회 결의 2675(XXV)에도 그것이 명시되어 있음), 또한 양국 모두 상대의 동 의정서 위반을 비난하고 있다는 점에서 판단할 때, 쌍방 모두 동 의정서의 규정 그 자체가 이 전쟁에 적용되어야 한다는 것은 서로 인정하고 있는 것으로 받아들여도 좋을 것이다. 따라서 안보리 이사회 결의 540이 "비군사물, 특히 도시 및 거주지구에 대한 모든 군사행동의 즉각적인 정지"를 당사국에게 요구하고, 이후 동일한 호소가 몇 개의 결의(582[1986], 598[1987])로 반복된 것은 정당하고 당연하다고 할 수 있을 것이다. 그리고 해적수단, 특히 폭격에 관한 규칙의 준수를 감시하는 메커니즘이 국제사회에 확립되지 않은 상황에서, 양국의 폭격비난 호소에 대한 전술한 바와 같은 국제연합의 대응과 양국에의 감시단 파견은 주목되어야 한다.

(b) 환경파괴

이란 · 이라크 전쟁의 특징적인 공격의 하나는 양국에 의한 상대의 석유시설에 대한 공격이다. 그 중 몇 가지는 주변의 환경에 대하여 광범하고 중대한 손해를 일으켰다. 그 중에서도, 1983년 3월 2일의 카구島 북서 40마일에 위치하는 노르우즈(Norwuz) 해양석유지대에 대한 이라크의 폭격 결과 세 개의 플랫홈이 파괴되어 대량의 석유가 페르시아만에 유출되었다. 유정의 복구에도 불구하고 1983년 11월까지 하루 2천~5천 배럴이 유출되었다. 이로 인해 사우디아라비아는 해수의 담수화 공장을 폐쇄하였으며, 페르시아만의 생태계가 철저하게 파괴될 우려가 있었다. 이란은 이에 대해 유정지대에 한정된 휴전을 제안했으나, 이라크는 전면휴전이라면 받아들이겠다고 답했다.33)

이러한 석유시설에 대한 폭격을 인도법상 규제하는 것은 용이하지 않다. 이들 시설은 직접 군사적으로 이용되지 않는다고 해도 군사목표 내지 혼합목표로 간주될 수 있다. 제2차 세계대전의 관행을 고려하여 작성한 CICR규칙(1956년)의 군사목표 리스트는 "석탄, 연료, 원자력과 같이 본질적으로 전쟁수행에 사용되는 에너지 시설"도 포함하고 있다. 그러나 제1추가의정서에는 댐 · 제방 · 원자력 발전소와 같은 '위험한 물리력을 내장하고 있는' 공작물 또는 시설은 비록 그것이 군사목표인 경우라도 그 공격이 위험한 위력을 방출시키고 동시에 그 결과 일반주민들 사이에 중대한 손실을 발생시킬 때는 공격의 대상으로 해서는 안 된다는 규칙이 포함되었다(제56조).

의정서의 기초과정에서 볼 때 이들 세 가지 예는 예시적이 아니라 한정적으로 볼 수 있으나, 이 규칙이 유추적으로 석유시설에도 준용될 수 있는지의 여부는 검토할 필요가 있다. 또한 동 의정서 제55조는 자연환경에 대하여 광범위하고 장기적인 중대한 손해를 야기시키고 그것에 의해 주민의 건강 또는 생존을 위태롭게 할 것을 의도하고 또는 그와 같이 예상할 수 있는 전쟁수단의 사용을 금지하고 있다.

이는 새로운 규정으로 동 의정서와 동일한 시기에 작성된 환경변경금지조약(1977년)에서 보다 상세한 규정이 마련되었다. 그렇지만 양국 모두 이 조약에 서명만 하고

33) Charles Rousseau, "Chronique des faits internationaux," *RGDIP*, 1983, pp.880-881.

비준은 하지 않았으므로, 형식적으로는 이 새로운 규칙은 양국에는 적용되지 않는다(그렇지만 서명국은 조약당사국이 되지 않는다는 의도를 명확하게 밝히기 전까지는 조약의 취지 및 목적을 상실케 하는 행위를 하지 않을 의무를 부담한다(조약법협약 제18조)고도 할 수 있을 것임).

또 이들 문서에 환경파괴금지규정을 삽입시키게 된 최근의 움직임은 1972년 국제연합 인간환경회의 스톡홀름선언 제21원칙이 표현하듯이, 타국 또는 국가관할권의 범위를 벗어난 지역의 환경에도 손해를 주지 않도록 조치할 책임을 부담시키고 있는데, 이것은 무력분쟁시 교전국과 제3국과의 관계에도 적용될 수 있을 것이다. 따라서 이러한 관점에서 이란 · 이라크전에서의 환경 문제에 접근하는 것이 적절하다고도 판단된다.

그러나 현실적으로는 이란, 이라크 및 기타 페르시아만 연안 국가들로 구성되는 해양환경보호지역기구(ROPME)는 앞의 카구島 부근의 사건에 의한 석유유출 문제를 검토했으나, 양국의 요구가 대립하여 어떠한 합의에도 이르지 못했다. 이란은 오염에 대한 해양환경보호지역조약(쿠웨이트 조약) 및 오염에 대한 지역협력의정서(양쪽 모두 1978년 서명, 1980년 발효)를 이 경우에 원용했으나, 이라크는 이것들이 무력분쟁에는 적용되지 않는다고 주장하였다.[34)]

또한 안전보장이사회는 한편으로는 특히, 해상의 모든 석유저장소 및 시설에 대한 적대행위를 정지하도록 요구하고, 다른 한편으로는 "페르시아만에 있어서의 평화와 안전 그리고 해양의 동식물을 위험에 빠뜨릴 우려가 있는 모든 행동을 삼가"하도록 요구하였다(결의 제540). 이러한 표현은 직접적으로는 인도법의 평가를 피하면서, 스톡홀름 선언의 수준에서 상대국 혹은 제3국에 한정하지 않고 일반적으로 환경파괴를 초래하는 행위를 삼가하도록 요구한 것이다.[35)]

---

34) Eric David, "La guerre du Golfe et le droit international," *Revue belge de droit international,* Vol.XX, 1987-1, p.165; Tavernier, *op. cit.*, pp.50-51 .

35) 또한 유럽 공동체 위원회가 이 문제를 토의하기 위해서 1983년-84년에 소집한 전문가(회의)는 스톡홀름선언 21원칙이나 쿠웨이트조약의 문언이 국제적 무력분쟁시에 교전국과 제3국의 관계에 적용가능하다고 판단했다. M. Bothe, A. Cassese, F. Kalshoven, A. Kiss, J. Salmon, *La protection de l'environnement en temps de conflit armé,* Communautes europeennes, Commission. Doc. interne SJ/110/85, p. 47 ets.

(C) 화학무기 사용

화학무기 중에서 국제적인 비난을 받은 것은 소위 독가스이다. 사실 이란 · 이라크 전쟁에서는 제1차 세계대전 이후라고 해도 좋을 만큼 다량의 독가스가 사용되었다. 1983년 11월 3일 처음으로 이란은 국제연합을 상대로 이라크의 화학무기 사용을 비난했으나, 이라크는 이것을 부정하고 조사단을 받아들일 것도 거부했다.

국제연합 사무총장은 화학무기 사용을 조사하기 위해 1984년 3월 이란에 4명의 전문가를 파견하였으며, 조사결과 4명의 전문가들은 폭탄형의 화학무기가 이란의 조사지역에 사용되었으며, 사용된 화학제는 가장 독성이 강한 마스타드 가스(이페리트)와 타분임을 확인했다. 이러한 보고서의 내용에 대한 이라크의 비난에도 불구하고 안전보장이사회는 선언과 결의를 반복하였고, 1986년 3월 21일의 선언에서 처음으로 화학무기의 사용국으로 이라크를 지명하였다.

사무총장은 이후에도 수차례 조사단을 파견했으며, 특히 마지막 조사단의 결과와 관련하여 안보리는 1988년 5월 9일 결의 612를 만장일치로 채택했다. 동 결의는 가스의정서의 의무에 반하여 화학무기가 계속 사용되고 있음을 맹렬히 비난하고, 쌍방이 향후 화학무기의 사용을 삼갈 것을 기대하면서 모든 국가에 대해 화학무기 생산에 도움이 되는 화학제품의 분쟁당사국에의 수출을 엄격히 규제하도록 요청하였다. 그 후 양국에 파견된 국제연합 조사단이 종합한 보고서(1988년 7월)는 양국의 피해가 이페리트에 의한 것임을 인정했다.[36]

이페리트 등 독가스의 사용은 일반주민 뿐만 아니라 상대 전투원에 대한 것이라도 1925년의 가스의정서에 위반됨은 말할 필요도 없다. 다만, 동 의정서에는 독가

36) *Report of the Mission dispatched by the Secretary-General to investigate allegations of the use of chemical weapons in the conflict between the Islamic Republic of Iran and Iraq*, S/20060, 20 July 1988; S/20063, 25 July 1988. 이란에 대한 조사단의 보고서는 결론으로서 피해가 화학무기 때문이라는 점, 사용된 공격적 화학제는 이페리트 및 아세칠 코린 에스트라제 억제물질이라는 점, 1984년, 1986년, 1987년에 사용된 것과 유사한 폭탄이 이란군이나 이란 영토에 대해서 사용되었다는 점, 그 사용이 전보다도 심하고 빈번해졌다는 점을 들었다. 이라크에 대한 조사단의 보고도 결론으로서 9명의 이라크 병의 부상은 이페리트 때문이라는 점, 81밀리 박격포 수류탄에 화학물질이 포함되어 있었다는 점 등을 들었다.

스 사용의 사실을 현지에서 조사, 검증하는 시스템은 예정되어 있지 않다.

이란 · 이라크전쟁에서는 국제연합이 어느 정도 이 역할을 담당했다. 총회 결의 37/98D[37]는 사무총장에게 가스의정서와 관습법규에 위반하는 행위에 관하여 회원국에게 주의를 환기하기 위한 정보를 전문가의 협력을 얻어 조사하고, 그 조사결과를 모든 국가 및 총회에 신속히 보고할 것을 요구했다. 동 결의는 사무총장에게 고유한 권리를 부여한 것으로 볼 수 있다. 그러나 어떤 의미에서는 국제연합의 기관이 조약관계, 여기서는 가스의정서의 적용과 관련하여 미묘한 문제를 제기한다. 그 때문인지 사무총장은 1984년의 조사보고서에서도 동 결의를 언급하지 않았으며, 인도적 문제에 관한 그의 일반적 권한에 따라 보고하였다.

그리고 이란 · 이라크전쟁 이전에도 국제연합은 이미 화학무기 사용 주장에 대해 조사했다. 1981년 동남아시아에서의 화학무기사용에 관한 보고(A/37/259)와 1982년 아프가니스탄에서의 화학제(無力化劑)의 사용에 관한 보고(A/37/259)가 그것이다. 이와 비교하여 이란 · 이라크전쟁에서의 1984년의 (전문가의) 보고는 화학무기가 사용되었다는 현지에 들어가 증거를 수집한 점에서 상당한 진전을 보여준다. 그러나 1984년의 조사에서는 이란의 협력밖에 얻지 못하였고, 화학무기를 사용하였다는 이라크의 견해가 포함되지 않았다는 점에서 결점 또한 포함하고 있다. 또한 1988년 7월의 보고서는 독가스(신경가스와 시안화가스)는 급속하게 소멸되고 현지에 조사단이 신속히 개입할 수 없기 때문에, 국제연합 화학무기팀에 의한 현행의 검증기구를 재검토할 필요를 호소하면서 사무총장은 화학무기 생산 등을 전면 금지하는 조약의 채택을 촉구하였다.

---

37) 이 결의는 찬성 88(서구제국 포함), 반대 19(사회주의 국가 포함), 기권 33(이라크 포함)으로 채택되었다. 이란은 투표시 결석했다.

3. 전쟁참가자와 희생자의 취급

이란 · 이라크 전쟁에서 주목해야 할 것은, 아동의 전투참가 및 포로 등에 대한 조직적 학대 등의 행위이다.

(a) 아동의 전투참가

CICR의 1982년 활동보고서는 다수의 이란인 아동이 전투에 참가하여 살해되거나 포로가 되었다는 슬픈 사실을 확인했다고 전했다.[38] 이라크 정부도 이란이 아동을 전선에 내보내고 지뢰를 폭발시키는데 이용하고 있다고 반복적으로 비난했다. 이에 대해 이란은 전선에 내보낸 아동은 지원병이라면서, 다른 한편으로는 포획 당시(1982~1984년) 13~15세였던 199명의 이라크 소년병 포로의 리스트를 발표했다.[39]

아동의 전투참가 문제에 대해 인도법은 종래부터 많은 관심을 기울여왔다고는 말하기 어렵다. 다만, 현대 무력분쟁에 있어서의 아동의 희생이 눈에 띈다는 점에서, 민간인 중에서도 약자로서의 고아 및 기타 아동의 보호에 관하여 1949년 민간인협약이 규정(제24조)을 두고 있는데 지나지 않는다. 아동의 전투참가 문제가 거론되게 된 것은 상당히 최근이며, 추가의정서에 최초로 다음과 같이 규정되었다.

"분쟁당사국은 15세 미만의 아동이 적대행위에 직접 가담하지 아니하고 특히 자국군대에 그들이 징모되지 아니하도록 하기 위하여 모든 실행 가능한 조치를 취한다. 15세 이상, 18세 미만의 그러한 자들 중에서 징모하는 경우에는 분쟁당사국은 최연장자에게 우선순위를 부여하기 위하여 노력하여야 한다(제1추가의정서 제77조 2항)."

---

38) Comité International de la Croix-Rouge, *Rapport d'activité*. 1983, p.59.
39) A/40/872-S/17622(1985년 11월 11일)

이 규정은 아동의 전투참가를 엄금하고 있는 것은 아니다(또한, 비국제적 무력분쟁에 적용되는 제2추가의정서 제4조 3항 c에서는 15세에 달하지 않은 아동의 징모 및 적대행위에의 참가하는 것을 확실히 금지하고 있음).

이 조문은 15세 이하의 아동의 징모를 절대적으로 금지하려고 하는 주장과 아동의 전투에의 자발적 참가를 전면적으로 금지하는 것은 비현실적이라는 주장 사이의 타협으로 기초된 것이며[40], 비록 그것이 비체약국인 이란에 적용 가능하다고 해도 이란의 관행을 그것에 비추어 위법이라고 간주할 수 있는가는 의문이 남는다.

CICR은 이 사태와 관련하여 아동의 징모금지를 '예외적으로 중요성을 갖는 보편적 도덕규칙' 이라고 간주했다.[41] 또한 국제연합 인권위원회는 1984년 3월 12일 아동의 노동착취에 관한 결의를 채택하고, 그 내용중에 이란 정부에 대하여 인권 관련 선언과 조약을 존중하고 특히, 전시에 이란군에 아동을 이용하는 것을 즉각 중지할 것을 요구했다.[42]

그리고 이란 · 이라크 전쟁 후 1989년 국제연합 총회에서 채택된 아동의 권리에 관한 조약(제38조)은 무력분쟁(국제적 또는 비국제적 무력분쟁 불문) 시, 15세 미만의 자가 적대행위에 직접 참가하지 않을 것을 확보하기 위해 모든 조치를 취할 것과 이러한 자의 징모를 삼갈 것(15세 이상 18세 미만인 자의 징모의 경우는 최연장자를 우선으로 함)을 체약국에 요구하고 있다. 또한 동 조약은 무력분쟁에 의해 영향을 받는 아동의 보호 및 양육을 확보하고, 이러한 아동의 신체적 및 심리적 회복과 사회복귀를 촉진하기 위해 모든 조치를 취할 것도 요구하고 있다.

이란과 이라크 모두 적대행위에 참가한 아동이 상대국에 포획되었을 때 포로의

40) *Actes de la Conférence diplomatique sur la réaffirmation et la développerment du droit international humanitaire applicable dans les conflicts armés*, Vol.XV, p.485. CDDH/407/Rev.1.
41) CICR, *op. cit.*, p.59. Cf. Sandra-Singer, "La protection des enfants dans les conflits armes," *RICR* mai-juin 1986, pp.135-173.
42) 결의 1984/39는 투표없이 채택되었으나 많은 국가는 유보를 표명했다(E/CN. A/1984/SR. 51). 이 결의에서 인용된 문서(긴급시 및 무력분쟁시의 여자와 아동의 보호에 관한 선언(A/RES/3318), 평화, 인간의 상호 존중과 이해 사상의 청년간의 촉진에 관한 선언(A/RES/2023), 시민적 및 정치적 권리에 관한 국제 인권규약, 1949년 제네바협약)는 전투시의 아동의 이용에 특별히 관련있는 것은 아니다.

지위를 인정한다는 점에는 반대하지 않았던 것으로 알려져있다.[43)]

(b) 포로의 대우

쌍방은 자국의 권력내에 빠진 자에 대한 인도법, 즉 제네바협약(특히 포로협약)을 위반하여 부당한 취급을 무수하게 행하였다. 그 중 주요사항을 들면 포로의 학살, 학대, 고문, 적병사와 상병자에 대한 조명거부와 약식처형, 포로에 대한 정치적 · 종교적 세뇌의 기도, 포로의 신속한 등록 방해, 포로가 된 상병자의 신속한 해방과 송환의 지연, 포로수용소 방문 등에 관한 CICR의 권리 제한(포로와의 입회인 없는 면접 방해) 등이었다. 이들 예에서도 알 수 있듯이 이란 · 이라크 전쟁에서는 20세기 들어 처음으로 포로에 대한 조직적 숙청이 있었다고 까지 알려지고 있다.

양국을 위한 이익보호국이 존재하지 않는 상황에서 CICR은 처음부터 포로의 대우에 관심을 갖고 있었으며, 1980년 10월에는 이라크에 이어서 이란 포로수용소를 방문하였고, 최초의 포로교환도 1981년과 1983년에 실시하였다. 그러나 CICR은 이란에서의 임무수행에 있어 많은 어려움에 직면하였고, 수차례나 활동을 중단할 수밖에 없었다. 그 때문에 CICR은 1983년 5월 7일 이례적이라고도 할 수 있는 호소문을 제네바협약의 모든 체약국에게 보냈다.[44)]

이 호소문은 인도법의 중대하고도 반복적인 위반에 직면하여 공개적으로 할 수밖에 없었고, 그것에 첨부된 각서에서는 이란과 이라크 각각의 권력내에 있는 포로(이라크인 포로는 4만 5천~5만 명, 이란인 포로는 약 6,800명)의 상황이 요약적으로 기술되었다.

---

43) 또한 이란·이라크 전쟁에서의 소년병 문제에 관한 상세한 내용은 다음 논문 참조. Maryam Elahi, "The Rights of Child under Islamic Law: Prohibition of the Child Soldier," *Colombia Human Rights Law Review*, Vol.19:2, pp.259-279; Howard Mann, "International Law and the Child Soldier," *International and Comparative Law Quarterly*, Vol.36, pp.32-57; Paul Tavernier, "Combattants et non-combattants : l'experience de la guerre entre l'Irak et l'Iran," *AF*, 1983, pp.169-173.

44) Yves Sandoz, "Appel du C.I.C.R. dans le cadre du conflit entre l'Irak et l'Iran," *AF*, 1983, pp.169-173.

CICR은 나아가 1984년 2월 10일 두 번째 호소문을 발표하고, 제네바협약의 중대한 위반을 재차 고발했다.[45] 이와 같은 상황에서 CICR은 포로수용소 방문을 중단할 수밖에 없게 되었으며, 국제연합이 그 활동을 이어 받았다.

국제연합 사무총장은 1984년 6월 26일의 호소에서 국제연합과 CICR의 긴밀한 협력관계를 강조하고 CICR의 호소에 부응하여 제네바협약의 체약국이 이익보호국의 역할을 확보하기 위해 진지하게 판단할 것을 요구하였다. 그러나 이러한 호소에도 불구하고 인도법 위반행위는 끊이지 않았다. 그 일례로 이란의 골강수용소에서의 사건을 들 수 있다. 이 사건은 CICR 대표가 수용소를 방문하고 있던 기간 중, 적대파에 속한 이라크인 포로들 간에 일어난 폭력행위를 계기로 이란 당국이 발포하여 사상자가 발생한 것이다.

이라크는 즉각 국제연합 사무총장에게 조사단 파견을 요청하였고, 사무총장은 국제연합 헌장하에서의 그의 인도적 책임에 비추어 이례적인 조치로서 양국에 조사단을 파견하기로 결정했다. 조사단의 목적은 동 사건의 사실관계를 조사하고 또한 양정부가 포로 및 민간인 억류자의 상황에 관하여 표명한 다른 관심사항을 사무총장에게 보고하는 것이었다. 조사단 보고서[46]에 의하면 이 사건에서 적어도 포로 9명이 사망하였으며, 47명이 부상하여 입원하였고 여타 부상자도 다수였다.

보고서가 결론 마지막에서 동 사건은 양국의 포로수용소에서 일어난 유니크한 또는 가장 난폭한 것은 아니었으나, 여타 사건과 달리 그 직후 在프랑스 이란 망명자에 의해 공표되었기 때문에 국제적 관심을 끌었다고 기술하고 있는 점은 주목할 가치가 있다.

---

45) Rousseau, *op. cit.*, 1984/3, p.720.

46) *Prisoners of War in Iran and Iraq, The Report of a Mission dispatched by the Srcretary-General,* Janaury 1985, S/16962, 19 Feb. 1985.

보고서는 양국의 포로대우는 기본적으로 개선되어야 마땅하며, 제네바협약 하에서 그들의 권리는 엄격하게 존중되고 보장되어야 한다는 점 등을 권고하였다. 다른 한편, 이 사건의 목격자인 CICR의 공식보고서[47]는 제네바협약 위반을 엄중히 비난하고, 그 중에서 이란이 CICR에 대하여 예를 찾아볼 수 없을 정도로 중상모략하고 있다고 기술하면서 골강에서 일어난 사태는 일회성 사건이 아니라는 점을 강조하였다.

포로의 석방 및 송환에 대해서는 안보리결의 598(1987년, 본문 3항)이 적극적 적대행위의 종료 후 지체 없이 1949년 제네바 제3(포로)협약(제118조)에 따라 석방하여 본국에 송환할 것을 요구하였다.

그러나 동 결의 3항의 해석을 둘러싼 이라크와 이란의 입장대립으로 송환이 불가능해졌다. 그래서 국제연합 사무총장과 CICR의 노력 결과, 상호주의와 균형성의 원칙에 따라 상병포로의 한정적인 교환만이 실현되는데 그쳤다.[48] 나머지 포로의 송환은 1990년 8월 이라크군의 쿠웨이트 침공후의 이란 · 이라크 관계의 급변 결과, 마침내 이루어졌다. CICR의 계산에 따르면, 7만 명 이상의 포로가 송환되었다.

(c) 억류자의 취급

파스다란(이슬람혁명 호위병) 및 파시지(인민의용군 구성원)를 민간인으로 보는 이란과 전투원으로 간주하는 이라크는 이들의 취급에 있어 대립하였다. 이란은 이들 두 그룹의 억류자에 대해 신체절단과 처형 등 잔학행위가 행해지고 있다고 비난했으나, 이라크는 이를 부인했다. 이란은 이들을 위해서 제1추가의정서 제45조를 원용하고, 이라크는 이라크 정규군 외에 많은 혁명호위병 및 기타 의용병이 참가하고 있음을 인정했다. 이라크는 이란보다도 전투원의 범위를 넓게 해석하고 있었던 것으

47) *Ibid.*, Appendix Ⅲ.

48) Milan Sahovic, "La question de la libération des prisonniers de guerre entre l'Irak et l'Iran," *AF* 1989, pp.159-165.

로 생각된다.

또한 이란의 다부디 수용소에는 1983년~84년에 포획된 이라크인이 아닌 자(이집트, 레바논, 소말리아, 수단 등 주로 아랍 17개국에 이른다)가 약 200명 수용되어 있었다. 그들 중에는 민간인도 있었으나, 대개는 이라크 인민군에 지원한 의용병이었다.

이들 민간인에 대해서는 1949년 제4(민간인)협약이 적용되기 때문에 그들은 당해 영역을 떠날 권리를 갖지만, 경우에 따라서는 억류하는 것도 금지되지 않는다(제35조~제46조). 그러나 그들의 본국이 이란에 통상의 외교대표를 주재시키고 있는 동안 그들은 민간인협약의 보호를 향유하지 않는 것이 된다(제4조).

다른 한편 지원한 의용병은 전투원으로 간주되어 포획시 포로의 지위가 부여되어야 하지만, 이란은 그들을 용병으로 간주하여 제1추가의정서 제47조의 적용을 목표로 했다. 그러나 1985년의 국제연합 조사단 보고서(S/16962, sec.267)에 따르면, 그들은 "본질적으로 사적 이익을 얻을 목적으로 적대행위에 참가"한 것으로 보는 제47조의 용병의 요건을 충족하지 못하였다. 그들은 1989년의 용병의 징집금지조약의 용병의 정의에도 해당하지 않는다고 생각된다. 이란 당국은 그들을 다른 포로와 동일하게 취급하여 일부를 석방하였다.[49]

제3절 걸프전쟁

걸프전은 이라크가 쿠웨이트를 침공한 1990년 8월 2일부터 이라크가 국제연합 안보리의 모든 관련 결의를 수용한 1991년 2월말까지의 약 7개월여에 걸쳐 일어났다. 그러나 소위 다국적군의 공폭개시(1991년 1월 16일)부터 40여일, 지상전에 돌입한

49) Paul Tavernier, "Combattants et non-combattants," *op. cit.*, pp.80-84

지 수일 만에 정전되었다. 이란 · 이라크 전쟁과 비교해 볼 때 걸프전은 상당히 단기간이었다. 제2차 세계대전 이후의 많은 무력분쟁 중, 걸프전은 몇 가지 특이한 성격을 갖고 있다.

이란 · 이라크 전쟁과 마찬가지로 산유국이 포함되어 있기 때문에 서구국과 일본을 포함한 많은 국가들에게 상당한 관심을 불러 일으켰다. 그렇지만 이란 · 이라크 전쟁과는 달리 미소냉전의 종결로 국제연합 및 많은 국가들은 불간섭 내지 중립적 입장을 취하지 않고 적극적으로 전쟁에 관여하였다. 안보리는 국제연합 헌장과 국제법의 제원칙을 위반한 이라크에 대해 선례를 찾아볼 수 없는 일련의 결의(사무총장의 1990년 말의 연차보고)를 통해 한국전쟁 이래 최초의 무력행사를 승인하였고, 이에 기초하여 다국적군이 이라크에 대해 군사행동에 나섰다. 또한 하이테크 무기가 대량으로 사용되었을 뿐만 아니라 정유시설 파괴와 대량의 원유유출 등 이제까지의 적대행위에서는 볼 수 없었던 새로운 해적수단이 사용되었다.

이러한 특징을 갖는 걸프전에서 인도법이 어떻게 적용되고 위반되었는지, 이에 대해 국제연합 및 각국들, 나아가 CICR 등은 어떻게 대처했는가 하는 점 등을 중심으로 살펴보자.

1. 걸프전의 성질과 인도법의 적용 가능성

걸프전의 국제법상 성격을 살펴보기 전에 동 분쟁의 전개와 그에 대한 각국들과 국제연합의 대응을 간단히 회고해 보자.50)

1990년 7월말부터 이집트 및 사우디아라비아의 중개로 시작된 석유도굴과 영토

50) 걸프전쟁에 관계되는 안보리의 제 결의를 의사록을 참조하면서 상세히 분석하고 비평한 것으로서 松井芳郎「湾岸戦争、国際法および国際連合」法律時報63권9-12號 。기타, 松田竹男「イラク問題と国連の集団的安全保障体制」『科学と思想』79號、田中忠「国連の平和維持活動と日本の参加・協力」法学セミナー443호、リチャード・フォーク「国連システムにおける武力と戦争」同호。

문제에 관한 이라크와 쿠웨이트의 직접교섭이 결렬된 직후인 8월 2일, 이라크는 쿠웨이트를 침공하여 정부를 전복시키고 쿠웨이트 잠정자유정부의 수립을 발표했다. 긴급 소집된 국제연합 안보리는 이라크의 쿠웨이트 침공을 비난하고, 즉각적인 무조건 철수를 요구하는 결의 660을 채택하였다.

이러한 국제연합 안보리의 대응은 매우 신속하여 6일에는 결의 661을 채택, 헌장 제41조에 바탕을 둔 이라크에 대한 경제제재를 결정했다. 더욱이 8일의 이라크의 쿠웨이트 '병합' 발표에 대하여 9일의 안보리결의 662는 병합 무효를 선언했다. 이를 전후로 미국은 사우디아라비아에의 파병을 결정하고, 다국적군이라는 형태(아랍 親美國家들의 참가도 요청)의 국제적 억지의 필요를 강조하였으며 사우디아라비아 국왕도 외국군 지원요청을 순수한 자위수단으로 간주했다. 이라크의 쿠웨이트 점령이 계속되는 가운데 미영은 이라크의 원유 반출저지를 위한 해상봉쇄를 결정하고 나아가 안보리 결의 670은 이라크와 쿠웨이트 공역봉쇄(空域封鎖)를 명하였다. 해상봉쇄나 공역봉쇄는 군사행동의 위험을 내포한 것이었지만, 그 경우 국제연합 헌장상의 명확한 위치부여가 결여된 것이었다.

그 후 무력행사를 승인한 11월 29일의 안보리결의 678[51]은 걸프전의 성격을 부여하고, 특히 다국적군 활동의 헌장상의 근거 부여에 매우 중요한 의미를 갖는다. 동 결의는 전문에서 헌장 제7장하에서 행동한다는 것을 밝히면서, 이라크에게 결의 660 및 그에 이은 모든 관련 결의를 완전하게 준수할 것을 요구하고(1항), 이를 위해 선의의 유예(猶豫)로서 최후의 기회를 부여한다면서 쿠웨이트와 협력하는 회원국에 대하여 이라크가 1991년 1월 15일 또는 그 이전에 前記 결의들을 완전하게

51) 결의 678은 찬성 12, 반대 2(쿠바, 예멘), 기권 1(중국)로 채택되었다. 또한 중국의 기권은 헌장 27조 3항의 '동의투표'가 아니라고 하여 이 채택에 절차상 疑義를 품는 견해도 있다(예를 들면, 포크의 견해, 世界 1991년 3월호, Le monde diplomatique, fevrier 1991, p. 3.). 또한 이 결의 채택 전의 안보이사회에서의 중국의 발언(S/PV, 2963)을 보면, 중국은 灣岸위기의 평화적 해결을 위해 노력해왔으며, 무력행사에 의한 해결은 중대한 결과를 초래한다고 하며, 결의안의 '모든 필요한 수단을 취한다'는 말이 본질적으로 군사행동의 행사를 허용하기 때문에 중국의 입장에 반한다고 하고, 다른 한편 灣岸위기는 이라크의 쿠웨이트 침입과 병합의 결과 생긴 것이며 이라크가 쿠웨이트에서의 철수라는 열쇠가 되는 문제에 관해 실제적인 스텝을 밟지 않았던 점과 관련하여 660호 이하의 결의에 찬성한 것이므로 이 결의안에 반대투표를 행하지 않는다고 했다.

이행하지 않으면 제결의를 지지 또는 집행할 것이며, 걸프지역에 있어서의 국제평화 및 안전을 회복하기 위하여 '필요한 모든 수단'을 행사할 권한을 부여한다(2항)고 하였다.

동 결의는 나아가 모든 국가에 대하여 앞(2항)의 행동에 적절한 지원을 부여하도록 요청했다(3항). 동 결의 채택 후, 특히 미국은 교섭 등 정치적 해결 수단을 포기한 채 이라크에 결의의 이행을 요구하는 태도로 일관하였다. 그리고 1월 15일의 시한종료 직전의 미 국무장관과 이라크 외상의 제네바 회담도 일방적인 '최후통첩'을 전달하는데 지나지 않았다.

17일(현지시간, 미동부표준시로는 16일) 부시 대통령은 개전을 발표하고, 미국을 주축으로 한 다국적군은 이라크 공폭(사막의 폭풍 작전)을 개시했다. 같은 날 후세인 대통령도 '성전' 개시를 선언했다.

다국적군의 이러한 행동은 결의 678에 기초한 것인데, 이것을 쿠웨이트를 침략하고 있는 이라크에 대한 국제연합의 군사제재로서의 강제행동으로 간주할 수 있는가, 혹은 (국제연합이 허용한) 단순한 국가 간의 전쟁 내지 무력분쟁의 성격을 띠는데 지나지 않는다고 보아야 할 것인가? 하는 것이 문제되었다. 이 점에 대하여 결의 678의 문언은 명료하지 않다.[52)]

'모든 필요한 수단' 중에 무력의 사용을 포함한다는 점에 대해서 안보리 이사국 간에 異論은 거의 없었다. 따라서 동 결의는 '쿠웨이트정부와 협력하는 회원국(현실적으로 다국적군 파견국)'[53)]에 의한 무력행사를 용인했다고 볼 수 있다. 그리고 어느 정

---

52) 이 결의의 내용에 관하여는 最上敏樹, 法学セミナ―1991年 3月號, 松井芳郎, 前揭論文, 法律時報 63卷 10號 참조.

53) 다음의 29개국이다. 사우디아라비아, 아르헨티나, 바레인, 방글라데시, 벨기에, 케냐, 덴마크, 이집트, 아랍에미레이트, 스페인, 미국, 프랑스, 영국, 그리스, 온두라스, 이탈리아, 쿠웨이트, 모로코, 니제르, 노르웨이, 오만, 파키스탄, 네덜란드, 포르투갈, 세네갈, 시리아, 체코슬로바키아 및 터키. 또한 이들 국가들의 병력은 70만(이라크군은 59만)에 달하고, 그 중 미국 51만, 사우디아라비아 11만 8천, 영국 3만 5천, 이집트 3만 5천, 시리아 2만 8백, 프랑스 1만 5천 6백명이었다(모두 개략적인 수치임).

도까지의 무력행사를 허용하는가에 관한 제한은 결의 문언에는 포함되어 있지 않다. 실제로는 다국적군 파견국, 특히 미국에 백지위임한 것과 마찬가지다. 이 점에 대한 우려는 안보리에서 쿠바나 말레이시아의 의견 표명이 있었다. 특히 말레이시아는 안보리가 각국들에게 무력행사를 허가할 때 안보리에 충분하게 설명해야 하지만, 그러한 내용이 결의에 적절하게 포함되지 않았다는 점을 인정하였다.[54]

사실 안보리나 사무총장은 걸프전의 진행과정에서 논의의 핵심밖에 있을 뿐이었다. 차기 안보리가 소집된 것은 1개월 가까이 지난 2월 13일이었다. 위 결의에 대한 가장 중요한 비판은 그것이 헌장 제7장하에 있다는 것을 명시하면서도 어느 조문에 의거하는지를 나타내지 않았다는 점이다. 결의의 유효기간도 명시되지 않았고, 필요한 수단을 언제까지 계속 사용할 수 있는지에 관한 제한도 없었다. 이러한 문제 때문에 동 결의를 헌장 위반이라고 보는 자도 있다.

그렇지 않아도 동 결의가 인정하고 있는 수단은 헌장 제42조의 군사조치라고 보기 어렵기 때문에 다국적군을 헌장상의 국제연합군에 상당하는 것으로 간주할 수 없다는 점에 대한 異論은 거의 없다.[55] 안보리 논의에서도 동 결의안은 헌장 제7장의 특정조문과 관련 없으며, 안보리는 자국 국기를 게양하는 각국의 군대를 통제할 수 없고, 군의 명령은 국제연합과는 관계가 없다면서 결의에 반대하는 주장도 있었다. 쿠바는 헌장의 확립된 절차를 무시하고 몇몇 국가에 군사력 사용을 용인하는 것은 국제연합 헌장에 위반된다고 주장했다. 또한 말레이시아도 결의안에 찬성하지만 조건부라면서 우려를 표명했다.[56]

---

54) UN Doc. S/PV.2963, 29 Nov. 1990. 그 당시 안보이사회 구성국은 다섯 상임이사국외 캐나다, 콜롬비아, 쿠바, 코트디부아르, 에 오피아,, 필란드, 말레이시아, 루마니아, 예멘, 자이르였다.

55) 다국적군은 안보리가 아닌 미국 대통령에 의해 임명된 슈월츠코프 장군의 전술적 지도하에 놓인 파견국들간의 병렬관계에 있었다. 그 때문에 적대행위의 정지도 미군 최고사령관으로서(그러나 다국적군의 최고사령관이 아님) 부시대통령이 1991년 2월 28일의 잠정적 정전에 의해 일방적으로 행해졌다. 최종적 정전은 3월 2일의 안보리 결의 686에 포함된 조건(다국적군 파견국에 의해 부과된 적대행위와 도발 정지, 포로 석방, 지뢰(기뢰) 확인, 손해배상)을 다국적군 지령관 슈월츠코프와 이라크 국방성 작전장관 아메드 및 이라크 제3본대 사령관 마무드의 회견에서 이라크가 수용한 때(3월 3일)이다. 정전 문서는 4월 3일 안보리에 의해 채택되고(결의 687), 6일 이라크 의회가 이것을 받아들여 4월 11일 안보리에 의해 확인되었다. 정전은 同日 발효되었다.

56) UN Doc. S/PV.2693.

결의 678은 국제연합의 안전보장 체제 그 자체의 의의에서 보아도 문제가 있다.[57] 동 결의로 냉전 종식후의 유일 초강대국으로서의 미국이 군사력 사용에 있어 헌장상의 집단안전보장의 외관에 소련을 연루시키고자 했다고도 볼 수 있다. 여하튼 동 결의에 기초한 다국적군의 군사행동도 적어도 인도법의 적용에 관해서는 통상적인 국가 간의 무력분쟁과 동일한 성질을 갖는다(이라크와 다국적군 측 28개국 간 정식의 전쟁선언은 없었고, 미국과 프랑스에서는 의회가 무력에 호소하는 것을 묵인했다.[58] 또한 이탈리아, 프랑스, 국제연합 사무총장 등은 '전쟁' 이라는 말을 사용했으며, 캐나다는 "이라크와 전쟁상태는 아니다"라고 했다. 이라크와 다국적군 파견국간의 외교관계는 곧바로 단절되지는 않았다.[59]).

따라서 모든 무력분쟁 당사국간에 평등하게 인도법 규칙의 전면적 적용이 요구되는 사태였다. 안보리의 제결의와 각국들의 태도, 나아가 CICR의 선언 등에서도 이 점은 분명하다. 예를 들면, 안보리 결의 666에서는 이라크와 쿠웨이트 주재의 제3국 국민의 취급에 대해 이라크가 제네바 제4(민간인)협약을 포함한 국제인도법을 준수할 책임이 있다는 것을 밝히고 있고, 결의 674도 민간인협약이 쿠웨이트에 적용된다는 것을 재확인하고 있다(또한 다국적군의 이라크 공폭 이후 상당기간 안보리가 개최되지 않았고, 따라서 협약의 적용에 관한 결의도 나오지 않았다).

그리고 적대행위 구역(인도법의 장소적 적용범위)은 이라크와 쿠웨이트 영역(영토 · 영해 · 영공)에 한정되지 않고 사우디아라비아, 페르시아 만의 아랍 제국, 이스라엘(이라크의 미사일 공격대상) 나아가 영국, 스페인, 터키 및 프랑스 기지에서 이륙한 미군용기(B29 폭격기)가 그 상공을 비행하는 국가(사우디아라비아 · 요르단 · 터키 · 영국 · 프랑스 및 스페인)의 공역도 포함한다.

---

57) Monique Chemillier-Gendreau, "Que vienne enfin le règne de la loi internationale," *Le Monde diplomatique*, Janvier 1991, pp.18-19.

58) 미국은 1991년 1월 13일 상원에서는 52대 47로, 하원에서는 250대 183으로 허가되었고, 프랑스는 1월 16일 국민회의가 513대 43, 기권 8, 불투표 6, 상원이 290대 25, 기권 2, 불투표 3으로 채택했다.

59) 이라크는 1991년 2월 6일 미국, 영국, 프랑스, 이탈리아, 이집트 및 사우디아라비아와의 외교단절을 결정했다. 다른 한편 소련은 바그다드에 대사관 직원을 주재시킨 채였다. 독일, 영국, 미국, 네덜란드, 오스트리아, 스위스 및 프랑스의 대사관 직원은 안보리의 '최후통첩' 기한 전에 바그다드에서 철수하였고, 미국은 1월 12일 이라크 외교관 12명(16명 중)을, 다음 날 영국은 28명을 추방했다. 벨기에는 17일 7명(9명 중), 프랑스는 21일 12명(15명 중) 그리고 독일은 24일 28명을 추방했다.

CICR은 개전 초, 즉 이라크군이 쿠웨이트에 침입한 1990년 8월 12일부터 제네바협약상의 의무를 모든 분쟁당사국에 환기시켰다. 이들 제협약은 이라크와 쿠웨이트를 포함한 거의 모든 국가가 당사국이다. 쿠웨이트는 1977년 (제1)추가의정서 체약국이었으며, 기타 전쟁관련 국가들(사우디아라비아 · 바레인 · 아랍에미레이트 · 요르단 · 오만 · 카타르 · 시리아 · 알제리 · 독일 · 벨기에 · 덴마크 · 이탈리아 · 네덜란드 · 소련 및 예멘)도 이에 정식으로 구속된다.

그러나 이라크 외 미국, 프랑스, 영국 및 이스라엘은 제1추가의정서를 비준하지 않았다(또한 미국과 이스라엘은 前述한 대로 제1추가의정서를 비준할 의사는 없지만, 의정서상의 모든 관습규칙을 존중할 것을 정식으로 표명하였다).

1990년 8월 2일 이후 CICR은 추가의정서 제규정의 존중을 요구하는 호소를 모든 분쟁당사국에게 보낼 것인지, 만약에 보낸다면 언제 보낼 것인지를 검토했다. 안보리 결의 678 채택 후 CICR은 1990년 12월 14일부로 구두각서 및 만안지역(灣岸地域)에 있어서의 국제인도법의 적용(가능성)에 관한 메모를 제네바협약 146개 체약국에 보냈다. 이 메모는 1949년 제네바협약, 1899년 및 1907년의 헤이그조약을 언급하고 이들 규칙의 대부분이 관습적 평가를 받고 있음을 강조하고 또한 이들 규칙이 추가의정서에서 재확인되고 있을 뿐만 아니라 일부는 발전했음을 피력하였다.

더욱이 CICR은 이 메모에서 '무력분쟁의 모든 당사국 입장에서 의무적이라고 인정되는 일반원칙'의 일부, 특히 일반주민의 보호에 관한 규칙과 대량파괴무기를 포함한 특정무기의 사용에 관한 규칙을 상기시켰다. 나아가 추가의정서의 비체약국이 무력분쟁에 있어서 동 의정서의 다음과 같은 일반주민의 면제에 관한 기본원칙, 즉 제54조(일반주민의 생존에 불가결한 물자의 보호), 제55조(자연환경의 보호) 및 제56조

(위험한 물리력을 내장하고 있는 공작물 및 시설의 보호)를 존중할 것을 요청하였다. 다만 CICR에 의한 이러한 요청은 정식회답을 요구하는 것은 아니었다.[60] 그러나 일반주민의 보호를 위해서 불가결의 관습법이 되어있다고 볼 수 있는 규칙은 언급하고 있다.

더욱이 다국적군의 공폭이 시작된 1991년 1월 17일, CICR은 모든 분쟁당사국(관계국)[61]에게 일반주민의 보호를 강조하고 1949년 제네바협약의 약속을 상기시켰다. 다국적군의 지상공격이 임박한 2월 18일에도 CICR은 모든 관계국에 대하여 쿠웨이트에 주재하는 일반주민의 보호 등에 관하여 다시 한 번 호소하고, 나아가 지상전이 개시된 2월 24일에도 새로운 호소를 했다.

이처럼 CICR은 분쟁 초부터 그 진전 상황에 맞추어 모든 분쟁당사국 혹은 관계국에 1949년 제네바협약과 기타 규범(1899년과 1907년의 헤이그 제조약 포함) 및 1977년 추가의정서에는 직접 언급되지 않았지만 관습법화 되었다고 볼 수 있는 규정의 평등적용을 반복적으로 요구하였다. CICR은 1977년 추가의정서 비체약국의 소극적 반응을 우려하여 호소에 대한 회답을 요구하지는 않았지만 어떠한 분쟁당사국 또는 관계국도 이 호소에 대하여(이라크 행동의 침략성을 이유로 하여) 부정적 태도를 분명하게 나타내지는 않았다.

2. 해적수단 · 방법의 규제에 대한 위반

걸프전에서 실제 이라크군과 다국적군이 직접 전투를 행한 상황은 많지 않으며,

60) 각서 및 메모의 전문은 *RICR*, No.787, pp.24-26. 일부 분쟁당사국, 특히 미국과 프랑스가 제1추가의정서 제규정의 존중에 관한 정식 약속에 관해 매우 소극적인 태도를 취하고 있었기 때문이다. 또한 CICR은 1973년의 중동전쟁 시 중동에서의 일반주민을 위한 동 호소를 1973년 10월 9일에 발표하고 분쟁당사국(시리아, 이라크, 이집트 및 이스라엘)의 회답을 요구했다. Michael Veuthey, "De la guerre d'octobre au conflit du Golfe 1991 : les aspects du CICR pour la protection civile," *Humanitarian Law of Armed Conflict Challenges Ahead, op. cit.*, pp.527ff.

61) CICR이 구두각서를 발송한 '관계국'은 다음과 같다. 사우디아라비아, 아르헨티나, 호주, 바레인, 벨기에, 방글라데시, 캐나다, 덴마크, 이집트, 아랍에미레이트, 스페인, 미국, 프랑스, 그리스, 이라크, 이탈리아, 쿠웨이트, 모로코, 니제르, 노르웨이, 오만, 파키스탄, 네덜란드, 카타르, 영국, 세네갈 및 시리아. 1월 17일과 2월 1일 호소의 전문은 *RICR*, No.787, pp.27-29 참조.

그 기간도 매우 짧지만 이란 · 이라크전쟁에서도 볼 수 있었던 미사일에 의한 도시 폭격, 유정파괴 및 방화 등이 더욱 대규모로 행해져 해적수단과 방법의 합법성에 관해 의문을 품게 하는 행위들이 두드러졌다. 이러한 문제들에 적용되는 교전법규 내지 인도법 규칙의 불충분함이나 그 내용상의 문제도 있었다.

(a) 폭격

다국적군의 전투행위는 최종단계인 지상군 투입까지 대부분 폭격기나 미사일에 의한 공폭 방법으로 행해졌고, 이라크도 이에 대항하여 이스라엘이나 사우디아라비아에 미사일 공격을 감행했다. 다국적군의 이라크 출격 횟수는 9만회에 이르며, 불과 1개월여 사이에 수년간 지속된 베트남 전쟁에서 사용된 양에 상당하는 수량의 폭탄이 투하된 것으로 알려져 있다. 최신 기술로 제작된 무기나 미사일(토마호크와 같은 순항미사일 포함)이 이라크의 군사목표를 정확하게 포착하여 파괴하는 모습은 TV에서 반복적으로 방송되었다. 이러한 공격으로 상대의 군사목표, 통신 및 수송수단 등은 철저하게 파괴되었는데, 이로 인해 민간인에게도 다수의 사망자가 발생한 것으로 알려져 있다.[62]

CICR은 전술한 바와 같이, 특히 다국적군의 공폭 시기에 맞춰 메모나 호소를 반복하여 발표하였는데, 그 중에서 폭격으로부터의 일반주민의 보호를 인도법의 기본원칙으로 가장 강조하였고, 1977년 추가의정서 제54조~제56조를 거론하며 그 준수를 요구했다. 공폭에 관해서는 군사목표주의가 적용되지만 오늘날과 같은 하

62) 공폭에 의한 이라크측의 희생자 수는 이라크 정부에 의하면 사망자 2만명, 부상자 6만명(단, 민간인과 군관계자 구별은 하지 않음)이고, 다른 통계에서는 사상자를 합쳐 8만 5천에서 10만명이라고도, 10만에서 15만명(그 중, 사망자는 2만 5천~5만명)이라고도 알려져 있다. *RGDIP*, Tome 95, 1991/2, p.472.

이테크를 구사하는 공폭에 비추어 볼 때 더욱 상세한 규정이 필요하며, 추가의정서의 제규정은 그것을 어느 정도 다루고 있다.

그 규정들에 비추어 보면 다국적군의 폭격 상황은 일반적으로 군사목표주의에 따르고 있는 것처럼 보인다. 그러나 폭격중에는 일반주민의 생활에 불가결한 물자(식료 및 농작물)의 파괴 금지(제54조), 자연환경의 파괴금지(제55조) 및 위험한 물리력을 내장하고 있는 공작물 및 시설(댐, 제방 및 원자력발전소)의 파괴 금지(제56조)에 위반된다기보다 오히려(CICR이 구체적으로 조문을 거론하지는 않았지만) 목표구역 폭격에 관한 규정(제1추가의정서 제51조 5항)과 공격시의 예방조치에 관한 규정(동 제57조)에서 볼 때 문제가 있다고 생각되는 것도 있다.

예를 들면, "예기되는 구체적이고도 직접적인 군사이익에 비하여 과도한 부수적인 민간인 생명의 손실, 민간인에 대한 위해, 민간물자에 대한 손해, 또는 그것이 명백한 경우 공격을 취소하거나 또는 정지해야 한다(동 (b))"라는 규정과 "……공중에서 군사행동을 실시할 시에는 각 분쟁당사국은 …… 민간인 생명의 손실 및 민간물자에 대한 손해를 회피하기 위해서 모든 합리적인 예방조치를 취해야 한다(동 4항)"라는 규정이다.

또한 1991년 2월 13일 아밀리아의 지하호 폭격이 법적으로 허용될 수 있는지 여부에 관하여 논란을 불러 일으켰다. 이 지하호는 부수적으로는 일반주민의 비호에 도움이 되는 군사령부로 볼 것인가 아니면 군사목적을 위해서 사용된 피난소로 볼 것인가에 따라서 그것에 대한 폭격의 법적 평가가 달라진다(전자의 경우에만 합법).

다른 한편, 이라크의 텔아비브 스커드 미사일 공격도 명백한 무차별공격으로 나치스의 V1, V2로켓의 사용 예를 상기시키는 것이다. 어쨌든 소위 대량파괴무기는 아니지만, 실제로는 상당히 무차별적인 파괴를 초래하는 현대의 하이테크 무기의 규제가 급선무라고 할 것이다.

(b)환경파괴 : 유정파괴와 원유유출

하이테크를 구사한 다국적군의 공폭에 대해서 이라크 측은 7개월에 걸친 점령기간 중에 쿠웨이트 유정으로부터 대량의 원유를 페르시아만에 유출시키거나, 다수의 유정(쿠웨이트 전 유정 950개의 반 이상인 517개)을 파괴(방화)하고, 정전 후에도 오랜 기간에 걸쳐 회복할 수 없을 정도로 오염시키고 환경을 파괴하는, 하이테크와는 정반대인 매우 원시적이라고도 할 수 있는 수단에 호소했다. 그 양은 대략 140만 톤에 달하는(매일 600만 배럴이 유출되었는데, 금액으로는 약 400억 달러에 상당했다) 전례 없는 일이었다.

이는 이제까지 거의 예상치 못했던 전투수단이었기 때문에 전시 환경파괴에 대한 직접적인 규칙도 종래의 전쟁법규에서는 거의 준비되어 있지 않았다. 다만 제1추가의정서 제55조 1항은 자연환경에 대하여 광범위하고 장기적이며 중대한 손해를 발생시키거나 또는 그것을 유발함으로써 주민의 건강 또는 생존을 침해할 것으로 예상되는 전투수단과 방법의 사용을 금지하고 있으며, CICR에 의하면 동 규정은 관습규칙에 상당하므로 이라크도 이에 구속되는 것은 당연하다. 또한 이라크에 의한 원유유출 규모도 이러한 금지에 해당되는 것도 분명하다. 同條 2항은 비록 다국적군의 공폭이 위법한 경우가 있었다고 해도, 그에 대한 복구로서 원유유출과 같은 자연환경에의 공격은 금지된다는 점에 주목해야 한다.

또한 추가의정서와 동일한 시기에 작성된 환경변경금지조약도 유사한 규정을 두고 있는데, 이라크는 체약국은 아니다(이러한 원유유출은 환경파괴[방지]라는 측면에서 뿐만 아니라 정전후의 손해배상의 산정에서도 고려되었는다는 점에서 이러한 수단이 위법으로 간주되고 있음을 알 수 있다).

(c) **의료 · 식료품의 금수(禁輸)**

안보리결의 661은 이라크와 그가 점령한 쿠웨이트 영역에 대한 금수를 모든 국가에 명했는데, 이에는 의료목적의 공급품 및 인도적 사정(humanitarian circumstances) 하에서 식료품은 포함되지 않는다고 되어 있었다. 문제는 이러한 '인도적 사정'을 어떻게 해석하는가 하는 점이다. 안보리결의 666이 그 해석을 제시하고 있다.

이에 따르면, (1) 약간의 사정하에서 "인간의 고통을 완화시키기" 위해 일반주민에게 식료품 공급이 필요하지만, 안보리 또는 (안보리의 모든 회원국으로 구성되는) 제재위원회만이 이러한 인도적 사정이 존재하는지 여부를 결정할 자격을 갖는다. (2) 제재위원회가 식량저장의 기준을 평가해야 하지만, 이라크는 국제인도법(적용할 수 있는 경우 제네바 제4협약 포함)에 따라 제3국 국민(외국인)에 대해서 계속 책임을 져야 한다. (3) 식량공급의 필요를 결정하기 위해서 사무총장은 특히 '적절한 인도적 기관'으로부터 신뢰할 수 있는 정보를 얻을 것이 요구된다. (4) 식량원조에 관한 어떠한 결정도 CICR 및 기타 인도적 기관의 협력을 얻어 국제연합이 취해야 하고, 확정된 수요자가 식량을 확보할 수 있도록 이들 기관에 의해 분배되고 또 감시되어야 한다.

이들 결의에 있어 문제가 될 수 있는 것은 (CICR 등의 인도적 기관이 식량원조를 제공할 수 있는 가능성과 관련하여) 제3국 국민에서 이라크인은 제외되는가, 즉 식량원조는 제3국 국민에게만 제공되는가 하는 점이다. 안보리결의 664는 "이라크 및 쿠웨이트에 있는 제3국 국민의 안전 및 복리"에 관심을 나타내고, 이라크가 "제3국 국민의 쿠웨이트 및 이라크로부터의 즉각적인 퇴거"를 허용하고, 이러한 국민의 안전 또는 건강을 위태롭게 하는 어떠한 활동도 행해서는 안 된다고 하고 있다.

이 결의는 이라크 정부가 취한 조치, 즉 이라크 또는 쿠웨이트에 체재하고 있던 외국인의 이라크로부터의 출국을 금지하고 그들을 '게스트' 로서 사실상 인질로 삼은 행위에 관한 것이다. 이것은 인도법, 특히 제네바 제4(민간인)협약 제35조의 규정이 적용될 수 있는 사태였다. 동조에 따르면, "분쟁이 개시될 때 또는 진행 중에 분쟁당사국의 영역에서 퇴거하기를 희망하는 모든 피보호자는 그 퇴거가 그 나라의 국가적 이익에 반하지 않는 한, 그 영역으로부터 퇴거할 권리를 갖는다."

이 권리는 점령지역의 외국인에게도 부여된다(제48조). 이 점은 결의 666에서도 조문이 직접 명시되지는 않았으나 언급은 되어 있다. 안보리 결의를 제쳐두고서라도, '게스트' 를 억류하는 이라크의 행위 및 '게스트' 에 대한 처우가 이들 조문에 위반됨은 명백하다. 그리고 이라크와 쿠웨이트에 체재하는 외국인에 대한 식량원조가 인도법의 취지에 맞는다는 점도 말할 필요가 없다.

문제는 안보리 결의가 점령지 쿠웨이트에 있는 일반주민에의 식량원조를 금지하는 취지였는지 여부, 또한 그렇다면 그것은 인도법상 문제가 있는 것이 아닌가 하는 점이다. 또한 이러한 식량 원조를 CICR과 같은 인도적 기관(단체)이 스스로의 판단으로 행하는 것을 안보리 결의가 금지한다고 하면 CICR의 인도적 이니셔티브 권리가 침해되는 것은 아닌가 하는 의문이 있다.

경제제재에 관한 안보리의 제결의는 국제연합 헌장 제41조의 맥락에서 채택된 것이므로 평화에 대한 파괴 또는 침략행위의 존재를 전제로 하고 있고, 따라서 국제인도법이 적용될 수 있는 사태이다. 그리고 제네바 제4협약 제59조는 '점령지역 주민의 전부 또는 일부에 대한 물자의 공급이 불충분할 경우' 의 구호계획과 송부품에 대해 규정하고, 이어서 국가 또는 CICR과 같은 인도적 단체에 의하여 실시되는 구호계획은 "특히 식량, 의료품 및 의류의 송부를 내용으로 하는 것이어야 한다"고 하고 있다.

이 규정은 인도적 사정의 존재가 오로지 안보리 또는 그 제재위원회에 의해서 결정되어야 한다고 하는 안보리 결의와 상충되지 않는지 그리고 이러한 결의가 CICR과 같은 인도적 단체의 행동에 제한을 부과하는지가 문제이다.

이러한 문제가 제기되는 것은 1949년의 협약 채택이후 처음 있는 일이며, 그에 대한 답변은 용이하지 않다. 안보리 결의 661은 모든 국가에 구속력을 갖는다(비회원국도 이 결의를 받아들이는 한 구속됨). 또한 국제연합 헌장 제103조에 의해 헌장에 따를 의무가 다른 국제협정에 따를 의무와 저촉할 경우 전자가 우선한다. 그런데 제네바협약 등의 인도적 규정은 무력분쟁 당사국이 그것으로부터의 일탈이 허용되지 않는, 말하자면 유스 코겐스(jus cogens ; 강행규범)적인 성격의 것이라고도 판단된다.

결의 666이 하나의 해결책을 제공하고 있다고 할 수 있다. 동 결의는 안보리가 국제인도법의 역할과 의의에 관하여 처음으로 인식하였음을 보여주는 것으로 제재위원회는 인도적 사정을 결정할 권한을 갖지만 사무총장을 통해 수집한 외부의 정보에 의지해야 한다. 결국, 식료품의 제공은 CICR이나 다른 인도적 단체와 협력하여 국제연합의 기관을 통해 행해져야 한다는 것이다.

따라서 사무총장, CICR과 같은 인도적 단체 및 안보리의 협력에 의해 점령지역에 있어서의 식량공급에 관한 제4협약의 규정은 (점령국이 그것을 허용할 경우) 실제로 이행될 수 있다. 안보리 결의와 인도법 규정이라는 2개 문서의 이와 같은 조화로운 해석은 현실적으로는 제재위원회의 활동에 비추어 판단되어야 할 것이다. 그러나 CICR 등의 활동이 안보리의 결정에 의해 제한되고, 그 감시 하에 놓일 수 있을지는 매우 의문스럽다.[63)]

63) Erik Suy, "International Humanitarian Law and the Security Council Resolutions on the 1990-1991 Gulf Conflict," *Humanitarian Law of Armed Conflict Challenges Ahead, op. cit.*, pp.520-523.

3. 전쟁희생자의 취급

걸프전에서는 쿠웨이트 점령지의 주민들에 대한 잔학한 취급, 이라크에 의한 다국적군 포로에 대한 처우, 나아가 패주하는 이라크 병사에 대한 다국적군측의 추적 살상행위 등이 두드러졌다. 이에 관한 인도법상의 문제를 살펴보자.

(a) 점령지역(쿠웨이트) 주민의 취급

위의 식량공급 문제 이외에도 점령지역의 일반주민 내지 민간인의 보호에 관한 인도적 규칙은 다수 있는데, 이라크 점령당국의 조치가 그것들에 위반하는 일이 많았다. 특히 쿠웨이트의 파괴와 약탈, 주민의 처형, 고문, 2만 2천명에 달하는 것으로 알려지는 인질 억류 등이 민간인협약의 제규정(제32조, 제33조, 제34조 등)에 위반됨은 말할 필요도 없다.

또한 이라크군의 쿠웨이트로부터의 철수시의 다수 주민의 강제연행과 이송도 민간인협약 제49조의 "피보호자들을 점령지역으로부터 점령국의 영역 또는 피점령 여부를 불문하고 타국의 영역으로 개인적 또는 집단적으로 강제이송 또는 추방하는 것은 그 이유 여하를 불문하고 금지된다"라는 규정에 반하는 것이다(이것은 제2차 세계대전 중 나치 지배하의 독일군 점령지역에서의 잔학행위와 주민의 추방을 연상시킨다. 민간인협약의 위 규정들은 이와 같은 고통스러운 경험에 바탕을 둔 것이다. 동 협약은 이러한 행위를 '중대한 위반행위'라고 간주하고 있으며, 적대행위의 종료 후에도 사실조사와 책임자의 처벌이 요구된다).

또한 쿠웨이트 주재 외국인, 특히 미국인(여타 다국적군 참가국의 국민도 마찬가지임)도 민간인협약의 피보호자로 간주될 수 있는지 여부가 문제된다. 이러한 여부는 "교전국 영역내에 있는 중립국 국민 또는 공동 교전국 국민은 그들의 본국이 그들을 권력하에 두고 있는 국가내에 통상적인 외교대표를 주재시키고 있는 기간 동안은 피보호자로 간주되지 아니한다(민간인협약 제4조)"라는 이유에서다. 그런데 미국은 사우디아라비아를 방위하기 위해서 同國에 군대를 파견하고 이라크에 강제적인 압력을 가했기 때문에 (이라크에 대해 공습하기 이전부터) 미국은 '전쟁'에 참가하고 있었던 것으로 보아야 하며 따라서 민간인협약이 적용된다는 견해도 있다.

다른 한편, 이라크의 쿠웨이트 점령에도 불구하고 미국과 이라크간의 외교관계는 존속되었고, 이라크(와 쿠웨이트)에 외교대표를 주재시키고 있었으며 또한 미군의 사우디아라비아 주둔이 미국과 이라크간의 무력분쟁 발생을 의미하는 것이 아니므로, 위의 제4조 규정으로부터 민간인협약은 쿠웨이트주재의 미국인에게는 적용되지 않는다는 견해도 성립할 수 있다. 다만 실제로 미국의 통상적인 외교대표가 이라크 정부에 대해서 그 역할을 하지 못하고, 쿠웨이트에 주재하는 미국인의 보호를 위한 조치를 취할 수 없는 상황이었다고 한다면, 적어도 민간인협약에 규정된 인도법의 기본원칙은 그들에게도 적용되어야 마땅했을 것이다. 안보리 결의 670도 이라크가 제3국 국민을 그 의사에 반하여 억류하는 것은 국제인도법의 심각한 위반이라고 기술하고 있다.

(b) 포로 · 억류자의 대우

걸프전에서의 전쟁희생자의 취급을 둘러싼 문제는 앞에 기술한 '게스트'의 문제 외에 다국적군의 공폭시에 이라크에 포획된 포로의 대우가 세간의 주목을 받았다. 이라크는 1991년 1월 20일, 다국적군의 공폭에 대항하여 20여명의 포로를 전략지점(시설)에 배치하겠다고 선언했다. 이것이 소위 '인간방패'이다. 또한 이라크의 국영 TV는 포획된 미국, 영국, 이탈리아의 조종사의 모습을 방영했다.

CICR은 1월 17일의 호소에서 모든 분쟁당사국에게 제네바협약의 약속을 상기시키고,[64] 이어서 20일에는 제네바 제3(포로)협약, 특히 제13조의 존중을 요구했다. 동조에 따르면 포로는 항상 인도적으로 대우되어야 하며, 그 억류하에 있는 포로를 사망하게 하거나 건강에 중대한 위해를 가하는 여하한 불법적인 작위 또는 부작위로 억류 포로를 사망에 이르게 하거나 건강에 중대한 위험을 끼치는 것은 금지되어야 한다.

또한 포로는 항상 보호하여야 하며, 특히 폭행 · 협박 · 모욕 또는 공중의 호기심으로부터 항상 보호하여야 한다. 포로를 TV에 출연시키는 것은 "모욕 및 공중의 호기심으로부터의 보호되어야 한다"는 규정에 위반된다. 또한 '인간방패' 로서 포로를 사용하는 것이 포로협약의 "포로는 포로가 된 후 가능한 한 신속히 그들에게 위험이 없을 정도로 전투지역으로부터 충분히 떨어진 지역에 소재하는 수용소에 후송되어야 한다(제19조)"라는 규정과 "포로는 어떠한 경우에도 전투지대의 포화에 노출될 우려가 있는 지역에 보내거나 또는 억류하지 못하며, 또한 그의 존재를 특정한 지점이나 지역을 군사작전으로부터 면제되도록 이용하지 못 한다(제23조)"라는 규정을 위반한 것은 명확하다.[65]

지상전의 개시와 함께 다국적군의 공격 이전에 이라크는 완전히 붕괴되어, 패주중인 이라크병 다수가 살상되었으며 또한 다수의 이라크 포로가 다국적군에 포획되었다. 패주병의 살상은 이미 1907년 헤이그규칙의 조명거부를 금지하는 규정(제23조 d)으로부터 또한 1977년 제1추가의정서의 관련 규정(제40조, 제41조 및 제42조)의 취지에 비춰 판단되어야 한다.

또한 전투원이라고 해도 완전히 전의를 상실하고 사막으로 도망칠 수밖에 없는 이라크병에게 투항의 기회를 부여하기 전에 하이테크 무기로 저격하고 혹은 생매장하는 행위는 상황에 따라 전투 외에 있는 것으로 인정되는 자는 공격대상으로 해

64) *RICR*, No.787, pp.27-28.
65) E. Suy, *op. cit.*, pp.523-524.

서는 안 된다는 인도법상의 기본원칙에 반하는 것으로 생각된다.

또한 (쌍방에 의해) 포획한 다수의 포로에게는 포로와 가족과의 통신 등을 규정한 포로협약 제5부 '포로와 외부와의 관계'의 제규정, 특히 제72조가 적용되어야 한다. 동 조에 따르면, "포로에게는 특히 식량, 피복, 의료품 및 포로의 필요를 충족시킬 수 있는 도서, 종교용품, 과학용품, 시험용지, 악기, 운동구 및 포로에게 연구 또는 문화활동을 위한 여러 용품을 포함하여 종교상, 교육상 또는 오락상의 용품이 들어있는 개인 또는 집단적인 화물을 우편 또는 기타의 경로에 의하여 수령함을 허가되어야 한다."

그러나 앞에서 살펴 본 안보리결의 678로부터 인도적 사정의 경우를 제외하고 식량 등은 동 결의의 금수대상이 될 수 있으므로, 억류국이 포로에게 그것들의 수령을 허용하지 않을 것을 정당화하기는 어렵지 않다.[66] 여기에도 이 결의와 인도법상의 규정의 저촉 가능성이 인정된다(또한 정전후인 3월 22일에 제재위원회는 식량과 생활필수품의 이라크에의 공급을 완화했음).

CICR 대표는 2월 25일, 다국적군이 억류한 이라크 포로 2,560명(그 중 326명은 사우디아라비아에, 2명은 영국에 억류)을 방문했다. 한편, 이라크는 CICR 대표가 자신들이 억류한 다국적군 포로를 방문하는 것을 거부했다.[67] 정전 후 몇몇 다국적군측의 소식통으로부터 제출된 피해통계에 따르면, 1991년 5월 3일까지 미병사의 손실은 사망 115명과 부상 330명, 이라크측은 사망 10만 명 이상 그리고 포로 6만 3천명으로 추정된다. 3월 3일 양 교전당사자간에 포로송환협정이 체결되었다.[68]

(c)쿠르드 난민문제

쿠르드 민족은 약 2천만에서 2천 5백만 명이 터키 · 이란 · 이라크, 시리아 및 구

66) *ibid.*, pp.524-525.
67) *RGDIP*, Tome 95, 1991/2, p.471.
68) *RGDIP*, Tome 95, 1991/3, p.738.

소련 등에서 생활하고 있는데, 이미 이란 · 이라크전쟁 무렵부터 새로운 박해를 받았다. 걸프전중 또는 정전 후에도 이라크에 있던 쿠르드족 중 225만 명이 난민이 되었고, 인접한 이란으로 90만명, 터키로 24만 6천명이 도주했다고 알려져 있다.

정전후인 1991년 4월 5일 안보리가 채택한 결의 688은 특히 쿠르드 거주 지구를 포함한 이라크의 많은 지역에서의 이라크 주민의 억압을 비난하고, 그 결과 이 지역에서의 국제평화와 안전이 위협받는다고 하여 원조가 필요한 모든 주민들에게 국제인도기관이 직접 접근하는 것을 허용하도록 이라크에 요구했다. 국제연합 사무총장은 난민의 필요에 대처하기 위해 모든 수단을 사용할 것을 요청하고, 모든 회원국 및 인도적 기관에 이러한 인도적 원조 노력에 동참할 것을 호소했다. 18일에는 이라크와 국제연합 간 이라크에 있는 쿠르드 난민에 대한 원조방식에 대해 합의되었다.

다른 한편 미국, 영국 및 프랑스 3국은 합계 1만 3천명의 병력을 위 결의를 근거로 하여 쿠르드 난민캠프 설치 등을 이유로(이라크의 동의를 얻지 않고) 이라크에 파견했다. 그러나 위 결의에는 이러한 파견을 요청하거나 허용하는 문구는 보이지 않으며, 굳이 말하면 '인도적 원조 노력' 에 해당한다고 밖에 볼 수 없을 것이다.

혹은 소위 '인도를 위한 간섭' 이라고도 해석될 수 있으며, 현대 국제법 하에서 그 허용성은 극히 의심스럽다. 어쨌든 이들 병력은 5월 31일에 쿠르드 난민 이송작전의 종료를 선언하고 7월에 완전 철수했다. 그 후 수백 명의 국제연합 경비관이 이라크와의 합의하에 이라크에 파견되었다. 미국 등 3개국 부대(국제연합군이 아님)와 이라크군 사이의 적대행위는 전해지지 않았으나, 만약 그러한 무력행사가 발생했다면 거기에도 국제인도법규가 적용되어야 마땅했다는 점은 말할 필요도 없다.

4. 전쟁범죄인의 처벌 문제

걸프전은 기간적으로는 다른 무력분쟁에 비하여 비교적 짧았음에도 불구하고, 앞에서 본 것처럼 쌍방(특히 이라크측)의 인도법 위반 행위가 두드러지고, 그러한 위반사항 중에는 제네바협약의 '중대한 위반행위'로 볼 수 있는 것도 상당히 있다. 특히 뉴른베르그원칙으로 간주되고 있는 평화에 대한 죄, 인도에 대한 죄 등으로 사담 후세인 대통령 기타 이라크 지도자의 처벌을 요구하는 목소리도 있다.

다른 한편 부시 대통령 및 기타 다국적군 측의 관계자에 대해서도 (이라크에 대한 모든 조치를 허용한 국제연합 안보리 결의가 잘못이었다는 전제하에) 이라크에 대한 무력공격을 개시한 행위나 군사적으로는 불필요하다고도 할 수 있는 하이테크 수단의 행사에 의한 수많은 피해를 야기했다는 점에 대한 책임을 요구하는 목소리도 있다. 이하에서는 특히 이라크 전쟁범죄인의 처벌 방법을 모색하는 몇 가지 견해를 소개하고자 한다.[69]

무어는 걸프전에서의 이라크의 위반에 대한 전쟁범죄 재판을 행할 이유로 5가지를 든다. (1) 이러한 재판은 도의적인 명령이다. (2) 미국 및 제네바협약의 여타 체약국은 협약의 중대한 위반행위를 행한 자를 수사하고, 공소를 제기하며 또한 인도해야 할 의무를 지고 있다. (3) 국제연합 안보리(결의 670, 674)는 이라크 정부와 더불어 개인이 중대한 위반행위를 부담할 것을 경고하고 있다. (4) 사담 후세인에게 법의 지배를 적용할 것을 엄격하게 요구할 이유가 있다. (5) 침략전쟁과 인권위반을 효과적으로 피하기 위해서는 전체주의적 엘리트를 억제하여야 한다.[70]

이 중 (2)와 (3)만의 이유에서 보더라도, 어느 재판소에서 이라크 전쟁범죄인을 재판할 것인가 하는 문제가 생긴다. 이러한 재판소로는 국제재판을 주장하는 견해와 국내재판을 취하는 견해가 있다.

69) Virginia Journal of International Law, Vol. 31:351, 1991은 이라크의 전쟁범죄를 수집하였다.
70) John Norton Moore, "War Crimes and the Rules of Law in the Gulf Crisis," *ibid,* pp.403ff.
71) *Ibid.*

주로 전자의 견해로서 무어는 안보리에 의한 특별(ad hoc) 국제재판소 허가, 다국적군 파견국과 걸프협력이사회(지역공동체시장 실시를 위해 1981년에 설립. 바레인 · 쿠웨이트 · 오만 · 카타르 · 사우디아라비아 및 아랍에미레이트로 구성) 또는 아랍연맹에 의한 특별(ad hoc) 국제재판소 허가, 쿠웨이트나 미국과 같은 개별국가의 국내재판소에서의 재판을 들고 있다. 이들 중 가장 최선의 선택으로는 평화에 대한 죄와 전쟁범죄를 재판에 회부할 안보리 허가에 의한 특별(ad hoc) 국제재판소의 설치이며, 또 하나의 중요한 선택은 다국적군 파견국 또는 걸프협력이사회에 의한 이러한 재판소의 설치이다.[71)]

또한 오브라이언은 뉴른베르그 선례를 이용하는 방법을 검토하였다. 그러나 뉴른베르그 국제군사재판소는 국제사법재판소와 같은 국제재판소가 아니라 독일을 점령한 4개국의 합동군사재판소였다.

독일은 완전히 패배하여 사실상 정복되었으며, 4개 점령지구의 군사통치하에 놓였다. 그러나 걸프전의 경우는 사정이 상당히 다르다. 이라크는 비참하게 패배했으나 정복상태에 있는 것이 아니라 영토의 일부가 점령되었을 뿐이고, 그 군대는 완전히 항복한 것이 아니며 또한 정부가 여전히 존속하고 계속 기능하고 있다.

다수의 병사나 포로 중에서 전쟁범죄인으로 볼 수 있는 자는 재판에 회부될 수 있지만, 사담후세인 및 이라크의 침략과 전쟁법의 중대한 위반을 범한 최고책임자(군인 및 고위 민간인)는 다국적군의 수중에 없다. 이러한 상황은 1945년의 독일과 일본의 그것과는 완전히 다르다. 요컨대 오브라이언에 의하면, 뉴른베르그 선례로 돌아가는 것은 판도라의 상자를 여는 것이 된다. 그것은 미국인과 이스라엘인이 전쟁범죄인으로서 비난받을 수 있을 뿐 아니라 거의 모든 현대분쟁에서의 침략행위, 전쟁범죄 및 평화에 대한 죄의 책임도 묻게 될 것이다.[72)]

---

72) William V. O'Brien, "The Nuremberg Precedent and the Gulf War," *Virginia Journal of International Law*, Vol.31, 1991, pp.391ff(398-401) 이라크 국내에 혁명적 변화가 일어나고, 차기 정부가 사담 후세인 등을 인도하면 재판은 가능해질 것이다. 이러한 재판은 쿠웨이트 재판소에서 행해질 수 있다. 미국정부는 전쟁범죄가 처벌될 수 있음을 경고해 왔으나, 전쟁범죄 재판 절차에 직접 참가할 것 같지는 않다. 역으로 미국이 제국주의나 이슬람을 억압한다는 비난을 받을 수 있다. 전쟁범죄 책임에 관한 경고는 오히려 이라크가 화학무기 사용이나 스커드 미사일 공격을 계속 사용하려고 하고 있었기 때문이다. 또한 레이건 정권하에서의 그레나다나 1982~83년의 레바논 간섭, 부시정권하에서의 1989년 파나마 침공 등을 이유로 미국인의 재판요구가 나올지도 모른다는 우려를 표현하고 있다.

결국 오늘날의 상황 하에서 특별(ad hoc) 국제재판소의 설치를 요구하는 것은 불가능에 가깝다. 다른 한편 국내재판의 가능성을 지적하는 견해가 있다. 베레스는 제2차 세계대전 후, 나치 범죄를 처벌하기 위해서 그 희생국에 의해 (뉴른베르그 재판에 부가하여) 3개의 사법적 해결방법이 취해져 왔다고 한다.

첫째, 특별재판소를 설치하는 것(루마니아, 체코 등), 둘째는 특별군사재판소를 설치하는 것(영국, 호주 등), 셋째는 통상의 재판소에 나치 범죄자나 협력자를 기소하는 것(노르웨이, 덴마크 등)이었다.

나치 전쟁범죄인의 소추와는 별도로 제노사이드조약하에서는 권한 있는 재판소에 의해 불과 2개의 재판(적도 기니아에서의 마시아스 재판(1979년)과 캄차카에서의 폴포트 재판)이 행해졌다. 폴포트 재판에서 피고는 인민혁명재판소에 의해 궐석재판이지만 유죄가 인정되었다.[73] 이러한 국내재판의 선례에서 보아도 이라크의 전쟁범죄인의 소추를 위해서 미국 재판소의 관할권을 인정할 수 있고[74] 또한 제노사이드죄에 적용되는 보편적 관할권 원칙(즉 행위가 이루어진 지역이 속하는 국가의 권한 있는 재판소)을 적용하는 것도 생각할 수 있다.

또한 제네바협약(특히 포로협약과 민간인협약의 제규정)[75]의 중대한 위반행위에 대하여, 동 협약의 체약국(특히 쿠웨이트 및 미국 등 다국적군 파견국)은 소위 보편적 관할권을 갖는 것으로 판단되므로 그 국내에서 수사하여 공소를 제기하거나 인도하는 것이 가능하다. 다만 이라크도 쿠웨이트나 다국적군측의 중대한 위반행위를 범했다고

---

73) Louis René Beres, "The United States Should Take the Lead in Preparing International Legal Machinery for Prosecution of Iraqi Crimes," *ibid.*, pp.381ff.

74) 또한 미국의 연방재판소의 판례로서, 필라티가 사건(Filartiga v. Pena-Irala, 630 F. 2d 876(2d Cir. 1980)에서는 고문에 의해 살해된 파라과이인의 가족이 고문을 행한 파라과이 前 경찰에 대해 제기한 손해배상청구에 대해 고문이 관습국제법에 위반함을 인정하여 연방재판소의 재판관할권을 인정했다. 또한 텔오렌사건(Tel-Oren v. Libyan Arab Republic, 726 F. 2d 774, 799, 808-10, 822 (D.C. Cir. 1984)에서는 제네바 제협약이 사적인 소권 또는 손해배상을 요구할 권리를 명시적으로 규정하고 있지 않고, 나아가 국내법 이행이 명시적으로 요청되어 있기 때문에 제협약은 자동집행(self-executing)할 수 없다고 하였다. Jordan J. Paust, "Suing Saddam : Private Remedies for War Crimes and Hostage-Talking," *ibid.*, pp.351ff(pp.360-374) 참조.

75) 이라크가 위반했다고 판단되는 양 조약의 제규정은 *ibid.*, pp.410-414에 열거되어 있다.

판단되는 자에 대하여 동일한 국내재판을 행하는 것도 제네바협약상 부정되지 않는다.

제4-1절 9 · 11사건과 아프간 무력분쟁 · 반테러전쟁

1. 9 · 11사건과 아프간무력분쟁(및 반테러전쟁)의 법적 성질

2001년 9월 11일에 발생한 소위 미국의 동시다발 테러사건, 즉 탈취한 미국 민간항공기 4대로 뉴욕의 세계무역센터와 펜타곤 미 국방성에 대해 행해진 자폭행위로 3,000명 이상 다수의 사망자(미국인 외에 희생자는 80개국 이상임)를 발생시켰고, 동 센터는 완파되었다. 펜타곤 건물도 중대한 손괴를 당했다. 이 사건 직후 부시 미대통령은 이를 '전쟁행위'로 간주하고, 이에 대하여 자위권에 의한 '보복전쟁'을 호소하며 반격을 예고했다.

미국은 이 사건을 획책한 것은 오사마 빈 라덴과 그가 이끌고 있는 알카에다로 단정하고, 그와 조직을 숨겨두고 있는 아프가니스탄의 오마르가 이끄는 탈레반조직 – 실제 탈레반은 아프가니스탄의 대부분을 지배하는 사실상의 정부이지만, 파키스탄 등 일부 국가를 제외하고 타국으로부터 정부승인을 받지 못하였다 – 에 책임이 있다고 간주했다. 그리고 9 · 11 사건 이후 1개월 정도 지난 후인 동년 10월 7일 미(영)군은 아프가니스탄에 대한 군사행동(폭격과 특수부대 활동)을 개시했다.

9 · 11사건이 국제연합헌장 제51조에서 말하는 무력공격에 해당하는지 여부를 불문하고 또한 미 · 영의 군사행동의 정당성 여하를 – 즉, 자위권에 의한 정당화가 가능한지 여부, 반테러 전쟁이 '보복'(실제로의 국제법적으로는 (무력)복구라고 해야 함)으

로 간주될 수 있는지 여부 – 불문하고, 혹은 아프간 내정에 대한 (위법한) 무력간섭 행위로 간주되어야 마땅한지 여부를 불문하고,[76] 이 군사행동의 개시가 국제적 무력분쟁에 해당한다는 것은 의문의 여지가 없다.

이러한 국제적 무력분쟁은 사실상 동년 12월경까지 계속되었으나, 11월에 들어 폭격과 미군 지원하에서의 아프간 북부동맹과 반 탈레반 세력의 군사행동도 개시되어 탈레반 정권은 급속하게 지배지역을 상실하고, 라마단 개시일(11월 16일)까지는 '붕괴' 상태에 빠져 들었다. 12월 중순 탈레반/알카에다 조직은 아프가니스탄에 있어서의 지배지역을 완전히 상실하였고 미국 측, 특히 북부동맹 등은 승리를 선언했다.

또한 미국은 그 후에도 '반 테러전쟁(캠페인)' 은 여전히 계속 중임을 간주해왔다. 부시 대통령은 특히 이란, 이라크 및 북한을 '악의 축' 이라 칭하고, 테러조직을 은닉 혹은 미국에 대하여 사용할 가능성이 있는 대량파괴무기를 비밀리에 개발 제조하고 있는(우려가 있는) 국가로 간주하여, 반테러 전쟁의 일환으로 그러한 국가에 대한 선제적 무력행사를 암시하였다.[77]

아프가니스탄에 있어서도 탈레반/알카에다 조직의 잔당을 섬멸하기 위한 군사행동을 여전히 단속적으로 행하고 있다. 이러한 '반테러 전쟁' 은 반드시 국제법상의 전쟁을 의미하는 것이 아니라, 타국에 숨은 테러조직의 괴멸이라는 필요에 따른 (타국에의) 군사행동을 행하는 사태를 가리키는 것이라고 한다면, 이러한 '전쟁(캠페인)' 의 법적 성질을 확정하는 것은 매우 곤란하다.

이처럼 '전쟁' 으로 칭하고 타국영역에 대하여 일방적인 무력행사를 하는 자체가 국제법상 합법적인지 여부, 반대로 위법한 무력간섭행위가 아닌가 하는 jus

76) 이 문제에 관하여 松井芳郎, テロ、戦争、自衛、米国等のアフガニスタン攻撃を考える, 東信堂, 2002년 참조

77) 2002년 1월 29일 부시 대통령의 일반교서 연설에서의 '악의 축' 발언. 2002년 9월 20일의 「미 국가 안전보장 전략」은 국내외를 불문하고 미국민의 이익을 위협하는 테러리스트에 대한 선제공격을 자위권의 행사로서 주저하지 않겠다고 하고 있다.

ad(contra) bellum에 관한 문제가 제기되지 않을 수 없으나, 여기서는 인도법의 적용가능성이라는 관점에서, 즉 jus in bello의 관점에서는 이러한 '전쟁'이 적어도 무력행사의 사실이 있는 한도에서 국제적 무력분쟁으로 간주해야 한다는 점을 확인하면 충분하다.

2. 아프간 무력분쟁에 대한 국제인도법의 적용 가능성

9 · 11사건과 그 후의 사태 전개에 있어 10 · 7 이후의 미군을 중심으로 하는 아프간 공폭 및 무력공격 사태는 기술한 바와 같이 국제적 무력분쟁으로 간주되어야 한다. 그러한 이상 이러한 군사행동의 당사자 – 한편에서는 미국 · 영국 등 군사 개입한 외부국가들, 나아가서는 아프간 북부동맹과 反 탈레반(파슈튼 人) 세력과 다른 한편에서는 탈레반 정부 – 간 국제인도법 적용문제가 발생한다. 더욱이 개시 시점도 그리고 종결 시점도 분명치 않은, 오늘날도 계속되는 '반테러전쟁'에서 과연 인도법은 적용될 수 있을까, 혹은 현재 형성중에 있는 국제형사법이 적용될 수 있을까, 혹은 양자가 병행하여 적용될 수 있을까 라는 문제가 발생한다.

미국 및 기타 개입국 그리고 아프가니스탄도 1949년 제네바협약의 체약국이다. 탈레반 정권이 타국으로부터 정부승인을 받지 못하였다고 하더라도, 동 협약의 적용은 방해되지 않는다(특히 제네바 제3(포로) 협약 제4조 A(3)). 다만 1977년 제협약에 대한 2개의 추가의정서는 미국도 아프가니스탄도 비준하지 않았으므로, 이 분쟁에 적용되지 않는다고 할 수 있을 것이다. 그러나 추가의정서의 규정 중 관습법규화된 것은 당연히 적용되어야 한다. 1907년 헤이그 육전규칙 등 관습법화된 것(이른바 헤이그법)도 적용되어야 한다는 것은 말할 필요도 없다.

또한 탈레반 정권과 북부동맹 등 아프간의 反 탈레반 세력 간의 적대행위는 비국제적 무력분쟁에 해당된다고 본다면, 이들 당사국간에 협정이 체결되어 있지 않는 한 제협약의 전부는 아니라고 해도 적어도 공통3조가 적용되어야 한다. 다만, 특히 북부동맹에 관하여는 미군 등의 군사개입 이후 그 군사지원 하에서 또는 미군의 지휘 하에서 활동하고 있다고 하면, 오히려 북부동맹 부대를 미군과 일체로 판단하여 동 부대에도 협약의 전면적인 적용이 요구될 것이다.

3. 아프간 공폭과 무기사용의 규제

아프간 무력분쟁에서의 군사행동에 있어서 특히 주목할 점은 미(영)군의 공폭 및 그 과정에서의 특수무기의 사용 및 포획된 탈레반/알카에다 병사의 취급이 인도법의 원칙이나 규칙에 적합한가 하는 문제이다.

전자에 대해서는 미 · 영군의 공폭(및 미 특수부대의 군사행동)에는 헤이그법, 특히 그 기본원칙이라고 할 수 있는 비군사물의 파괴(손상) 금지원칙, 환언하면 군사목표주의 – 성문화된 것으로는 헤이그육전규칙 제25조, 제27조, 제1추가의정서 제52조, 구유고 국제재판소규정 제3조 – 및 특정무기 사용금지 · 제한규칙이 적용되어야 할 것이다.

특히, 문제는 10월 7일 이후 1개월 이상에 걸친 연일의 공폭 결과 비군사물(난민고등판무관 사무소와 적십자국제위원회 시설, 모스크 등 포함)의 파괴 및 아프간의 일반주민에게 다수의 희생(정확한 수는 확실하지 않으나 어떤 보고에서는 3천명~4천명 이상, 즉 미국의 동시다발 테러희생자 수를 상회함)을 발생시킨 점이다.[78]

폭격 상황과 피해규모 및 피해자 수 등에 관한 정확한 정보가 발표되지 않은 현 상황에서는 폭격의 합법 · 위법에 대해 명확한 판단은 내릴 수 없으나, 코소보 위기시의 유고슬라비아(세르비아) 영역에 대한 NATO 공폭 이상으로, '오폭'이나 '부수

78) 이 피해 등에 관하여 CICR의 보고서나 항의성명 등 참조.

적 피해' 로서 인도법상 합리화해버리는 일은 불가능할 것이다. 이 문제는 하이테크를 구사한 현대 폭격기술의 발달 및 최첨단 하이테크 무기의 성능 등과 동시에 그것과는 대조적인 발전도상의 산악국 국민들의(농경 · 유목 · 통상적) 생활상황 – 선진국의 군사시설에 상당하는 군사목표로 볼 수 있는 것은 거의 존재하지 않고, 산악지대에 은밀하게 숨은 탈레반/알카에다 병사를 군사목표로 간주하는 듯한 상황 – 을 감안하면서 법적 검토를 해야 할 것이다.

미군이 폭격에 사용한 무기에는 인도법상 그 사용의 합법성이 의심되는 특정 무기도 존재한다. 특히, 크러스터(집속)폭탄(2백 개 정도의 자폭탄(子爆彈)을 살포하는 것으로, 대인지뢰와 동일한 효과가 있는 것으로 알려져 있다) 및 기화폭탄 BLU82(통칭 '데이지 캇터' 라고 불리는 전장 4미터의 15,000파운드 폭탄, 축구장 5개 넓이의 구멍을 뚫는 위해 반경 6Km에 이르는 파괴력과 폭발하지 않아도 기화연료가 산소와 반응하여 일순간에 폭발적으로 연소하여 질식에 의해 모든 생물을 살상하는 효과를 가지고 있다)는 무기 또는 해적수단을 규제하는 원칙이나 규칙, 특히 "불필요한 고통을 주는 해적수단의 금지원칙(헤이그 육전규칙 제23조, 제1추가의정서 제35조 및 제36조, 특정통상무기사용금지제한조약 전문, 대인지뢰금지조약 전문 등)"에 비춰볼 때 문제를 내포하고 있다.

이러한 무기가 신무기라고 해도 그리고 아프간의 험악한 산악지대에 숨은 탈레반/알카에다 병사의 폭격에는 어느 정도 효과적이라고 판단되는 면도 있지만, 거기에 거주하는 일반주민에 대한 무차별적 피해를 필연적으로 미치게 하는 것이라면, 신무기에 대한 특정의 금지규정이 없어도 앞의 기본원칙에서 보아 그 사용은 위법이라고 판단되어야 한다.

어쨌든 베트남 전쟁과 마찬가지로 아프간 분쟁과 같은 현대의 비대칭적 분쟁에서는 최신기술을 구사한 신무기를 개발하여 이를 실험적으로 사용하는 경향이 있고, 그 결과 현실적으로는 개도국인 분쟁국의 전영토가 신무기나 해적수단의 실험장화가 된다. 그러한 상황에의 인도법 적용은 항상 해적수단과 방법의 금지 및 제한에 관한 원칙 및 무차별 파괴금지, 민간인과 비군사물의 공격으로부터의 보호원칙이라는 두 가지 기본원칙의 관점에서 검토되어야 한다.

4. 체포 · 억류된 탈레반/알카에다 병의 지위 : 테러범죄인 또는 포로?

아프가니스탄에서는 공폭뿐만 아니라 지상전으로 전환된 이래 폭격후의 수색이나 교전과정에서 다수의 상병자와 포로가 발생되었고, 아프간의 일반주민도 연루된 것은 여러 보도로 밝혀졌다.

2001년 11월에 들어서 탈레반의 지배지역 상실과 대체되어, 북부동맹(라바니 前대통령이 이끄는 타지크人의 다수파 외에, 우즈벡人 및 하자크人 등 혼재)이 지배지역을 확대하고, 수도 카불도 제압했다. 나아가 同 파슈트人의 反 탈레반 세력이 칸다할 등 탈레반 철수지역을 제압했다. 미 지상부대(특수부대 포함)와 탈레반/알카에다 조직 사이의 적대행위는 국제적 무력분쟁으로 간주되어야 함에 비하여, 아프간 제세력간의 분쟁상황은 미군과 북부동맹과의 관계를 고려하지 않으면 비국제적 무력분쟁으로 간주되므로, 전술한 바와 같이 거기에는 적어도 공통3조가 적용되어야 한다.

인도법상, 특히 논의를 불러 일으킨 문제는 탈레반/알카에다 병사중 미군 등의 권력내에 빠진 자의 지위 내지 취급에 관해서이다. 그들이 미군이나 외국군에 체포된 경우 제3(포로) 협약이 적용되어야 할 것이다. 그리고 그들이 동 협약에 따라서 포로의 지위를 갖는다면, 그들이 포로가 되기 前의 행위가 테러행위였다는 혐의가 있을 경우, 그 이유로 포획된 국가의 국내재판소(특히 군사재판소)에서 재판할 수 있는가 하는 문제가 발생할 것이다.

다른 한편, 북부동맹군 등 反탈레반 세력이 탈레반 병사를 포획한 경우 반드시 (협약상의) 포로 지위를 부여할 필요는 없다고 해도, 적어도 공통3조 규정에 따라 전투 외에 놓인 자로서의 대우를 부여해야 한다. 즉, 그들의 생명과 신체에 대한 폭행, 살인, 상해, 학대, 고문의 비인도적 대우나 인질, 모욕적으로 체면을 손상시키는 대우, 비정규 재판소에서의 재판소상의 보장되지 않는 판결의 언도 및 형의 집행은 금지된다.

5. 관타나모 미군기지에의 억류의 문제점 – 재판장소 및 석방시기

아프가니스탄에서 미군에게 포획된(또는 북부동맹군에게 포획되어 미군에 인도된) 6천명 이상에 이르는 것으로 알려진 (40개국의) 탈레반/알카에다 병사는 쿠바의 관타나모 미군기지에 공로(空路)로 이송되어, 그곳 수용소(X-Ray 캠프)에 억류되어 1년 이상 경과된 지금에도 여전히 미확정적인 지위인 채 계속 감금되어 있다.[79]

그런데 이미 그 이전인 2001년 11월 3일에 부시 대통령은 외국인 테러용의자를 미 군사자문위원회에서 재판할 것을 인정하는 대통령령에 서명했다. 이 명령 자체가 군사재판소를 설립하는 것은 아니고, 빈라덴 또는 그의 알카에다 조직원이 포획되면, 대통령에게 이러한 재판소를 설립할 옵션을 부여한 것이다.

미국내의 통상의 사법재판(연방재판소)이 아니라 군사재판소를 선택한 것은 전자의 경우에는 (공개법정에서의) 배심원의 안전이 위태로워진다든가 對 테러작전의 비밀내용(빈라덴이 9 · 11사건에 관여했다는 증거 포함)이 공개법정에서 누설되는 것을 방지하기 위해서라고 알려져 있다.

종래부터 전쟁(무력분쟁)중에 포획된 전쟁범죄인을 교전국의 군사법정에서 재판하는 것은 인도법상 인정되어 왔다. 부시 대통령은 9 · 11사건 직후부터 그것을 전

---

79) 2002년 5월에 1명이 송환되고, 10월에 7명의 파키스탄인이 테러리스트가 아니라는 점이 판명되어 정보 목적상 가치가 없다고 판단되어 석방 송환되었다. International Herald Tribune, 24 Oct. 2002.

쟁행위로 간주하고, 同月 15일 미 의회는 미국 헌법상 군최고사령관으로서의 권한을 가진 미 대통령에게 군사력을 허가하는 결의를 채택했다(다만, 의회는 정식의 전쟁선언을 하지 않았다).

9 · 11의 파괴행위를 전쟁범죄행위로 간주할 수 있다면, 그에 관련된 전쟁범죄인을 미 군사재판소에서 재판하는데 문제는 없을 것이다. 관타나모 수용소에 미군사재판소를 설치하고, 억류된 탈레반/알카에다병을 재판에 회부하는 것도 불가능하지 않다. 다만, 그 경우 그들이 협약상의 포로로 간주되어야 한다면, 재판에 회부하기 이전에 이미 그들을 포획하고 수용하는 단계에서 인도법상의 보장, 특히 포로조약상의 대우가 그들에게 부여되어야 한다.[80]

다만 문제의 행위를 전쟁범죄행위가 아니라 테러행위로 간주한다면, (미국 및 아프가니스탄) 국내법상의 범죄행위로서 또는 만약 (미국이 비준한) 테러 관련조약상의 테러행위에 관련된 국제적 범죄행위(국제형사법상의 범죄)로서 이 경우는 오히려 미국의 보통재판소(연방재판소)에 공소를 제기하는 것이 사리에 맞을 것이다. 전술한 특별군사재판소의 경우 상소절차도 없고 보통재판소의 재심을 받을 방법도 없다. 테러행위 피의자에게 재판상의 보장을 부여하기 위해서도 보통재판소가 적절하다.[81]

또한 미국 이외의 외국(영국 및 프랑스 등) 부대가 문제의 테러 범죄용의가 있는 탈레반/알카에다 병사를 포획하면, 분쟁당사국으로서 자국 재판소에서 재판할 수 있는 것 외에, 9 · 11사건의 범죄지국인 미국에 인도하는 것도 생각할 수 있다. 그러나

80) 관타나모기지로의 이송 단계에서 눈을 가리거나 팔을 묶는 TV영상이 포로의 인도적 대우 규정(포로협약 제13조 및 제14조)을 위반하는 것은 아닌지 또는 미국측이 공공연히 이야기하고 있는 그들에 대한 테러행위나 테러조직과의 관련에 관한 심문은 동 제17조에 위반되지 않는지 등의 의문이 제기될 것이다. 더욱 문제인 것은 포로가 되기 이전의 행위에 관하여 억류국의 법령에 따라서 소추된 포로는 유죄판결을 받아도 포로협약의 이익을 계속 향유한다는 점이다(동 제85조). 베트남 전쟁 당시, 베트남민주공화국 재판소가 '北爆'의 '범죄행위'로 포획한 미국 조종사에게 포로의 지위를 인정하지 않고 기소한 사건과 미국의 항의에 관하여 拙稿, "ベトナム戦争と一九四九年ジュネーブ条約", 前掲 p.110 이하 참조. 또한 Philippe Weckel, "Le statut incertain des detenus sur la base americaine de Guantanamo", *RGDIP*, Tome 106, 02/2, pp.357-369.

81) 암네스티 인터내셔날과 같은 인권 NGO는 특별재판소에서 재판할 경우 미국이 비준한 국제인권규약, 특히 자유권규약에서 인정된 피의자의 공정한 재판을 받을 권리(14조)가 침해당하는 것이 아닌가 하는 우려를 표명했다. 다만, 이 권리 자체는 '국가의 생존을 위협하는 비상사태의 경우'에도 일탈할 수 없는 것이라고는 간주되고 있지 않다(제4조).

그 경우 사형폐지국(영국 및 프랑스 등)에서 사형제도를 존치하고 있는 국가(미국)로의 인도는 국제조약(유럽인권조약 제6의정서)이나 유럽인권헌장과 같은 국제문서의 정신에 위반되는 문제가 발생할 것이다.[82)]

북부동맹 등 反 탈레반 세력 부대가 그들을 포획한 경우 미국으로의 인도가 불가능하지 않으나, 상술한 공통3조의 인도적 대우를 부여하고, 아프가니스탄의 정규재판소에서 재판상의 제반 절차와 제도가 보장된 재판이 행해져야 한다.[83)]

마지막으로 문제의 테러행위 관계 용의자의 국제형사재판소(ICC)에의 인도 여부에 관한 문제에 대해 언급하겠다. 上述한 상설 국제형사재판소는 아프간 무력분쟁 중 당시 아직 존재하지 않았으므로, ICC로의 인도는 문제되지 않는다.

ICC 로마규정의 발효(2002년 7월 1일)에 따라 同日 이후에 아프간에서 계속되고 있는 반테러전쟁 과정에서 범해질 수 있는 중대한 국제관련 범죄(다만, 로마규정 중에 테러행위 내지 테러리즘의 용어는 사용되고 있지 않다)에 관해서는 아프가니스탄이 로마규정을 비준하든지 또는 ICC의 관할권을 인정하는 선언을 행한다면, 2003년 3월 설립하는 ICC에 그 용의자의 인도는 가능할 것이다.

다만, 그 경우에도 별도 기술하듯이 로마규정에 반대하는 미국이 아프가니스탄과 ICC로의 미국 병사 불인도에 관한 2국간 협정을 체결한다면, 아프가니스탄(칼자이 신정부)은 이러한 범죄를 범한 미국 병사를 ICC에 인도할 수 없지만, 同國내에서 포획한 탈레반/알카에다 잔당의 인도는 가능할 것이다.

---

82) 특히 영・불 등의 인도 거부 성명.

83) 실제 포획된 탈레반 병사의 대부분은 석방되었다는 정보가 있다. 그러나 2002년 8월 19일자 뉴스위크지에 따르면, 2001년 11월 북부의 쿤드스에서 북부동맹에 항복한 수백 명의 탈레반 병사를 컨테이너 트럭에 태워 수용소까지 24시간 걸려 이송했으나 전원 질식사했다는 사실이 2002년 시체를 매장했다는 장소의 일부를 미국 의사들이 시굴한 결과 판명되었다. 朝日新聞 2002년 8월 19일자 석간.

또한 문제의 테러범죄 용의자를 처벌하기 위해, 국제연합 안보리가 결의로 임시(ad hoc)의 국제형사재판소를 설치하는 방법 또는 기존의 구유고 국제재판소에 아프가니스탄의 범죄자들도 소추하기 위해 인도할 것을 허용하는 안보리 결의의 채택도 이론상은 불가능하지 않다. 그러나 그들 다수를 수중에 두고 있는 미국은 국내(군사)재판소에서 처벌할 의향을 갖고 있고, 국제재판소 설치를 위해서 적극적으로 대응한 구유고의 경우와 달리 아프간의 경우에는 국제재판소에서의 재판을 의도하고 있지 않으며, 안보리에도 이러한 제안을 하지 않고 있다. 미국이 이와 같이 국제재판에 소극적인 이유의 하나는 국제재판에 회부하면 테러전의 군사기밀에 관한 증거를 공표하게 될 우려가 있다는 점 또한 반대로 중대한 범죄를 범할지도 모르는 미 병사도 국제재판에 회부할 수밖에 없게 되는 점을 염려하고 있기 때문이라고도 추측된다.

6. 반테러전쟁에 있어서의 인도법과 국제형사법의 경합관계

미국이 중심적으로 추진하는 '반테러캠페인' 즉 '반테러전쟁'은 결국 세계의 어딘가에서 테러 준비가 이루어져 그로 인해 미국이 테러공격의 대상이 될 위험성이 있는 한, 국경과 시간을 초월하여 제한 없이 확대되고 계속되어 갈 성질의 것이다. 그것은 특히 아프가니스탄이라는 지리적 범위 및 미·영군의 폭격으로 시작되는 무력분쟁이 계속된 기간에 한정되는 것은 아니다. 그 때문에 이 문제는 21세기 국제사회 상황에 국제법상, 특히 국제인도법의 관점에서 보아 심각한 난제를 제기한다. 즉, 반테러전쟁에 과연 어떤 법규가 적용될 것인가 하는 문제이다. 종래의 무력

84) 소위 현실주의자는 국제법의 구속성 근거를 (「합의는 구속한다」는 원칙이 아니라) 힘과 국익과의 합치에 있으므로, 반테러를 위한 대외무력행사가 미국의 국익을 지키기 위함이고 또한 미국이 거부권을 갖는 국제연합 안보리의 결의에 따라 그 무력행사가 국제연합 헌장 위반이 될 우려도 없으므로 위법으로 간주되지 않을 것이다. 다만, 반테러전쟁의 전형으로 판단할 수 있는 對 이라크 선제공격을 지지하는 키신저 前 미국무장관도 그것이 국제법위반이라는 점을 인정하고 있다(2002년 8월 12일자 워싱턴포스트).

분쟁의 존부에 의한 인도법 적용의 가부라고 하는 기준이 여기에서는 반드시 들어맞는 것은 아니다.

그러나 이러한 반테러전쟁의 상황에도 국제법 적용이 정지되는 것은 아니다. 특히, 반테러전쟁 그 자체의 계기가 되는 (미국의) 무력행사가 어느 국가영역에 대해 행해지는 한 jus ad(contra) bellum의 관점에서 평가되어야 하고[84] 그 상대가 국가가 아니고 테러리스트 개인 내지 테러조직이라고 해도 아프가니스탄의 경우처럼 어떤 국가영역 내에서 무력분쟁 상태가 계속되는 한 그 상황에 인도법이 적용되어야 한다는 점은 부정할 수 없다.

다만 미묘한 문제는 이러한 반테러 전쟁의 상황에서 국제형사법 또한 적용될 수 있는가 여부이다. 국제형사법은 아직 형성단계에 있고, 그 원칙이나 규칙도 – 각국의 국내형사법(범죄법)에 규정되어 있는 것 외에 – 일반국제법으로 확립되어 있는지 여부에 관하여 약간의 의문도 남아있다.

그러나 테러 관련 조약상의 규정은 이러한 상황(종래의 전시 · 평시가 반드시 양분되지 않는 상황)에 있어서도 당연히 적용된다고 생각할 수 있다. 그 경우 그러한 규정 내용이 인도법의 그것과 경합 혹은 저촉하는 경우에 어느 쪽을 우선 적용해야 하는가라는 순서의 문제가 발생할 지도 모른다.

만약 무력분쟁의 상태라면 인도법이 우선되고(예를 들면, 포획된 자의 포로자격 또는 민간인 자격의 유무 규정이 우선 적용되고) 그 규정하에서 필요하다면 그에 적합한 재판에서 (국내 · 국제)형사법이 적용되게 될 것이다. 만약 무력분쟁 상태가 아닌 경우에는 인도법의 적용 없이 오로지 형사법(인권법 포함)이 적용됨은 말할 필요도 없다.

제4-2절 이라크전쟁과 국제인도법

1. 이라크 전쟁의 개시 경위 및 법적 성질

9.11 사태에 이은 아프간분쟁에서 탈레반정권이 붕괴된 후 2002년 1월 29일 부시 미대통령은 일반교서 연설에서 이라크 등을 '악의 축'이라고 비난하고, 나아가 9월 12일 국제연합 총회에서 미국 단독으로 對 이라크 무력행사의 가능성을 시사했다. 이러한 상황하에서 11월 8일 국제연합 안보리는 만장일치로 對 이라크 결의 1441을 채택했다. 동 결의는 이라크가 제결의에 따를 의무를 위반했으며, 현재에도 위반하고 있다면서 본 결의에 따라 이라크에 대해 제결의에 기초한 무장해제의 의무를 준수할 '최후의 기회'를 부여할 것 등을 결정하였다. 프랑스, 러시아, 중국 등 3개 상임이사국이 사찰을 계속할 것을 요구하면서 무력의 조기 사용을 반대하는 가운데 2003년 3월 17일(일본시간 18일) 부시 대통령은 최후통고를 하였다.

미국은 이라크가 계속 위험한 무기를 은닉하고 있으며, 후세인이 권좌에 있는 한 무장해제는 불가능하고, 후세인 대통령과 2명의 아들이 48시간이내에 망명하지 않으면 공격을 개시할 것이라고 하였다. 또한 이 연설에서 이라크의 위협은 명백하다며, 미국은 자국의 안전보장을 위해서 무력을 행사할 주권을 가지고 있다고 했다. 영국도 17일 긴급각의에서 이라크에 무력을 행사할 것을 결정했다(오스레일리아도 2,000명의 파병을 분명히 했다).

18일 후세인 대통령 등이 망명요구를 거부한 채, 통고기한인 미 동부시간 19일 오후 8시(일본시간 20일 오전 10시)이 지나자 미 · 영군은 이라크 시간 20일 오전 5시(일본시간 동 11시) 무력공격을 개시했다. 부시 대통령은 연설에서 "지금 이 시간 미국 및 연합군은 이라크인들을 해방시키고 세계를 위기로부터 지키기 위하여 이라크를 무장해제하기 위한 군사작전의 초기단계에 들어갔다. 나의 명령에 따라 연합군은 사담 후세인의 군사수행능력을 제거하기 위해 중요한 군사시설 등 선택적인 목표에 대해 공격을 개시할 것이다"라고 하였다.

다른 한편, 후세인 대통령은 20일 오전 8시 30분(일본시간 동일 오후 2시 30분), 국영 TV에서 부시 대통령을 "인도에 대한 죄를 위반했다"고 비난하고, "우리는 침략자와 단호히 싸워 전쟁에서 승리하겠다"며 철저하게 항전할 것을 강조하였다. 이러한 국제연합 안보리를 둘러싼 '외교적' 경위를 거쳐 개시된 이라크 전쟁은 미영군의 이라크 영역에 대한 선제공격 – 우선, 바그다드 남쪽의 후세인 등이 숨어 있는 것으로 알려진 방공호에 대한 '암살' 폭격, 이어서 미 · 영군의 정밀유도미사일에 의한 도시폭격과 이라크남부로부터의 지상군의 공격 개시 – 으로 시작되었다.

이러한 무력공격의 개시는 국제법상 위법성이 강한 것이지만, 그 성질의 여하를 불문하고[85] 이 분쟁이 국제적 무력분쟁에 해당하는 것은 의심할 바 없다. 따라서 동 분쟁에는 종래의 전쟁법 또는 인도법 등의 적용가능성에 대한 문제가 당연히 발생한다.

2. 이라크 전쟁에 있어서의 인도법상의 문제

이 전쟁에서 미 · 영과 이라크 쌍방은 국제적 무력분쟁에 적용되는 인도법의 제 규칙에 구속되는 것은 말할 필요도 없다. 이들 3개국 모두 1949년 제네바협약의 체약국이며, 영국은 1977년 추가의정서에도 가입하였다. CICR은 전쟁개시 당일인

85) 이 무력공격에 관하여 미국은 일련의 안보리 결의 -특히 걸프전쟁시의 결의 678(1990), 687(1991) 및 1441(2002)- 에 의해 정당화된다고 주장한다. 그러나 결의 678은 이라크의 쿠웨이트 침공이라는 상황하에서 '쿠웨이트정부에 협력하고 있는 회원국에 대하여' '필요한 모든 수단을 취할' 권한을 부여한 것이었는데, 이번 상황은 다르다. 상임이사국 중에서도 프랑스, 러시아 및 중국은 반대해석을 하고 있다. 부시 대통령의 3월 17일 최후통고는 안보리 결의를 원용하지 않고 오로지 자위권에 의거하고 있다. 그러나 이라크의 대미 '무력공격'이라는 헌장상의 자위권 행사요건은 충족되지 못한다. 그렇다고 하면 미·영의 무력행사는 헌장 제2조 4항의 무력행사 금지원칙에 반하는 것이라고 판단된다. 다만 안보리가 침략의 정의 결의(총회 결의 3314(XX I X)에 기초하여 미·영의 무력행사를 위법 내지 침략행위로 결정하는 것은 생각할 수 없다. 이 문제에 관하여는 안보리에서의 이라크전쟁을 둘러싼 공개토론회(2003년 3월 26~27일) 참조.

2003년 3월 20일, 이러한 취지로 인도법을 존중할 것을 요구하였다.[86]

쌍방의 적대행위와 피해상황의 정확한 사실을 알기는 어렵다. 이 전쟁은 쌍방 모두 미디어 등을 이용한 일종의 정보전적인 측면을 가지고 있고(미군은 600명 정도의 종군기자를 인정하였다), 상호 상대행위의 잔학성과 위법성을 영상 등을 통하여 '선전' 함과 동시에, 자국의 위법행위를 은폐하는 경향을 보였다. 다른 한편, 기자의 보도나 카메라맨의 영상만이 현장의 사실을 외부에 전달하는 거의 유일한 수단이었다. 인도법 위반과 관련하여 논쟁이 되고 있는 몇 가지 문제를 살펴보고자 한다.

(a) 우선, 폭격방법에 관하여 후세인 대통령의 암살을 목표로 하는 폭격 또는 이라크 국경 TV국 등 방송시설의 폭격은 합법인가, 불법인가? 전자에 대해서는 후세인이 군 최고사령관이라고 한다면, 군사목표의 공격으로 간주된다. 다만 이러한 암살공격은 말하자면 생존자를 남기지 않을 방침으로 행하는 적대행위에 해당되는가(제1추가의정서 제40조)라는 문제는 남을 것이다.

후자의 이라크 국영 TV국 등의 방송시설에 대한 폭격[87]에 대해서는 이러한 TV국이 군사목표로 간주될 수 있는가 여부에 따라 그 평가가 달라진다. 군사목표에 관한 국제적으로 공인된 리스트는 존재하지 않지만, 일찍이 1956년 CICR이 제안한 규칙안중의 군사목표 리스트에는 라디오방송국과 TV국도 포함되어 있고, TV국이 군 명령의 전달 등 군사적으로 이용될 수 있다면 공격대상이 될 수 있다. 다만 발생될 민간인의 피해와 민간물자의 손해를 최소한으로 하기 위해 실행가능한 모든 예방조치(상황이 허용하는 한 사전경고도 포함)가 취해져야 한다(제1추가의정서 제57조).

---

86) 20-03-2003 Communique de presse 03/18: le CICR lance un appel en faveur du droit international humanitaire. 암네스티 인터내셔날도 전쟁법의 실질적 존중, 인도적 원조에의 억세스를 확보할 것을 요구하고, 또한 인도에 대한 중대한 부수적 손해의 초래를 걱정했다(Amnesty International Press Release(AI-index : MDE 14/029/2003 20/03/2003).

87) 미·영군은 3월 26일 아침 바그다드 중심부에 있는 이라크 국영 TV와 위성방송·통신시설 등을 정밀유도폭탄과 토마호크 순항 미사일로 공격했다.

다른 한편, 외국보도기관이 소재하는 건물은 군사목표로 간주되지 않아 그것에 대한 폭격은 위법이다(동 제79조).[88)]

(b) 소위 정밀유도무기와 특정무기의 사용방법의 합법성에 있어서도 문제가 있다. 미 · 영군은 정밀유도무기와 순항미사일 · 토마호크를 사용하여 이라크의 군사목표를 정확하게 파괴하였다고 주장했다. 그러나 바그다드와 같은 인구밀집지역에의(군사목표를 노렸다고는 함) 미사일 공격은 주민의 거주지구와 시장도 파괴하였고 다수의 사상자도 발생시켰다.[89)]

이러한 주민지구에의 미사일 착탄(着彈)은 '오폭' 이라든가, '부수적 손해' 라고 설명되기 쉽다. 그러나 '오폭' 이라고 해도, 폭격의 지휘명령계통에서의 책임 문제가 인도법상 발생한다. 또한 '부수적 손해' 를 초래하기 쉬운 소위 목표구역 폭격은 무차별적 폭격과 동등하다고 간주되며, 제1추가의정서에서도 엄격한 군사목표주의가 받아들여지고 있다(제48조 및 제51조)는 점에 주의하여야 한다.

게다가 신형의 정밀유도 크라스터(집속)폭탄 CBU105는 다수의 자폭탄(子爆彈)을 살포하고 넓은 범위를 파괴할 수 있는 친자폭탄(親子爆彈)이며, 나아가 촉발로 폭발하는 지뢰효과를 갖고 있어 사용방법에 따라서는 인도법상 위법으로 간주될 수 있다. 또한 장갑관철능력을 갖는 열화우라늄탄은 폭발시에 우라늄의 미립자가 체내에 들어가 암이나 백혈병의 원인이 되기 때문에 불필요한 고통을 주는 무기로 간주될 수 있는가의 여부에 대한 검토가 필요할 것이다.

그 밖에 아프간에서도 사용된 데지캇터 BLU82라는 대형폭탄(중량 6750kg)과 땅

88) 4월 8일 미·영군은 수도 바그다드의 외국 보도기관의 특파원들이 소재하는 건물을 공격하여 특파원중 사상자가 발생했다. 카타르의 위성TV · 알자지라 지국에 미사일 두 발이 명중하여 팔레스티나인 특파원 1명이 사망, 카메라맨 1명이 부상했다. 또 팔레스티나 호텔의 15층 부근이 미 전차의 포격을 받아 로이터통신의 카메라맨 1명이 사망, 기자와 기술자 3명이 부상했다. 다, 브럭스준장은 기자회견에서 '호텔로부터 공격받았기 때문에 반격했다. 저널리스트를 표적으로 삼는 일은 없다'고 말했다.(아사히신문 2003년 4월 9일)

89) 3월 26일 바그다드 주택지인 샤아브지구의 시장에 미사일 2발이 떨어져 주민 15명이 사망하고 약 30명이 부상했다. 3월 28일 바그다드의 슈라지구의 시장에서 미사일 착탄으로 보이는 대규모폭발이 있었고, 이라크 당국에 의하면 주민 50명 이상이 사망했다.

속 깊은 곳에서 폭발하는 벙커바스터가 사용된 적이 있다. 어쨌든 이라크 폭격은 하이테크 기술을 구사한 신무기 내지는 개량무기의 '실험장'이 되었고, 정보화시대에 그 효과를 보여주는 선전의 장이 되었다. 이들 무기들의 사용을 직접 금지하는 조약 규정은 없지만, 그 사용 효과 내지 피해 규모와 성질에서 볼 때 기존 해적수단의 규제 원칙과 규칙에의 위반은 의문의 여지가 없다(제1추가의정서 제36조 참조).

(c) 이라크측의 소위 '자폭' 공격은 합법적인 해적수단인가?

3월 29일 이라크 남부 나쟈브 근교의 미군검문소에서 자동차로 접근한 이라크병에 의한 자폭공격으로 미군 4명이 사망했다. 3월 31일 동일한 나쟈브 근교의 검문소에서 정지명령을 무시한 승합차에 미군이 발포하여 탑승하고 있던 여성과 어린이 총 13명 중 7명이 사망하고 2명이 부상을 입었다.[90]

전투원(정규군 병사뿐만 아니라 비정규군, 소위 군민병이든)이 적군 병사에 대해 자폭공격을 행하는 행위 자체는 위법한 전투방법이라고는 할 수 없다. 비군사물로 볼 수 있는 민간차량으로 적에 접근하여 공격하는 방법은 奇計라기 보다는 위법한 배신행위로 간주되는 경우도 있을 것이다(제1추가의정서 제37조).

(d) 포로(특히 미군)의 TV방영은 인도법상 금지되어 있는가?

이라크 TV는 3월 23일 미군포로로 보이는 5명과 적어도 4구의 시신을 방영했다. 위성TV '알자지라'는 23일 이라크TV 영상을 사용하여 이라크 남부 나시리아에서의 전투에서 이라크군에게 포획된 미군포로로 보이는 5명(그 중 1명은 여군)을 방영했다. 5명 중에는 얼굴 등에 부상을 입었고, 쓰러진 채 이라크인 기자의 '심문'에

90) 미 중동군 사령부의 발표. 워싱턴 포스트에 의하면 차내에 있던 5세 미만으로 보이는 어린이 5명을 포함 10명이 즉사하였다고 함.

91) 알자지라에 의하면 미 텍사스주 출신으로 에드가라는 남성은 피가 묻은 셔츠와 바지차림으로 방영되었다. 다른 남성은 앉은 채 몸을 떨면서 '(미국의) 뉴저지 출신이다'라고 대답했다. 포로로 추정되는 5명 중 1명은 다리를 부상당한 30세의 흑인 여성이었다. 럼스펠드 미 국방장관은 23일 미 TV로 포로의 사진을 공개하는 것은 제네바협약 위반이라고 비난했다.

답하는 자도 있었다.[91]

분쟁당사국은 포로를 인도적으로 대우하고 "공중의 호기심으로부터 보호하여야 한다(제네바 포로협약 제13조)." 그렇다면 포로의 모든 영상이나 사진 공개는 이 보호규정에 위반하는 것으로 볼 수 있는가? 이 문제는 베트남전쟁에서의 미포로가 하노이 시내를 끌려 다닌 사건과 아프간무력분쟁에 있어서 굴욕적 모습으로 연행되는 탈레반과 알카에다 병사의 모습이 방영되었을 때 논쟁이 되었다. 이번 영상과 사진의 방영을 이전의 사례들과 동일한 것으로 볼 수 있는가? 한편으로는 종군 카메라맨의 영상보도 자유가 존중되어야 하지만, 다른 한편으로 만약 상기의 미군 영상이 공중의 호기심으로부터의 보호에 위반된다고 한다면 그 책임은 협약체약국인 이라크가 부담하여야 할 것이다. 다만 이라크 국영TV로부터 녹화 테이프를 입수한 외국의 민간 TV(알자지라 등)의 방영에 그 책임을 물을 수 있는지는 의문이다. 외국(민간) TV에 의한 이라크병의 투항과 이라크포로의 굴욕적 모습의 방영과 사진공개에 대해서도 동일한 문제가 존재한다.

(e) 바그다드 제압(4월 9일) 및 후세인정권 붕괴직후의 이라크 상황을 법적으로 어떻게 볼 것인가?[92] 거기에 인도법이 적용될 수 있는가? 이라크 영역의 대부분은 사실상 미영군의 권력내에 들어간 것이므로 군사점령 상황으로 보아야 할 것이다(헤이그규칙 제42조).

다만 후세인 정권이 붕괴하고 이라크 국가의 존속 그 자체에 의문이 있다고 한다면, 전시점령이라고 하기보다 전후(혼합)점령 내지는 정복상태로 보아야 할지도 모른다. 그러나 법적으로는 미 · 영은 점령법규(헤이그규칙과 민간인협약의 점령지역에 관한

92) 2003년 4월 9일 미 정부는 바그다드 제압과 후세인 체제의 붕괴를 '역사적 순간'으로 평가하면서 독재로부터의 이라크 국민의 해방이 실현된 것을 환영했다. 럼스펠드 국방장관은 9일의 회견에서 후세인 체제의 붕괴와 이라크전쟁의 군사적인 승리를 구별할 의도를 밝혔다.

규정)를 준수하고, 가능한 한 공공질서 및 생활을 회복시키기 위해 시행해야 할 일체의 수단에 최선을 다해야 한다(헤이그규칙 제43조).[93]

(f) 전쟁개시부터 바그다드 함락까지의 20일간에 행해진 인도법의 중대한 위반에 대해서는 앞으로 미영에 의한 이라크 '점령' 하에서 특히, 이라크인에 대해 재판이 개시될 가능성이 있다. 그 경우에도 점령국의 권한 있는 재판소는 정식재판을 행한 후가 아니면 판결을 언도해서는 안 된다(민간인협약 제71조). 가장 관심이 많은 것은 아직 행방불명의 사담 후세인을 비롯한 이라크의 정치지도자들을 전쟁범죄인으로서 재판할 수 있을 것인가 또는 포획한 경우 어디에서 재판을 할 것인가가 문제일 것이다. 생각해 볼 수 있는 것은 ① 뉴른베르그 · 동경재판 타입의 전승(연합)국 군사재판소의 설립 ② (구)유고/르완다 타입의 국제연합 안보리에 의한 특별 국제재판소의 설립 ③ ICC ④ 美군사재판소 또는 '신생' 이라크의 국내재판소이다. 그러나 ③의 ICC에 인도할 경우(다만, 미국과 이라크 모두 ICC 규정에 가입하지 않았음)를 제외하고, 어떤 경우도 소위 '승자의 재판' 으로 간주될 것이다. 미 · 영측의 전쟁개시 책임의 유무 및 인도법 위반의 전쟁범죄 문제를 어디에서 어떻게 취급해야 하는가 하는 문제도 남는다.

제5절 국제형사재판제도의 전개

1. (구)유고 국제형사재판소 및 르완다 국제형사재판소의 설치

1990년대에 들어 이른바 '냉전후' 의 세계에서 인도법의 중대한 위반행위와 인

93) Amnesty International, IraQ Responsibilities of the occupying powers, AI INDEX : MDE 14/089/2003 16 April 2003. 참조.

권의 중대한 침해를 행한 책임자를 국제재판에서 처벌하는 제도가 전개되기 시작했다. 그 계기는 (구)유고영역에 있어서의 무력분쟁, 특히 보스니아분쟁에 있어서 민족정화와 집단강간이라는 중대한 위반행위가 반복되자 그 책임자를 재판하기 위해 1993년 헤이그에 설치된 구유고 국제형사재판소(ICTY)였다.

이어서 르완다 내전에서의 잔학행위 책임자를 처벌하기 위한 르완다 국제형사재판소(ICTR)도 1994년에 알류샤(탄자니아)에 설치되었다. 이러한 양 재판소의 설치는 국제연합 안전보장이사회 결의에 기초한 것으로써, 결의에 부속된 각각의 국제재판소 규정에 따라 재판소가 구성되어 운영되었다.94)

다만, 안보리가 구유고 사태 및 르완다 사태를 '국제평화와 안전에 대한 위협'을 구성하는 것으로 인정하고, 국제연합 헌장 제7장하에서 행동하는 것으로 이들 재판소의 설치를 결정한 것이며, 이러한 위협이 사라지면 안보리 결의로 재판소는 해산된다. 이러한 의미에서 이들 재판소는 상설적인 것이 아니라 임시(ad boc)적인 것이다.

ICTY 및 ICTR은 2개의 제1심 재판부와 1개의 상소심 재판부로 이루어진 재판부와 검찰관과 서기국으로 구성되며, 재판부는 11명의 독립된 재판관으로 구성되고, 그 중 동일국 국민이 2명 이상이어서는 안된다. 재판관은 안보리가 제출한 명부 중에서 국제연합 총회에서 선출된다. 재판관의 임기는 4년이지만 재선될 수 있다. 최초의 재판소장은 카세제(이탈리아)가 선출되었다.

양 재판소 모두 자연인에 대해서만 관할권을 갖고 단체 및 법인은 제외된다. ICTY는 구유고 영역에 있어서의 영역적 관할권을 가지며, 1991년 1월 1일 이후의 기간에 관하여 시간적 관할권을 갖는다. 한편, ICTR의 영역적 관할권은 르완다 영역 및 (르완다 국민이 범한 인도법의 중대한 위반에 있어서는) 인접 국가들의 영역에도 미치

94) 1993년 5월 25일의 안보리 결의 827(1993) 부속 '(구유고슬라비아)국제재판소규정'(이하, 'ICTY규정'이라 함) 34개 조, 1994년 11월 8일의 안보리결의 955(1994) 부속 '르완다국제재판소규정'(이하, 'ICTR규정'이라 함) 32개 조.

며, 시간적 관할권은 1994년 1월 1일부터 同年 12월 31일까지이다.

문제는 사항적 관할권으로, ICTY는 1949년 제네바협약에 대한 중대한 위반행위, 전쟁의 법규관례 위반(이에 포함되는 것으로는, (a) 불필요한 고통을 주는 독성무기 및 여타 무기의 사용 (b) 도시 · 촌락의 자의적 파괴 또는 군사상 필요에 의해 정당화되지 않는 참화를 초래하는 행위 (c) 無防守 촌락, 주택, 건물에 대한 공격 또는 포격 (d) 종교 · 자선 · 교육 · 예술 · 학술적 용도에 제공되는 시설 역사적인 기념건조물 및 예술상 · 학술상 작품의 압수, 파괴 또는 고의적 훼손 (e) 공공 또는 사유재산의 약탈)과 제노사이드 및 인도에 대한 죄를 들고 있으며(ICTY 규정 제2조~제5조), ICTR은 제노사이드, 인도에 대한 죄 및 제네바협약 공통3조와 제2추가의정서의 위반을 들고 있다(ICTR 규정 제2조~제4조).

이것들은 대체로 인도법(관습법화 된 기본규정)의 중대한 위반이지만, 제노사이드와 인도에 대한 죄라는 평시에도 행해질 수 있는 국제범죄행위를 들고 있고, 또한 ICTR의 경우 내전상황이었던 것을 고려하여 비국제적 무력분쟁에 적용되는 규정의 중대한 위반을 들고 있는 것이 특징적이다.

이들 범죄의 계획, 준비 또는 실행에 관하여 계획 · 선동 · 명령 · 실행 또는 방조하거나 교사한 자는 개인으로서 그 범죄에 대해 책임을 진다(ICTY 규정 제7조, ICTR 규정 제6조). 피고인은 그 공적 지위(국가원수 또는 정부의 수장이든가 책임을 지는 공무원이든가를 불문)에 따라 형사상의 책임을 면제받지 못하고 또한 형벌이 경감되지 않는다. 상관은 부하가 그러한 범죄를 행하려고 또는 행한 것을 알고 또는 알 이유가 있었던 경우에는 그 범죄행위를 방지 또는 범죄행위를 행한 자를 처벌하기 위해 필요하고 합리적인 조치를 취하지 않았을 때는 형사책임을 면하지 못한다. 소위 상관책임이 인정되고 있는 것이다. 또한 피고인은 정부 또는 상관의 명령에 따라서 행동했다는 이유로 형사책임을 면제받지 못한다. 다만, 국제재판소가 정의를 위해서 필요하다고 결정한 경우에는 형벌의 감경사유로는 될 수 있다. 여기에서도 소위 상관명령의 항변은 인정되지 않는다.

그런데 이들 국제재판소와 각국의 국내재판소는 인도법의 중대한 위반에 관하여 人을 소추함에 있어 양쪽 모두 관할권을 갖는다(동 제9조, 동 제8조). 그리고 관할권이 경합할 경우 국제재판소가 국내재판소에 우선한다. 즉, 국제재판소는 국내재판소에 대하여 어떠한 절차단계에서도, ICTY 규정 내지 ICTR 규정 그리고 그들의 절차 및 증거에 관한 규칙에 따라 국제재판소의 권한에 따를 것을 정식으로 요청할 수 있다. 또한 각국들은 피의자의 수사 및 소추에 있어 국제재판소와 협력해야 한다(동 제29조, 동 제28조).

각국들은 제1심 재판부의 원조요청 또는 명령(人의 체포 및 구금, 국제재판소로의 피고인의 인도 또는 이송 등)에 대하여 부당하게 지연하는 일 없이 따라야 한다. 이러한 관할권의 경합시의 취급과 사법상의 원조는 각국의 사법주권과의 관계에서도 미묘한 문제를 포함하고 있기 때문에, ICTY 규정도 그리고 ICTR 규정도 안보리 결의에 바탕을 두는 것이므로, 국제연합 헌장 제25조에 의해 국제연합 회원국은 이 규정의 개별 규정에 당연히 구속된다고 판단해야 할 것이다. 다만, 예를 들면 국제재판소가 피의자를 구속한 국가에 그 인도를 요구하는 경우, 同國은 인도의무를 진다고 해도 현실적으로 인도하기 위해서는 그것을 허용하는 국내법이 필요할 것이다.[95]

또한, 어떠한 자도 국제재판소에서 이미 재판을 받은 경우 국내재판소에서 재판을 받는 일은 없고, 반대로도 또한 동일하다는 점에서 일사부재리원칙(一事不再理原則)이 인정되고 있다(동 제10조, 동 제9조).

다만, 국내재판소에서 재판을 받는 원인이 된 행위가 통상의 범죄로 취급될 경

95) 타지치를 체포한 독일은 국제재판소로의 인도에 관한 국내법을 제정한 후 헤이그에 있는 ICTY에 인도했다. 양 국제재판소로의 사법공조에 관한 미국의 국내법(PUB. L. 104-106, DIV. A. TITLE XIII, SEC. 1342, 10 Feb. 1996, 110 Stat. 486 in V. Morris and M. P. Scart, *The International Criminal Tribunal for Rwanda*, Vol.2, New York, 1998, pp. 389-390) 참조.

우, 국내재판소의 절차가 공평한 독립된 것이 아니었을 경우 국제적인 형사책임으로부터 피고인의 보호를 의도한 것이었을 경우 또는 소추가 성실하게 행해지지 않았을 경우에 한해 국제재판소에 의해 재판을 받는 일이 있을 수 있다.

제1심 재판부가 부과하는 형벌은 구금형에 한정된다(동 제24조, 동 제23조). 인권보장 관점에서 많은 국가에서 오늘날 사형이 폐지되고 있는 점을 반영한 것이라고 할 수 있다. 구금기간의 결정에는 구유고 또는 르완다 재판소의 구금형에 관한 일반관행에 의거해야 한다.

ICTY 및 ICTR은 1990년대 중반부터 활동을 개시하여 이미 몇 차례 판결을 언도했다.[96] ICTY에 있어서는 상당한 수의 기소장과 체포장이 발부되었으나, 체포된 인원수는 아직 소수이며, 특히 정치적 또는 군사적 지도자는 미체포 상태이다. 신유고 대통령이 된 밀로세비치는 사임후 유고 국내에서 체포되어 ICTY에 인도되어 공판도중 사망하였다.[97]

이미 언도된 판결중에서도 최초의 재판이 된 타짓치 사건의 상소심(관할권) 판결에서는 이 국제재판소의 설치는 국제연합 헌장 제41조하에서 안보리의 권한에 속한다고 하였으며, 또 (보스니아의 무력분쟁이) 비국제적 무력분쟁인가 또는 국제적 무력분쟁인가를 불문하고, 재판소는 관습법으로 볼 수 있는 전쟁의 법규관례 위반(ICTY 규정 제3조)의 행위에 대한 관할권을 가지고 있다고 한 점이 주목된다.[98] 또한 ICTR에 있어서는 아직 판결 수는 적지만, 칸반다 사건 제1심 판결에서는 국가지도

96) ICTY에는 8건이 係屬되고, 제1심 판결은 9회, 상소심 판결은 3회(2000년 2월 1일 현재), ICTR에는 29건이 係屬되어 제1심 판결은 6회, 상소심 판결은 1회(바라야구이저사건 ICTR 97-19-AR72) 제출되어 있다.

97) 밀로세비치는 전쟁범죄, 인도에 대한 죄, 제노사이드의 3범죄 등으로 기소되었다. 공판은 2002년 2월 12일에 시작되었다. ICTY, Milosevic et al. -Second a Amendment Indictment, Cose No. IT-99-PT. 보스니아의 세르비아인 세력 지도자 카라짓치, 그 군의 지휘자 무라짓치와 같은 거물은 2000년 2월 현재 아직 체포되지 않고 있다.

98) ICTY : Decisions in *Prosecutor v. Dusko Tadic*(Establishment of the International Tribunal) [October 2, 1995] 35 *ILM* 32(1996), paras,34-35; paras.128-137. 최근의 상소 판결에서 타지치에게 20년의 금고형이 언도되었다(In the Appeals Chamber, *Prosecutor v. Dusko Tadic*, Judgment and Sentencing Appeals, 26 January 2000). 또, 아카예스사건(*Prosecutor v. Jean-Paul Akayesu*, Case No : ICTR-96-4-T)도 참조.

자(전 르완다 잠정정부 수상)에 대해 제노사이드 및 인도에 대한 죄의 6가지 訴因으로 유죄판결(종신구금)을 내렸다.[99]

이들 국제형사재판의 관행을 보면, 현대의 무력분쟁이 민족분쟁의 성격을 지니고 또는 내전화하고 있다는 점에서 종래의 분류에 따르면 비국제적 무력분쟁에 해당한다고 볼 수 있는 사태에 있어서의 인도법의 중대한 위반행위의 책임자에 대해서도 국제범죄로서 처벌하려고 하는 경향이 나타나고 있다.

2. 로마국제형사재판소(ICC) 규정의 채택

상설 국제형사재판소의 설치를 요구하는 움직임은 기술한 바와 같이 국제연합 체제하에서도 냉전시대에는 진전되지 않았으나, 위의 구유고와 르완다 ad hoc 국제재판소 설치에 자극을 받아 국제연합 국제법위원회(ILC)가 1994년 국제형사재판소(ICC) 규정안을 총회에 제출한 것을 원안으로 하여, ICC 준비위원회가 ICC 초안을 작성하고 1998년 로마 외교회의에서 128개 조문으로 이루어진 국제형사재판소 규정(이하 'ICC 규정' 이라 함)이 다수결로 채택되었다.[100]

ICC는 역사상 최초로 범죄인 개인을 재판하는 상설 국제형사재판소(소재지는 헤이그이며 예심부(豫審部), 제1심재판부와 상소재판부로 구성)가 될 것이다. 이것은 국제사회 전체의 관심사인 가장 중대한 범죄가 처벌되지 않고 방치되어서는 안 된다는 생각에서 만들어진 것으로, 이러한 범죄의 책임자에 대하여 각국들이 형사관할권을 행사

99) *The Prosecutor v. Jean Kambanda,* Case No : ICTR 97-23-S, Judgment and Sentence, 4 September 1998.

100) 찬성 120, 반대 7(미국, 중국 포함), 기권 21. 발효를 위해서는 60개국의 비준이 필요하다.

할 의무가 있다는 점을 상기시킨다.

따라서 ICC는 국내의 형사관할권을 보완해야 한다(ICC규정 전문, 제1조). 결국 ICTY규정과 같은 국제재판소의 국내재판소에 대한 관할권의 우월이 인정되고 있는 것이 아니라, 특정 사건에 있어서 국내재판소가 적절하게 기능하지 않을 경우, 구체적으로는 수사 및 소추를 행할 의사 또는 능력 결여(동 제17조의 경우)에만 ICC가 관할권을 갖게 된다. 다만, 이러한 국가의 의사 또는 능력의 유무를 결정하는 것은, 바꾸어 말하면 ICC에 의한 사건의 수리가능성을 결정하는 것은 ICC 자신이다. 수리가능을 결정한 경우, 예를 들면 ICC의 사항적 관할권에 해당되는 국제범죄에 책임 있는 피의자가 주류하는 영역국은 그 자를 체포 · 인도 등 ICC에 대한 협력이 요구된다(동 제86조, 제87조, 제89조).

따라서 보완성 원칙을 주장하는 ICC는(국내재판소에 대신할 또는 그것에 대한 상소재판소와 같은) 말하자면 세계형사재판소가 될 것을 지향하는 것은 아니지만, 수리 가능한 결정을 통하여 실질적으로는 ICTY 등에 가까운 활동을 행할 수 있는 여지가 있다고도 할 수 있을 것이다.

이 재판소의 관할권은 가장 중대한 국제관심범죄(국제범죄), 즉 제노사이드죄, 인도에 대한 죄, 전쟁범죄 및 침략의 죄에 한정된다(ICC규정 제5조). 그 중 '침략의 죄'에 대해서는 로마회의에서 그 정의와 구성요건에 대해 합의를 이룰 수 없어 ICC규정 발효 이후 체약국회의에서의 검토에 위임되었다. 또한 제노사이드죄의 요건은 제노사이드조약의 규정을 그대로 받아들이고 있다(제6조).

인도에 대한 죄는 살인, 섬멸, 고문, 강간, 강제실종, 아파라트헤이트(apartheid)죄 등 11개의 행위(ICTY규정 제5조 인도에 대한 죄에서는 9개 행위)를 들고 있다. 또한 전쟁범죄에 대해서는 (a) 1949년 제네바협약의 중대한 위반행위 (b) 확립된 국제법의 틀

내에서 국제적 무력분쟁에 적용되는 법규 관례의 기타 중대한 위반(26개 행위의 열거, 그 중에는 인도적 지원 또는 국제연합헌장에 기초하는 평화유지임무에 관련되는 요원 등에 대한 고의적인 공격도 포함) (c) 비국제적 무력분쟁의 경우에 있어서 제네바협약 공통3조의 중대한 위반 (d) 확립된 틀 내에서 비국제적 무력분쟁에 적용될 법규관례의 기타 중대한 위반(강간, 강제 임신, 15세 미만의 어린이를 징모(徵募)·입대시켜 적대행위에 참가시키는 행위를 포함하는 12개 행위 열거)을 들고 있다(ICC규정 제8조).

중대한 국제관심범죄는 이러한 4개의 유형으로 한정되며, ICC 규정의 기초단계에서 거론되었던 마약거래와 테러행위 등의 범죄는 여기에 포함되지 않는다. 또한 인도에 대한 죄와 전쟁범죄에 대해서도 각각 열거된 행위가 "민간인인 주민에 대하여 행해지는 광범위하거나 조직적인 공격의 일부로서 공격임을 예지하면서 행해지는 행위" 또는 "특히 어떤 계획 혹은 정책의 일부로서 행해진 경우 또는 당해 범죄의 대규모적인 것의 일부로서 행해진 경우"에 ICC가 관할권을 갖도록 하여 중대한 것에 한정되어 있다는 점을 주목할 필요가 있다. 또한 무기의 사용, 특히 핵무기 사용문제는 로마회의에서 논의가 대립된 결과 전쟁범죄의 열거행위에는 포함되지 않았다.

또 하나 주목할 것은, 앞의 제행위중 일정 부분은 국제적 무력분쟁에서 뿐만 아니라 비국제적 무력분쟁의 경우에도 국제범죄로서 ICC의 관할에 들어갈 수 있다는 점이다. 이것도 전술한 ICTY와 ICTR과 같은 ad hoc 국제재판소가 분쟁의 성질을 불문하고 사항적 관할권을 행사하는 경향에 있다는 것을 표시하는 것이다.

다만 ICC 규정은 조약이므로 이 규정의 체약국은 ICC의 관할권을 수락할 필요가 있다. 이 점과 관련하여 ICC 규정은 체약국이 되면 당연하게 관할권을 받아들인 것이 된다는 자동적 관할권(제12조 1항)을 인정하고 있다.[101]

또한 재판소 관할권의 행사는 안보리에 의한 국제연합 헌장 제7장하에서의 사태의 회부를 제외하고, 체약국에 의한 사태의 회부 또는 검찰관에 의한 수사 개시의 경우에 범죄행위지국(선박 및 항공기 등록국 포함) 또는 피의자 국적국 어느 한 쪽이 ICC 규정 체약국인 경우에(제12조 2항) 그리고 비체약국의 경우에는 당해 범죄에 관하여 재판소의 관할권 수락을 선언하는 경우에(제12조 3항) 가능하다.[102] 이 점에서 재판소 관할권의 수락선언을 하지 않은 비체약국의 국민(개인)에게도 그 자가 범죄행위지국(체약국이 앞의 수락 선언국)에 있을 경우, ICC의 관할권이 행사될 수 있게 된다.[103] 이의 의미에 대해 ICC는 상술한 범죄를 행한 전 세계의 개인(자연인)에 대해 보편적 관할권을 갖고 있다고 조차 할 수 있을 것이다.

또한 재판소는 통상적으로 민사사건에 해당하는 배상명령을 내릴 수 있다. 즉, 재판소는 원상회복, 보상 및 사회복귀를 포함하는 피해자에 대한 또는 피해자에 관한 배상에 대한 원칙을 규정하게 되어 있고, 이것을 기초로 하여 유죄판결을 받은 자에게 이러한 적당한 배상을 명령 할 수 있다(제75조). 이러한 문제는 이제까지의 국제형사재판소가 취급하지 않았던 새로운 것이 될 것이다. 또한 피해자와 가족을 위해서 체약국회의의 결정으로 설립되는 신탁기금제도도 예정되어 있다(제79조).

3. ICC 규정 발효 및 ICC 설립

국제형사재판소(ICC) 규정(이하 로마규정이라 함)은 로마외교회의에서 채택된 후 2000년 말까지 서명에 개방되고, 다른 한편 동회의 최종의정서 서명국이 참가하는

---

101) 또 체약국은 ICC규정 발효 후 7년간 그 국민에 의해 또는 그 영역에서 행해진 전쟁범죄에 관하여 재판소 관할권을 수락하지 않겠다고 선언할 수 있다(124조).

102) 그러나 안보리는 체약국의 부탁으로 또는 검찰관 독자로 이미 시작된 수사 또는 소추를 국제연합 헌장 제7장 하에서 채택한 결의에서 12개월간 정지될 수 있다(갱신도 가능)(16조).

103) 미국이 로마회의에서 ICC규정에 반대한 가장 큰 이유의 하나는 미국이 비체약국이더라도 미군의 주류국이 체약국이거나 앞 선언의 수락국이라면 그곳에 주류하는 상기 범죄를 범한 미 장병이 ICC에게 인도될 가능성이 있기 때문이었다. Is a U.N. International Criminal Court in the U.S. National Interest? *Hearing Before the Subcommittee on International Operations of the Committee on Foreign Relations United States Senate 150th Congress Second Session, July* 23, 1998. U.S. Government Printing Office, Washington, 1998.

ICC 준비위원회는 ICC 설립에 필요한 절차와 증거규칙, 범죄요소(구성요건), ICC와 국제연합과의 관계협정, 재판소의 특권면제에 관한 협정 등에 관하여 텍스트 안의 작성에 착수했다. 로마규정의 발효에는 60개국의 비준이 필요하지만, 예상보다 빠른 2002년 4월 11일에 66개국의 비준을 받았기 때문에, 동년 7월 1일에 동 규정은 발효되었다.[104] 동년 9월 제1회 체약국회의가 개최되어 ICC 준비위원회의 상술한 텍스트 안이 채택되었다. 또한 재판관 18명(그 중 여성 7명)의 선거를 거쳐 재판소는 2003년 3월 11일 헤이그에서 설립되었다(同日 캐나다의 'Philippe kirsch' 가 초대소장에 선출되었음).

그러나 이러한 동향에 대하여 로마규정에 반대 투표한 국가들 중에서도 특히 미국의 소극적 대응이 눈에 띈다. 클린턴 미대통령은 2000년 12월 31일, 즉 로마규정의 서명개방 최종일에 국제적 '설명책임(說明責任)' 을 강조하고 동 규정에 서명했으나, 부시 정권은 2002년 5월 6일 '서명취소(unsigning)' 를 국제연합에 통고했다.

미국이 주장하는 가장 중요한 ICC 반대 이유는 로마규정이 '억제되지 않은 권력' 을 갖는 소추(검찰)제도를 두고 있으며, 비체약국 국민에 대해서도 관할권을 행사할 수 있게 되어 있어 미국의 주권을 침해하여 *在外* 미국 병사와 미국 관리를 '정치화된 소추' 의 대상으로 할 수 있다는 것이었다.[105] 이러한 태도에 대해서는 ICC 설립을 지지하는 EU국을 비롯한 관련 NGO들로부터 일방주의(unilateralism)라는 비난과 항의가 제기되었다.

다른 한편, 2002년 7월 12일 국제연합 안전보장이사회 결의 1422(2002년)는 국제

---

104) 同日 현재 서명국 수는 139, 비준국 수는 76이다. 2003년 3월 11일까지 89개국이 비준했다. 또 일본은 서명기간중에 서명하지 않고 또 가입도 하지 않은 상태다.

105) Marc Grossman, "American Foreign Policy and the International Criminal Court," U.S. Department of State, http://www.state.gov/9949.htm

연합 헌장 제7장하에서 행동한다고 하여, 로마규정 제16조와 양립하는 것으로서 동 규정 비체약국이 파견한 現 또는 前 요원의 국제연합 활동과 관계되는 作爲 또는 不作爲에서 생긴 사건에 대해서는 동년 7월 1일부터 12개월간 수사 또는 소추를 개시 또는 행하지 않겠다는 점을 요청했다.

이러한 요청은 필요한 한도 나아가 12개월간 씩 동일한 조건하에서 갱신될 수 있다. 이것은 국제연합 활동에 파견된 미국요원에 대한 (만일의 경우의) ICC 검찰관의 수사 또는 소추를 1년마다 연기하도록 하는 것이며, 이를 위해 국제연합 회원국에게도 그들의 ICC로의 인도를 못하도록 할 의도인 것이다. 이 결의 결과 ICC가 설립되어도 평화유지활동 등에 종사하는 로마규정 비체약국 요원, 특히 미국 요원은 사실상 ICC의 관할에서 제외되는 것이며, ICC의 보편적 인적관할권은 일정한 제약을 받게 될 것이다.

더욱이 미국은 ICC 규정 제98조를 이용하여 동 규정의 체약국과 개별로 2국간 협정(불처벌협정 또는 제98조 협정이라고도 불림)을 체결하고, 그 국가에 주재하는 미국 병사를 ICC에 인도하지 않을 것을 약속하도록 하고 있다.[106] 다른 한편, 구주회의는 2002년 6월 11일의 결의에서 EU제국의 ICC에 대한 공통의 입장을 추진하기 위한 행동계획의 채택을 요청했다.

어쨌든 수많은 난제를 넘어 "불처벌은 허용되지 않는다"라고 하는 공통인식에 기초하는 각국들의 협력하에서 ICC가 활동을 시작하면, 21세기 초에 사상 처음으로 전 세계 어디에 숨으려고 하든 중대범죄인을 재판할 수 있는 상설 국제형사재판소가 될 것이다. 이것은 국제인도법의 전개에 있어서도(특히, 그 적용확보를 위한 실효성의 관점에서 보아도) 기념비적인 것이 될 것이다.[107]

---

106) 그 때문에 이러한 2개국간 협정(impunity agreement, "Article 98" agreement)을 맺지 않은 상대국에게는 그 국가에 대한 군사원조를 정지한다는 방침을 밝혀 왔다. 다만, NATO 회원국 및 일본, 한국, 오스트레일리아 등과 미국의 주요 동맹국은 거기에서 제외되어 있다. 2002년 미 요원 보호법(ASPA) 참조. 2003년 2월까지 20개국 이상과 이러한 협정이 서명되었으나 아직 비준된 것은 없다.

107) ICC규정 발효 후 아프리카에서 ICC 체약국인 우간다와 콩고공화국이 자국의 사태에 관해 ICC의 관할권을 인정하여 ICC 검찰관에게 회부하겠다고 발표하고, 비체약국인 수단의 사태에 대해서는 처음으로 국제연합 안보리가 그 결의 1593(2005)에 따라 검찰관에게 회부했다.

맺음말
인도법의 전개 방향 : 21세기를 향하여

21세기를 향한 인도법의 전개방향의 예측은 무엇보다도 20세기의 인도법이 걸어온 길과 문제점이나 경향에 대한 회고에서 이끌어내야 할 것이다. 특히 제2차 세계대전 후, 나아가 포스트냉전기의 인도법의 발전과 적용의 문제가 다시 한 번 검토되어야 할 것이다.

쉰들러(D. Schindler)[1]는 과거 50년의 인도법의 발전을 3개 시기로 구분하고 있다. 제1기는 제2차 세계대전부터 1960년대 초까지로 가장 중요한 것은 1949년 제네바 협약의 채택이며, 제2기는 1960년대부터 1980년대까지로 이 시기에는 베트남전쟁, 나이지리아/비아프라 전쟁, 아랍제국 · 이스라엘 전쟁 및 아프리카에서의 민족해방전쟁 등 많은 전쟁이 일어났으며 그것들이 국제연합의 활동을 증대시켜 1968년의 테헤란 국제인권법회의나 국제연합 총회 결의가 칼스 호벤이 지적하는 바와 같이 제네바 · 헤이그 및 뉴욕(즉, 인권법)의 3개의 흐름을 초래하는 출발점이 되었으며, 제3기는 1989년의 냉전종결 후 오늘날에 이르기까지로 내전에서 많은 인도적 문제들이 야기되고 있다.

이러한 시기구분은 본서의 제1장에서 기술한 인도법의 역사적 전개에서 이끌어 낼 수 있는 것이지만, 앞의 제2기의 도달점으로서 1977년 추가의정서의 채택을 들 수 있다. 그런데 제3기에 있어서의 인도법의 중요한 발전을 쉰들러는 5가지(① 인도법 위반에 대한 안보리 결정 ② 국제적 무력분쟁과 비국제적 무력분쟁의 구별 상실 ③ 비국제적 무력분쟁에 관한 관습법의 발달 ④ 인권법의 인도법에의 영향 ⑤ 인도법의 강행규범성)로 구분하고 있다. 이들 특징을 근거로 21세기 국제사회에 있어서의 인도법의 전개에 영향을 미친다고 생각되는 주요한 문제점을 다음에 언급하겠다.

---

1) Dietrich Schindler., "Introductory Report: Significance of the Geneva Conventions for the Contemporary World," 24th Round Table on Current Problem of IHL: "56th Anniversary of the Geneva Conventions." San Remo, 2-4 Sept. 1999.

21세기 초의 국제사회에 있어서도 20세기말의 그것과 마찬가지로 포스트 냉전기의 상황(특히 유일 초강대국 미국과 국제연합 활동의 경합 또는 미국과 러시아 등 핵무기국과 다수의 비핵무기국의 대항관계)을 반영하고, 국가 간의 국제적 무력분쟁보다 민족분쟁 내지 지역분쟁 또는 국가구조 붕괴형 분쟁(주로 내전)이 발생할 가능성이 높을 것이다. 이러한 종류의 분쟁에 대처하기 위해 우선 국제연합시스템의 대응이 요구된다.

즉, 안보리가 이러한 분쟁을 국제연합 헌장 제7장하에서 '평화에 대한 위협(상황에 따라서는 '평화의 파괴' 또는 '침략행위')' 이라고 인정하고, 그에 대한 조치를 취하는 것(경제제재 외에 평화유지군의 파견 내지 가능하다면 국제연합군의 파견 또는 다국적군(NATO군 등의 포함)에게 모든 조치를 취할 것을 허가)을 생각할 수 있다. 이러한 경우 '평화에 대한 위협' 의 인정에 있어 국제적 무력분쟁과 비국제적 무력분쟁의 형식적 구별이 반드시 행해지지 않고, 그 분쟁에 있어서의 인도법 및 인권의 중대한 위반상황이 인정기준이 되는 경향이 나타날 것이다.

역설하면 무력분쟁에서의 인도법 및 인권의 중대한 위반 때문에 그 무력분쟁은 '평화에 대한 위협' 을 구성한다고 간주될 것이다. 이러한 인도법과 인권의 중대한 위반에 대하여 때로는 국제연합 평화유지군이나 다국적군의 개입(이른바 인도적 개입)이 행해지고, 때로는 이러한 위반행위의 책임자(특히 분쟁의 지도자)를 처벌하기 위한 국제형사재판소가 요구될 것이다. 여기에 21세기의 인도법의 성질이나 그 적용을 둘러싼 몇 가지 중요한 문제가 잠재되어 있다.

첫째, 20세기의 전쟁위법화의 진전에도 불구하고, 또 국내 · 국제무력분쟁이 수많이 발생하고 있는 상황을 앞에 두고 국제연합은 이들 몇몇 분쟁을 헌장 제7장의 조치 대상으로서 인정하기 시작하였다는 점이다. 그것은 이러한 무력분쟁 당사자의 일방 또는 쌍방이 헌장 위반 또는 위법한 행동(인도법의 중대한 위반 포함)을 행하고 있다는 인정과 결부되어, 그것에 대항 또는 '제재'를 가하기 위한 국제연합(평화유지)군이나 다국적군이 '정의의 측'에 선다는 도식(圖式)을 나타내고 있다. 결국, 교전자('정의롭지 않은 측'의 분쟁당사자와 국제연합군 · 다국적군)는 jus ad bellum의 차원에서 평등한 입장에 서있지 않은 것인데, 인도법(jus in bello)은 평등하게 적용되어야 하는가라는 문제를 새삼스레 제기하게 될 것이다.

분쟁당사자의 인도법 · 인권의 중대한 위반이 '평화에 대한 위협'으로 간주된다면, 이러한 위반에 대항하기 위한 국제연합군 등의 인도법 위반행위는 복구의 법리에서도 그 위법성을 조각한다는 견해도 생길 것이다. 특히 제7장하에서 행동하는 국제연합 평화유지군은 기술한 바와 같이 각 PKO규칙에 따라 인도법의 원칙과 정신을 존중하지만, 인도법 관련 제조약의 상세한 규정은 적용할 수 없다는 입장을 유지하고 있다.

다른 한편 ICC 규정에 의하면, 평화유지군의 요원 등에 대한 고의적인 공격은 전쟁범죄로 간주될 수 있다. 이 점에서 인도법의 소위 차별적용이 인정될 여지가 있는 것인지 신중한 검토를 필요로 할 것이다. 무엇보다 1999년 유고 · 코소보 분쟁에 있어서의 NATO군의 행동처럼 개입의 정당성의 부여권한을 가진다고도 볼 수 있는 국제연합 안보리의 '허가'조차 회피한 경우, 그 '인도적' 개입의 jus ad bellum 레벨에서의 합법 · 위법의 논의 여하를 불문하고, 인도법의 평등적용은 당연히 확보되어야 한다고 생각된다.[2)]

둘째, 국제적 무력분쟁에 적용되는 인도법과 비국제적 무력분쟁에 적용되는 인도법이라는 이분법에 대한 재검토 요구가 거세질 것이다. 다만 21세기가 되어도 주권국가의 병존구조는 계속될 것이므로 이분법이 소멸하는 것은 아니지만, 비국제

2) 코소보분쟁과 연관지어 말하면, 알바니아계 주민에 대한 인도법 · 인권의 중대한 위반행위에 의한 미로세비치의 ICTY에의 기소는 인정되지만, 비록 NATO군의 행동에 인도법의 중대한 위반이 있다고 해도 그 책임자를 기소하는 것은 NATO 개입의 '정당성' 때문에 인정되지 않는다고 하는 논법은 성립되지 않을 것이다. 이 분쟁에도 인도법의 평등적용이 인정되어야 하기 때문이다.

적 무력분쟁에 적용되는 인도법 규칙이 발달하고, 내용적으로도 국제적 무력분쟁의 인도법과 유사해질 것이다. 20세기 후반 제네바협약 공통3조로부터 제2추가의정서로의 전개, 나아가 세기말의 국제형사재판소의 설치규정이나 그 판결에서 이미 볼 수 있는 바와 같이, 비국제적 무력분쟁에서의 인도법의 중대한 위반행위가 분쟁당사국의 국내법상 범죄인지 아닌지를 불문하고 국제사회 전체에 관계되는 중대한 전쟁범죄로 간주되는 경향까지 생기고 있다. 이러한 발달은 조약과 같은 국제문서 외에 국제사회 전체의 공동이익이라는 의식을 반영한 관습법으로 인정되기 시작했다고도 할 수 있다.

셋째, 앞의 이분법을 유지하는 한, 향후 증가할 것으로 보이는 비국제적 무력분쟁에의 인도법 적용은 증대하겠지만 일정한 한계가 있는데(예를 들면, 포로자격 규정의 비적용) 반해, 이들 분쟁에 기본적으로 중요한 인권규정을 적용하는 경향은 증대할 것으로 생각된다.

인권규정은 전쟁상태와 공식적인 긴급사태에는 그 적용의 대폭적인 일탈(derogation)이 허용되는 한편, 그러한 사태에서도 일탈할 수 없는 기본적인 인권규정도 있으나, 최근 몇몇 국제형사재판소 규정에 열거되어 있는 인도에 대한 죄와 제노사이드는 무력분쟁 뿐만 아니라 국내소요나 긴장 사태를 비롯하여 평시에도 항상 허용되지 않는 범죄행위로 간주되어 있다. 분쟁의 성질 구분의 상대화와 함께 인도법과 인권법의 보완적 적용이 인정되는 영역이 증대될 것이다.

넷째, 앞에서 본 바와 같은 전쟁위법화하에서 인도법(및 인권법) 적용분야의 확대 경향에도 불구하고, 현실 무력분쟁에 있어서 무력행사에 의한 인적 및 물적 희생은 감소하기는커녕 증가하는 경향이다.

그 이유는 여러 가지 있을 수 있으나, 최근의 국가구조 붕괴형 분쟁의 상황을 반영하여 책임 있는 분쟁당사자의 부존재, 민족정화나 제노사이드, 집단강간과 같은 범죄행위의 多發, 아동의 징모와 전투참가, 하이테크 무기의 개발과 사용 등을 생각할 수 있다.

인도법 · 인권을 적용할 당사자가 통치능력이 결여된, 예를 들면 그 영역내에서의 적십자와 같은 인도적 구호단체의 활동조차 위험을 띠는 상황에서는 인도법 · 인권법의 적용확보는 의심스럽다. 아동 병사는 가해자이면서 피해자이기도 하다. 무기체계의 하이테크화는 핀포인트 폭격과 같은 군사목표주의에 따른 사용을 용이화 하는 반면, 자의적으로 그리고 한계를 벗어난 사용으로 도리어 자칫 불필요한 피해(특히 인권과 환경보호 관점에서)를 초래하기 쉽다. 이러한 현대분쟁의 특징은 21세기가 되어도 계속, 아마도 보다 현저하게 나타날 것이다.

그것에 대해서는, 특별 규제에 의해 인도법의 내용을 강화하고 그 이행의 확보를 꾀하는 시스템(국제형사재판도 그것의 하나임)을 더욱 강구하는 수밖에 없을 것이다. 특히, 과학적 발달에 비추어보아 특정무기체계에 관하여는 사용의 규제뿐만 아니라, 개발 · 생산 · 보유의 규제 즉, 각종 무기(핵무기 포함)의 군축을 한층 진행할 필요가 있을 것이다.

1996년 국제사법재판소가 제출한 '핵무기의 위협 · 사용의 합법성에 관한 권고적 의견' 은 국가의 생존이 걸린 자위의 경우에 있어서 핵무기 사용에 관해 인도법상의 판단을 회피하고, 대신 핵군축교섭의 완결을 의무로 간주한 것을 상기해야 할 것이다. 본서의 초판(1980년)의 '결론' 에서 기술했던 다음과 같은 말을 들고 싶다.

"군축의 실현없이 인도법의 '발전' 만으로 앞의 위험을 견뎌 낼 수는 없다. 반대로 군축이 실현되면 전쟁위법화는 하나의 완성상태에 도달하고 인도법의 목표도 동시에 실현되게 될 것이다. 즉, 인도법은 그 존재이유의 대부분을 잃고 동요과정

나아가 소멸의 길을 향하게 될 것이다. 그러나 오늘날 또한 군축보다 군비확산의 진전이 현저한 현실을 보면, 인도법의 지양으로의 길은 여전히 멀고, 그 '발전' 이 한층 필요하다고 볼 수 있다."

이러한 결론은 20년 후인 오늘날에도 유감스럽지만 거의 들어맞고 있다고 할 수 있다. 인도법의 발전은 21세기에 들어서도 여전히 필요하다. 새로운 세기에 있어서의 2개의 동향, 즉 한편으로는 국제형사재판소의 설립으로의 가속적인 움직임 그리고 다른 한편으로는 9 · 11사태와 그 후의 반테러전쟁은 인도법의 문제점을 나타내기도 하지만 그 필요성을 증명하고 있는 것으로 판단된다.

국제인도법 관련 조약 연표

작성연월일	조 약 명	가입국 수
1864. 8. 22	상병자조약(제1회 적십자조약)	57(서명 · 비준 · 가입)
1868. 11. 29	세인터 피터스버그 선언	19(서명 · 비준 · 가입)
1899. 7. 29	육전법규관례조약 및 부속규칙(헤이그규칙)	46(서명 · 비준 · 가입)
	경기구로부터의 폭탄투하금지선언	26(서명 · 비준 · 가입)
	유독가스금지선언	28(비준 · 가입)
	덤덤탄금지선언	28(비준 · 가입)
1906. 7. 6	부상자 상태개선에 관한 조약(제2회 적십자조약)	58(서명 · 비준 · 가입)
1907. 10. 18	육전법규관례조약 및 부속규칙(헤이그규칙)	47(서명 · 비준 · 가입)
	전시 해군력에 의한 포격의 제한에 관한 조약	48(서명 · 비준 · 가입)
1922. 12. 11	헤이그공전규칙안	
1925. 6. 17	독가스의정서	132(비준 · 가입)
1929. 7. 27	부상자 상태개선에 관한 조약(제3회 적십자조약)	58(서명 · 비준 · 가입 · 계속통지)
	포로의 대우에 관한 조약	59(서명 · 비준 · 가입 · 계속통지)
1949. 8. 12	전쟁희생자 보호를 위한 제네바협약	190
1954. 5. 14	전시문화재보호협약	64
1972. 4. 10	생물(세균)무기조약	117
1976. 12. 10	환경변경금지조약	68
1977. 6. 8	제네바협약 제1추가의정서	161
	제네바협약 제2추가의정서	156
1980. 10. 10	특정통상무기조약	90
1989. 12. 4	용병금지조약	24
1993. 1. 13	화학무기금지조약	132

작성연월일	조 약 명	가입국 수
1995. 10. 13	실명을 초래하는 레이저무기 의정서	68
1996. 5. 3	특정통상무기조약 제2의정서 수정	68
1997. 12. 15	대인지뢰금지조약	90
	테러리스트에 의한 폭탄사용의 방지에 관한 국제조약	
1998. 7. 16	로마국제형사재판소규정	89
1999. 3. 26	전시문화재보호조약 제2의정서	15
2000. 5. 25	아동권리조약선택의정서	52
2001. 12. 21	특정통상무기조약 수정1조	9

참고문헌

일본문헌(1997년까지의 문헌은 本書 증보판 참조)

阿部　恵, 「武力紛争法規における比例性(proportionality)とその変質」, 上智法学 42巻 1号(1998年 8月)

西埜　章, 「戦争損害と国家無答責の原則」, 法政理論(新潟大学) 31巻 2号(1998年 11月)

喜多義人, 「日本軍における戦争犯罪の原因に関する考察：太平洋戦 争における捕虜の違法な取扱いの観点から」, 日本法学 64巻 3号(1998年 12月)

藤田久一, 「核兵器をめぐる法と戦略の交錯」, 世界法年報 18(1999年 3月)

樋口一彦, 「内戦の国際化と国際人道法一反徒の「外国軍化」による国際化一」, 琉大法学 62号(1999年 9月)

村主道美, 「集団殺害と戦争の論理」, 学習院大学法学会雑誌 35巻 1号(1999年 1月)

真山　全, 「国際刑事裁判所規程と戦争犯罪」, 国際法外交雑誌 98巻 5号(1999年 12月)

岡田　泉, 「国際刑事裁判の管轄権」, 国際法外交雑誌 98巻 5号(1999年 12月)

新井　京, 「イラン・イラク戦争における海上経済戦一その国際法上の意味一」, 京都学園 1999年 2・3号

坂元茂樹, 「戦後補償裁判が問うもの一受苦はいまだ救済されていない」, 法律時報 71巻 4号(1999年 4月)

安藤泰子, 「国際刑事裁判所設立のためのローマ会議における各国の『侵略の罪』 に対する見解」, 関東学院法学 10巻 1号(2000年 6月)

小倉康人, 「核兵器の規制について一軍事目標主義の観点から」, 明治 大学社会科学研究所紀要 38巻 2号(2000年 3月)

広瀬善男, 「戦争損害に関する国際法上の個人請求権」, 明治学院大学 法学研究論叢 69(646)号 (2000年 3月)

稲角光恵, 「ジェノサイド罪に対する普遍的管轄権について(1)(2)(3・完)」, 金沢法学 42巻 2号 (2000年 3月), 43巻 2号(2000年 12月), 43巻 3号(2001年 3月)

安藤泰子, 「人道に対する罪の国内処罰法化に関する一研究」『関東学院法学』, 10巻 2号(2000年 9月)

佐藤宏美, 「上官命令をめぐる国際法状況一ニュルンベルグ憲章成立以前」, 新防衛論集 28巻 1号 (2000年 6月)

同　, 「上官命令の抗弁に関する一考察一ニュルンベルグ憲章成立以前 における、憲章起草者の関連国内法状況」, 防衛大学校紀要(社会科 学編) 81号(2000年 9月)

宮内靖彦, 「国際テロ行為に対する報復爆撃の問題提起一国際法強制 システム形成への胎動？」, 国学院法学 38巻 1号(2000年 7月)

樋口一彦,「内戦に適用される国際人道法の適用条件ー武力紛争の存 在及び武力紛争と当該行為との関連性をめぐって」琉大法 学 64号(2000年 9月)
同 ,「旧ユーゴスラビア国際刑事裁判所タジッチ事件」, 琉大法学 65号(2001年 3月)
吉野宏美,「上官命令の抗弁ー『ニュルンベルグ原則』の形成」, 防衛大学 校紀要(社会科学編) 82号(2001年 3月)
坂本一也,「ルワンダ国際刑事裁判所(ICTR)と国内裁判所との共生」, 九州国際 大学法学論集 7巻 2・3合併号(2001年 3月)
藤田久一,「戦争法から人道法へー戦間期日本の「実行」」, 国際法学会編,『日本 と国際法の100年 第10巻 安全保障』, 三省堂(2001年 11月)
真山 全,「ジュネーヴ 諸条約と追加議定書」, 同上
糟谷英之,「内戦と国際人道法」, 同上
柳原正治,「戦争の違法化と日本」, 同上
松井芳郎,「米国の武力行使は正当なのか」, 世界 695号(2001年 12月)
松田竹男,「テロ攻撃と自衛権の行使」, ジュリスト 1213号(2001年 12月 1日)
田中則夫,「同時多発テロと国際法の立場」, 前衛(2001年 12月)
西村美香,「化学兵器禁止条約の権利義務構造ー履行確保の観点からの レジームの考察ー」, 国際関係論研究 17号(2001年 9月)
河合英次,「ブラスキッチ・サビーナ事件」, 関西大学法学ジャーナル 70号 (2001年 12月)
新井 京,「平和支援活動における武力行使の法的性質と武力紛争法の適用 可能性」, 京都学園法学 2001年 2・3号
山手治之,「日本の戦後処理条約における賠償・請求権放棄条項(1)ー戦後補償 問題との関連においてー」, 京都学園法学 2001年 1号(2001年 12月)
藤田久一・松井芳郎・坂元茂樹編,『人権・人道法の新世紀』, 東信堂, 2001年
藤田久一,「国際人道法の機能展開ー国連法との相互浸透」, 上書所収
五十嵐正博,「軍縮への地域的イニシアティブー南太平洋非核地帯条約と ニュージーランド非核地帯法ー」, 上書所収
樋口一彦,「一九七七ジュネーヴ 諸条約追加議定書への参加をめぐる諸国 の態度ーフランス及び米国の参加拒否を中心に」, 上書所収
糟谷英之,「国際連合要員及び関連要員の安全に関する条約の適用範囲 ー国際人道法の適用問題に関連してー」, 上書所収

本間　浩,「国際法・国連・NATOの対応」, 法学セミナー 2002年 2月号
樋口一彦,「基本的人道基準(Fundamental standards of humanity)」作成 の試みについて一国際人道法適用の観点から一), 琉大法学 67号 (2002年 3月)
河合英次,「SFOR等に司法援助を求める申立に関する決定」, 関西大学法学 ジャーナル 1号(2002年 3月)
安藤泰子,「国際刑事裁判所の理念」, 成文堂, 2002年
藤田久一,「国際法から観たテロ, アフガン武力紛争」, 軍縮問題資料 255号(2002年 1月)
本間　浩,「国際法・国連・NATOの対応」, 法学セミナー 566号(2002年 2月)
松井芳郎,『テロ, 戦争, 自衛一米国等のアフガニスタン攻撃を考える』, 東信堂, 2002年
新井　京,「情報戦と国際法」, 同志社法学 282号(2002年 2月)
浅田正彦,「同時多発テロ事件と国際法上の自衛権」, 法学セミナー 567号(2002年 3月)
安藤泰子,「テロリストをどう裁くべきか」, 法学セミナー 567号(2002年 3月)
西井正弘,「大規模国際テロと国際法」, 国際問題 505号(2002年 4月)
藤田久一,「9・11大規模テロと諸国の対応一国際法秩序の危機か変容か一」, 国際問題 505号(2002年 4月)
新井　京,「「テロとの戦争」と武力紛争法一捕虜資格をめぐって」, 法律時報 74巻 6号(2002年 5月)
木原正樹,「国際刑事裁判所規程上の「個人の国際犯罪」の法的性質一法益保護 の観点からも「個人の国際犯罪」は三つに分類されたのか一」, 立命館 国際研究 13巻1号(2002年6月)
山手治之,「第二次世界大戦時の強制労働に対する米国における対日企業訴訟 について(続編)(1)(2)(3)」, 京都学園法学 2001年 2・3号(2002年3月), 2002年 1号(2002年7月), 2002年 2・3号(2003年3月)
新井　京,「平和支援活動における武力行使の法的性質と武力紛争法の 適用可能性」, 京都学園法学 2001年 2・3号(2002年3月)
五十嵐正博,「日本における『戦後補償裁判』と国際法」, 法の科学 31号(2002年)
小寺　彰,「国際法と戦争一国際法規制への基本視覚」, 法学教室 265号 (2002年 10月)
新井　京,「テロリストと武力紛争法」, 国際法外交雑誌 101巻 3号(2002年 11月)
宮崎　孝,「9/11テロとアフガニスタン戦争の法的評価」, 名経法学 13号(2003年 2月)

山手治之, 「アジア人元慰安婦の対日政府訴訟に関する米国連邦地裁判決」, 山手治之・香西茂編集代表, 『現代国際法における人権と平和の 保障』(二一世紀国際社会における人権と平和一国際法の　新しい 発展をめざして(下巻), 東信堂、2003年 3月)

樋口一彦, 「一九七七ジュネーヴ 諸条約追加議定書の『普遍化』一作成 から二五年後の評価一」, 琉大法学69号(2003年 3月)

서구문헌

• Ackerman, J. E. & O'Sullivan, E., Practice and Procedure of the International Criminal Tribunal for the Former Yugoslavia: with selected materials from the international criminal tribunal for Rwanda, Kluwer Law International, 2000.

• Bazelaire, J.-p. et Cretin, I., La justice pénale internationale: Son évolution, son avenir, PUF, 2000.

• Green, Leslie C., The Temporary Law of Armed Conflict, Second edition, Juris Publishing, Manchester, 2000.

• Juristes Sans Frontiéres, Le Tribunal pénal international de La Haye, Le droit à l'epreuve de la purification ethnique, L'Harmattan, 2000.

• May, R., Tolbert, D., Hocking, J., Roberts, K., Jia, B.B., Mundis, D., & Oostbuizen, G.(Eds.), • Esssays on ICTY Procedure and Evidence in Honour of Gabrielle Kirk McDonald, Kluwer Law International, 2000.

• Sewall. S. B. and Kaysen, C. (Eds), The United States and the International Criminal Court, National Security and International law, American Academy of Arts and Sciences, Rowman & Littlefield Publishers, Inc. 2000.

• Bassiouni, M. C., The Statute of the International Criminal Court and Related Instruments: Legislative History 1994-2000, Transnational Publ., 2001.

• Bruer-Schäfer, A., Der Internationale Strafgerichtshof, Peter Lang, 2001.

• Buzzi, A., L'intervention armée de l'OTAN en République fédérale de Yougoslavie,

Pédone, 2001.

- Cassese, A., Eser A., Gaja, G. & Kirsch, P. (Eds.), The Rome Statute for an International Criminal Court: A commentary, Oxford U.P., 2001.
- De Than, C., & Shorts, E., International Criminal Law and Human Rights, Sweet & Maxwell, 2001.
- Dinstein, Y., War, Aggression and Self-defense, 3rd ed., Cambridge U.P., 2001.
- Douglas, L., The Memory of Judgment: Making law and history in the trials of the Holocaust, Yale U.P., 2001.
- Gardam, J. G. & Jarvis, M.J., Women, Armed conflict and International Law, Kluwer Law International, 2001.
- Gerson, A. & Colletta, N.J., Privatizing Peace: Responsing to the changing face of armed conflict, Transnational Pub., 2001.
- Hasse, J., M?ller, E., und Schneider, P. (Hrsg.), Humanit?res V?lkerrecht: Politische, rechtliche und strafgerichtliche Dimensionen, Nomos, 2001.
- Kittichaisaree, K. (ed.), International Criminal Law, Oxford U.P., 2001.
- Krieger, H., The Kosovo Conflict and International Law: An analytical documentation 1974-1999, Cambridge U.P., 2001.
- Lee, R. S., The Internatinal Criminal Court: Elements of crimes and rules of procedure and evidence, Transnational Pub., 2001.

- Maslen, S., Anti-personnel Mines under Humanitatian Law, Transnational Pub., 2001.
- MeCormack, Timothy, L.H. Tibury M. & Triggs, G. E. (Eds.), A century of War and Peace: Asia-Pacific perspectives on the century of the 1899 Hague Peace Conference, Kluwer Law International, 2001.
- Moir. L., The Law of Internal Armed Conflict, Cambridge U.P., 2001.
- Sadat, L., The International Criminal Court and the Transformation of International Law: Justice for the new Millenium, Transnational Pub., 2001.
- Safferling, Ch., Towards and International Criminal Procedure, Oxford U.P., 2001.
- Schabas, W. A., An introduction to the Internation Criminal Court, Cambridge U.P., 2001.
- Van Dijk, W. A. M., Hovens, J. I. (Eds.), Arresting War Criminals, Special publication by the royal constabulary of the Kingdom of the Netherlands, 2001.
- Yearbook of the International Criminal Tribunal for the Former Yugoslavia 1998, United Nations, 2001.
- Ball. H., War Crimes and Justice: A reference handbook, ABC-ClIO, USA, 2002.
- Bantekas, Ilias, Prineiples of Direct and Superior Responsibility in International Humanitarian Law, Juris Publishing, Manchester, 2002.
- Bassiouni, M. Cherif, Introduction to International Criminal Law, Transnational Pub., 2002.
- Beigbeder, Yves, Judging Criminal Leaders The Slow Erosion of Impunity, Kluwer

Law International, 2002.

- Bélanger, M., Droit international humanitaire, Gualino, 2002.
- Cassese, A., Delmas-Marty, M. (sous la direction de), Crimes internationaux et juridictions internationales, Presses Universitaires de France, 2002.
- Cassese, A., Delmas-Marty, M. (sous la direction de), Juridictions nationales et crimes internationaux , Presses Universitaires de France, 2002.
- Doermann, K. et al., Elements of War Crimes under the Rome Statute of the International Criminal Court; Sources and Commentary, Cambridge U.P., 2002.
- Franck, Th. M., Recourse to Force: State Action against Threats and Armed Attacks, Grotius Pub./ Cambridge, 2002.
- Gutman, R. et Rieff, D. (?ds.), Crimes de guerre: ce que nous devons savoir, Autrement, 2002.
- Hallers, M., Joubert, Ch., Sj?crona, J. (Eds.), The Position of the Defense at the International Criminal Court and the Role of the Netherlands as the Host State, Amsterdam: Rozenberg, 2002.
- International Institute of Humanitarian Law, San Remo Manual of Victims of Non-International Armed Conflicts, Tentative Text, August 2002.
- Jones. J. R. W. D. and Powles, S., International Criminal Practice 2002, Trasnational Pub., 2002.
- La justice P?nale internationale, Entretiens d'Aguessau, Pulim, 2002.
- Meissner, J., Die Zusammenarbeit mit dem Internationalen Strafgerichtshof nach

dem R?mischen Statut, Beck, 2002.

- Nemitz, J. Ch., Strafzumessung in V?lkerstrafrecht: Ein Beitrag zur Strafzwecklehre und zur Strafzumessungsmethode unter besonderer Ber?cksichtigung des R?mischen Status, Ed. iuscrim., 2002.
- Passas. N., International Crimes, Ashgate, 2002.
- Post-conflict Environmental Assessment in the Federal Republic of Yugoslavia: Depleted uranium in Serbia and Monternegro, U.N. Environment Programme, KEN, 2002.
- Probost. R., International Human Rights and Humanitarian Law, Cambridge U.P., 2002.
- Roggermann, H, & Sarcevic, P. (Eds.), National Security and International Criminal Justice, Kluwer Law International, 2002.
- Tomuschat, Christian (Ed.), Kosovo and the International Community, Kluwer Law International, 2002.
- Unitited Nations Diplomatic Conference of Plenipotentiaries on the Establishment of on International Criminal Court(Rome, 15 June-17 July 1998): Official Records, 3 vols., United Nations, 2002.
- van der Wolf, R. (ed.), Laws of War and International Law, Wolf Legal Prod., 2002.
- Boas, G., & Schabas, W. A. (Eds.), International Criminal Law Developments in the case Law of the ICTY, Kluwer Law International, 2003.
- Cassese, A., International Criminal Law, Oxford U. P., 2003.

- Hadden, T. & Harvey, C., Local Conflict, Global Intervention: A Handbook of Human Rights, Armed Conflict and Refugee Law, Oxford U.P., 2003.
- Hirsh, D., Law against Genocide: Cosmopolitan Trials, Cavendish Pub., 2003.
- Neff, S., The Legal Institution of War: A history, Cambridfe U.P., 2003.
- Orford, A., Reading Humanitarian Intervention: Human rights and the use of force in international law, Cabridfe U.P., 2003.
- Sands, P. (Ed.), From Nuremberg to the Hague: The Furure of International Criminal Justice, Cambridge U.P., 2003.
- Vohrah, L. C., Pocar, F., Featherstone, Y., Fourmy, O., Graham, Ch., Hocking J., & Robson, N. (Eds.), Man' s Inhumanity to Man, Essays in International Law in Honour of Antonio Cassese, Kluwer Law International, 2003.
- Zappala,S., International Criminal Trials and Human Rights, Oxford U.P., 2003.

후지타 히사카즈(藤田久一)
1961년 京都大學 법학부 졸업 현재 關西大學 교수
주요저(역)서
『군축국제법』(日本評論社), 『군축조약 · 자료집』(共編, 有信堂), 『인권의 탄생』(共譯, 有信堂)
『전쟁범죄란 무엇인가』(岩波書店), 『국제법강의 I 국가 · 국제사회』(東京大學出版會)
『국제법강의 II 인권 · 평화』(東京大學出版會), 『국제법』(東京大學出版會)

이 민 효
해군사관학교를 졸업하고, 성균관대학교에서 박사과정을 수료하였다.
현재 해군사관학교 국제법 교수로 재직하고 있다.
주요 논저(역) : 무력분쟁과 국제법(2008)
해양에서의 군사활동과 국제해양법(2007) 외 다수.

김 유 성
해군사관학교를 졸업하고, 일본 도시샤(同志社) 대학교에서 박사과정을 수료하였다.
현재 해군사관학교 일본어 교수로 재직하고 있다.
주요 논저(역) : 도요토미 히데요시의 조선침략(2008, 공역) 외 다수.

초판 1쇄 인쇄 / 2010년 1월 15일	초판 1쇄 발행 / 2010년 1월 20일
저 자 / 후지타 히사카즈	역 자 / 이민효 · 김유성	펴낸이 / 이정수	펴낸곳 / 연경문화사
등록 / 1-995호	주소 / 서울시 마포구 서교동 465-7	대표전화 / 02-332-3923
팩시밀리 / 02-332-3928	이메일 / ykmedia@korea.com
값 25,000원	ISBN 978-89-8298-112-8 93360